湖南省重点学科建设项目资助
湖南师范大学青年优秀人才培养计划中期成果

IP 知识产权专题研究书系

SHANGBIAOFA
JIBEN WENTI YANJIU

商标法基本问题研究

姚鹤徽 著

知识产权出版社
全国百佳图书出版单位

图书在版编目（CIP）数据

商标法基本问题研究 / 姚鹤徽著. —北京：知识产权出版社，2015.9
ISBN 978 - 7 - 5130 - 3762 - 4

Ⅰ.①商… Ⅱ.①姚… Ⅲ.①商标法—研究—中国
Ⅳ.①D923.434

中国版本图书馆 CIP 数据核字 (2015) 第 215187 号

责任编辑：刘　睿　文　茜　　　　　　　责任校对：董志英
文字编辑：岳　帅　　　　　　　　　　　责任出版：刘译文

商标法基本问题研究
姚鹤徽　著

出版发行：知识产权出版社 有限责任公司	网　　址：http://www.ipph.cn
社　　址：北京市海淀区马甸南村1号（邮编：100088）	天猫旗舰店：http://zscqcbs.tmall.com
责编电话：010 - 82000860转8113	责编邮箱：liurui@cnipr.com
发行电话：010 - 82000860 转 8101/8102	发行传真：010 - 82000893/82005070/82000270
印　　刷：保定市中画美凯印刷有限公司	经　　销：各大网上书店、新华书店及相关专业书店
开　　本：720mm×960mm　1/16	印　　张：29.25
版　　次：2015年9月第一版	印　　次：2015年9月第一次印刷
字　　数：340千字	定　　价：72.00元
ISBN 978 - 7 - 5130 - 3762 - 4	

出版权专有　侵权必究
如有印装质量问题，本社负责调换。

前　　言

作为知识产权法的重要组成部分，商标法在现代市场经济中发挥着越来越重要的作用。现代商品经济脱离了传统熟人社会中的小商品经济，是远距离、大规模的工业化生产、运输和销售活动。商品交易的主体都是陌生人，缺乏彼此的信任和了解，存在信息的不对称。由此，商标的重要性就凸显出来。作为商品之上的标识，商标实际上起着指示商品来源、传递商品和商品背后提供者的信息、降低消费者的搜寻成本、激发消费者购买欲望的功能。商标在市场经济中起着联系卖方和买方并将卖方的信息传递给买方的重要作用，因此，调整商标法律关系的商标法在市场经济中占据重要地位。

然而与商标在市场经济中的重要性不相匹配的是，调整商标法律关系的商标法在知识产权法大家庭中却并不被重视。人们通常认为，调整作品和发明创造关系的著作权法和专利法是产业之法，通过在作品和发明创造上赋予排他性产权的方式，有利于激活版权产业和技术产业，推动经济和社会发展，因而是重要的知识产权部门法。而商标法似乎仅仅调整因商标这一标识而生的利益关系，在市场经济中不起重要作用，与著作权法和专利法无法相提并论。欧共体法院甚至曾经认为商标对人类社会的贡献显然不及专利。[1]

---

[1] 黄晖：《驰名商标和著名商标的法律保护》，法律出版社2001年版，第3页。

人们对商标的基本态度显然影响到商标法的研究和制度建设。从整体上看，知识产权法的研究就有重实务、轻理论的倾向。由于知识产权法主要调整人们的智力劳动成果和工商业标记，与经济和科技发展紧密联系，人们都比较热衷于研究新经济和新科技所催生出来的知识产权新问题，而对知识产权法基础理论并不热衷。甚至，对知识产权法的基础理论进行研究，是一件吃力不讨好的事，投入多、成效少、见效慢。学者指出："知识产权的民事权利之身份得到承认，却一直游离于民法学的研究视野之外。基础理论极为贫弱，细节研究却异常繁荣。"❶ 由此导致知识产权法缺乏概念与逻辑体系的支撑。具体到知识产权法中的商标法，由于商标法本身并不调整人类的智力劳动成果，相比其他部门法更不为人所重视，理论研究则更为薄弱。对于这种研究现状，刘春田先生就曾指出："什么是商标，什么是商标权，这本该是毫无争议的问题。但是，由于近年来国内几件涉及商标问题的法律纠纷案发生之后，出现了迥然不同的认识，其分歧之大，超出了人们的想象。究其根源，我们发现，问题就出在'什么是商标''什么是商标权'等最简单、最初始、最基本的概念问题上。"❷ "由于各自对赖以认识和分析问题的基本概念，在理解上相去甚远，实际上却是一种'假辩论'。" 诚如斯言，如果对商标法的基本概念、基本范畴不进行深入讨论，而只对热点问题和新出现的问题进行研究，则双方可能研究的立足点和对问题理解的基础就存在

---

❶ 李琛：《论知识产权法的体系化》，北京大学出版社2005年版，第1页。
❷ 刘春田："商标与商标权辨析"，载《知识产权》1998年第1期。

分歧，剩下的分析也就只能是一种"假辩论"了。❶

商标法的一些基本范畴，在商标法中具有十分重要的地位，决定其立法目的、价值取向和制度构造。如果对商标法的基本范畴不予以深入研究，没有很好地理解商标法中的基本概念和规则背后的原理，则很难制定出科学化、体系化的商标法。这将给司法实践带来极为不利的影响，使商标案件的判决结果不具有相当的可预测性，法的安定性将受到影响。在商标法之中，一些重要的基本范畴构成了商标法制度的主要组成部分，决定了商标法的制度构造和制度设计。这些重要的基本范畴主要包括：商标的概念、商标的功能、商标的显著性、商标反混淆、商标反淡化、商标使用、商标合理使用。这七大范畴基本构成了商标法的主要内容，决定了商标法的价值取向与规范意旨。除此之外，在商标法中存在争议的商标侵权判定问题、商标保护与自由竞争的问题、反向假冒问题、贴牌加工问题、知名商品名称保护问题，这些都与商标法中与前述七大范畴密切相关。正确理解商标法的基本范畴，这些问题都能得到合理解释。

尽管商标法的这七大基本范畴十分重要，然而遗憾的是，这些范畴还存在很多模糊和争议之处，分歧之大超出想象，而这些争议和分歧，只会给司法实践带来更多的疑问和不确定性，影响商标法的安定性。例如，商标的概念是商标法的核心问题，直接决定商标权的范围，但是关于商标究竟是什么的问题，依然模糊不清。假如商标在本质上仅仅是一种符号，商

---

❶ 刘春田："简论知识产权"，参见郑成思主编：《知识产权研究（第一卷）》，方正出版社1996年版。

标法所保护的是商标权人可以独占使用这一符号的权利，那么任何人对该符号的染指都是一种侵权行为，这也是目前商标法呈现出扩大保护以及一些法院在侵权判定中认定只要他人使用了商标权人的商标就构成侵权的根本原因。商标究竟是什么，对于商标法的制度设计有决定性影响。同样，商标的功能也决定了商标法的制度设计。例如，商标法的基本功能在教材中都有表述，包括标示来源功能、品质保障功能、广告功能等。但是，这些功能对应的商标保护制度是不同的，商标法是否要全面地保护商标的这些功能尤其是广告宣传功能，尚存有疑问。实际上，商标的标示来源功能是商标的基本功能，其主要用途在于向消费者传递商品来源的信息，因此当他人以混淆消费者的方式使用商标权人的商标时，就破坏了商标的标示来源功能，应当受到商标法的规制。但是广告功能则不然，广告功能是商标所具有的吸引消费者注意力、激发消费者购买欲望的能力。商标法是否要保护商标的广告功能，历来存在争议。就目前而言，商标法是通过商标反淡化制度来保护商标的广告功能的。但是，反淡化制度也面临着判定商标是否被淡化的标准不统一、淡化举证难等问题。如何认识商标的功能、怎样通过合理的制度设计来保护商标的基本功能和其他延生功能，是重大的理论和实践问题。关于商标的显著性，国内外学者都有所研究，但都不够深入，没有准确地揭示出商标显著性的本质以及商标显著性与商标侵权判定之间的联系。商标反混淆问题，是商标侵权判定的基本问题，商标法很大程度上是为商标的反混淆服务的。但遗憾的是，商标混淆的概念、商标反混淆所指涉的范围、商标反混淆的类型等，都不甚明朗，给法院进行商标侵权判定带来了不利影响。商标反淡化问题，更是商标法中存在巨大争议的问题。商标反淡化的正当性、商标淡化的本质、商标淡化的判定，都是理论或实践上的疑难问题，亟待进一步研究。尤其是如何在商标法中处理商标反混淆和商标反淡化的关系，也涉及商标法未来的改革方向，意义重大。商标使用和商标合理使用，作为限定商标权保护范围的重要范畴，对于正确进行商标侵权判断、合理划定商标使用的禁区和市场自由竞争的空间有着重要的意义。

有鉴于商标法的基本范畴决定了商标法的价值取向和制度架构，本书拟对商标的概念、商标的功能、商标的显著性、商标反混淆保护、商标反淡化保护、商标反混淆保护与商标反淡化保护的关系这些商标法中的基本范畴和基本问题进行研究。此外，商标保护的历史问题、在商标法中存在争议的商标侵权判定标准问题、商标保护与市场自由竞争和表达自由的问题、反向假冒问题、贴牌加工问题、知名商品名称保护问题，由于与商标法的基本范畴存在密切联系，本书也将为此进行专章研究。考虑到消费者在商标法中占据着重要地位，商标法的基本范畴和基本问题都需要借助消费者的认知来判断，本书将大量采用消费者认知心理学、广告学、品牌营销学等原理对商标法基本范畴和问题进行研究。但是，由于这些基本范畴和问题的复杂性和争议性，本研究也无力给出完全科学、合理和完整的研究结论。商标法的体系化和科学化，是一项系统工程，如果能够抛砖引玉，引起人们对商标法基础理论问题的关注和兴趣，引发新一轮的讨论和争鸣，本书的目的就已达到。

目　　录

第一章　商标保护的历史 ... 1
- 第一节　商标保护的起源 ... 1
- 第二节　商标保护的实践 ... 8
- 第三节　商标保护的确立 ... 14
- 第四节　商标反混淆保护的扩张 ... 28
- 第五节　商标反淡化保护的发展 ... 34
- 第六节　商标保护历史的启示 ... 52
- 第七节　结　语 ... 62

第二章　商标的概念 ... 63
- 第一节　商标概念的界定 ... 64
- 第二节　商标概念的多维度解析 ... 72
- 第三节　商标概念的认知心理学分析 ... 82
- 第四节　商标认知心理学概念的意义 ... 93
- 第五节　结　语 ... 99

第三章　商标的功能 ... 101
- 第一节　商标功能的界定 ... 101
- 第二节　商标功能的认知心理学分析 ... 108
- 第三节　商标标示来源功能的思考 ... 116
- 第四节　商标品质保证功能的批判 ... 120
- 第五节　商标广告宣传功能的反思 ... 124

第六节　结　　语 ……………………………………130

第四章　商标的显著性 …………………………………………131
　　第一节　显著性概念的认知心理学界定 ………………132
　　第二节　显著性分类的认知心理学分析 ………………139
　　第三节　显著性与商标侵权判定的认知心理学
　　　　　　分析 …………………………………………147
　　第四节　显著性在商标侵权判定中的作用 ……………153
　　第五节　我国商标显著性规则的完善 …………………159
　　第六节　结　　语 ………………………………………164

第五章　商标的反混淆保护 ……………………………………166
　　第一节　商标法为何需要反混淆：商标混淆的
　　　　　　危害 …………………………………………167
　　第二节　商标法中的混淆是什么：商标混淆的
　　　　　　概念 …………………………………………171
　　第三节　结　　语 ………………………………………191

第六章　商标的反淡化保护 ……………………………………192
　　第一节　商标反淡化法的争议 …………………………194
　　第二节　商标淡化的认知心理学依据 …………………203
　　第三节　商标反淡化正当性的认知心理学反思 ………224
　　第四节　结　　语 ………………………………………246

第七章　商标反混淆保护和商标反淡化保护的关系 …………248
　　第一节　商标反混淆保护与商标垄断 …………………249
　　第二节　商标反淡化保护的反思 ………………………257
　　第三节　商标反混淆保护与商标反淡化保护的
　　　　　　关系 …………………………………………271
　　第四节　结　　语 ………………………………………279

第八章 商标侵权的判定标准
　　　　——对我国新《商标法》第57条的解释..........280
　第一节　问题的提出...280
　第二节　我国传统商标侵权判定标准的构成与
　　　　　反思...284
　第三节　我国商标侵权判定中混淆与相似性的
　　　　　关系...292
　第四节　我国商标侵权判定中混淆与相似性的
　　　　　适用...305
　第五节　结　　语...311

第九章　商标保护、自由竞争与表达自由......................312
　第一节　商标保护促进自由竞争与表达自由.............312
　第二节　商标保护与自由竞争和表达自由的
　　　　　冲突...316
　第三节　商标保护与市场自由竞争和表达自由的
　　　　　协调...323
　第四节　结　　语...328

第十章　商标使用..330
　第一节　商标使用的内涵......................................331
　第二节　商标使用的作用：混淆标准适用的
　　　　　"安全阀"..337
　第三节　商标使用的基础：消费者的心理认知.........343
　第四节　商标使用的运用：基于混淆侵权的
　　　　　案例...347
　第五节　结　　语...351

第十一章　商标合理使用...353

第一节　商标合理使用的本质：非商标使用
　　　　　　行为……………………………………354
　　第二节　商标合理使用与混淆标准的共存与
　　　　　　冲突……………………………………362
　　第三节　商标合理使用与混淆标准的协调………369
　　第四节　结　　语…………………………………375
第十二章　贴牌加工与商标侵权……………………………377
　　第一节　贴牌加工行为的界定……………………378
　　第二节　贴牌加工行为是否构成商标侵权的
　　　　　　观点分歧………………………………380
　　第三节　贴牌加工行为是否构成商标侵权的
　　　　　　理论依据………………………………383
　　第四节　贴牌加工行为是否构成商标侵权的
　　　　　　具体判断………………………………390
　　第五节　结　　语…………………………………397
第十三章　反向假冒与商标侵权……………………………398
　　第一节　反向假冒第一案——"枫叶"诉"鳄鱼"……398
　　第二节　反向假冒行为的争议……………………400
　　第三节　反向假冒行为的法律性质………………404
　　第四节　结　　语…………………………………409
第十四章　知名商品特有名称的保护………………………410
　　第一节　问题的提出………………………………410
　　第二节　知名商品特有名称反不正当竞争保护
　　　　　　性质之辩证……………………………413
　　第三节　知名商品特有名称反不正当竞争保护
　　　　　　对象之辩证……………………………420

第四节　知名商品特有名称反不正当竞争保护
　　　　条件之辩证知名 428
第五节　《反不正当竞争法》第5条第（2）项之
　　　　完善 435
第六节　结　　语 437
参考文献 438
后　　记 449

第一章　商标保护的历史

商标保护并非自古有之。作为现代市场经济社会中的重要财产类型，商标的产生和对商标保护的需求都离不开市场经济的形成和发展。正是有了市场经济，才有了商人和贸易，正是有了商人和各种贸易，市场上才出现了由不同厂商所提供的不同的相互竞争的同一类商品。由此，才需要通过商标来表彰不同厂商的商品的来源，将商标作为传递信息、存储厂商商誉和进行广告宣传的工具。商标法才需要对商标进行保护，确保商标功能的正常发挥。就此而言，商标与商标保护都是市场经济的产物。商标法的发展史，实际上是社会经济发展和变迁的缩影。本章将主要从历史角度梳理商标保护制度的萌芽、商标保护的实践、商标保护的确立、商标反混淆的扩张、商标反淡化保护的发展历史，试图从历史研究中探寻到商标法的理论规律，为现代商标法制度的完善提供历史方面的反思和启示。

第一节　商标保护的起源

在商标保护制度确立之前的漫长历史阶段，人类在社会活动中就已经开始采用标记来标示身份、确定归属。这时的标记实际上已经成为标示来源的记号，具有商标的某种属性。相关研究表明，在世界各地的早期文明中，都发现有在相关物品上标注文字、图案或符号的做法。❶ 但是，由于该种记号的主要功能并不是承载商誉、标示商品的来源，也不是投入市场贸易之中，所以这种记号并不能称为商标。没有商标与商标保护，自然没有商标法存在的空间。然而，这一时期却孕育着商标的某些观念，存在类似于商标保护的做法。

在人类社会漫长的历史长河中，使用某种记号标示所有权或者某种物品的来源是一种惯常之事。早在原始社会，原始人类就出于识别的目的开始在一些物品上刻印标记。❷ "可能最早的标示形式就是在牛或者其他动物身上烙上印迹。"❸ 例如，在文字发明之前，埃及人就在牛背上烙印，以表明牛的权属。而欧洲人在石器时代也在牛的肋部烙印。❹ 有趣的是，英语单词"品牌"（brand）正是来源于盎格鲁-撒克逊的词汇"烙"（to burn）。❺ 在世界各地的早期文明中，如古埃及、古希腊、古罗马和古代中国，均发现在有关物品上标注各种文字、图案或符号的做法。❻ 有学者做过归纳，人们在社会生活中将标记使用于许多物品之上，包括牲畜、陶器、瓷器、砖瓦、石器、油灯、图书、药膏等。标记的

---

❶ 黄海峰：《知识产权的话语与现实——版权、专利与商标史论》，华中科技大学出版社2011年版，第218页。

❷ 余俊：《商标法律进化论》，华中科技大学出版社2011年版，第35页。

❸ J. Thomas McCarthy, McCarthy on Trademarks and Unfair Competition, Eagan: Thomson/West, 2006, § 5:1.

❹ Diamond, The Historical Development of Trademarks, *65 Trademark Rep.* 266(1975).

❺ Diamond, The Historical Development of Trademarks, *65 Trademark Rep.* 265(1975).

❻ 黄海峰：《知识产权的话语与现实——版权、专利与商标史论》，华中科技大学出版社2011年版，第218页。

方式也是五花八门，有打烙印、压印、刻印、签名等。❶使用标记的原因更是多种多样。在古罗马贸易中，人们已经开始使用商标作为表明物品归属的标记。欧洲中世纪的商人也开始使用商标，作为表彰所有权归属、表明产品质量责任归属的标记。但是，由于商品经济不发达，交通运输业落后，远距离贸易尚在萌芽阶段，最主要的贸易形式依然是人们在集市上面对面的交易，因而对商标的需求并不是那么迫切。古代和中世纪对商标的使用概括而言可分为以下几类：

其一，表明所有权的归属。表明所有权归属是标记最为古老的功能。在原始社会，人们就在一些物品上刻上特殊的记号，以表明所有权的归属。研究表明，在澳洲原始民族的木棍和盾牌上的很多图形，正是一种财产标记或部落徽章。❷几乎所有的狩猎民族，其武器上都有专门的标记。受到箭伤或矛伤的野兽死亡之后，狩猎者就凭借野兽伤口上的武器的标记来确定野兽的归属。而澳洲人也在蜂窝上标明记号，以明确该蜂窝系其所发现，归其所有。❸农耕民族则往往通过栅栏筑围的方式来表明自己的所有权。到了中世纪，随着商业贸易的发展，商人有时需要在其货物上标示自己的姓名或特定的标记，以利于识别来源。在当时，海上贸易是主要的贸易方式，但是由于航海技术不发达，海上天气恶劣，时常有海难发生。在海难发

---

❶ 余俊：《商标法律进化论》，华中科技大学出版社2011年版，第35~44页。

❷ [德]格罗塞：《艺术的起源》，蔡慕晖译，商务印书馆1984年版，第18~19页，第91页。转引自余俊：《商标法律进化论》，华中科技大学出版社2011年版，第46页。

❸ [德]格罗塞：《艺术的起源》，蔡慕晖译，商务印书馆1984年版，第104~105页。转引自余俊：《商标法律进化论》，华中科技大学出版社2011年版，第46页。

生之后，货物如果被他人拾起，就可以依据货物之上的标记来确定所有权的归属。此外，海盗在当时也时常出没，商人货物常被掠夺。这时如果货物被政府追回，也会按照货物之上的标记返还给商人。可见，使用标记来表明物品的所有权对于那些其物品需要远途运输的所有者来说十分重要。这些标记通常可以使所有者来主张丢失物品的权利。❶

其二，表明责任的归属。除了表示物品的所有权，物品之上打上的标记往往还标示着该物品的制造者，表明其承担该物品的质量责任。中国古代早至周朝，国家就设置了市场管理机构，负责对市场上的贸易和货物实施监管。对出入市场的货物，要"以玺节出入之"（《周礼·掌节职》），即货物的出入都要出示通关用的印章，在玺节上注明是什么货物，以此表示此货物已经官府检验。❷ 到战国时期，由于列国之间不断发动战争，兵器、战场等资源的生产变得十分重要，各国逐渐形成了保证商品质量的管理制度，兵器之上都要刻上监造者、主造者、造者的姓名，以方便追究责任。在兵器上的这种质量管理体制逐步推广到砖瓦、陶器、瓷器等，成为普遍推行的制造者向政府保证商品质量的制度。在西方中世纪，行会是工商业的主要组织形式，行会为了维持本行会生产的商品的质量，也要求行会成员在其生产和销售的商品上使用特定的标记，以表明商品的生产者，便于行会追踪缺陷商品。"确定和惩罚那些生

---

❶ Mark p.McKenna, The Normative Foundations of Trademark Law, *82 Notre Dame L.Rev.*1839,1849(2006–2007).

❷ 孙英伟："商标起源考——以中国古代标记符号为对象"，载《知识产权》2011年第3期。

产缺陷商品的成员"，❶"为维护行会的整体声誉和全体会员的利益，行会采取了极为严厉的检查监督制度，并对违反行会章程者，严惩不贷"。❷实际上，刻在商品上的生产者标记在客观上也发挥了表明商品特定来源的功能。

其三，进行市场控制。中世纪以来的行会对内除了要求成员在生产的商品上使用特定标记以便于管控外，还有另外的目的：进行市场控制，维护垄断地位。通过强制使用标志，行会可有效区分和发现外来者在其辖区内销售的相关产品，从而可藉此排除外来的竞争以执行行会的垄断。❸无疑，标志在此时也发挥了标示来源的功能，将行会内成员的商品与其他外来竞争者的商品区分开来。尽管这颇有几分像现代商标所具备的功能，然而标志在当时只是为了对行业加以控制，维护行会在本辖区内的垄断，其标示来源的功能也只是附带而生，并没有扮演在市场中引导消费者购物的角色。

由上可知，从原始社会到中世纪，在物品上附加标记已经较为常见，但附加标记的目的则主要在于表明所有权的归属、责任的归属或进行市场控制，与现代商标的功能相去甚远。原始社会到中世纪，之所以还未产生现代意义上的商标与商标法，主要的原因在于：①商业贸易的不发达。古代至中世纪，商业贸易还未形成规模，贸易的主要形态依然是人与人面对面

---

❶ Mark p.McKenna, The Normative Foundations of Trademark Law, *82 Notre Dame L.Rev.*1839,1850(2006-2007).

❷ 余俊：《商标法律进化论》，华中科技大学出版社2011年版，第65页。

❸ 黄海峰：《知识产权的话语与现实——版权、专利与商标史论》，华中科技大学出版社2011年版，第222页。

地在集市上交易。因此，远距离的陌生人之间的交易形式还未大规模出现，自然没有对商标标示来源功能的需求。②商人还未形成阶层，对商标法没有有效的利益诉求。商标法的建立、商标权的设立，是商业社会商人阶层在法律上利益诉求的集中体现。"商标保护的确立，源于资本主义兴起后商人限制模仿与竞争以规制贸易秩序的需要。"❶ 在原始社会到中世纪，商人阶层并未形成，即便市场中已经有一些商人将商标作为标示自己商品来源的标记，也远未形成规模，因此在立法上没有集中的利益诉求。从根本上说，作为上层建筑的法律制度受其生产力和经济基础的影响。由于生产力落后，商业贸易不发达，商人阶层尚在形成之中，因此并没有建立现代商标法的利益诉求。

但是，讨论原始社会到中世纪人们对标识的使用对于研究商标法依然具有重要的意义。这主要是因为，这一时期尽管并未产生现代意义上的商标与商标保护，却萌发了商标与商标保护的观念，为后期商标法的制定和商标权的设立奠定了实践基础。

具言之，尽管这一时期在物品上附加标识并非为了标示商品的来源，然而随着中世纪以来商品经济的发展，这些标识在客观上发挥了商标标示来源的功能。例如，行会在其商品之上附加的标识，本身是为控制商品的质量或排除辖区内外来竞争者的竞争。但是在客观上，由于某些行会的商品质量上乘、品质优越，得到了消费者的认可，这些行会商品上的标识就累积

---

❶ 黄海峰：《知识产权的话语与现实——版权、专利与商标史论》，华中科技大学出版社2011年版，第254页。

了商誉。这种商誉虽然是行会出于控制质量和维护垄断而附带产生的结果，但是客观上这些标识代表了行会的商品，逐步被消费者所识别，成为消费者认牌购物、选购特定商品的指示。亦即，此时的消费者已将行会商品上的标识识别为商标，而使用标识的主体也可以借此维护自己在市场贸易中的正当权益，防止他人仿冒商品。在1440年威廉赫伯德（William Hobold）一案中，伦敦本地的面包商就向市政机关投诉，认为其他面包商擅自使用其已经长久使用的三点标志（three prikkys）。市长和市府参事在听取投诉之后，即禁止其他面包商在本地销售带有上述标志的面包。❶ 正如学者所言："当地的行会通常会通过商品的质量来获得商誉，当他们这样做时，行会所属市镇或者地区的名字就成为商誉的储存器。"❷ 当行会的标识累积了商誉时，其他非法厂商就可能通过仿冒其标识牟取暴利。英国纺织业中，商人为了防止他人冒用其商标而冲击商品销量，便逐渐要求政府直接介入和干预。而16世纪之后，英国皇室为保证税收，开始规制纺织业贸易，枢密院和衡平法院也在行会之外直接对贸易予以管制，制裁各种仿冒他人标识的行为。❸ 至1633年，当时的英王查理一世就颁布了"禁止毛纺织业的欺诈和哄骗行为"的旨令，要求纺织商应当在其产品上使用其标志，不得随意更改，不得使用与他人已使用标志相同的标

---

❶ 黄海峰：《知识产权的话语与现实——版权、专利与商标史论》，华中科技大学出版社2011年版，第223页。

❷ Mark p.McKenna, The Normative Foundations of Trademark Law, *82 Notre Dame L.Rev*.1839,1850(2006-2007).

❸ 余俊：《商标法律进化论》，华中科技大学出版社2011年版，第64页。

志。❶可见，随着贸易的发展，仿冒行为逐渐出现，不仅造成了消费者混淆，也严重损害到行会商人的利益。这时，行会商业贸易中就逐步产生了对客观上凝聚了生产者商誉的标识进行保护的现实需要，这就是商标法保护商标的理念与制度实践的最早起源。

第二节　商标保护的实践

随着社会生产力的提高，商品生产和商业贸易逐步发展。英国于18世纪进行了工业革命，机器大生产工业替代了手工作坊，商品的产量大幅增加，提供同类商品的生产商增多，使得市场上的商品更为丰富。同时，工业革命带来了交通工具的变革，随着交通运输业的发展，远距离贸易成为可能。商品的增加、市场的扩大和远距离贸易的发展，使得熟人之间的本地交易形态逐步被远距离的陌生人之间的交易形态所替代。过去在本地交易中所形成的熟人关系在交易中不再起到主要作用。相反，商标开始在陌生人之间的远距离贸易中扮演重要角色。随着生产力的发展和市场的扩大，行会在控制商品质量或排除辖区内外来竞争者方面的影响力开始降低。许多商人开始超出行会控制的范围，到其他地区进行商品贸易，这些商人的商标就成为一些不法商人的仿冒对象，而由于行会组织控制力的削弱和控制范围的限制，商人无法依托行会有效打击仿冒行为。这就迫切需要全国统一的立法来保护商人所使用的商标，防止他

---

❶ 黄海峰：《知识产权的话语与现实——版权、专利与商标史论》，华中科技大学出版社2011年版，第224页。

人仿冒。自17世纪开始，商人开始对一些仿冒行为采取了法律措施，并要求政府制定保护其商标的法律制度。

17~19世纪中叶，英国对商标主要通过普通法和衡平法进行保护。19世纪中叶之前，在普通法之诉中，法院要求商标侵权需要具备欺诈（deceit）这一要件。原告要获得商标侵权救济，需要证明被告主观上具有欺诈的意图（intention to deceive）。而在衡平法之诉中，衡平法院则要求商标案件的被告具有虚假陈述的交流行为，亦即，被告倾向于去误导（to mislead）。❶ 可见，在这一时期，英国的普通法和衡平法法院都认为，仿冒是一种欺诈行为，其目的主要是通过欺诈消费者，获得不正当利益。

目前，英国已知最早的商标案件是发生于1584年的J.G v. Samford一案。❷ 根据波法姆报告（Popham's report）对此案的记载，该案中被告知道原告商标有良好的声誉，于是将该商标使用在低劣的商品之上，意图进行欺诈。❸ 案件中，原告是一名布商，生产羊毛布料，商品之上都标有字母"J.G"和打褶机手柄标记。由于原告商品质量优良，获得了良好的声誉，销

---

❶ Lionel Bently, From Communication to Thing: Historical Aspects to the Conceptualisation of Trade Marks asProperty. in G. Dinwoodie and M. Janis, *Trademark Law and Theory: A Handbook of Contemporary Research.* Cheltenham: Edward Elgar, 2008, p.5.

❷ 这起案件并未载入判例，导致该案存在诸多争议。例如，对于原告的身份，有学者认为是上当受骗的购买者，有学者认为是被仿冒的布商。而原告如果是购买者，则这个案件只是普通的买卖欺诈之诉，而非商标案件。对此的考证，参见余俊：《商标法律进化论》，华中科技大学出版社2011年版，第76页。

❸ Mark p.McKenna, The Normative Foundations of Trademark Law, *82 Notre Dame L.Rev.*1839,1850−1851(2006−2007).

售业务遍及英格兰。被告为了牟取不正当利益，在自己生产的品质低劣的羊毛布料上标注了原告的标记，通过仿冒的方式牟取不正当利益。在市场上，消费者由于混淆而误买误购，将被告的商品误认为是原告生产。由于被告的商品质量低劣，给原告的商誉造成了损害，原告遂依据普通法诉至法院，认为被告具有欺诈的意图，通过仿冒的手法销售或从其他布料商那里引开顾客，要求被告承担责任。在该案的审理中，四名法官的意见并不一致。两位首席法官（presiding judges）认为将其他生产商使用于优质布料的获得了巨大商誉的标识使用在劣质的布料上是一种非法行为，而另外两名法官却认为商家使用任何他想选用的标识都是合法的。❶ 亦即，在标识上并不存在什么禁忌，他人可以自由使用。审理案件的哈德威克（Hardwicke）勋爵认为，当被告意图将其商品冒充为原告的商品，给予禁令救济是合适的。❷ 首先，原告在其生产的商品之上印有特定的标识，该标识经过长期使用，产生了商誉，使消费者能够认牌购物，这是对原告进行保护的前提。其次，由于被告恶意将原告的商标用于自己生产的劣质布料上，消费者发生了混淆误购，误认为被告生产的商品是原告生产，使原告的销售额受到影响。最后，由于被告的商品质量低劣，消费者在混淆误购之后，会误认为原告的商品质量在下降，导致对原告的评价降

---

❶ Lionel Bently, 'From Communication to Thing: Historical Aspects to the Conceptualisation of Trade Marks as Property. in G. Dinwoodie and M. Janis, *Trademark Law and Theory: A Handbook of Contemporary Research.* Cheltenham: Edward Elgar, 2008, p.7.

❷ Mark p.McKenna, The Normative Foundations of Trademark Law, *82 Notre Dame L.Rev.* 1839, 1853(2006-2007).

低，使原告的商誉蒙受损失。据此，法官认为被告的行为构成侵权。学者认为，山姆福德案件中，原告的损害是"原告销售额的直接丧失，以及由于侵权布料质量低劣造成的商誉损害。而后一损害的结果，很有可能导致额外的销售损失。由此，原告最终的损害可能超过所估算的被告的销售额"。❶

山姆福德案之后，在普通法院和衡平法院还陆续发生了多起商标诉讼。在1742年Blanchard v. Hill一案中，❷原告是扑克牌生产商，向法院提起衡平之诉，要求法院颁发禁令，阻止被告使用原告在其扑克牌上标明的标记。在该案中，原告认为是他发明了该标记，并且已经获得了皇家特许令，❸被告的行为构成了欺诈。然而在该案中，哈德威克勋爵认为特许令是非法的，拒绝对由皇家特许令的垄断权而产生的排他权利进行保护。1783年，在Singleton v. Bolton案中，原告以一特定名称生产并销售一种药物，被告也开始在同一名称下销售该种药物，造成了消费者混淆误购，原告据此提起诉讼。该案中，曼斯菲尔德勋爵认为，如果被告以原告的名义销售自己生产的药品，则属于欺诈。❹ 在1803年发生的Hogg v. Kirby案中，❺ 原告

---

❶ Mark A. Thurmon, Confusion Codified: Why Trademark Remedies Make No Sense, *17 J. Intell. Prop. L.* 245,260(2009-2010).

❷ Blanchard v. Hill, 2 Atk.484, 26 Eng. Rep.692 (Ch. 1742).

❸ 在当时销售扑克牌是特许经营，需要皇家特许令。实际上，这是一种经营上的垄断。Mark p.McKenna,The Normative Foundations of Trademark Law, *82 Notre Dame L.Rev.* 1839,1852(2006-2007).

❹ 关于该案的详细分析，参见余俊：《商标法律进化论》，华中科技大学出版社2011年版，第77页。

❺ Hogg v. Kirby, *8 Ves. Jun.215, 32 Eng.Rep.*336(Ch. 1803).

是一个杂志的拥有者，被告是原告杂志的前发行商。由于原告与被告不合，两者的合作终止。但是随后被告却在几乎与原告相同的名称下发行自己的杂志。法院认为被告的做法欺诈了公众，判决被告侵权成立。在1816年发生的Day v. Day案是第一个有记载的被授予禁令救济的判例。❶ 在该案中，一个黑色鞋油的制造商被下令禁止欺诈性地模仿原告使用的商标。

从上述案例可以看出，尽管当时的立法并没有明确确认在商业标识之上存在商标权，然而由于贸易实践的需要，司法已经在审判中考虑到了商业标识的合法使用者在该标识上所应当享有的利益。尤其是在山姆福德案中，法官认定商业标识经过长期使用，产生了商誉，并认为他人的仿冒将给合法的生产者和消费者带来损害，是一种不正当的贸易行为。这种观点与现代商标保护的基本理念基本一致。

值得注意的是，由于当时并没有商标法，没有将商标权确立为一种财产权，在司法中，是否在贸易中有欺诈的意图和行为是当时商标侵权成立与否的重要判定标准。尽管商标保护奉行双轨制，受到普通法和衡平法的平行保护，然而在19世纪中叶之前，普通法和衡平法之间除了救济方式的不同外，在商标保护的基本理念方面并无不同。当时普通法和衡平法的目的都在于规制商业贸易中的不正当竞争行为，防止商业贸易中欺诈的发生。普通法和衡平法对商标侵权的认定都要求被告主

---

❶ Lionel Bently, From Communication to Thing: Historical Aspects to the Conceptualisation of Trade Marks as Property. in G. Dinwoodie and M. Janis, *Trademark Law and Theory: A Handbook of Contemporary Research*. Cheltenham: Edward Elgar, 2008, p.9.

观上具有欺诈的意图。在兰代尔勋爵（Lord Langdale）担任英国上诉法院院长期间，他就明确表示，衡平法对普通法之诉的支持，其基础均在于制止欺诈（prevention of fraud）。[1] 在兰代尔1836~1851年的主政期间，他曾审理过5个商标案件，分别是Knott v. Morgan，Perry v. Truefitt，Croft v. Day，Franks v. Weaver，Holloway v. Holloway。在这5个案件的审判中，兰代尔勋爵始终将判决的依据立足于欺诈，在庭审中重点考察被告是否有主观上进行欺诈的意图，并且在行为中实施了这种欺诈的行为，造成了原告贸易额的损失。兰代尔勋爵商标侵权的观点也得到了裴杰伍德（Page Wood）的支持，后者于1853~1868年担任大法官法庭（Courts of Chancery）的法官。伍德法官在商标侵权案件的审理中，也将考察被告是否具有欺诈作为案件审理的关键。在Collins Co. v. Brown一案中，[2] 伍德法官就明确指出，阻止他人使用商标的基础在于欺诈。

不仅在英国，在美国早期的商标侵权案件中，法院也通过欺诈之诉来规制商标侵权行为。"反不正当竞争法第三次重述与学者们都认为，美国商标法来源于英国普通法欺诈之诉。意图欺诈是责任成立的要件。"[3] 一般认为，1837年在美国发生

---

[1] Lionel Bently, From Communication to Thing: Historical Aspects to the Conceptualisation of Trade Marks as Property. in G. Dinwoodie and M. Janis, *Trademark Law and Theory: A Handbook of Contemporary Research*.Cheltenham: Edward Elgar, 2008, p.10.

[2] Collins Co. v. Brown, 3K & J 423(1857).

[3] Thomas L. Casagrande, A Verdict for Your Thoughts? Why an Accused Trademark Infringer's. Intent Has No Place in Likelihood of Confusion Analysis, *101 Trademark Rep.* 1447,1449(2011).

的Thompson v. Winchester一案是美国普通法以欺诈之诉保护商标的第一案。❶ 在该案中，原告发明了一种草药，标明了特定的标志，而被告仿冒了该种药品，并使用与原告相同的标志在市场上销售。法院认为，被告仿冒原告的标志，自己或促使他人将其商品当成是原告的商品进行销售，使消费者误认为该药品出之于原告，构成欺诈，侵犯了原告的权利。在1844年的Taylor v. Carpenter一案中，❷ 法院也认定，被告冒用了原告的商标，欺诈了公众，并且牟取了原告本应当从其勤劳和事业中获得的合理收入。随后，在1845年发生的Coats v. Holbrook一案中，❸ 法院同样认为，被告不应当模仿其他人的商品，以欺诈的方式使用别人的名称以吸引消费者。由此可见，这一时期无论是英国还是美国，随着生产力的提高和市场的逐步扩大，商人产生了保护其商业标识的需求。法院也开始在案件审理中承认商人在其使用的商业标识上有合法的利益，作为购买者的公众也不能被他人的仿冒行为所欺骗。这一时期，司法的焦点在于规制商业贸易中对他人商标的欺骗性使用行为。

第三节 商标保护的确立

17~19世纪中叶，法院已经承认，商业标识的使用者对其商业标识具有正当的利益，他人不得以欺骗的方式仿冒已经积累了一定商誉的商业标识。然而，这一时期对商业标识使用

---

❶ Thompson v. Winchester, 36 Mass. 214(1837).
❷ Taylor v. Carpenter, 23 F. Cas.742(1844).
❸ Coats v. Holbrook, 7 N.Y.CH. Ann. 713(1845).

者的救济，其主要目的仍然是规范商业贸易中对商业标识的使用，禁止不正当竞争行为。法律还远没有通过制定商标法，确立商标上的财产权。商人对其使用的标识究竟享有多大范围的权利，还并不明朗。由于早期英美两国的商标侵权判定以被诉侵权人主观上是否具有欺诈的意图为核心要件，其理论基础在于规制商业活动中不诚实的竞争行为，维护市场竞争秩序。因此在司法实践中，侵权成立过于强调被诉侵权人主观欺诈的意图，这并不利于保护商标的合法使用人。

首先，商标侵权的欺诈之诉只是普通法上侵权之诉在商标保护领域的延伸，在当时并没有任何法律规范明确承认商人对其使用的标识享有专有权利。因此，商人对自己所使用的标识是否享有权利、享有何种权利、权利的范围有多大等都不清楚，这给标识使用人维护其在标识之上的利益带来很大的不确定性。早在美国建立之初的1791年，地处当时商业中心波士顿的帆布业商人就开始上书国会，请求准予在其所生产的帆布上使用特定标志的排他性权利。而时任国务卿的杰佛逊也认为应当通过立法的形式确定商人对其标识的商标权。[1]但是，由于建国初期国事繁忙，商标立法并未提上议事日程。美国还是承袭英国，通过普通法上的欺诈之诉对商标予以保护。

其次，商标欺诈之诉的成立，需要具备多项条件，给商标的合法使用人有效维权带来很大的不确定性。在早期的商标保护案件中，被告在主观上需要具有故意意图，其行为还需要被认定为虚假陈述并且该行为具有侵害性，原告才能够获得法院

---

[1] 黄海峰：《知识产权的话语与现实——版权、专利与商标史论》，华中科技大学出版社2011年版，第228页。

的救济。❶ 此外，原告还需要证明其已经将特定的标识附着于自己生产的商品之上，并且经过了长期使用，该标识已经产生了一定的商誉。这些条件要求严格，标识的使用人不但面临举证上的困难，而且法院是否接受各项证据也具有不确定性，这就使标识的使用人难以维护自己的利益。

最后，商标的合法使用人即便在欺诈之诉中获得胜利，也很难得到周全的救济。在当时，普通法对商标权利人的救济措施极为不完善，商标的权利人不仅无法获得禁令救济，在大部分案件中也无法获得充分的赔偿。❷"普通法商标侵权中损害赔偿救济的不完善这一问题在山德福斯❸案后持续了超过二百年。"❹ 这就使商标的合法使用人即便胜诉，也难以得到有效的赔偿，并禁止他人对其商标的仿冒。

在这种情况下，商标的合法使用人开始向法院施加压力，要求法院赋予其更为完善的救济方式，而法院也逐渐改变其原有的做法，在侵权判定中开始对商标侵权的后果予以考虑。在

---

❶ 余俊：《商标法律进化论》，华中科技大学出版社2011年版，第76页。
Mark A. Thurmon, Confusion Codified: Why Trademark Remedies Make No Sense, *17 J. Intell. Prop. L.* 245, 263 (2009–2010).

❷ 这一案件即前文所述的J.G v. Samford一案，之所以有不同的称谓，是因为年代久远，不同学者对这一案件的称谓有不同的看法。有学者称其为山德福斯（Sandforth）案，有的称为山姆福德（Samford）案。对此分析，请参见：Mark A. Thurmon, Confusion Codified: Why Trademark Remedies Make No Sense, *17 J. Intell. Prop. L.* 245, 256 (2009–2010).

❸ Mark A. Thurmon, Confusion Codified: Why Trademark Remedies Make No Sense, *17 J. Intell. Prop. L.* 245, 256 (2009–2010).

❹ Mark A. Thurmon, Confusion Codified: Why Trademark Remedies Make No Sense, *17 J. Intell. Prop. L.* 245, 261 (2009–2010).

19世纪中叶之前的判例中，消费者避免混淆的利益就被法官所提及。法院开始更多地将注意力集中在原告权利的性质，即原告对其标识是否享有财产权，而非被告行为的道德性。❶ 在有些案件中，法官则直接抛弃了欺诈的要件，转而考察商标权人对商标的财产权是否受到侵犯和消费者是否发生混淆。最终，消费者混淆成为法官所需要考察的因素，商标的使用者对其商标享有排他性的财产权，主观欺诈的要件在商标侵权判定中逐渐衰落。

最早体现这种转变趋势的案件是发生于1803年的Hogg v. Kirby一案。❷ 在该案中，原告并没有采取以往案件中原告的做法，提起普通法上的欺诈之诉。相反，原告绕开了欺诈之诉转而向衡平法院起诉，请求法院颁布禁令和给予相当于被告销售利润的赔偿。❸ 最终，法院判决被告侵权成立，认定被告侵犯了原告的财产权，给予原告禁令救济。这一案件的意义在于，衡平法院首次确定了商标侵权的禁令救济方式，明确承认商标的合法使用者对其商标享有排他性的权利，在符合特定条件时可以禁止他人的使用。此案过后，商标衡平诉讼相比普通法诉讼，受到了商标合法使用人更多的青睐。1803~1849年，在英国和美国有43起有记载的商标衡平之诉，而同一时期只有7起有

---

❶ Thomas L. Casagrande, A Verdict for Your Thoughts? Why an Accused Trademark Infringer's. Intent Has No Place in Likelihood of Confusion Analysis, *101 Trademark Rep*.1447,1450(2011).

❷ 8 Ves. Jun.215, 32 Eng.Rep.336(Ch. 1803).

❸ Mark A. Thurmon, Confusion Codified: Why Trademark Remedies Make No Sense, *17J.Intell.Prop.L*.245,2631(2009-2010).

记载的商标普通法之诉。❶ 这就表明，商标使用人已经开始主张，商标是其个人财产，当被告的行为欺骗了公众，使购买者发生混淆和误购之后，其财产利益就受到了损害。被告的可责难性在于其行为客观上使购买者发生了混淆，使本应购买商标使用人商品的顾客转而购买了仿冒商品，造成原告交易机会的丧失，侵害了原告就商标享有的财产权，而不在于被告以欺诈的方式牟取不正当竞争利益的意图。当时审理Hogg v. Kirby一案的法官就认为，被告的行为使购买者发生混淆与误购，这种侵权行为欺骗了公众。❷ 该案件之后，消费者这一主体的利益被法院所重视，对消费者利益的保护从本质上看是对商标使用者利益的保护。"对公众避免混淆利益的认可很快就成为衡平法院的主流。"❸

"避免混淆的意图使得衡平法院的法官开始放弃早期普通法商标诉讼所秉持的主观欺诈标准。到19世纪中期，衡平法以消费者是否会发生混淆取代了主观欺诈标准。"❹ 1803年Hogg v.Kirby案之后，法院开始重视消费者发生混淆的问题，在多个案件中对主观欺诈这一要件重新进行了定位。在1838年的Millington v.Fox案中，法院明确抛弃了主观欺诈的要件，在原告没有证明被告欺诈的情况下认定商标侵权成立。该案中，原告系钢铁制造商，在其生产的钢材上均标有克劳利、克劳利米林顿、I.H（Crowley, Crowley mllington, I. H.）等记号。被告也是钢铁的制造商，他在其出售的钢材上也标了上述记号，同时还附有被告自己的记号福克斯兄弟（Fox Brothers），原

---

❶❷❸❹ Mark A. Thurmon, Confusion Codified: Why Trademark Remedies Make No Sense, *17 J. Intell. Prop. L.* 245, 264, 265 (2009–2010).

告认为被告的行为构成侵权，遂诉至衡平法院请求禁令救济。在案件的审理中，被告的抗辩理由是，原告在其商标中所使用的"克劳利"一词是通用名词，并不指明任何特定的生产商，而"克劳利米林顿"也因被广泛使用而变为钢材的统称。被告的抗辩用现代商标法的观点来理解就是原告的商标已经演化为通用名称，因而原告不再享有对该标识的商标权。但是，法官认为并没有证据表明原告的商标已经成为通用名称，因而在该案中并没有支持被告的观点。同时，法院还认为，尽管被告在使用标记的过程中不存在欺诈的意图，却也不能够因此剥夺原告对其标记所享有的权利。据此，法院颁发了禁令，判决被告败诉。在这个案件中，法院抛弃了侵权判定主观欺诈意图的要件，认定尽管被告不存在欺诈的情况，然而原告对其标记享有正当的权利，可谓是明确承认了商标的使用者对其商标享有排他性财产权。学者在评论该案时认为，该案件的重大意义在于开启了被告欺诈故意阙如的情况下原告仍可以获得禁令救济的先例，事实上拓展了商标保护的范围。❶ 美国与英国一样，在商标侵权审判中逐渐抛弃了主观欺诈的要件，认定只要造成消费者混淆，被告的行为就构成商标侵权。在1849年的Coffeen v. Brunton一案中，法院就明确表示："欺诈的意图并非是给予原告保护所必备的，当伪造的商品无法与真实的商品相区分时，法院将颁发禁令。"❷ 同样，在1849年的Amoskeag Mfg.Co.v. Spear一案中，法院也认为："无论何时，当公众在事实上被误

---

❶ 余俊：《商标法律进化论》，华中科技大学出版社2011年版，第83页。
❷ Coffeen v. Brunton, 5 F. Cas.1184,1185(C.C.D.Ind.1849).

导时，就必须颁发禁令，而不论（被告）是否是故意的。"❶可见，这一时期的美国法院在商标侵权的判定中也开始放弃普通法的故意欺诈标准。

放弃主观欺诈要件，转而考虑消费者的利益，从表面上看，是商标侵权判断标准的变化，但从本质上体现了人们对商标本质的认识的加深。亦即，商人在商标上的权利是一项排他性财产权，跟版权和专利权没有本质区别，都能够排除他人干涉。商标侵权的本质在于使消费者发生混淆误购，导致商标自身标示来源的功能受到损害，而不在于被告的主观意图。因此，商标财产权观的建立，才是商标侵权判断标准转变的深层次原因。如果说在19世纪中叶之前，英美法院只是在某些商标案件之中作出了与普通法传统做法不一致的判决，但是19世纪中叶之后，随着商标财产权观念的崛起和对消费者避免混淆的利益的重视，立法就开始考虑制定独立的商标法，将商人对其商标的利益法定化，明确商人对商标的财产权。同时，法院也抛弃了普通法上商标侵权的主观欺诈要件，转而承认商标使用者对其商标享有商标权。一旦消费者发生混淆，使商标无法标示来源，商标使用者的权利就遭到了侵犯。

19世纪中叶之后，由于工业革命的影响，英国开始由农业社会迈入工业社会。交通的发展、市场的扩大和消费群体的形成使得英国商人迫切需要法律承认其在商标之上的排他权，以更好地开拓市场、防止他人仿冒其商标而导致利润流失。当时，普通法上的欺诈之诉要求过于苛刻，不能切实维护商标合

---

❶ Amoskeag Mfg.Co.v. Spear, 2 Sand.599,606(N.Y.Sup.Ct.1849).

法使用人的利益，于是加剧了立法滞后与社会发展之间的矛盾。一些商人和商会开始游说立法，试图通过制定商标法，将自己在商标之上的利益上升为法定权利，确立对其商标的排他性财产权，摆脱商标侵权诉讼中主观欺诈的举证负担。当时游说的主要力量来自商会，特别是居于英国工业中心的谢菲尔德和伯明翰。显然，谢菲尔德和伯明翰作为工业革命的中心城市，对这种法律的需求更为迫切。

1862年，谢菲尔德商会首先向英国下议院递交一个法案，要求将商标明确为一种财产。该法案第9条规定，将姓名等注册的"人"是商标所有人，所有人有权起诉任何上述冒犯行为。注册的商标应当被认为是所有人的个人财产，并且根据个人财产法律的通常规定，应当具有可转让性。从条文来看，该法案明确提出要将商标确定为私主体完全可以转让的财产，这在当时是十分大胆的提议。这个法案推出之后，各方意见不一，争议很大，但是最终考虑到该法案所允许的商标转让有可能加剧消费者的混淆，使得虚假陈述合法化，❶该法案未能通过。❷尽管该法案最终没有通过，其起到的作用

---

❶ 例如，甲将其商标转让给乙，消费者在看到这一商标时，就会认为，该商标所附着的商品还是由甲所生产，这会人为造成混淆。其实以现代商标法的观点来看，消费者并不关心该商标真正的生产者是谁，而只关心该商标所附着的商品是否具有一致的品质。17 J.Intell.Prop.L.245,263(2009-2010).

❷ 关于该法案提交之后，各方对该法案的讨论与争议以及该方案最终未能通过的详细情况，参见LionelBently, From Communication to Thing: Historical Aspects to the Conceptualisation of Trade Marks as Property. in G. Dinwoodie and M. Janis, *Trademark Law and Theory: A Handbook of Contemporary Research*. Cheltenham: Edward Elgar, 2008, pp.16-18.

和引发的社会效应却不可低估。使用商标的商人阶层的利益诉求第一次以法案的形式集中表达，吸引了社会各阶层和立法者的关注，也引发了国内关于商标是否是一种财产的大讨论。显然，依该法案的规定，将商标视为一种财产，商标权人享有对商标的排他性财产权并且可以自由转让，那么侵权的成立就跟被告人主观上是否具有欺诈的意图毫无关系。商标将成为商标权人的私有财产，任何被商标权人视为侵犯其商标权的行为都将被起诉。因此，该法案实际上是要求建立以"财产"为中心的商标保护模式，抛弃商标侵权判定所谓意图欺诈的要件，这种理念是对传统的以反欺诈为核心的商标保护模式的重大突破，也为商标法明确认可商标之上的权利奠定了基础。

　　不仅在立法方面，在司法上，法院也积极回应商人们的利益诉求。在这一时期几个具有代表性的案件中，法院在判决中都明确表示商标是一种私有财产，为商标权在商标法中的确立扫清了司法上的障碍。1862年的Cartier v. Carlile案就是这一时期的标志性案例。[1] 在该案中，原告卡迪尔（Cartier）是一家棉花加工商，主要生产一种名为"十字棉"（Cross Cotton）的刺绣棉花。原告的商品以包含字母、数字、文字和十字架的图案为标签，以作为区分不同厂商商品的商标。由于原告的商品销量很大，该图案商标获得了一定的商誉。被告也生产并销售标示有与原告商标相类似的图案的棉花，原告遂诉至法院。法官在判决中认为，该商标是其所有人的私有财产，衡平法院应当阻止其继续模仿该商标，并让他赔偿不当得利。在该案中，

---

[1] Cartier v. Carlile, 31 Beav 292(1862).

法官抛弃了主观欺诈理论，直接认定商标是所有人的私有财产，提出了商标保护的财产权观念。因此，该案"标志着英国司法体系内对商标的看法开始发生转变"。❶

1862年的另一案件Edelsten v. Edelsten案，❷ 在商标保护历史上也具有重要的意义。在该案中，原告是铁丝生产商，从1852年开始在其商品之上使用船锚作为商标。由于原告商品品质较高，其经营逐步扩大，行销各地，其所生产的铁丝在市场上被熟称为船锚牌铁丝。被告为牟取暴利，仿冒了原告的船锚商标，将与原告商标极为相似的标识使用在被告自己生产的铁丝之上。原告认为，被告行为的目的在于欺骗消费者，让人误认为被告的船锚牌铁丝系原告所生产，因而请求法院颁发禁令。审理该案的法官韦斯特伯里勋爵（Lord Westbury）在判决中认为："问题在于原告是否享有其商业标识中的财产权。如果享有，那么就是被告使用与原告商标实质性相似的标识是否侵犯了原告的财产权。在普通法上，案件诉讼是以欺诈作为合理救济的基础，被告欺诈的证据是该类诉讼的核心，但是衡平法院将会以保护财产权为原则，因此没有必要为了获得禁令救济而去证明被告的欺诈。"❸ 法官认为，原告的商品品质较高，被市场广为接受，获得了相当的商誉，原告对其商品之上的船锚商标享有财产权。而被告的行为欺骗了消费者，使消费者购买到了并非原告生产的商品。侵犯了原告的权利。据此，法院支

---

❶ 余俊：《商标法律进化论》，华中科技大学出版社2011年版，第91页。
Edelsten v. Edelsten, 1 De G J & S 185(1863).
❷ Edelsten v. Edelsten, 1 De G J & S 185(1863).
❸ Edelsten v. Edelsten, 1 De G J & S 185,201−202(1863).

持了原告的诉求，判决被告侵权成立。从韦斯特伯里法官的论述中可以看出，当时的衡平法院已经承认商标之上的权利是一种财产权，主观欺诈已不再是获得救济的前提条件。这个案件与先前的Cartier v. Carlile案一样，明确提出商标是一种财产权的观念，表明法院对普通法上商标侵权欺诈要件的否定态度。亦即，被告的主观欺诈不是获得救济的前提条件。只要被告仿冒了原告的商标，将仿冒的商标使用在与商标权人商品类别相同的商品之上，造成了消费者发生商标混淆，原告的商标权就受到了侵犯。

继Edelsten v. Edelsten案之后，1863年的Hall v. Barrows案将对商标性质的探讨推向深入。❶ 这个案件实际上并非是商标侵权案件，而是涉及商标是否可以作价折算成现金进行转让，但是该案的判决却体现出法官对于商标是一种财产的肯定。该案中，被告巴罗斯（Barrows）和约瑟夫·霍（Joseph Hall）签有合伙协议，该协议约定了任何一方去世后，另一方可以买下去世一方的合伙份额。1862年，合伙人之一的约瑟夫·霍去世，原告开始与被告磋商合伙份额的转让。被告愿意购买约瑟夫·霍的份额，但却认为合伙中的商标不应当作价，原告对此持有不同见解，于是成讼。审理该案的韦斯特伯里勋爵再次论述了商标是一种财产的观念，表明其对普通法上欺诈之诉的否定态度。韦斯特伯里勋爵认为："法院对商标的司法保护建立在财产权的基础之上，被告的欺诈并不是执行这种司法权（exercise of that jurisdiction）所必备的条件。"❷ 韦斯特伯里

---

❶ Hall v. Barrows, 4 De G J & S 150(1863).
❷ Hall v. Barrows, 4 De G J & S 150,156(1863).

勋爵指出，从抽象的意义上看，在任何标识上并不会有任何排他性的所有权。但是，当将该标识用于特定的生产商或者可销售的商品时，就有了财产权。据此，商标的专有权属于合伙财产，可以作为一项有价值的权利与业务和商品一同出售。由此可见，这一时期的法院在判决商标案件中，坚持以财产权理论作为断案的主要依据。不仅如此，该案中韦斯特伯里勋爵还认为，抽象的标识并不是商标，因而不具有商标权，只有将标识附着于特定的企业主体及其提供的商品时，该标识经过使用，才会变为商标，产生财产权。可见，韦斯特伯里勋爵不仅认清了商标的本质，而且指明商标只有与商品相联系，投入使用之中，才能产生商标权，这与现代商标法商标使用的理念完全一致。

在美国，商标保护的理念与英国的情况相类似。美国在工业革命完成之后，工商业迅速发展。市场扩大之后，商标对于美国商人来说尤为重要。由于此时的美国法沿袭英国普通法的传统，以欺诈之诉作为商标侵权判定的基础，其证明标准偏高，判决结果的不确定性较大，无法满足商标使用人保护其商标利益的诉求。为更好地维护商业利益，商人们开始游说法院与国会，强调商标为一项财产权，侵权的关键在于消费者是否发生混淆，而非被告的行为是否是欺诈。"商人为确立规制商标使用的正当性，在策略上逐渐构造消费者为商标法的表达，并强调消费者混淆、误认或受欺罔的可能性和严重性，从而说服国家和社会支持或接受此种制度。"[1] 在工商业蓬勃发展的

---

[1] 黄海峰：《知识产权的话语与现实——版权、专利与商标史论》，华中科技大学出版社2011年版，第230页。

大潮之下，出于刺激投资和发展产业的考虑，"美国法院开始将注意力从规制那些威胁到商标权人现有贸易的竞争行为转移到承认商标权人有权利最大限度地利用其商标。19世纪早期，法院就逐渐开始将商标界定为财产或者借助于有体财产来描述商标的问题"。❶

在1879年的Amoskeag Mfg. Co. v. Trainer案中，美国最高法院就明确指出："关于商标、用来表明特定生产商商品的符号或标记，以及法院对最初使用者的保护，是没有争议的。每个人都有自由将任何之前未被使用的符号或图案使用在他自己生产的商品上，以确保其能够从销售的增加中获益。这种销售的增加源于其可能赋予给符号和图案的任何独特的美好（peculiar excellence）。这些符号或图案因此对公众来就说成为标示特定商品来源的标记以及源自真正生产者的正品的保证。就此而言，生产者阻止低劣或不同的商品替代其商品进行销售就具有莫大的价值。这个标记就成为他的商标，法院会保护其排他性的使用。"❷ 由于美国法院逐渐将商标视为一种财产，商标侵权的判定就不再围绕被告主观上的欺诈意图，而是关注被告的行为是否会对原告的商标造成损害。在这种观点指导下，即便被告主观上没有恶意，如果被告使用了原告的商标，也会造成消费者混淆，法院就可以判定被告侵权。正如学者所言："一旦法院认为对商标的所有权类似于对有体物的所有权，就没有必要去审视被诉侵权者的行为是否违反了商业准则。在

---

❶ Mark Bartholomew, Advertising and the Transformation of Trademark Law. New Mexico Law Review, *Vol. 38, Issue 1* (Winter 2008), p.9.

❷ Amoskeag Mfg. Co. v. Trainer,101 U.S.51,53(1879).

这个时期，财产权预示着绝对的权利，使得那些无过失的侵权（innocent infringement）也是非法的。"❶

从美国立法来看，1882年国会制定的《美国商标法》中，就已经对商标侵权问题作出了规定。该法第3条明确规定："所申请注册之商标与他人合法的商标十分近似，有可能导致公众的混淆或错误，或者可能欺骗购买者，不予注册。"❷ 在1905年制定的《商标法》中，该法第5条（b）款也明确规定："可能造成公众混淆或错误或者可能欺骗消费者的标识不予注册。"❸ 在商标财产权观念的指引下，美国商标法进入了新的发展时期。19世纪后期，美国商标法开始将商标分为技术性商标（Technical trademarks）与非技术性商标，技术性商标是那些臆造和任意商标，即具有较强固有显著性的商标，而非技术性商标是描述性的词汇，包括姓氏、地名等不具有固有显著性的标识。自此，美国商标侵权之诉开始出现分化，对于非技术性商标，在诉讼中法院依然要求被告主观意图的证据。而对于技术性商标，法院不再要求被告意图的证据，只关注于消费者混淆的问题。随后，法院逐步意识到，无论是技术性商标还是非技术商标，都是为了标示商品的来源，都是商标权人所享有的财产，问题的关键都在于消费者是否会发生混淆，而不是主观的意图。早在1904年，美国加利福尼亚高等法院就曾表示，恶意的意图和欺骗的意图都不是证明责任所必需的，因为最关键

---

❶ Mark Bartholomew, Advertising and the Transformation of Trademark Law, *38 N.M. L. REV.* 1, 10(2008).
❷ The Act of 1881, 21 Stat. 502, Section 3.
❸ The Act of 1905, 33 Stat 724, Section 5(b).

的因素是消费者的混淆。❶ 到了20世纪中叶，美国法院在商标侵权判定中已经主要考察被告行为的性质以及其对消费者的影响，而不是被告的意图。一旦对消费者造成影响，就表明商标的功能受到了损害，商标权被侵犯。1946年，美国联邦商标法即《兰哈姆法》通过，新商标法不再区分技术性商标与非技术性商标，过错的意图已经不再是侵权与否的必备要件。当被告对商标权人商标的使用极有可能导致混淆、错误或在商品的来源上欺骗购买者，就构成商标侵权。❷ "现代的主流观点是，对任何商业符号或不正当竞争的侵权问题，应当由混淆可能性测试所决定，意图去侵害或混淆仅仅是混淆可能性是否会发生的相关证据。"❸

第四节 商标反混淆保护的扩张

商标权确立之后，随着工商业的发展和商人阶层的壮大，商人为了在更大的范围内限制他人使用与其商标相同或近似的标识，开始极力游说国会与法院，推动商标保护范围的扩张。由于当时商标法的主要任务是规制混淆消费者的侵权行为，因此，自20世纪初叶开始，在商标权人的推动下，商标反混淆的范围一直处于扩张之中。这种扩张主要表现为以下几个方面。

---

❶ J. Thomas McCarthy, McCarthy on Trademarks and Unfair Competition, Eagan: Thomson/West, 2006, §23:105.

❷ The Lanham Trademark Act of 1946, Pub L No 79-489, 60 Stat 427, §32(1), 15 USC §1114(1)(1946).

❸ J. Thomas McCarthy, McCarthy on Trademarks and Unfair Competition, Eagan: Thomson/West, 2006, §23:106.

首先，在混淆的主体方面，商标权人将消费者描述成头脑简单、经验缺乏、行动粗心、购物随意、在市场中极易被混淆的主体，以此降低混淆可能性成立的门槛，增加胜诉的几率。在商标侵权的判定中，消费者占据着重要的地位。❶ 只有消费者极有可能发生混淆，被诉侵权人的行为才构成商标侵权。而具体判断混淆是否有可能发生，主要是看相关的具有合理谨慎（reasonably prudent）注意程度的消费者在面对特定商标时的心理反应。只有具有合理谨慎的注意程度的消费者在识别两个相同或近似的标识的商品时极有可能发生混淆，商标侵权才成立。参照民法中"理性人"的一般原理，在商标法中所谓具有合理谨慎注意程度的消费者也被抽象为在市场环境中，具备一定理性能力和通常分辨能力的主体。但是，正是由于合理谨慎的消费者只是在判断商标混淆问题时所抽象出来的主体，法官或立法者如何确定所谓合理谨慎的注意程度就成为商标侵权判定的关键。当推定合理谨慎的消费者就购买某种商品而言应具有较高的注意程度时，消费者自然会被认为不容易发生混淆，而当推定合理谨慎的消费者购买某种商品时具有较低的注意程度时，消费者会被认为很容易发生混淆，这就直接影响到被诉侵权人的行为是否构成商标侵权。在20世纪之前，合理谨慎的消费者的注意程度往往被设定得比较高，这样法院就会推定消费者不容易发生混淆。当时的法院认为消费者只有对商品进行了仔细的检查之后仍然极可

---

❶ J. Thomas McCarthy, McCarthy on Trademarks and Unfair Competition, Eagan: Thomson/West, 2006, §23:91.

能发生混淆，被告的行为才能被认定为构成侵权。而消费者在粗心大意、漫不经心的购物过程中发生的混淆往往是正常现象，被告的行为在此情况下并不构成侵权。❶"1900年之前，法院只接受发生在购买者对被告商品进行了合理调查（reasonable investigation）后发生的混淆的证据。"1900年之后，形势发生了变化，在商标权人的鼓吹之下，消费者被塑造成注意程度较低、头脑简单、购物随意，极易发生混淆的主体。法院随即降低合理谨慎消费者的标准。消费者往往被认为是"行动快速，不会施加过多的注意程度"、容易发生混淆。❷ 正如当时的法官所言："谨慎的和有辨别力的消费者不容易发生混淆，这可能是正确的。但是，给予商标的保护并不限于谨慎的和有辨别力的消费者，而是包括那些普通的或粗心的（ordinary or unwary）消费者。"❸ 另一法院则直接表示："毫无疑问，公众中的大部分是轻率的，不注意的和很容易被欺骗的。"❹ 显然，合理谨慎的消费者注意程度的降低，使得商标反混淆保护的范围大为扩张。

在消费者主体方面，除了合理谨慎的消费者注意程度的降低外，商标反混淆所针对的消费者群体的范围也有扩大的趋势。根据1946年美国《兰哈姆法》，只有后来者将他人商标使用在商品或服务上，有可能导致购买者（消费者）

---

❶ Mark Bartholomew, Advertising and the Transformation of Trademark Law, 38 *N.M. L. REV.* 1, 7(2008).
❷ Paris Med. Co. v. W.H. Hill Co., 102 F. 148, 151 (6th Cir. 1900).
❸ De Voe Snuff Co. v. Wolff, 206 F. 420, 423-24 (6th Cir. 1913).
❹ N.Y. Mackintosh Co. v. Flam, 198 F. 571, 572 (S.D.N.Y. 1912).

（purchasers）就商品或服务的来源发生混淆时，才构成侵权。❶此时《兰哈姆法》所针对的混淆对象仅限于商品的购买者。1962年，美国国会对《兰哈姆法》进行修订，将"购买者就商品或服务的来源"删去。❷尽管立法并没有明确说明删去这句话的意图，还是有法院将之解读为对混淆可能性针对的消费者主体范围的扩大。据此，一些法院认为，在《兰哈姆法》修订之后，混淆可能性所针对的消费者主体就不仅限于购买者，还包括潜在的购买者（potential purchaser），甚至一般社会公众。"一些法院在考察个人混淆时扩张了购买者混淆的范围，包括潜在的购买者和一般的社会公众，这些都不是在购买之时发生的。"❸根据这一理论，一些法院提出了新型的混淆理论，禁止所谓初始兴趣混淆（或称售前混淆）和售后混淆。初始兴趣混淆，是发生于购买之前的潜在消费者的混淆。售后混淆是购买者没有发生混淆，而是购买之后其他潜在的消费者或者旁观者的混淆。

其次，在混淆的类型方面，在商标权人的要求之下，法院不断将关联关系混淆、初始兴趣混淆、售后混淆等各种消费者混淆形态纳入商标法的规制范围，混淆的类型呈扩大化的趋势。其一，从来源混淆到关联关系混淆。根据1946年《兰哈姆法》，商标混淆仅限于消费者对商品或服务的来源（source

---

❶ The Lanham Trademark Act of 1946, Pub L No 79-489, 60 Stat 427, §32(1), 15 USC §1114(1)(1946).

❷ Amendment of October 9, 1962, Pub L No 87-772, 76 Stat 773, §17, 15 USC §1067(1962).

❸ Michael J. Allen, Who Must Be Confused and When? The Scope of Confusion Actionable Under Federal Trademark Law, *81 Trademark Rep*. 209, 229(1991).

or origin of such goods or services) 发生的混淆。亦即,即便被告使用了与商标权人商标相同或相似的标识,只要消费者知道商品或服务的提供者,对商品或服务的来源有正确的认识,则被告的行为就不受商标法规制。但是,随着时间的推移,法院逐步认定,商标法上的混淆不再限于来源的混淆,当他人使消费者认为提供商品或服务的主体之间存在关联、赞助、附属等关系时,也构成商标侵权。这种观点的依据是,即便消费者不会发生来源上的混淆,但是当消费者认为提供商品或服务的主体间存在关联关系时,后来者就利用了商标权人的商誉,搭了商标权人的便车,牟取了不正当的利益。并且,当后来者的商品或服务品质较差时,消费者会将之归咎于商标权人,导致对商标权人的评价降低,使商标权人商誉受损。其二,从售中混淆到初始兴趣混淆与售后混淆。1946年美国《兰哈姆法》仅规定了售中混淆,即购买者在购物过程之中发生的混淆。为了扩大商标权的保护范围,商标权人向法院提起诉讼,要求法院规制造成消费者售前或售后混淆的行为,这得到了一些法院的认可。所谓初始兴趣混淆,是指消费者在购买之前所发生的混淆,但是在作出购买决定之时,已经清楚地知道商品或服务的来源。这种造成消费者初始兴趣混淆的行为同样构成侵权。初始兴趣混淆最早见之于美国Steinweg Nachf. v. Steinway&Sons案。[1] 该案中,斯坦威(Steinway)是著名的钢琴品牌,而被诉侵权一方将斯坦威格(Steinwag)使用于钢琴之上,使消费者在购买钢琴之前会误认为斯坦威格钢琴来自著名的钢琴品牌斯

---

[1] Grotrian, Helfferich, Schulz, Th. Steinweg Nachf. v. Steinway&Sons, 523 F.2d 1331(2d Cir. 1975).

坦威。法院认为，由于钢琴是较为昂贵的专业乐器，消费者在购买钢琴时并不会对两个商标发生混淆。但是消费者在购买之前，可能会误认为斯坦威格钢琴与著名商标斯坦威存在某种联系，进而考虑购买斯坦威格钢琴。因此，斯坦威格利用斯坦威钢琴品牌的商誉来吸引顾客，构成侵权。斯坦威一案确定了初始兴趣混淆规则，后续法院在案件审理中多次运用这一规则，极大地扩张了混淆可能性的范围。

除了初始兴趣混淆之外，售后混淆的确立也扩大了商标反混淆保护的范围。所谓售后混淆，是指购买者对所购买的商品不会发生混淆，但是购买之后，其他人在看到该购买者所购买的商品后，极有可能对其来源产生混淆。售后混淆规则在1955年Mastercrafters Clock & Radio Co. v. Vacheron&Constantin-Le Coultre Watches, Inc.一案中得以确立。❶ 在该案中，被诉侵权者复制了商标权人著名的商品大气钟（atmos clock），并且以低廉的价格销售。审理该案的法官弗兰克（Frank）认为："至少有一些消费者会购买复制者的更为便宜的钟，以便在家中展示出来，使很多来访者以为是著名的大气钟，从而显示一种身份。复制者的错误就在于来访者会误认为该钟是著名的大气钟，这种混淆的可能性使得复制者的行为是可诉的。"❷ 售后混淆观点的理论依据在于，即便购买者在购买时不会发生混淆，但是购买者购买的意图是从购买仿冒品中获得一种真品所有的

---

❶ Mastercrafters Clock & Radio Co. v. Vacheron&Constantin-Le Coultre Watches, Inc., 221 F. 2d 464(2d Cir.1955).

❷ Mastercrafters Clock & Radio Co. v. Vacheron&Constantin-Le Coultre Watches, Inc., 221 F. 2d 464, 466(2d Cir.1955).

声誉和价值。当旁观者误以为购买者所购的仿冒品是真品时，购买者的目的就达到了。正如学者所言："由于交易转向了仿冒者，商标权人发生了销售额上的损失，其情形正如同实际的购买者发生混淆一样。"❶ 在1962年国会修订《兰哈姆法》，删除了"购买者就商品或服务的来源"等字句之后，售后混淆理论得到了更多法院的认同，商标反混淆保护的范围大为扩张。

综上，商标权在得到承认之后，在商人阶层的推动下，其范围处于不断扩张之中，主要表现为商标反混淆保护范围的扩大。这突出体现在：在混淆主体方面，合理谨慎的消费者注意程度降低以及潜在消费者乃至旁观者被纳入混淆考量的范围；在混淆类型方面，关联关系混淆、初始兴趣混淆、售后混淆的确立。商标反混淆的扩张表明，在资本为王的时代，立法与司法实践不可避免地受到商人阶层和商标权人的影响。遗憾的是，对于商标反混淆保护范围的扩张，立法与司法往往只是被商标权人的利益诉求所左右，被消费者所发生的某些形态的混淆的表面现象所迷惑，而未能深究商标反混淆保护范围的扩大是否具有合理性。本书后文还将对此予以讨论。

第五节　商标反淡化保护的发展

商标反混淆保护主要针对的是未经许可使用商标权人的商标，有可能导致消费者混淆的侵权行为。但是，商标权人并不满足于商标法仅仅在反混淆的意义上保护其商标。在商标广告

---

❶ J. Thomas McCarthy, McCarthy on Trademarks and Unfair Competition, Eagan: Thomson/West, 2006, §23:7.

功能越发重要的情况下，商标权人不希望任何人未经许可使用其商标，以免影响其商标在消费者心目中的形象，即便这种使用行为不会导致消费者混淆。在这一背景下，商标反淡化保护制度应运而生。商标反淡化保护制度的确立和发展，使商标权的保护范围大为扩张，商标法开始摆脱商标反混淆理论的束缚，保护商标本身所具有的独特性、价值和对消费者的吸引力。

一、商标反淡化理论的源起

毫无疑问，传统商标侵权制度发轫于反不正当竞争法，是反不正当竞争法的重要组成部分。[1] 19世纪初叶以降，商标权人对他人未经许可而仿冒其商标行销商品者，往往是通过反不正当竞争法中的仿冒（passing off）之诉来完成。随着实践的发展，商标侵权逐步从反不正当竞争法中分离，仿冒之诉逐步演变为商标反混淆的侵权之诉。及至近代1946年，美国制定《兰哈姆法》，禁止极有可能造成消费者混淆的商标使用行为，实现了商标保护的法典化。但是，无论是反不正当竞争法还是其后制定的专门的商标法，立法所关注的焦点都是消费者是否会发生混淆。正如麦卡锡教授所言，混淆可能性是商标侵权以及反不正当竞争法中的基石。[2] 在商标侵权与反不正当诉讼之中，需要查明的关键问题即为被告对原告商标的使用，是否极

---

[1] Hanover Star Milling Co. v. Metcalf, 240 U.S. 403, 413, 36 S.Ct. 357, 60 L.Ed. 713 (1916).

[2] J. Thomas McCarthy, McCarthy on Trademarks and Unfair Competition, § 23:1(4th ed.2006).

有可能导致消费者发生混淆。可见，商标法的发展史一直以来是以反混淆为中心展开的，无消费者混淆即无商标侵权。

自19世纪中叶之后，商标权人加大了对其商标的广告宣传力度，商标逐渐摆脱其背后所代表的商品，在商标权人的塑造下开始具有独立的意义、价值和品位。在此背景之下，商标权人迫切要求商标法保护其塑造的商标形象和由此产生的商业魅力。商标法以反混淆为中心的保护模式日渐不能够满足商标权人的需求。1927年，谢希特（Schechter）发表《商标保护的合理基础》一文，正式提出建立新的以反淡化保护为中心的商标保护制度，试图摆脱商标法传统的以反混淆为中心的保护模式。

谢希特商标反淡化理论的提出并非一蹴而就，而是经历了一段时期的酝酿和观点的摇摆。在20世纪之前，商标法以反混淆为中心的保护模式一直处于核心地位。并且，这时法律所针对的混淆类型被严格加以限定，只限于在直接与商标权人相竞争的商品之上使用与商标权人商标相同或者近似的标识造成的消费者混淆。"在商标法形成的阶段，商标法仅限于处理在直接竞争的商品上使用混淆性相似的商标所造成的问题。"[1]换言之，商标法针对的侵权的类型仅仅是：消费者将侵权人的商标误认为是商标权人的商标，并且两种标识所标示的商品直接竞争，消费者的误认误购会直接使商标权人失去本该获得的交易机会和收入，发生交易的转移（trade diversion）。正如学者麦

---

[1] Robert C. Denicola, Trademarks as Speech: Constitutional Implications of the Emerging Rationales for the Protection of Trade Symbols, *Wis. L. Rev.* 158,163(1982).

肯纳（McKenna）所言："商标法，事实上所有反不正当竞争法，是被设计用来促进商业道德和保护产生者免受非法的交易转移行为的影响。"❶

　　针对禁止交易转移的商标法制度设计适应了当时小商品社会的经济现实，却无法跟上社会经济发展的新形势。20世纪初叶，随着生产技术的进步，大宗商品生产的日益发达、交通运输业的日渐完善，商业交易的环境发生了巨大的变化。由于市场产生了大量的剩余产品，生产者急于出售以回笼资金，因此出现了借他人已经享有知名度的商标来推销自己产品的贸易形态，商标的转让和许可贸易开始繁荣。随此市场实践的发展，某一个商标可以被许可给多个生产厂商在多种商品上使用，这些商品之间不具有竞争性，甚至不具有共同的特点。商标也不再标示某个具体和特定的生产商，而是代表着某一种稳定的品质和质量保证，至于其背后具体的生产商是谁，消费者并不关心。"公众已经很习惯不同的商品由同一家公司所产生，商品或服务的不同并不必然导致公众认为他们是由不同的的厂商生产的。"❷ 这也就是说，商标标示产品具体来源的功能被商标的匿名来源功能所代替。消费者日渐熟悉商标权人的这种贸易手段，他们习惯于在相类似甚至没有关联的商品之上看到同一商标时仍然认为这些商品统一来源于该商标代表的匿名的来源。正如汉德法官所言："当然，并不必然要求商标权人被视为商品

---

❶ Mark p.McKenna, The Normative Foundations of Trademark Law, *82 Notre Dame L.Rev.*1839,1848(2006-2007).

❷ Edward C. Lukens, The Application of the Principles of Unfair Competition to Cases of Dissimilar Products, *75 U. PA. L. REV*. 197,204-205(1927).

的生产者，相反，当这个商品被消费者视为来源于统一的，尽管是匿名的来源就足矣。"❶

商标许可和转让贸易的发展以及商标法匿名来源理论的提出，使当时以禁止混淆导致的交易转移为中心的商标法饱受非议。很多消费者由于在不同类别的商品之上看到同一商标，而误认为两种商品来自同一来源而遭受欺骗，但是当时法院受制于法律禁止交易转移的限制性规定，无法在商标权人商品和他人商品不构成直接竞争时认定他人对商标权人商标的使用构成侵权。到1905年美国商标法修正案出台，商标法对侵权时原被告商品需要相互竞争的限制开始松动，规定只要双方当事人之间的商品是"本质上相同的描述性财产"（substantially the same descriptive properties），他人对商标权人商标的使用容易造成消费者混淆时就构成侵权。亦即，不要求两种商品构成直接竞争，只要两种商品在本质上的特征、属性是相同的，即可适用商标侵权判定的规则。尽管如此，立法的进程还是未能跟上时代发展的步伐，假如商标权人的商品和侵权人的商品并不具有本质上相同的特质，当造成消费者混淆误认时，依然无法认定商标侵权的成立。1905年立法的改变并未满足商标权人的需求，也招致学界和实务界的批评。

除了商业交易新形式的出现和发展，商业广告和品牌塑造行为的流行也为商标反淡化理论的提出埋下了伏笔。在19世纪，广告作为一种新的商品的促销方式开始出现，但囿于小商品经济的局限，广告的形式还只限于简单地介绍商品的性能和

---

❶ Coty, Inc. V. Le Blume Import Co., Inc., 292F. 264, 267-268(S.D.N.Y.), aff'd, 293 F.344(2d Cir, 1923).

品质。随着传媒的发展，交通运输业的发达，国内统一市场日渐形成，生产者急需一种工具能够帮助其推销产品，吸引消费者注意，激发消费者的购物欲望，开拓新的市场，广告业由此逐步发达兴旺。自20世纪之后，广告业者逐渐发现了心理学的妙用，开始广泛地结合心理学原理设计美妙的广告。激动人心的标语、诱人的商品使用场景，引起消费者对商品的美好的联想，以此向消费者灌输各种品牌的知识、形象和价值，激活消费者潜在的购物潜能。"心理广告（psychological advertising）变为一种为达成目的而特别有效的工具，因为心理广告直接撩动了人们的情感。"[1] 由此，商标权人需要一种新的商标法理论，来保障其在消费者心理中塑造的品牌形象不受其他竞争者的干扰和破坏，而当时的商标法是以反对消费者混淆为中心的，并不保护商标在消费者心目中的吸引力和独特性，这不符合商标权人对法律保护的需求和预期。

在此背景下，商人阶层迫切需要商标法进一步改变。在当时看来，有两种修法路径可以供选择。第一种是传统的修法路径，即沿着已有的以反混淆为中心的商标保护模式进行完善，取消商标法对侵权时侵权商品一定要与商标权人商品在本质上相同的限制，认定只要构成消费者混淆，无论商品类别是否相同，商标侵权都成立。第二种是更为激进的路径，即摆脱传统的以反混淆为中心的商标保护模式，取而代之建立以反淡化为中心的商标保护模式。换言之，判断侵权与否根本不需要评估

---

[1] Bone, Robert G., Schechter's Ideas in Historical Context and Dilution's Rocky Road, http://papers.ssrn.com/sol3/papers.cfm?abstract_id=1081341, P14. 2015-4-9.

消费者混淆是否可能存在，只要考察他人对商标权人商标的使用是否会对该商标的形象及商业魅力构成威胁或影响。只要影响到商标权人商标的形象或商业魅力，就构成商标侵权。这种观点认为商标反混淆制度已经无法适应社会现实的发展，而商标权人需要商标反淡化制度这种新的商标保护模式来维护其投资利益。

谢希特在当时实际上对这两种修法路径都有所考虑。在1927年之前，谢希特所持的观点是对当时实行的反混淆的商标权保护模式进行调整，将在类似以及不相同的商品上使用他人商标纳入商标侵权的判断之中。1925年，谢希特就撰文指出，20世纪早期的商标法存在不足，法律对商标权的保护远远落后于社会实践的发展。谢希特认为，应当对消费者混淆的判定标准进行修改，避免商标法的僵化适用所带来的弊端。[1] 但是此时，谢希特并没有提出商标反淡化的观点和理论。在1917年著名的Aunt Jemima案中，法院突破了当时商标法认定侵权要求商品相同的规定，认定被告在薄饼糖浆上使用与原告于自发面粉上使用的商标相同的标识构成商标侵权，从而扩大了商标反混淆认定的范围。[2] 谢希特认为该判决较好地回应了社会发展的实际情况，表达了对该判决的赞同。这说明，此时的谢希特依然希望沿袭传统的以反混淆为中心的商标权保护模式，通过对商标法中的混淆标准的适当调整，加强对商标权人的保护。

---

[1] Frank I.Schechter, The Historical Foundations of the Law relating to Trademarks 150,164-171(1925).

[2] Aunt Jemima Mills Co. V. Rigney&Co., 247 F. 407(2d Cir. 1917). Cert. Denied, 245 U.S.672(1918).

但是到1927年，谢希特则完全摒弃了其之前的修法主张，提出了全新的商标反淡化理论。在该文中，谢希特秉持其以往的观点，再次阐述社会商业环境和商标使用方式的变化，批判商标法的落后与僵化。但与以往不同，谢希特此次对修改传统的以反混淆为中心的商标保护模式只字不提，而是借助于商标功能在新的商业环境中的变化，提出全新的商标反淡化理论。

谢希特认为，随着广告宣传的大量投入，商标凝聚了商标权人辛勤的汗水和努力，商标法理应关注商标本身所具有的价值，而非仅仅保护商标标示来源的功能。商标本身能够创造出声誉的独特性和个别性，是其价值所在，对于商标权人来说具有极端的重要性。[1] 因为商标权人必须精心设计，发挥创造力，并投入巨资进行广告宣传，塑造品牌形象。对商标这种统一性的损害可能性本身，应当构成权利救济的基础。[2] 谢希特进而指出，商标侵权所造成的真正损害是将商标或者商业名称使用于非竞争性的商品之上，造成其在消费者心目中的身份和吸引力的逐渐减弱或者消散。[3] 亦即，"当具有独特性的商标被使用在不相同的商品或服务时，即便没有消费者发生混淆或者交易转移，该商标也会逐渐但是必然地失去其有效性、独特的识别性，渐渐沦为语言中的普通词汇，最终导致销售力的丧

---

[1] Frank I.Schechter, The Rational Basis of Trademark Protection, *40 Harv. L. Rev.* 813, 822,826(1927).

[2] Frank I.Schechter, The Rational Basis of Trademark Protection, *40 Harv. L. Rev.* 813, 833(1927).

[3] Frank I.Schechter, The Rational Basis of Trademark Protection, *40 Harv. L. Rev.* 813, 825(1927).

失，使商标权人苦心孤诣与巨额投资付之东流"。❶ 最后，谢希特对其商标反淡化理论进行总结。他认为，现代商标的价值在于其独特性和销售力，而独特性和销售力又依托于商标对大众心理的吸引，其不仅来自原商标所标示的商品的优点，也来自商标本身具有的独特性和单一性。这种独特性和单一性，无论使用在相关或者不相关的商品上都会受到折损或伤害。因此商标保护的程度取决于在商标所有者的努力下，该商标实际上与其他商标的区别。❷

由上述对商标反淡化理论的起源进行的梳理可以发现，反淡化理论的提出有深厚的社会背景，其产生的最为本质的原因在于当时市场的扩大和商业广告的流行。商标权人在塑造品牌、广告宣传中付出了巨大的成本，目的就是通过商标激发消费者的购物心理需求。因此，维持这种品牌宣传的效果，让商标在消费者心目中的形象不受到干扰和破坏，就成为商标权人最为重要的利益诉求。而催生商标反淡化理论出现的导火索则是在于当时传统的反混淆商标保护模式存在很多不足。当侵权者将商标权人的商标使用于与商标权人商品不相同的商品之上时，无法认定商标侵权成立，不足以保护商标权人的权益。即便1905年商标法修正对现实进行了回应，部分法院也放弃了对系争双方商标所标示的商品一定要具备相同的限制性要求，一定程度上降低了商标侵权成立的门槛，但这种小幅度的修法还

---

❶ Frank I.Schechter, The Rational Basis of Trademark Protection, *40 Harv. L. Rev.* 813, 830(1927).

❷ Frank I.Schechter, The Rational Basis of Trademark Protection, *40 Harv. L. Rev.* 813, 831(1927).

是无法满足商标权人的利益需求。商标权人已经对以反混淆为中心的商标保护模式失去耐心，转而要求在所有的商品类别上建立商标的绝对权保护模式。谢希特毫无疑问是商标权人的利益代表者，代表商标权人发出了建立最强有力的商标保护模式的声音。如果说1925年谢希特还对以反混淆为中心的商标保护模式心存留恋，试图维持商标反混淆制度在商标保护中的核心地位，那么1927年谢氏则完全抛弃其原有的对传统商标反混淆保护模式进行修订的观点，转而要求立法以保护商标的独特性作为商标保护的唯一合理基础。这种要求实质上是要求建立以商标为中心的完全的排他性财产权制度，不考虑他人对商标权人商标的使用是否造成混淆和欺骗，也不考虑商标权人的商业声誉是否因为混淆和欺骗受到损失。只要该商标被商标权人以外的人使用，对商标权人的商标的所谓商业魅力、独特性抑或销售力造成影响，就构成商标侵权。这种观点以商标权人为本位，意在回应和保护商标权人在其商标上所作的巨额投资和广告宣传。

但正如上文的分析，尽管商标反淡化理论的提出并非偶然，而是对商业实践新发展的回应，然而当时依然有两条改革商标法的路径可供选择。从当时谢希特所处的时代背景来看，改革传统的商标混淆认定标准，放弃侵权判定中要求商品一定要相同或者类似的要求，也是可行的修法思路。这种方法沿袭了以往以反混淆为核心的商标保护模式，不会对商标法的理论基础作出过于剧烈的变动。同时，商标法保护了商标的识别来源以及品质保证的功能，也就很大程度上保护了商标权人在商标上所做的宣传与投资。只是这种反混淆的保护模式对商标权的保护强度不及反淡化的保护模式。然而，谢希特却认为商标反混淆保护模式已经彻底无法适应社会的发展。谢氏在提出其商标反淡化的理论时，文章充斥着"独特性""单一性""商业魅力""销售力"等模糊的词语，似乎淡化就是对商标权人商标"独特性"或"单一性"的损害，最终造成商标权人商标"销售力"的丧失。那么，商标的"独特性"和"单一性"究竟是什么？商标的"销售力"是什么？其损失又如何判断？谢希特并未给出明确回答。由此可见，谢希特的观点大部分建立在直觉的基础上，并未经过严密的逻辑分析，他只是用通俗的语言描述了一种直觉上可能会出现的商标损害，而并未通过专业和严谨的学术研究清晰准确地说明何为商标淡化以及何为商标淡化的损害，也未能说明这种损害达到何种程度才需要商标法进行干预。正如学者所言，谢氏的商标反淡化理论以今日之观点看来，不免单薄。[1]而要克服谢希特反淡化理论的"单薄"，必须正面回应商标淡化究竟是什么、它又会造成哪些危害。从本质上看，反淡化理论所言的危害都关乎商标在消费者心目中的形象、地位和状态。因此，从消费者的心理认知角度分析商标淡化问题，剖析商标淡化究竟是否会影响消费者对商标的心理认知，乃至认定商标淡化行为是否需要商标法介入的可行方法。后文商标的反淡化保护一章还将就此展开讨论。

二、商标反淡化法的发展

谢希特的商标反淡化理论在提出之后，并非立即被司法实

---

[1] Bone, Robert G., Schechter's Ideas in Historical Context and Dilution's Rocky Road, http://papers.ssrn.com/sol3/papers.cfm?abstract_id=1081341,P24. 2015-4-9.

践与立法所接受，期间经历了一些法院及立法机构和学术团体的抵制和批评。但是，经过多方利益团体的博弈，出于产业发展和保护商标权人投资利益的考虑，商标权人占据了话语的主导权，商标反淡化理论被保留下来，逐步为立法和司法实践所确认。

谢希特的商标反理论提出之后，商标法司法实践开始出现分化的趋势。一方面，有的法院并不接受商标反淡化理论，依然沿袭原有的以反混淆为中心的商标保护模式，只是为了因应社会现实的发展，逐步将商标混淆的判断标准予以改良，将商标混淆的认定扩大到系争双方直接竞争的商品之外。承认即便在并无竞争关系的商品之间，也可能由于导致消费者混淆而构成商标侵权。在此模式下，商标反淡化理论已经没有存在的必要。法院认为在市场上不存在消费者混淆的情况下，商标法无须介入。另一方面，个别法院对商标反淡化理论产生浓厚的兴趣，开始在司法判决中运用反淡化理论。在1932年的Tiffany一案中，被告作为电影生厂商使用了"Tiffany"这一商标，原告Tiffany珠宝商诉至法院。尽管法院承认，消费者在该案中极易发生混淆，因而这一案件在传统的商标反混淆框架下也能够得到解决，然而法院出于保护商标权人商誉的考虑，还是使用了谢希特的反淡化理论作为断案的依据。法院认为，被告对原告商标的使用会逐步淡化该商标在消费者心目中的形象和地位。而被告从原告商标的商誉中意图获取，实际上也获取了不正当的利益。❶ 同样，在Bulova案中，法院也认为，按照1905年商标法案的要求，认定侵权必需涉案的两种商品有相同的特征，

---

❶ Tiffany&Co. V. Tiffany Productions,Inc.264 N.Y.S.459,462-463(1932).

如果不求助于反淡化法，在手表和鞋子上使用相同的商标就是不可诉的。该案中原告拥有臆造的强商标，被告即便是在非竞争的商品上使用该商标，也从原告的商誉中获取了实质性的利益，有可能导致原告商誉的损失，淡化原告商标的质量。❶

尽管有个别法院在判决之中适用了商标反淡化理论，在司法实践中，反淡化理论的适用却引发人们关于商标垄断的担忧，法院越来越表现出对商标反淡化理论的谨慎。法院的这种疑虑主要来自商标反淡化理论极大地强化了商标权，有可能使商标权演变为一种绝对的和总括性的权利，进而挤压市场自由竞争的空间，而这是法院不愿意面对的。在商标法理论与实践漫长的演化过程中，传统理论一直认为，商标的作用在于标识来源，因此商标保护的基础在于制止混淆和保护消费者。商标权仅仅存在于特定的标志与该标志使用的商品之间，商标权不是绝对的财产权，并不保护其在人们心目中的独特性。正如鲁尼（Lunney）教授所言，所有权赋予在商业中使用商标的人，并不是因为她创造了该标志或者创造了丰富的联想，而是使该人更方便、更积极地通过商标精确地标示所附着商品的来源，维护更广泛的公众利益。❷ 因此，"部分法院认为，反淡化理论在扩张商标权人权利方面走的太远了"。❸ 麦卡锡教授在评论反淡化法时也尖锐地指出："传统商标法主要是保护消费者免

---

❶ Bulova Watch Co. v. Stolzberg, 69F. Supp. 543, 545-547(1947).

❷ Glynn S. Lunney, Jr., Trademark Monopolies, *48 EMORY L.J.* 367, 417(1999).

❸ Robert J. Shaughnessy, Trademark Parody: A Fair Use and First Amendment Analysis, *72 VA. L. REv.* 1079, 1088(1986).

受错误与欺骗，而反淡化法更倾向于商标的绝对性财产权。反淡化法不像是消费者保护法，倒很像财产侵害法。"❶

　　这一时期，为了审慎地适用商标反淡化制度，法院施加了一系列限制性条件来缩小反淡化制度的适用范围。首先，法院认为当前商标法最主要的问题在于无法将商标反混淆保护的范围扩大至非竞争性的商品之间，而非采取商标反淡化保护模式。如果在商标混淆认定时放松对商品之间必须相同的要求，商标法的弊端就能够被克服，没有必要采用过于激进的商标反淡化保护模式。其次，部分法院将商标混淆与淡化相结合，认为反淡化制度适用的前提是商标混淆的成立，要求诉请反淡化保护的原告在法庭上证明消费者混淆的存在。这实际上是将混淆的认定重新确定为侵权判定的中心问题。例如，第七巡回上诉法院就认为，当混淆可能性被证明存在，淡化就是当然的结果。❷"一些法院坚持，除非混淆可能性被证明，否则淡化就被认为是不可诉的。"❸ 最后，有的法院将反淡化制度的适用范围进行了限制。既然目前商标法的弊端在于无法将保护范围扩展至非竞争性的商品，那么在竞争性商品之间，淡化是不能够适用的。这样，以反混淆为中心的传统商标权保护模式依然可以发挥作用，而不至于被商标反淡化模式所取代。通过上述几个方面的限制，反淡化制度能够实际适用的空间就较为狭窄了。

---

❶ J. Thomas McCarthy, McCarthy on Trademarks and Unfair Competition, § 24:70(4th ed.2006).

❷ J. Thomas McCarthy, McCarthy on Trademarks and Unfair Competition, § 24:70(4th ed.2006).

❸ 3 Callmann,The Law of Unfair Competition,Trademarks and Monopoloes § 84.2(3d ed.1969).

在立法方面，1932年，谢希特亲自起草新的联邦商标法法案，加入了其一直主张的反淡化制度，意在为臆造的和任意的商标提供更强的商誉方面的保护。在1932年向国会委员会作出说明时，谢希特说出了至今仍被后人津津乐道的一段话："以劳斯莱斯为例，如果允许劳斯劳斯饭店、劳斯莱斯自助餐馆以及劳斯莱斯裤装、劳斯莱斯糖果的存在，那么十年之内，劳斯莱斯这一商标就将不复存在。"❶ 然而，谢希特的精彩论述和其立法提案并未受到议员的青睐。作为美国历史上第一部联邦商标法案，1946年通过的《兰哈姆法》严格遵循了传统的商标法理论，维护以反混淆为中心的商标保护模式，对商标反淡化只字未提。1987年，代表商标权人利益的美国商标协会积蓄力量，花费两年时间，对美国商标法进行了密集而广泛的调研，并将调研成果整理成《美国商标法和兰哈姆法报告与建议》公之于众。该调研报告提议在《兰哈姆法》中加入著名商标的反淡化保护。在美国商标协会的主导之下，亚利桑那州议员在国会中提出了《兰哈姆法修正案》，将商标反淡化保护纳入其中。1988年，《兰哈姆法修正案》得以通过，但再度将商标反淡化保护的内容删去。在《兰哈姆法》实施40余年后的最全面的这次修订中，商标权人推崇的反淡化制度再度被立法所否定。❷ 立法之所以如此取舍，依然与反淡化法律赋予商标权人过于宽泛的商标权有关。国会对商标反淡化理论纳入立法表示忧虑，

---

❶ Hearing Held Before the House Comm. on Patents, 72d Cong., 1st Sess. 15 (1932) (Statement of FrankI.Schechter).

❷ H.R.5372,100th Cong.(1988),http://ipmall.info/hosted_resources/lipa/trademarks/PreLanhamAct_080_A_Report_07.pdf,2015-4-13.

将导致立法赋予商标权人总括的（in gross）财产权，并威胁到宪法修正案所保护的言论自由，危害市场自由竞争。提出反对意见的主要有美国联邦贸易委员会，报纸、书籍和杂志的出版社，美国民权联盟，还有广告商、保险公司及其从业人员等。❶在此后50年间，直至1996年《联邦反淡化法》通过，国会都拒绝将反淡化制度纳入商标法之中，足见其对反淡化制度的谨慎与疑虑。

如果说1946年的《兰哈姆法》已经为反淡化制度是否纳入商标法的争议给出了回应，那么随着时间推移，商标反淡化问题本应该逐步淡出人们的视线，最终退出历史舞台。然而，在联邦立法层面遭受到失败的反淡化法律，却在美国各州生根发芽。商人阶层开始采取各个击破的方式，在地方立法上寻求反淡化法的建立。1947年，仅在《兰哈姆法》通过一年之后，美国马萨诸塞州通过州反淡化法。1953年，伊利诺伊州也通过州反淡化法。1958年，纽约州和乔治亚州紧随其后，各自通过本州的反淡化法。至1996年《联邦反淡化法》通过之前，已经有近半数的州承认反淡化保护理论，建立本州的反淡化法。最终，美国《联邦反淡化法》通过，商人阶层取得阶段性胜利。那么，为何反淡化法律会在各州找到落脚点，然后通过各个击破的方式，最终于1996年在联邦立法层面取得突破，顺利将反淡化法律制度从各州到联邦完整地建立起来呢？

商业利益的驱使始终是法律演化过程中所要考虑的重要因素。在将反淡化理论引入立法的推进中，拥有各大品牌

---

❶ H.R. REP. No. 100-1028, at 6-7 (1988), http://ipmall.info/hosted_resources/lipa/trademarks/PreLanhamAct_102_HR_100-1028.htm,2015-4-13.

的商标权人、商标协会等利益团体，为维护其通过广告和营销精心打造的商标形象，始终不遗余力地宣传反淡化法律，批评以反混淆为中心的商标保护模式的不足。立法游说团体虽然在1946年联邦立法中失败，但是转而采取迂回的策略，通过各个击破的方式，在个别州取得立法的突破，最终在州法层面的反淡化立法中全面胜利，乃至于1996年在联邦立法层面获得成功。正如学者所言，反淡化的支持者，被较好地组织起来，力量强大，影响面广，可以展开密集的游说，而反淡化理论的反对者则不是。比如，马萨诸塞州淡化法案的支持者包括波斯顿律师协会及贸易零售委员会、商业改善局，马萨诸塞州工业联合会等工业团体。❶这种情形正与版权法、专利法的立法演进历史相仿。知识产权权利人一方往往掌握着大量的社会资源和经济资源，其于立法机关表达利益诉求的力量较为集中和强大，而与之相对的社会公众、消费者、部分学者则力量分散，很难形成合力与知识产权权利人相抗衡。在反淡化法律制度的立法进程中，反淡化法律制度施加的成本大多为所有的消费者与市场中相对弱小的竞争者所承担，对于消费者来说，他们无法在游说中形成组织。❷反淡化法律制度最终在州和联邦立法层面的全面胜利，鲜明地体现了商业为王的时代，立法更多地是被以掌握资本的利益团

---

❶ Bone, Robert G., Schechter's Ideas in Historical Context and Dilution's Rocky Road, http://papers.ssrn.com/sol3/papers.cfm?abstract_id=1081341, P41. 2015-4-9.

❷ Bone, Robert G., Schechter's Ideas in Historical Context and Dilution's Rocky Road, http://papers.ssrn.com/sol3/papers.cfm?abstract_id=1081341, P42. 2015-4-9.

体所左右，迎合了商业社会中商标权人最大限度维护商标形象和声誉的需要。有学者对此不无忧虑地指出："商标法已经变为商标权人的同谋者（accomplice），它使得商业价值占据了我们文化的中心位置。"❶

纵观商标反淡化制度的发展史，商标反淡化制度并未在一开始就受到立法的认可与重视。相反，将商标反淡化纳入立法的过程充满了矛盾、争议与不确定性。从1927年谢希特正式提出商标反淡化理论，到1996年《联邦反淡化法》正式建立，美国花了69年时间去讨论是否要将反淡化制度纳入商标法之中。这期间耐人寻味的是，不断有人发表对商标反淡化制度持异议的见解。无论是法院还是国会，都对商标反淡化制度表达了质疑，担忧商标反淡化制度会赋予商标权人太大的权利，对市场的自由竞争构成不利影响。尽管如此，立法者、法院都受困于无法清晰地说明商标淡化是什么、商标淡化造成的损害究竟是否存在，以及如果商标淡化存在的话，这种损害又是否值得商标法去干预。国会和法院依然想坚持传统，通过改革传统商标法中的商标混淆认定标准来将商标反混淆制度适用于非竞争的商品之间，扩大解释混淆的含义，从而使商标法跟上时代发展的步伐。但是，20世纪30~90年代，正是广播、电视业、交通运输业突飞猛进的时代，市场的急剧扩大使商标权人不得不仰仗于广告的宣传来扩大商品的市场占有，商标权人需要反淡化法律来保护商标在消费者心目中的形象，这种需求通过立法游说最终获得成功。时至今日，商标权人比以往更加依赖广告，

---

❶ Katya Assaf, The Dilution of Culture and the Law of Trademarks, 49 IDEA 1, 3. (2008).

商标也被输入各种积极的能够引起消费者美好联想的意义，品牌营销甚至已经成为一门专业的学科和产业。商标权人更加需要反淡化法律去积极维护其所塑造的商标形象。但是，即便反淡化制度的存在已经成为现实，还是需要以理性的态度对商标反淡化制度的正当性进行拷问。毕竟，商标基本的和最为重要的功能是标示来源。作为一种指示性标识，如果给予商标自身过多的保护，将对市场的自由竞争带来不利影响。

第六节　商标保护历史的启示

时至今日，商标权保护模式已经由传统的以反混淆为中心的保护模式过渡到以反混淆和反淡化为核心的保护模式。商标权人通过不断扩张的反混淆保护模式和新建立起来的商标反淡化保护模式，获得控制范围更大的商标权。这种变化代表着不同历史阶段的时代背景与商标法观念。透过商标保护的历史演化过程，可以得出下列结论以供进一步思考。

一、商标保护的方式

根据上文的论述，从总体上看，商标保护模式的演变大致可以区分为五个阶段。

第一阶段是商标保护的萌芽阶段，大致区间是古代至17世纪。这一时期由于商品经济不发达，商人阶层没有形成，并未诞生现代意义上的商标法。但是，这一时期很多工商业标识在客观上具备了商标的功能，成为他人仿冒的对象，因此，政府在15~16世纪开始打击仿冒，规范市场行为，这是商标保护的萌芽，实际上孕育了规制商标侵权、保护商标权的理念，为日后商标法的制定和商标权的确立打下了基础。

第二阶段是商标保护的欺诈之诉阶段，大致区间是17~19世纪中叶。这一时期，英美普通法和衡平法已经开始对商标进行保护，但法律并没有承认商人对其标识享有商标权。当时的政府和司法系统对商标侵权进行规制的主要目的不是避免消费者混淆，而是制止欺诈，打击不诚信的不正当竞争行为，防止仿冒者通过模仿他人的商标来吸引潜在的消费者，使商标权人丧失交易机会，导致销售收入降低、商誉受损。因此，在这一时期，商业主体在竞争中是否存在欺诈的意图就成为被告侵权是否成立的关键。无欺诈则无侵权，无欺诈则无规制。在此理念的指导下，对商标的保护实际上是市场反不正当竞争的要求。

第三阶段是商标权的确立和保护阶段，大致区间是19世纪中叶~20世纪初叶。在这一阶段，商品经济开始发展，商人成为一种独立的职业群体，在社会上的地位不断提高。商人由于形成了阶层，可以在法律上集中表达自己的利益诉求。在商业社会不断发展的情况下，商标是一种财产的观点深入人心，司法和立法逐渐肯定商人在商标之上的权利是一种排他性的财产权。因此，保护商标的关键在于避免消费者混淆，使市场上的商标相互区分，而被诉侵权人有无欺诈，并不影响商标侵权的成立。在这种理念的指导下，法院在商标案件的审判中不再对被告的主观欺诈意图进行考察，而将重心放置于消费者是否极有可能发生混淆，立法也通过制定法律，明确了反混淆是保护商标权的核心任务。至此，商标反混淆的保护模式逐渐确立，商标权成为财产权，正式登上了历史舞台，消费者混淆成为商标侵权判定的主要依据。

第四阶段是商标反混淆保护的扩张阶段，大致区间是20世纪初叶~21世纪初。在此阶段，商人阶层进一步壮大，要求商标法强化对商标的保护，于是商标反混淆保护的范围呈现出逐步扩张的发展轨迹。商标反混淆的范围不断扩大，关联关系混淆、初始兴趣混淆、售后混淆都成为混淆所涵盖的混淆类型。商标权人通过反混淆保护范围的扩张实现了商标权的强化。

第五阶段是商标反淡化保护的出现和发展阶段，大致区间是20世纪20年代开始至今。在此阶段，商标权人已经不满足于商标法在反混淆意义上保护其商标。在媒体资讯、交通运输发达的背景下，商标的广告宣传功能越发重要，商标本身的形象对于市场竞争来说尤为关键，商标权人迫切需要商标法保护其商标的独特性和对消费者的吸引力，保护其品牌营销的投资。商标反淡化理论和商标反淡化法逐步发展，成为商标权人在消费者混淆之外规制他人未经许可使用其商标的有力工具。商标反淡化保护的发展使商标法进入新的发展阶段，商标法开始保护商标自身所具有的形象和特质，保护商标的形象不受干扰和污损。亦即，反混淆保护和反淡化保护在商标法中开始并驾齐驱，商标本身成为一种独立的财产，可以在一定条件下排除他人的使用行为，而无须证明消费者是否可能发生混淆。

二、商标保护方式演变的成因

从整个商标保护模式演化的进程来看，商业社会和市场经济的发展是商标法产生、商标权确立的决定性因素。商人阶层的形成，对商标法的发展也起到关键性作用。商标保护模式演变的不同阶段，实际上代表了不同的时代背景和价值观理念和经济基础。在商标保护的萌芽阶段，商品经济并不发达，远距离贸易尚未形成，人们之间更多的是面对面的熟人交易，当时的传统观念是"酒香不怕巷子深"，因此对商标保护的需求并不迫切。在商标保护的欺诈之诉阶段，法律尚未明确承认商标权是一种排他性财产权，实践之中对商标的保护，更多考虑到的是维护市场竞争的公平秩序和制止欺诈性的行为，而非对商标权人的商标权予以保护。因此，当时的法律实践要求被诉侵权的被告必须具备主观上的欺诈意图。在商标权的确立和保护阶段，商人群体逐步形成了稳定的社会阶层，对商标法的需求更为迫切，消费者的地位也开始提高，人们对商标本质的认识进一步加深。法官多次在案件中明确表示对商标的保护不需要证明被告欺诈的意图，商人对其合法使用的商标具有财产权。在商品经济发展逐步成熟的背景下，商标权人这一阶层逐步发展壮大，他们也通过消费者这一主体，说服立法者和司法者相信，商标侵权行为所引发的消费者混淆造成了市场秩序的混乱，使得消费者的利益无法受到保障，并直接导致商标权人利益的损失。正是通过消费者这一主体，商人阶层成功地说服了立法者和司法者，确立了商标权保护的正当性，由此也使得商标的反混淆保护成为商标法的中心任务。在商标反混淆保护确立之后，由于保护范围还比较狭窄，商标权人竭尽所能，不断推动商标反混淆保护范围的扩张。其主要目的在于通过商标反混淆保护范围的扩张，在更大的范围内排除他人对其商标的使用，最大限度地通过商标在市场上取得优势的竞争地位打击竞争对手。从售前混淆、售后混淆、关联关系混淆这些混淆扩张的具体类型来看，商标权人通过混淆这一概念，努力规制市场中形成的对商标权人构成威胁的新的商业模式和竞争形式。在这些新商业模式和竞争形式中，他人都以某种方式使用商标权人的商标，而商标权人的借口无一例外是消费者的利益受到了侵犯，消费者容易发生混淆，这会给商标权人带来损害。商标权人借助消费者地位的提高和重要性成功地实现了商标权在反混淆保护上的扩张。与此同时，在另一方面，商标权人开始要求立法和司法保护其商标本身所具有的形象，这就是商标的反淡化保护。商标反淡化保护的出现和发展阶段体现了商标广告功能的重要性。随着19世纪中叶之后媒体技术的发展，广告逐步成为商人市场营销的重要手段。品牌心理学、消费者行为学等学科的崛起，更是为营造品牌、塑造商标形象以吸引消费者奠定理论基础。由此，商人已经不满足于商标法仅仅为其提供商标反混淆保护，而是要求商标法在更大范围和程度上保护其商标，确保其广告宣传投资而确立的品牌形象和效果。商业广告的兴起和商标功能从标示来源到广告宣传的转变，促成了商标反淡化法的产生和发展。

三、商标保护范围的反思

商业利益的驱使始终是法律演化的重要因素。在资本为王的时代，立法与司法常常被利益阶层所影响，朝有利于某一利益群体的方向演化，商标法也概莫能外。在商标的财产化、商标反混淆保护范围的扩张和商标反淡化保护制度的确立等方面，商标权人、商人阶层、商标协会等利益团体，为维护其投资利益，始终不遗余力地宣传商标是一种财产权的观念，批评现有商标保护模式的不足和对消费者利益的不重视，游说立法机关通过对其有利的商标法案。在商标反混淆保护范围的扩张方面，商标权人极力宣扬消费者是头脑简单、行为随意、极易发生混淆的主体，而其他人的某些商业模式和利用其商标的行为容易导致消费者发生混淆，必须对此予以规制。由此，立法扩大了商标反混淆保护的范围，将初始兴趣混淆、售后混淆、关联关系混淆等新的混淆形态纳入商标法的调整范围。在商标反淡化保护制度的确立方面，商标权人也极力渲染其所塑造的商标形象对消费者的购物决策有重大影响，而他人对其商标未经授权的使用恰恰淡化了商标权人商标在消费者心目中的地位，导致消费者不再对其商标感兴趣，造成其利益受损。最终，商标反淡化法得以确立。商标权人如此重视消费者，处处为消费者的利益"奔走呼号"，为消费者利益代言，其真实目的其实是维护其自身商业利益，只是借用消费者作为立法游说的理由，以使其商标权保护和扩张更加具有正当性。有学者就一针见血地指出："《兰哈姆法》确定的和事实上的受益者是商标权人，而非消费者。"❶消费者在商标法的演化中始终被商标权人所"挟持"，成为商标权人谋求自身利益的工具。

　　实际上，消费者在市场中有着多元化的利益诉求，尽管在反商标混淆侵权这一层面上，消费者同商标权人一样有着避免发生混淆的利益诉求，然而消费者还有其他不同于商标权人的利益诉求。消费者需要自由竞争的市场环境，需要更多的企业生产各种同类型的商品，提供各种信息，不同的提供同类商品的厂商之间可以相互竞争，以给消费者更多的实惠。而商标权

---

❶ Ann Bartow, Likelihood of Confusion, *41 San Diego L. Rev.* 721,724(2004).

的扩张，将一定程度上巩固已有的商标权人的市场地位，提高新的竞争者进入相关市场的门槛，从而使得市场上供应同类商品的厂商减少，间接上导致消费者利益的损失。商标权的扩张实际上与版权的扩张和专利权的扩张一样，都是知识产权利益阶层形成并在法律上集中表达自己利益需求的体现。在知识产权立法过程中，知识产权权利人掌握着大量的社会资源和经济资源，其于立法机关表达利益诉求的力量更为集中和强大，与之相对的社会公众、消费者、部分学者则力量分散，很难形成合力与知识产权权利人相抗衡。商标的保护、商标财产权的确立、商标反混淆制度的确立和随后的大幅扩张，以及商标反淡化法的通过，都体现出在商业社会，掌握资本优势的商人阶层控制了立法的话语权，其往往能够说服立法通过对其有利的法案，推动商标权的扩张。而与之相对的另外一方消费者群体和其他厂商，由于较为分散，无法集中表达利益诉求。

商标权保护的扩张必然压缩市场自由竞争的空间，给其他正常参与市场竞争的主体带来更多的法律风险。一旦其他主体使用了商标权人的商标，就有可能承担侵权责任。对商标反淡化方面的保护，也使得一些商标能够长久地维系其市场优势地位。商标保护扩张的历史要求我们以警惕的态度对待商标法的立法与司法实践。假如说商标权的确立是历史发展之必然，那么需要慎重考虑的就是商标反混淆制度在关联关系混淆、初始兴趣混淆、售后混淆等方面的扩张是否合理？商标反淡化制度的确立和发展是否都符合商标法的立法宗旨与目的？进言之，商标权保护在这些方面的变化是否都是市场竞争的内在要求？是否会推动整个社会市场效率的提升？之所以需要回应这些疑问，是因为商标权的扩张意味着商标权人有更强的力量来控制市场，排斥他人的竞争，提高他人进入相关市场的门槛，导致市场效率降低，这并不利于建设一个自由竞争的市场环境。实际上，不仅商标权人，参与市场竞争的其他厂商和消费者在特定情况下，都有使用商标权人商标标识，以表达某种信息的需求。比如，一些企业在市场竞争中为了更好地参与竞争，不得不在描述性或指示性的意义上使用商标权人的商标标识，以及在商业性广告中采取比较广告的形式使用商标权人的商标标识，而消费者也会设立各种网站，使用商标权人的商标，对商标权人所提供的商品进行点评和评论。这其中有些行为就可能触犯到商标权人的利益，商标权人会以商标侵权为由起诉其他厂商和消费者。商标权的扩张显然可能导致与自由竞争和表达自由的冲突。有学者就指出："商标权的扩张性架构排斥第三者使用他们自己的商标，即便该商标只与商标权人的商标有少许相似。它阻碍合法的竞争，阻止合法的使用商标进行的自由言论。"[1] 关于这一点，后文还将予以探讨。

四、商标保护范围的限定

从商标保护制度建立伊始，商标权就处于不断的扩张之中，这固然有在新的商业环境下商标保护的现实需要，但更多的是商标权人为维护自身利益而不断推动立法和司法给予商标更大范围保护的结果。从商标权扩张的实际情况来看，商标法把反混淆规制的范围扩大到关联关系混淆、初始兴趣混淆、售后混淆这些新的混淆，但这些混淆形态是否真的会损害商标权

---

[1] Ann Bartow, Likelihood of Confusion, *41 San Diego L. Rev.* 721,722(2004).

人的利益，是存在疑问的。比如初始兴趣混淆，其特点是消费者在购买决定作出之前所发生的初步的混淆，但是在消费者作出购买决定之时，这种混淆状态已经不复存在，消费者作出的购物决策完全是出于自愿，那么这种短暂的吸引消费者注意的混淆，究竟会对商标权人造成哪些损害，就值得讨论了。商标权人似乎将自己塑造成了一个市场中的受伤害者，也将消费者描述成一个极其容易受到伤害的主体，然而实际上，消费者在市场中是具备一定的辨识能力的，并没有那么容易上当受骗，商标权人也并不见得必然在一些消费者混淆形态的影响下受到损失，尤其是这种混淆很容易就能加以克服，或混淆持续的时间非常短暂。

  在商标法的发展历程中，已经有人注意到了商标保护范围的合理性问题，对商标保护范围的扩张表示质疑。不仅如此，有人还对商标保护范围应当如何限定提出了自己的看法。根据前文对商标保护历史的阐述，在商标保护很长一段时期内，法院都将商标侵权作为不正当竞争的一部分，在商标侵权的认定上有着严格的构成要件限制，要求侵权人需要有欺诈的意图和欺诈的行为，这本身就是对商标保护范围的一种限定。尽管在19世纪中叶之后，情况发生了变化，立法和司法都已经承认了商人对其商标享有商标权，在侵权认定时并不需要证明侵权人主观欺诈的意图，但是依然要求证明被告的行为容易导致消费者发生混淆误购，被告才可能构成商标侵权。不仅如此，司法上一直要求如果被告构成商标侵权，则原被告双方系争商标所使用的商品必须相一致，亦即，系争双方是直接竞争关系，被告的侵权将导致消费者发生混淆，使得本来可以购买原告商品的消费者转而购买了被告的商品，直接导致原告顾客的流失和利润的损失。也就是说，过去很长一段时间的商标保护实践活动，都严格规定了商标侵权成立的要件，明确了商标侵权的成立必须证明原告的损害是真实存在的，而非推测的。即在法律上确定被告的行为确实对原告有所损害，发生了原告顾客的流失和利润的损失，才予以法律保护和救济。这就并不像现代商标法在反混淆和反淡化方面的某些实践表明的那样，商标权人所宣称的一些推定的、无法予以实际证明的损害也予以救济，导致商标权保护范围的扩大。在商标反混淆保护范围不断扩大的过程中，有观点始终认为商标售前混淆和商标售后混淆并不会给商标权人造成损害，商标法不应予以规制。在商标反淡化法纳入商标法的过程中，立法者对商标反淡化保护的质疑，以及美国《兰哈姆法》两次修订都坚持将反淡化法排除在商标法之外，都同样表明人们对商标淡化可能给商标权人带来的损害缺乏共识。目前，美国的反淡化法提高了淡化保护的门槛，只对那些在全国范围内具有广泛知名度的商标予以反淡化保护。同时，一些新闻报道、商业性言论和非商业性言论、合理的比较广告等，都被明确排除在反淡化保护范围之外。这些质疑、反对的意见和对商标保护范围进行限定的做法，都是今天如何看待和评价商标法的宝贵财富。从历史角度来看，我国商标法的完善，需要进一步反思和明确商标反混淆保护和反淡化保护的范围，将商标权人在商标混淆和商标淡化中可能遭受的损失明确化，提高商标反淡化保护的门槛，在进行侵权判定时更多地将其他厂商参与竞争的利益和消费者获得更加多样化的商品和商品信息的利益加以考虑。

第七节 结　语

　　商标保护制度的建立和发展，与市场经济的发展是同步的。没有市场经济和商业贸易，就不需要商标，更不会出现商标法。因此，对商标法进行研究，不能脱离现实的商业环境，不能不考虑商标法对整个市场经济秩序和市场经济环境的影响。商标法虽然是为商业贸易所制定，但商标法又不是仅仅属于商人的法律制度，商标法关系到消费者和参与市场的所有主体的切身利益，正是从这一意义上说，我们需要反思商标法的扩张，需要反思商标法的合理性基础、需要认真考虑商标法的适用可能给整个市场经济环境带来的影响。在这方面，商标保护的历史能够给我们提供很多关于商标法完善的线索和启示。

第二章 商标的概念

知识产权客体在知识产权法的制度构建中占据十分重要的地位，它是知识产权法律制度构建的出发点和基础。正如刘春田先生所言："对象的自然属性的差别是导致法律关系不同的决定因素。民事权利中的财产权之所以区分为物权、债权和知识产权，正是由于它们各自对象的自然属性即存在方式的差异所致。"[1] 具体到商标法，其调整的是与商标有关的权利义务关系。商标乃是商标权的保护客体，商标法所有的制度构建，都要围绕商标这一客体进行。因此，探究商标的概念、对商标进行准确的界定，意义重大。概念是事物的本质属性，是一事物区别于他事物的重要特征，商标的概念所要探讨的实际上就是商标的本质问题，亦即，商标权保护的客体——商标的本质属性。本章将围绕商标的概念，运用多种研究方法，探究商标的本质。第一节简要概述目前学界关于商标概念的界定，指出目前在商标的概念界定中存在的问题；第二节回顾现有研究，从符号学、信息学和经济学角度对商标的概念进行分析；第三节运用认知心理学原理，对商标概念进行分析；第四节论述认知心理学语境下商标概念的重要意义。

---

[1] 刘春田主编：《知识产权法》，中国人民大学出版社2000年版，第5页。刘春田此处所称的"对象"即本书所述的"客体"。

第一节　商标概念的界定

概念在法律制度中具有重要意义。概念是人们对事物本质属性的高度抽象和概括，明确了一事物与他事物区别之所在。准确界定了概念，实际上就明确了事物的内涵和外延，明确了事物的本质属性。在法律制度中，法律概念具有十分重要的意义。它是法律制度的有机组成单位，是法律制度的基础，也是法律规则构建的基石。如果法律概念模糊不清，则整个法律规则就会缺乏明确性，导致规则的功能和适用存在问题。商标作为商标法中的基础概念，是商标法构建的基石。如果商标的概念模糊不清，缺乏合理性，则商标法不可能实现体系化和科学化，同时司法实践也会发生偏差。本小节将主要概述目前学界对商标概念的基本界定和认识，并指出存在的问题。

一、商标概念存在的问题

法律概念，是指对各种有关法律的事物、状态、行为进行概括定位而形成的术语。[1] 作为连接规则、原则、制度的节点，法律概念是整个法律体系的基石，是法律体系的基本组成要素。"如果我们试图完全摒弃概念，那么整个法律大厦就将化为灰烬。"[2] 概括而言，法律概念主要有两种作用。

首先，法律概念的基本作用在于指明法律的约束方向。概念揭示了法律术语的内涵和外延，是法律规则适用的准绳。有

---

[1] 刘星：《法理学导论》，法律出版社2005年版，第89页。
[2] [美]E.博登海默：《法理学：法律哲学与法律方法》，邓正来译，中国政法大学出版社1999年，第165页。

学者对此有精妙的比喻:"如果法律规则和法律原则具有构筑围墙的功能,那么,法律概念则具有奠定柱石的作用。法律概念不清,等于柱石可以搬动,柱石可以搬动,依据柱石而定的围墙的方向和位置就是不定的。"❶举例而言,对于"订金"与"定金",普通百姓可能并不清楚二者的区别。但作为法律概念,"订金"和"定金"无疑有着明确的区分,这种区分就决定了两者需要适用不同的法律规则。

其次,法律概念融入了特定的法律价值,体现了特定的法律价值取向,确保法律的宗旨、价值或目的在法律制度中贯彻始终。法律概念的精确与清晰,是适用法律规则的前提。但是,法律概念的作用还不仅限于此。实际上,法律概念还承载着特定的法律价值,使整个法律制度在价值取向上保持统一,形成法律制度价值的体系化。正如黄茂荣先生所言:"法律概念不但自逻辑的观点观之,从其概念之抽象化的程度,在概念间或法律规定间可以构成位阶关系;而且自法律概念所负荷之价值的根本性之程度,亦即从其所负荷价值之具体化的程度,在概念间或在法律间亦可构成位阶关系。"❷可见,法律概念指明法律的约束方向,确定法律的适用范围,其根本目的还在于实现人们赋予它的法律价值。对此,黄茂荣先生强调:"设计一个法律规定或用语,当时必是有所为而来,亦即对其设计有功能上的期待,希望其有助于解决当时、当地所遭遇的问题。"❸

---

❶ 刘星:《法理学导论》,法律出版社2005年版,第89页。
❷ 黄茂荣:《法学方法与现代民法》,中国政法大学出版社2001年版,第407~408页。
❸ 黄茂荣:《法学方法与现代民法》,中国政法大学出版社2001年版,第53页。

权利客体在法律制度的构建中起着重要作用，权利客体属性的不同决定了法律制度具体设计的不同。商标是商标权的权利客体。对于商标法来说，商标的概念十分重要。商标的概念揭示了商标的本质属性和与其他事物的区别，是商标法律制度的起点。如果对于商标的概念在理解上出现偏差，则整个商标法的制度构建就会出现问题，商标法律实践也会出现偏差。亦即，商标是一种符号，但是商标又不同于日常生活中所使用的词汇。我们必须明确商标的概念和本质属性，揭示商标的内涵和外延，才能够制定科学合理的商标法。如果没有对商标的概念进行清晰的界定，没有很好地理解商标的本质，商标法可能会对商标这种符号本身进行保护，而不顾及商标的本质，那么就有可能造成商标权的扩张，给市场自由竞争带来不利影响。

在司法实践中，有一些商标从来没有使用过，但是当这些商标的权利人起诉那些未经授权使用这些商标的主体时，还有可能获得法院的支持，得到侵权损害赔偿。著名的红河案就是一例。在红河案中，济南红河饮料公司（以下简称"济南公司"）在2000年注册了"红河"商标。2004年，云南红河公司（以下简称"云南公司"）在其生产销售的啤酒上使用了"红河红"标识，济南公司认为构成商标侵权，遂诉至法院。该案的一审法院和二审法院都认为，"红河"和"红河红"是相似商标，且"红河红"标识所使用的商品与注册商标"红河"所核定使用的商品为同一种商品，因而认定云南公司商标侵权成立，判定云南公司赔偿济南公司1 000万元。最高人民法院提审后查明，济南公司虽然注册了"红河"商标，但是一直未加以使用，该标识未发挥商标标示来源的功能，消费者并不会对"红河红"和"红河"商标发生混淆误认，因而认定"红河红"不构成对"红河"的商标侵权。最高人民法院正确地指出了商标需要投入实际使用，使消费者将商标与其商品相联系，这样这一商标才是真正的可以受到商标法保护的标志。如果商标没有投入实际使用，那么这种标志还没有发挥商标的功能，消费者也就不会将其识别为商标，自然不存在保护的基础。这则案例明显地表明，一些法院在理解商标的概念和本质时存在误区，即误认为商标法保护的仅仅是商标外在的符号本身，只要人们将商标予以注册，就对其享有注册商标专用权，其他人只要在相同或类似的商品上使用，就一律构成商标侵权。亦即，商标保护的并非符号背后的商标所存储的商品信息，商标权人是否将商标投入使用不影响商标权的保护。实际上，这种理解是对商标法的机械适用，与商标的概念和本质背道而驰，造成了商标法律实践的混乱，容易导致不公平的判决结果。正如李琛教授所言，目前的商标法律实践中，存在"符号圈地现象"。❶ 一方面，一些人将某一个符号直接注册为商标，但却束之高阁，"注而不用"，待到他人使用时，再向使用人主张权利，谋取经济赔偿。"各地蓬勃兴起的'商标超市'待沽的大多数商标都是专为出售而注册的虚空符号"。❷ 显然，商标符号注册了但没有使用，并没有使商标发挥其标示来源的功能，消费者还没有将该标识作为商标对待，这样的符号根本不是商标，也无法受到商标法的保护；另一方面，商标权人往往将自己对商标的权利理解为总括性的排除其他一切使用行为的权利，是对商标符号本身的权利。在实践中，一旦他人使用自己

---

❶❷ 李琛："商标权救济与符号圈地"，载《河南社会科学》2006年第1期。

的商标符号，无论这种使用是否是商标使用，是否有可能导致消费者混淆，商标权人都向使用者主张其权利。然而，商标有其特定的属性和功能，商标法并不保护商标的方方面面，他人实际上有权在非商标使用的意义上使用他人的商标符号。这就表明，一些人在实践中还是对商标的本质和内涵进行了错误的解读，以为商标就是对商标这个符号本身的保护，没有正确地理解商标的本质和功能。正因为如此，人们通常就认为只要商标获得注册，就获得注册商标专用权，无论商标权人有没有对商标进行使用，商标都是其私人财产，都可以禁止他人使用。实际上，如果商标没有任何使用，消费者在市场中根本就不会把这一标识作为商标来对待，这一符号也并没有发挥商标的功能，商标之上的财产权也就根本不存在，何谈商标侵权和损害赔偿？从本质上看，这就是对商标概念存在认识上的误区所导致的问题。

二、商标概念的学理界定

商标的概念究竟是什么？应当如何恰当地对商标进行界定、明确商标的本质属性呢？目前，很多学者已经对商标的概念进行了界定，学者们的概括差别并不大。"商标是指在商品或者服务之上，用于区别商品或服务提供者的一种具有显著特征的标记。"❶ "商标乃为制造商或配销商用以表彰其所制造或配销之商品的标志，其目的在于与他人所产销之商品有所

---

❶ 杜颖：《商标法》，北京大学出版社2010年版，第1页。

区别，以便在商场上发生公平竞争之效用。"❶ 商标是"由文字、图形或者其组合等构成，使用于商品，用以区别不同商品生产者或经营者所生产或者经营的同一和类似商品的显著标记"。❷ "商标是指商品生产者或经营者为使自己的商品，在市场上同其他商品生产者或经营者的商品相区别，而使用于商品或其包装上的，由文字、图形或文字、图形组合所构成的一种标记。"❸ "商标是商品的生产经营者或服务的提供者在商品或服务上使用的，由文字、图形、数字、颜色等要素或其组合构成的，用以区别商品或服务来源的标志。"❹

综合上述观点，学者主要从三个方面来界定商标：一是商标的构成要素，包括文字、图形、数字、颜色等；二是商标的使用方式，即商标乃是使用在商品之上；三是商标所发挥的功能，即主要功能在于与其他人所提供的商品相区分。可以看出，学者大多是从商标的功能角度出发，即通过商标将不同生产经营者的商品相区分的功能去界定商标的概念。这种方法虽然使人们能够了解商标在市场中所发挥的作用，一定程度上揭示出商标的主要属性，但是还并不是真正从商标本身出发来界定商标的概念，不能从本质上明晰商标的内涵和外延。

逻辑学认为，一个完整的概念由内涵和外延构成。内涵是指概念所反映的事物的本质属性或特征。外延是指概念所反映的该事物的范围。金岳霖先生为此指出："概念明确，是正确思

---

❶ 曾陈明汝：《商标法原理》，中国人民大学出版社2003年版，第3页。
❷ 郑成思主编：《知识产权法教程》，法律出版社1993年版，第235页。
❸ 张序九：《商标法教程》，法律出版社1997年版，第1页。
❹ 胡开忠：《商标法学教程》，中国人民大学出版社2008年版，第6页。

维的首要条件。所谓一个概念明确，就是这个概念的内涵与外延都明确。也就是说，这个概念反映了哪些特有属性与表示了哪些事物，这两者都是明确的。"[1] 换言之，明确概念的内涵，就是要将该概念所要描述和概括的事物的本质属性或特征全部列举出来。所谓本质属性，就是该事物不可缺少的，不可替代的特征。"某类事物的本质属性，就是某类事物的有决定性的特有属性。"[2] 而界定概念的外延，就是在明确概念内涵的基础上，将具有内涵所指明的那些具有特定属性或特征的事物全部涵摄进外延之中。外延就成为内涵所指的事物的集合。这样，内涵和外延就成为统一的整体。内涵所指的属性在外延中都有所体现，而外延所包含的事物又都可以被内涵所涵盖。

　　对法律概念进行界定，就是要揭示出该概念所指的法律事物、状态或行为的一般的本质的特征和属性。并且，该法律概念的外延所指的事物都能被其内涵所涵盖。例如，对于物权法中的概念"物"，就不同于普通人所说的"物"。物权法中的"物"带有特定的内涵和外延，构成了物权法中物权的客体。只有对物权法中的"物"进行准确的界定，才能明确物权法规定的物权在哪些"物"上能够成立。在界定该法律概念时，物权法中的"物"的不可缺少的，不可替代的属性或特征，是构成物权法上"物"的概念的关键。而在界定了物权法中的"物"之后，还要以该概念所揭示的"物"的属性或特征为准绳，将具体所涉及的"物"涵摄入物权法中的"物"，构成"物"的外延，只有做完这部分工作，才可以说对法律概念

---

[1] 金岳霖：《形式逻辑》，人民出版社1980年版，第24页。
[2] 同上书，第43页。

"物"的界定达到了内涵和外延的明确和一致。学者认为，物权法中的"物"是指那些能够为权利人所直接支配的特定的、独立的、有体的物。❶包括动产、不动产以及能够为权利人管领的电气、热气、声、光、能源。在该概念的界定中，学者对物权法中的物的本质属性进行归纳，并以该属性为标准，明确了物权法中"物"的外延。

根据上述概念界定的基本原理，显然，如果仅仅明确商标的构成要素，则只是从商标外在符号的角度界定商标，没有说明商标的本质属性和特征，而如果仅仅指明商标使用的方式和商标的实际功能，也仅仅是从商标使用的状态和能够发挥的作用的角度对商标进行界定，同样没有揭示商标的本质属性和特征。这些定义方式并不是从正面对商标的内涵和外延进行的界定，不能够完整地揭示出商标的本质。

实际上，如果仅仅从法学的角度对商标进行界定，则很难说清楚商标究竟是什么。这主要是因为商标是一种符号表征，商标的主要功能在于向消费者表明商标所标示的商品的主要来源，起到信息传递的作用。而法学则主要是从主体的权利义务配置、指导和规范人的行为的角度去界定法律概念。因此，法学在揭示商标的概念和本质时无法聚焦商标这一本体，存在"先天的不足"。如果尝试从其他学科出发，通过对商标这种符号本身进行研究，倒是能够更为清晰地描述商标的概念和基本属性。随着商标法研究的深入，有学者开始广泛采取其他学科的研究方法如符号学、信息学和经济学来对商标法问题进行

---

❶ 梁慧星、陈华彬：《物权法》，法律出版社2007年版，第8页。

研究，深化对商标概念的认识。下文将主要介绍学界已有的几种通过交叉学科研究方法对商标概念的研究，并详细论述商标概念的认知心理学分析。

第二节　商标概念的多维度解析

一、商标概念的符号性分析

商标是附着于商品之上，随商品流通的指示性标记。商标的外在形态主要表现为能够为人所识别的符号形态。而"符号学是有关符号的科学"。[1] 在商标的符号学分析出现之前，人们仅仅是从法学的角度，从商标的功能出发，对商标的概念进行界定。商标的符号学分析第一次从符号的角度，对商标究竟是什么作出了较好的诠释。通过引入符号学的原理对商标进行解析，能够在第一性的意义上把握商标的内涵和外延，因此，国内外都有学者从符号学的角度对商标进行界定。

国内从符号学角度对商标进行研究的主要有王太平教授、[2] 彭学龙教授[3]和李琛教授。[4] 国外符号学的商标法分析主要是

---

[1] [法]皮埃尔吉罗：《符号学概论》，怀宇译，四川人民出版社1988年版，第1页。

[2] 王太平："商标概念的符号学分析——兼论商标权和商标侵权的实质"，载《湘潭大学学报》2007年第3期。

[3] 彭学龙：《商标法的符号学分析》，法律出版社2007年版。

[4] 李琛：《论知识产权法的体系化》，北京大学出版社2005年版。

由巴顿碧比教授提出。❶ 符号学研究主要以美国的皮尔士和索绪尔为代表。索绪尔认为，任何符号都包含两个方面的内容：一个是外在的可为人们所感知的能指，另一个是能指所指代的所指。符号是能指和所指的统一。❷ 皮尔埃认为，符号是由三项要素所组成，包括符号、对象客体和意义。符号、对象客体和意义大致对应于索绪尔所称的能指和所指。实际上，索绪尔所言的符号是能指和所指的统一更为直观。能指是符号的外在表现形态，所指是该外在表现形态所蕴含的主要意义。符号学从本质上解释了人类社会乃至生物界信息流通的基本形态和方式。在符号的能指和所指中，能指只是外在的可供人们感知和识别的工具或媒介，真正具有意义的是该能指所指代的信息即所指。所指是整个符号的精髓，而能指则是指代和传递所指的工具，两者缺一不可。"正由于符号的这种功能，符号成为表现、传达思想、感情和信息的手段。"❸ 例如"花"这个符号，是由"艹"和"化"这两部分组成，在人们尚没有赋予这个符号以意义时，这个符号并不代表任何意义。而当人们赋予了"花"这个符号以特定意义时，这个符号就可以用来传递该特定意义的信息。无疑，目前"花"的意义就是"一种用来欣赏的植物"。当人们说出或写下"花"这个字时，别人就了解到了"花"的意义，信息的交流传递就得以完成。由此可见，在符号的能指和

---

❶ Barton Beebe, The Semiotic Analysis of Trademark Law, *51 UCLA L. Rev.* 621 (2004).

❷ [法]皮埃尔吉罗：《符号学概论》，怀宇译，四川人民出版社1988年版，第2页。

❸ 王太平："狭义信息论与商标保护理论"，载《电子知识产权》2005年第1期。

所指中，所指起着决定性的作用，而能指只不过是负载所指的符号外在形态。理论上所指可以借助于任何能指来负载意义，能指通过负载所指，才变得具有意义，而不是单纯的不包含任何意义的符号形态。

  根据TRIPs协议的规定，商标是任何能够将一个企业的商品或服务区别于另一个企业的商品或服务的符号或者符号组合。我国《商标法》第8条也规定，任何能够将自然人、法人或者其他组织的商品与他人的商品区别开的标志，包括文字、图形、字母、数字、三维标志、颜色组合和声音等，以及上述要素的组合，均可以作为商标申请注册。我国台湾地区"商标法"第5条规定："商标得以文字、图形、记号、颜色、声音、立体形状或其联合式所组成。"尽管TRIPs协议、我国《商标法》和我国台湾地区"商标法"的这一定义也是从商标功能即商标可以区别不同商品的角度出发对商标的界定，但它们都已经指出商标是一种符号或符号组合。根据符号学的有关原理，在商标这个符号中，能指是外在的可被人们所感知的符号形态即外在标识，而所指则指代的是该标识所标示的商品的来源和相关信息。商标就是一种两元的组合形态，正如学者所言，商标应有两个构成要素："商标所使用的商标标志、商标标志所蕴含的有关商品的信息。""商标就是商标标志与其所代表的商品信息的混合物或统一体。"❶巴顿碧比教授也指出，商标是一种

---

  ❶ 王太平："商标概念的符号学分析——兼论商标权和商标侵权的实质"，载《湘潭大学学报》2007年第3期。

有形的符号,用来指代商品或服务。❶ 文字、图形等外在的形态仅是符号的能指,只有该能指包含"能区分一企业和其他企业的商品或服务"的信息,"与特定的商品或服务相联系",❷ 才构成商标。"任何文字、图案或符合不与特定的商品或服务相联系,就不是商标。"❸

显然,在商标这种符号之中,最为重要的是商标标识所蕴含的有关商品的信息,即外在可感知的符号形态仅仅是商标标识,该标识所负载的信息才是商标符号的所指。从理论上说,任何人可以选择任何商标来代表其商品的信息,商标的选择具有一定的偶然性。但是,一旦选定某一标识并将之附于商品之上投入市场,该标识就开始负载商品来源和其他相关信息,成为企业及其所提供的商品的指代标志,为消费者所认识。当消费者在市场中遇到商标标识之时,就能够通过商标这种符号了解到商标标识背后所代表的商品信息,识别出商品的来源,降低其搜寻成本。"商标不是一般的符号,而是始终发挥着指代功能的符号。它的价值,永远来自于被指代物—商品或服务的出处。"❹ "离开商标所使用的商业,在一个商业标志中是没有财产权的。"❺ 不仅如此,由于商标是商标标识及其所代表的商品信息所组成,而商品信息则是由商品在市场上的表现所决定,因此商标标识所代表的信息处于不断的变动之中。当商品

---

❶ Barton Beebe, The Semiotic Analysis of Trademark Law, *51 UCLA L. Rev.* 621,646(2004).

❷ 陶鑫良、单晓光:《知识产权法纵论》,知识产权出版社2004年版,第104页。

❸ 刘春田:"商标与商标权辨析",载《知识产权》1998年第1期。

❹ 李琛:"商标权救济与符号圈地",载《河南社会科学》2006年第1期。

❺ Am. Steel Foundries v. Robertson 269 U.S.372,380(1926).

的质量优良，消费者对其评价较高时，则这些评价较高的信息都贮存在商标标识之中，成为商标标识背后的商誉。反之，当商品的质量低劣，消费者对其评价较低时，这些评价低的信息也贮存在商标标识之中，这种评价较低的信息会引导消费者避免购买该商品。市场会通过商标对不同厂商提供的商品进行优胜劣汰。商标所发挥的也正是这样一种贮存商品信息，引导消费者购物的功能。正是在企业和消费者之间的互动中，商标标识背后所代表的商品信息随着商品在市场上的表现不断发生着变动。正如学者所言："商标的意义的生成与演变均是通过商标标志与具体商品之间的不断的联系而进行的。"❶

通过符号学的基本原理，商标法中的许多重要范畴都能够得到很好的解释。人们对商标法长久以来存在的一些错误观念能够得以纠正。在商标的结构方面，符号学有力地指出商标的结构组成和本质属性，亦即，商标是一种具有指代功能的符号。商标必须标示和区分来源，标示出产品的出处和该出处的商誉。❷ 商标的能指仅仅是外在的符号，商标法并不保护这种外在的符号。相反，商标的所指决定了商标的意义，这才是商标保护的关键。从商标显著性的角度而言，商标不过是商标标识这一能指承载了商品的出处和相关其他信息，使得消费者将这一商标标识识别为商标，商标标识也就具有了商标法上的显著性。"商标显著性与意义之间的关系并非一层不变。"❸ 通过商

---

❶ 王太平："商标概念的符号学分析——兼论商标权和商标侵权的实质"，载《湘潭大学学报》2007年第3期。
❷ 彭学龙：《商标法的符号学分析》，法律出版社2007年版，第64页。
❸ 同上书，第109页。

品行销于市场，商标的所指即意义不断发生着变化，使得显著性也不断发生着相应的变化。所指的变化既可能导致商标丧失显著性，也可能使已经丧失显著性的商标恢复显著性。商标之所以有显著性强度的区分，也主要是因为其所指的不同。对商标混淆而言，从符号学角度分析，混淆不过就是在后商标标识这一能指与在先的商标权人的商标标识这一能指相同或相似，使消费者对这个商标标识的所指即其背后所代表的商品出处难以区分，导致误买误购。不论商标混淆的类型如何演变，混淆从本质上看都是消费者对能指背后的所指的错误认识。对商标淡化而言，从符号学的角度分析，淡化实际上表明同一个商标标识能指代表了两个及两个以上的不同的所指，其他非商标权人商标标识的所指对商标权人商标标识的所指形成了干扰，导致商标权人商标标识在消费者的大脑中被冲淡或丑化。因此，"反淡化所维护的就是商标区别于其他商标的区分显著性"。[1]这种区分显著性实际上指的就是商标标识背后所代表的所指即意义的可区分性。由此可以看出，符号学乃是分析商标问题的有力工具，许多以前尚未界定清楚的范畴，借助于符号学，都能够得出比较合理的解释。

二、商标概念的信息学原理

运用信息学原理对商标进行分析，也能够较好地理解商标的概念和本质。从符号学的角度来看，商标由能指和所指组成，主要发挥传递信息的作用。因此，商标的主要功能在于传

---

[1] 彭学龙：《商标法的符号学分析》，法律出版社2007年版，第5页。

递信息，商标也可以从信息学的角度去分析。信息学认为，在市场中，有许多提供同类商品的厂商，不同厂商提供的商品很难从外观上辨别来源。这时，厂商与消费者之间就存在信息上的不对称。生产优质商品的厂商拥有本厂生产的商品的全部信息，但是消费者却无法在市场中获悉这些信息，帮助其购买到优质的商品。与之相反，生产劣质商品的厂商也拥有其提供的商品的全部信息，但是消费者很难获得这些信息，避免购买劣质商品。如果市场中不同厂商的商品难以区分，生产劣质商品的厂商就会"浑水摸鱼"，而消费者也无法选购到称心如意的商品。在这种情况下，消费者为了保护自己的利益，一般会以低于平均质量商品的价格去购买商品，从而导致优质商品无人问津，最终优质商品会退出市场，造成"劣币驱逐良币"。为了维持正常的市场竞争机制，使厂商努力投资于商品生产和销售，维持或提高商品质量，淘汰生产劣质商品的厂商，不同的厂商就需要在商品之上附加可以相互区分的标识，向消费者传递本厂所生产的商品的信息，以使消费者能够辨别不同商品的来源，消除信息的不对称，方便其购物。"生产者只有成功地与消费者进行信息传递即通信才能成功地与消费者进行交易，并使自己的投入得到最大限度地回报。"❶

根据信息学原理，在信息的传递过程中，发送信息的实体叫做信源，而接受信息的实体叫做信宿。通信实际上就表明信息从信源到信宿的传递方式和过程。在初级通信情形下，信源和信宿之间直接通过碰撞交换信息，无须中间环节。但是，大

---

❶ 王太平："狭义信息论与商标保护理论"，载《电子知识产权》2005年第1期。

部分通信不是初级通信，还需要信号或者符号进行通信。通信系统除了信源和信宿之外，要想顺利地传递信息，还需要信道和编码译码。信道是发送信息的通道，是信号传递的物理设施或介质。不同物理性质的信号，需要不同物理性质的信道。而编码译码是信源和信道耦合的中介环节。❶信源和信道耦合的中介环节叫编码器，信道和信宿耦合起来的叫译码器。信息在信道中传播，首先要通过编码器的转换，然后经过译码器的译码，才能为信宿所知悉。

在市场中，同类的商品由许多厂商所提供，厂商和消费者之间一般是远距离交易。消费者不认识厂商，厂商也无法联系具体的消费者。两者之间的信息传递就需要有较为高级的通信系统来完成。厂商所借助的就是商标这一通信系统。厂商通过编码，将自己商品的信息凝聚在商标之上，然后推向市场，以商标为媒介宣传和销售商品。消费者在面对商标时能够译码，通过商标了解到商品的来源和相关信息。依据信息论的解释，商标实际上就在信息的发送者即生产厂商和信息的接受者消费者之间发挥编码和译码的作用，是"一种信息的承载体"。❷在生产者和消费者之间的通信系统中发挥着传递信息的重要作用。厂商将其商品和企业的有关信息浓缩在商标之中，借助于商标将这些信息传递给消费者。消费者通过这些商标接受到厂商浓缩在其商标中的有关信息，依据该信息作出购物决策。

---

❶ 王太平："狭义信息论与商标保护理论"，载《电子知识产权》2005年第1期。

❷ 冯晓青："商标法之立法宗旨研究"，载《长沙理工大学学报》2008年第2期。

既然商标充当的是商标权人和消费者之间信息传递的工具，商标法中的商标就由两部分组成。首先是商标外在的符号形态。信息传递并非不需要任何媒介物，信息必须附着在一定的媒介物之上，才能够由信源传递到信宿。商标是由消费者可以感知和识别的图案、色彩或者文字等组成，这是商标的外在可感知的符号形态，是承载信息、进行信息传递的前提。除了外在可感知的符号形态之外，商标的另一构成成分就是信息。这种信息涵盖内容广泛，将商标权人的各种信息都囊括其中，最为重要的就是该商品来自哪个企业的信息。根据信息论，商标就是由外在可感知的符号形态和该符号形态所承载的信息构成。商标的本质就是以外在的可感知的符号形态所负载的信息为主要构成的，企业和消费者之间用以进行信息传递的标识。所谓商标的显著性，从信息学角度看，主要就是指商标能够实现生产者和消费者之间有效的沟通。"商标越具有显著性，就越容易通过各种媒体被传送，也便于人们认识它"。❶而所谓的商标侵权，从信息学的角度来看主要就是指侵权人通过模仿商标权人的商标，增加了生产者和消费者之间通信的外噪声，降低了通信的效率。因此，保护商标的目的主要是"提高生产者与消费者之间通信的效率，维持这种高效的通信系统的存在。"❷

三、商标概念的经济学解释

经济学分析是目前商标法的主流分析范式，其肇始

---

❶❷ 王太平："狭义信息论与商标保护理论"，载《电子知识产权》2005年第1期。

于20世纪50年代，代表人物是兰德斯（Landes）和波斯纳（Posner）。兰德斯和波斯纳运用经济学信息成本理论，指出商标对效率的促进主要表现在两个方面：降低消费者搜寻成本和激励企业维持或提高商品质量。❶ 亦即，市场中提供同类商品的厂商很多，面对五花八门的商品，消费者需要一种简便易行的方法来确定商品的来源。商标的存在和商标保护就是为了保障消费者在识别商品来源时的搜寻成本最小化，便于消费者认牌购物，为商标权人投资商标提供激励。如果市场中的商品都没有商标，则消费者要花费额外的成本去辨识商品的来源，这样整个市场交易的成本便会增加，甚至在交易成本过高时交易无法发生。商标实际上便利了消费者的购物决策，降低了交易成本。即经济学上商标的采用标示了商品的来源，节约了消费者的搜寻成本，提高市场的运行效率。由此可见，从经济学角度分析商标，主要是从商标的功能和商标所实际发挥的提高经济效率的作用的角度出发的。麦卡锡教授据此认为，商标是一种单词或符号，可以分解为三个要素：(1)有形的符号，一个单词、名字、符号或他们的组合等；(2)由生厂商或销售者实际的采用或使用这个符号；(3)该符号发挥其功能，能够标示和区分销售者的商品和其他销售者的商品。❷ 其中，最重要的是符号需要具备标示来源和与其他销售者的商品相区分的属性。只有这样，"消费者才会受益，他们不再需要费力地搜寻甚至

---

❶ William M. Landes & Richard A. Posner, Trademark Law: An Economic Perspective, *30 J.L. & Econ*.265,265-309(1987).

❷ J. Thomas McCarthy, McCarthy on Trademarks and Unfair Competition, Eagan：Thomson/West, 2006, §3:1.

在购买前花费额外的时间来看标签，他们基于品牌就能够知道所寻找的商品的特征"。❶ 商标在经济学上正是一种标示来源和区分不同的商品，能够降低消费者搜寻成本、提高整个经济运行效率的符号。商标的显著性，从经济学角度看就是指商标能够标示来源、区分不同的商品，降低消费者购物的搜寻成本，降低市场交易成本，提高市场的运行效率，因此具有显著性的商标可以注册并获得商标法的保护。而商标侵权正是通过仿冒商标权人的商标，造成消费者混淆误购，提高消费者的搜寻成本，造成市场交易成本上升，因此商标法打击商标侵权的根本目的在于降低消费者搜寻成本，提高市场交易的效率。根据这种理论，所有的造成消费者交易成本升高的对商标权人商标的搭便车行为，都是商标法需要规制的对象。

第三节 商标概念的认知心理学分析

商标是商标权的客体，是支撑商标法律制度的基石。对商标的概念和本质进行探讨，有利于统一人们对商标的认识，为商标法研究打下坚实的理论基础。早在1942年，美国最高法院大法官弗兰克福特（Frankfurter）便指出："商标保护意味着法律对于符号心理功能的认可。"❷ 美国学者博温（Bowen）也认为："商标的大部分问题都涉及使用和宣传商标的心理反

---

❶ J. Thomas McCarthy, McCarthy on Trademarks and Unfair Competition, Eagan: Thomson/West, 2006, §2:5.

❷ Mishawaka Rubber & Woolen Mfg. Co. V. S. S. kresge Co., 316 U. S. 203,205(1942).

应。"❶ 与此类似，美国商标法权威麦卡锡也指出："商标的第二含义是关于购买者心理状态的事实。"❷ 可见，商标本质上是一种心理财产。❸ 因此，从认知心理学角度诠释商标，研究商标对消费者心理状态、认知过程和购买决策的影响，对于理解商标的概念、本质与运行机理大有裨益。❹ 下文拟从认知心理学的基本原理出发，对商标的概念和本质进行分析，期能加深对商标以及商标的功能、商标权、商标侵权等商标法基本范畴的理解。

一、商标概念的认知心理学基础

在对商标本质进行探讨之前，首先需要了解认知心理学的基本原理。认知心理学认为，人由维持生存的系统和认知系统所组成。其中，认知系统"涉及个体获取知识和经验的内部心理操作过程，以及个体学习与运用知识的过程"。❺ 人与动物的本质区别即在于人类能够接受、存储、加工各类信息，构建和发展自身的认知网络。

认知心理学是以信息加工理论为核心的心理学。其研究范

---

❶ Duane C.Bowen, Applied Psychology and Trademarks, *51 Trademark Rep.* 1(1961).

❷ J. Thomas McCarthy, *McCarthy on Trademarks and Unfair Competition* (4th Edition), Thomson/West press, 2006, § 15:29.

❸ 彭学龙："商标法基本范畴的心理学分析"，载《法学研究》2008年第2期，第40页。

❹ 认知心理学是心理学的一个分支，是认知科学的重要组成部分。本书将主要运用认知心理学对商标的概念和本质进行分析。

❺ 梁宁建：《当代认知心理学》，上海教育出版社2003年版，第7页。

围按照人的认知过程，包括知觉、注意、表象、记忆、思维、言语、推理、问题解决等心理过程。❶"这些心理能力构成了一个复杂的心理系统，它的综合功能就是认知。"❷首先，人在认知中需要对感觉信息进行加工。感觉信息加工是指感觉器官与刺激信息相互接触之后，感受器将物理刺激转化为生物电信号，并通过动作电位把外部事件的信息传递到大脑中枢特定区域的过程。❸人有着不同的感觉器官，每种感觉器官运作机制各不相同，如光波通过视网膜中的视神经将信息传递至大脑的枕叶而产生视觉，声波通过耳蜗内的听觉神经将信息传递到颞叶而产生听觉。感觉信息加工就是人的感觉器官对光波、气味、声音等物理刺激未经过诠释和归类的接受。这种刺激信息在人脑中滞留的时间很短，只有被个体"注意"的信息才能进入后续认知程序，未被注意的部分则迅速消失。在市场中，五光十色的招牌和琳琅满目的商品便是对消费者的外部刺激信息，消费者的感觉器官会接受这些刺激信息，并对"注意"到的信息进行加工。

经过感觉信息加工之后，被个体注意的信息进入认知的知觉阶段。知觉是对滞留在人的感觉器官上的未经诠释和归类的信息进行整合并赋予意义。知觉与感觉的区别在于，感觉仅是对信息的一种接收，知觉则是对特定信息觉察、辨别与确认的过程，其意在识别某一具体信息是什么。例如，消费者在购物

---

❶ 梁宁建：《当代认知心理学》，上海教育出版社2003年版，第4页。
❷ 丁锦红、张钦、郭春：《认知心理学》，中国人民大学出版社2010年版，第1页。
❸ 梁宁建：《当代认知心理学》，上海教育出版社2003年版，第51页。

中看到某标识（觉察），观看该标识的外在形状、色彩、结构等特征并与其他事物相区别（辨别），进而确定它是某商品的商标（确认）。

知觉过程主要涉及模式识别。模式识别是指人把输入刺激的信息与长时记忆中的信息进行匹配，并辨认出该刺激属于什么范畴的过程。❶ 模式识别包括三个阶段：一是分析阶段，即将大脑中短暂滞留的感觉信息进行物理特征与属性的分析，以把握感觉信息的特征、结构。如对字母A识别分析的结果是由两条斜线与一条水平线组成；二是比较阶段，即将感觉信息的特征、属性等分析结果与大脑长时记忆中已储存的知识编码进行比较，寻求解释感觉信息的可能；最后是决策阶段，在对感觉信息与大脑中信息编码进行比较和匹配之后，决定感觉信息的意义并赋予名称，即该感觉信息得到了识别。在消费过程中，模式识别即消费者根据头脑中已有的购物经验对商品之上的标识进行解释，判断出它们是什么。

当代认知心理学还将模式识别归纳为不同的理论模型，这些理论模型对人脑识别的过程有着不同的理解。模板匹配理论认为，人在进行模式识别之前，会主动对刺激信息进行形状、大小等方面的前期加工，将刺激信息中不重要或不具有意义的信息消除，对过大、过小的刺激信息进行调整，然后再与大脑中已有的信息编码进行匹配。原型匹配理论则认为，所有的外部信息都以原型的表征方式存储于大脑。例如，各种形状、大小的汽车都被抽象成最基本的特征纳入人的长时记忆，即含

---

❶ 梁宁建：《当代认知心理学》，上海教育出版社2003年版，第65页。

有四个轮子的车厢。当外部刺激信息与人脑中被抽象为基本特征的原型相匹配时，即完成模式识别。由上述两种识别模型可知，模式识别过程不是人体对客观刺激物的被动反应，相反，对刺激物的识别受到了人脑已有知识结构的影响。换言之，人对刺激信息的认知是带有主观色彩的信息加工过程，识别的结果不一定符合刺激信息的客观实际，有时带有偏差或者错误。在购物过程中，模式识别的主观认知特点是导致消费者对商标产生混淆的重要因素。

经过模式识别之后，人有可能对经过识别的信息进行记忆。记忆是对输入信息的编码、存储，并在一定条件下进行检索和提取的过程。认知心理学将这一过程区分为三个记忆系统：瞬时、短时和长时记忆系统。[1] 瞬时记忆系统是人脑对未加工状态的刺激信息的暂时性保留，这些信息如果不被"注意"，则将迅速消逝。短时记忆系统是人脑的暂时性加工与存储信息的系统，它将经过选择的信息进行加工编码，并可能将之输入长时记忆。例如，计算一道"$5 \times 5 + 8 = ?$"的数学题，前一计算结果"25"将被存储在人的短时记忆之中，以便与8相加，最终得出答案。可见，短时记忆是个体对当前重要信息的暂时性存储。在短时记忆系统中对特定信息进行加工之后，个体可能对该信息进行精致化复述和转移性认知操作，将信息输入人脑的长时记忆系统。长时记忆是人最为重要的记忆系统，存储在其中的信息往往可以保存很长时间，它是个体过去经历与实践所获得的知识的汇总。当记忆信息以某种结构体系的形

---

[1] 梁宁建：《当代认知心理学》，上海教育出版社2003年版，第109~111页。

式存储，并且记忆信息的提取依赖于最初的"分类"或编码时，记忆与图书馆具有明显的相似之处。❶

存储在长时记忆中的信息，是一个有组织、有体系的知识经验系统，它能够使人有效地对新信息进行编码，以便更好地识记与存储，也能使人迅速有效地从记忆中提取有用的刺激信息，以解决当前所面临的问题。❷认知心理学认为，人脑中的信息以概念的形式存储在节点之中，节点与节点相连，构成认知网络。当个体遇到外在刺激物时，与之匹配的储存在长时记忆中的某些概念节点就会被激活，从而引发个体的搜索和回忆过程，使大脑获得记忆中储存的信息。在消费环境中，商标标识即是人脑中的节点。当消费者感知到特定商标标识时，便会激活在记忆中存储的相关商品信息，指导消费者购物。

记忆的激活并非纯粹客观的生理过程，记忆会发生偏差或错误，从而导致人的误判。影响记忆的因素包括想象和模糊痕迹。首先，当人们在回忆某事时，可能会产生"想象膨胀"，即对没有发生过的事情进行想象，并相信曾经发生过。❸例如，某人遇到与高考相关的刺激物时，可能激活大脑中存储的自己当年高考信息的节点。这时，容易引发"想象膨胀"，产生该人当年参加高考并未发生的事，比如想象自己在教室大汗淋漓地挥笔作答。其次，人对储存在长时记忆中的信息容易遗

---

❶ 丁锦红、张钦、郭春：《认知心理学》，中国人民大学出版社2010年版，第122页。

❷ 梁宁建：《当代认知心理学》，上海教育出版社2003年版，第156页。

❸ 丁锦红、张钦、郭春：《认知心理学》，中国人民大学出版社2010年版，第150页。

忘，产生"模糊痕迹"。模糊痕迹是指个体很容易遗忘对某事件本身细节方面的记忆，而只记住对该事件大致的基本特征。在个体需要提取信息进行判断时，便只会提取事件的基本特征，这可能导致错误记忆，进而造成决策失误。在市场中，影响记忆的想象和模糊痕迹也是导致消费者对商标产生混淆的重要因素。

上文介绍了人的基本认知过程，可以发现，这一认知过程是对刺激信息进行注意、感觉和知觉、记忆、提取等的信息加工过程。它对我们认识商标的概念和本质具有重要的意义。下文将从人对商标的心理认知过程出发剖析商标的概念和本质。

二、商标概念的认知心理学界定

从符号学角度而言，商标是由能指、所指和对象组成的三元结构，其中，能指就是有形或可以感知的标识，所指为商品的出处或商誉，对象则是所附着的商品。❶ 商标的能指和对象是消费者感觉器官能够感知的外在刺激，是启动消费者认知的关键。当商品提供者将贴附有商标标识的产品投放市场时，消费者会发生感知觉、模式识别、记忆、提取等心理认知活动，从而型塑和改变其认知网络，影响消费决策。由此，揭示消费者对商标的心理认知，就能准确把握商标的心理学概念。

在市场中，人们开始往往对附着于商品之上的标识一无所知，而商品提供者一般通过广告宣传、试用等来改变消费

---

❶ 彭学龙："商标法基本范畴的符号学分析"，载《法学研究》2007年第1期，第18页。

者对其商品上特定标识的认知。首先，当商品上外在可感知的标识与人体感觉器官相接触时，相关物理刺激会转化为生物电信号传递至大脑特定区域。随后，人脑会对该刺激进行模式识别，以确定该刺激物的意义。由于消费者初次接触标识刺激，大脑中并不存在与该标识有关的商品认知网络，消费者无法从已有的消费知识和经验中提取有用信息来帮助其识别该标识。此时，标识刺激不会激起消费者关于该标识所代表的商品的任何记忆和情绪。接着，经过商品提供者的广告宣传或者消费者对商品的使用，消费者可能对输入其感觉器官的与该商品有关的信息进行新的认知、组合和编码。这些信息包括该商品的基本属性（质量、价格、品种、款式等）、服务质量（营业员态度、付款方式以及售后服务等）、商店的气氛（温馨、兴趣、舒适）等。❶ 通过接触相关刺激信息，消费者会启动短时记忆，对刺激信息进行编码，将杂乱无章的信息以易于记忆的商标标识为中心进行整合，从而将刺激信息凝聚在商标标识之中，接着进行精致化地复述和转移性认知操作，将经过编码的凝结在商标标识中的商品信息纳入长时记忆。可见，在市场环境下，消费者会将特定商品的信息围绕代表该商品的商标标识进行构建，建立以商标标识为中心的商品认知网络。商标标识成为长时记忆中信息存储的枢纽和中心节点。"通过接触同样的刺激物、经历同样的情景，在给定的社会或文化中，许多个体

---

❶ 李付庆：《消费者行为学》，清华大学出版社2011年版，第321页。

将会形成包含有许多共同节点的认知网络。"❶

当特定商品信息的认知网络形成之后,消费者感觉器官一旦再次接收到外界相同或者类似的商标标识刺激时,就会抽象该刺激的特征,启动模式识别程序,引发大脑在长时记忆中搜索,提取与外界标识刺激相同或类似的商标标识节点。当提取完成之后,消费者会将大脑中已提取的标识节点与外界标识刺激进行匹配,如果匹配成功,消费者就确定该外界标识刺激与已提取的标识节点相同,这时就会激活长时记忆中以该标识节点为中心的商品认知网络,使大脑获得相关商品信息。此时,消费者已将一个特定的商标标识与具体的商品信息相联系,商标标识便作为大脑长时记忆的中心节点在消费者的后续消费过程中发挥作用,等待随时启动消费者感知觉、模式识别、记忆等心理认知过程。当市场上有相当数量的消费者将某一特定标识与特定商品相联系,在长时记忆中建立起该标识代表的特定商品认知网络之时,这种标识就已经演化为商标。可见,"一个独特的品牌名称和具有内聚力的品牌身份对于消费者而言可能是最有力的信息刺激。它们使消费者能够有效地组织、存储以及从记忆中提取信息。"❷

上述消费者在外界商标标识刺激之下的心理认知过程揭示了商标的概念。商标并不是单纯的不包括任何意义的客观存在;相反,商标是由人类感觉器官能够感知的外在刺激形式(商标标识)与可被激活的消费者长时记忆中存储的该商标标

---

❶❷ Jacob Jacoby, The Psychological Foundations of Trademark Law: Secondary Meaning, Genericism, Fame, Confusion and Dilution, *91 Trademark Rep*. 1013, 1026(2001).

识代表的商品信息所组成。商标标识是消费者感觉器官所能感知的对象，而商标标识所代表的信息则是以该标识为中心节点，在消费者长时记忆中的特定商品认知网络。概言之，商标的概念是人类感觉器官可以感知的、以特定公共性形式存在的信息。

消费者以商标为中心构建关于特定商品的认知网络，然而"商标不是静止不变的，和符号的意义一样，商标不仅有生成过程，而且在其生成之后也有一个演变、衰老和死亡的过程"。❶ 商标意义的演进过程同样与消费者的认知心理密切相关。

当以特定标识为中心节点的商品信息被纳入消费者长时记忆，组成特定认知网络时，消费者的购物就有了依据。由于消费者和商品提供者之间可能发生重复交易，所以当消费者每次购买特定商品之后，该商品的质量、使用感受、售后服务等外在刺激都会对消费者的商品认知网络造成影响，使长时记忆中的信息存储发生变化，从而影响消费者对该商品的评价。如果某一品牌商品质量、服务水平参差不齐，消费者在购买之后就会对该商品作出负面评价，这些评价信息会在消费者的短时记忆中进行编码加工，并纳入代表该商品的商标标识节点中，储存在长时记忆里。当消费者的感觉器官再次接触到该商品的商标之时，就会激活大脑中对应的标识节点，使消费者意识到该商品的负面评价信息，消费者就可能不会再次购买。可见，商品的价格、质量、品质、服务等外在刺激会不断地使消费者

---

❶ 王太平："商标概念的符号学分析——兼论商标权和商标侵权的实质"，载《湘潭大学学报》2007年第3期，第24页。

的心理状态发生变化，这些变化会整合进消费者已有的该商品的认知网络，使以特定商标标识为中心节点的信息网络不断演变。"随着消费者对新的商标商品的购买和消费，商标的意义也不断地发生着变化。"❶ 由于商品的外在刺激会使消费者的认知网络发生变化，商品的提供者只有不断保持其产品质量和服务水平，才有可能使消费者大脑中的该商品认知网络保持稳定的状态，促使消费者信赖进而购买该品牌的商品，这也从心理学意义上解释了商标为何具有激励商品提供者维持产品品质的功能。

尽管商标是人类感觉器官可感知的，以某种公共性形式存在的信息，然而商标的外在可感知的标识也并非毫无意义。商标标识作为人体感觉器官可以感知的存在，是沟通外界事物与人类认知的桥梁，对消费者认知网络的构建具有重要意义。首先，部分商标符号并不具有任何固有的意义，是纯粹臆造出的符号，它的优点在于没有在消费者大脑中形成任何的关于该符号的认知网络，消费者在看到这种符号时不会获得任何信息。然而，在特定的购物环境之下，当商品提供者将这些符号作为商标使用时，消费者即便对其很陌生，经过模式识别后也能够立即推断出该符号是商标，从而围绕其建立起全新的商品认知网络。可见，臆造符号的优点在于可以为商标权人专属，专门代表某种商品，能够迅速被消费者识别，形成专属于特定商品的认知网络。所以，纯粹臆造的符号具有较强的固有显著性，容易被消费者识别和记忆。其次，部分商标符号具有词汇或者

---

❶ 王太平："商标概念的符号学分析——兼论商标权和商标侵权的实质"，载《湘潭大学学报》2007年第3期，第24页。

图案方面固有的美好意义,即便其还没有能够在消费者大脑中建立起代表特定商品的认知网络,如果该商标标识符合人类审美需求,就能激活人脑内美好情感的信息,从而使消费者接受该标识代表的商品。从认知心理学角度而言,富有审美意义的商标标识无疑已在消费者心目中建立起了认知网络,但是该认知网络只是该商标标识原有词汇或图案的意义,如红豆代表纯洁的爱情,雅戈尔代表典雅与气质,与后来该标识代表的商品信息没有联系。但是,当商品提供者将这些具有美好意义的标识作为商标时,会激活消费者美好的心理联想,使消费者把对该标识的美好感情迁移至商品之上,激起消费者的购买欲望。

综上,可以将商标界定为:由人体感觉器官可感知的刺激即商标标识与存储于消费者长时记忆中的该商标标识所代表的商品信息所组成的符号。商标的本质是以某种公共性形式存在的信息。商标的心理学概念和本质也暗合了商标的符号学分析,反映出商标由所指和能所指构成的结构特点。首先,商标标识所代表的所指——商品信息是商标的灵魂,没有商品信息,商标就失去了存在的意义;其次,商标的外在可感知的能指即商标标识对于消费者认知网络的构建也具有重要意义,是商标的有机组成部分。

第四节 商标认知心理学概念的意义

商标是外在可感知的商标标识和消费者长时记忆中该商标标识代表的商品信息的组合。商标的心理学概念揭示出消费者心理认知对于商标诞生和演化的决定性意义。不仅如此,商标的心理学概念也有助于加深对商标的功能、商标权以及商标侵权等商标法基本范畴的理解。其实，商标的功能、商标权与商标侵权，皆与商标的心理学概念密切相关。商标的功能在于降低消费者的心理认知成本，商标权即为维护消费者正常的心理认知网络，而商标侵权则不当干扰了消费者正常的心理认知网络。

一、商标的功能：降低消费者心理认知成本

传统商标法学说认为，商标的主要功能包括"标示来源""保证品质""广告宣传"与"彰显个性"。[1]其中，标示来源是商标最基础最为重要的功能，失去了标识来源功能，商标的其他功能将不复存在。商标的本质在于通过人体感觉器官可感知的商标标识激活消费者长时记忆中该商标标识所代表的商品认知网络，使消费者能够了解到商品信息，指导消费行为。因此，商标的主要功能和存在的意义即在于通过商标的心理认知机制降低消费者搜寻和购买特定商品的心理认知成本。

随着现代科技和市场经济的不断发展，商品品种日渐丰富，商品自身属性和功能也日趋复杂，消费者很难在购物之前通过检测商品的性能作出购买决策。例如，在商品没有商标的情况下，消费者如需找到其所需要的某种口感的啤酒，就需要品尝不同的啤酒。目前，竞争者提供的同类商品越来越多，消费者很难仅通过口感来确定特定的啤酒，再次消费时也无法保证能够识别出同一来源的啤酒商品。因此，诸如价格、质地、

---

[1] 吴汉东主编：《知识产权法》，中国政法大学出版社2007年版，第221~222页。

功能等商品有形属性虽然会对消费者的购物行为产生影响，然而在大多数情况下，对这些模糊的属性进行识别会耗费大量的心理认知成本，这些模糊属性也"不能培育出具有识别性的特定品牌"。❶ 相反，如果给定具体的啤酒品牌，消费者便能很快获得该品牌所代表的商品信息。例如，当给定"青岛啤酒"品牌时，消费者能够意识到该商标所代表的商品的诸多信息。例如大致的价格、生产商、公司所在地、啤酒口感、以前饮用所产生的美好回忆等。这就表明，"品牌名称"是相关商品信息的集中地，代表着消费者长时记忆中特定认知网络的中心节点。当某一商标标识与特定商品相联系，在消费者长时记忆中形成特定认知网络时，就表明该商标标识已经演化为商标，具备商标指示来源的功能。当相同的商标标识再次刺激人体感觉器官时，消费者就会启动模式识别程序，如果外在商标标识与长时记忆中的标识原型相匹配，存储于消费者长时记忆中的该商标标识中心节点就会被激活，从而将特定商品信息传递给大脑，帮助消费者识别具体商品的来源。可见，"当消费者在进行购买前的决策时，品牌名称代表的信息是经常提取的信息类型"。❷ 商标的功能即在于简化消费者购物过程中的心理认知过程，将商品的各种特征、属性和相关信息凝结在可感知的标识之上，通过外在商标标识对消费者感官的刺激，唤起消费者长

---

❶ Jacob Jacoby, The Psychological Foundations of Trademark Law: Secondary Meaning, Genericism, Fame,Confusion and Dilution, *91 Trademark Rep*. 1013, 1024(2001).

❷ Jacob Jacoby, The Psychological Foundations of Trademark Law: Secondary Meaning, Genericism, Fame,Confusion and Dilution, *91 Trademark Rep*. 1013, 1025(2001).

时记忆中的商品认知网络，使消费者可以准确定位其所需要的商品，而不必对商品的特征、属性等较为模糊的外在刺激进行模式识别。通过建立以商标为中心的认知网络，消费者可以节约搜索特定商品的时间、精力和费用，降低错误决策的风险，从而使搜寻特定商品的认知成本大幅降低。

二、商标权：维护消费者心理认知网络

学界一般认为，商标权是法律赋予商标权人对其商标专用并禁止他人侵害的权利。商标权包括商标权人的专有使用权与禁止他人侵害权。那么，这里的专用与禁止他人损害应如何理解呢？这涉及对商标权本质的认定。

前文已述，商标是由可感知的外在刺激即商标标识与存储于消费者长时记忆中的该商标标识所代表的商品信息组成。因此，商品提供者欲获得商标权，首先需将特定标识贴附于其提供的商品之上，与其商品相联系，使消费者不断接受该标识与标识所附商品的刺激，从而在其长时记忆中存储该商标标识所代表的商品信息，建立起特定的商品认知网络。当相当数量的消费者建立起同样的认知网络之后，商业标识就演化为商标，使用该标识的商品提供者也就获得了商标权。可见，商标权人的商标权源于对消费者特定认知网络的构建。当商标权产生之后，商标权人并非高枕无忧，其依然需要不断将商标标识贴附在具体商品之上，在广告宣传中将商标置于显著位置，以强化商标标识与其商品之间的联系，维护消费者业已形成的商品认知网络，防止该认知网络受到他人的不正当利用或干扰。因此，商标权定义中的"专用"即为商标权人能够专有地将其

商标标识贴附于其提供的具体商品之上，商标专用权从心理学角度分析便是商标权人专有使用其商标标识，维护消费者业已形成的特定商品认知网络的权利。而商标权定义中的"禁止他人侵害"则是防止他人使用商标权人的商标标识与非商标权人的商品相联系，商标禁止权的心理学本质就是禁止他人使用商标权人的商标来标识并非商标权人的商品，防止消费者特定商品认知网络发生扭曲的权利。商标禁止权的范围取决于消费者是否会因为接受到外界同样或者类似的商标标识的刺激，而将非商标权人的商品误认为为商标权人提供（正向混淆），或将商标权人提供的商品误认为是其他品牌权利人提供（反向混淆），或者在不发生误认的情况下降低了对商标权人商标的反应速度（淡化）。

综上，商标权是商标权人独占性地对其商标标识与具体商品之间的联系进行支配的权利，任何人都不得使用商标权人的商业标识来代表并非属于商标权人的商品，不得利用或改变特定商业标识和其代表的商品之间的联系。商标权的本质就在于赋予商标权人维护消费者已经形成的特定商品认知网络的权利。

三、商标侵权：干扰消费者心理认知网络

商标法规制的商标侵权行为一般包括混淆和淡化。商标权既然是商标权人维护消费者特定商品认知网络的权利，商标侵权的实质显然就在于干扰了消费者的心理认知网络，使消费者在错误认知的情况下作出误判。正如美国学者谢夫（Sheff）所

言，"混淆和淡化都是操纵消费者认知偏见的商业行为"。[1] 由此，被告是否承担混淆或淡化的侵权责任主要是看商标权人型塑的消费者认知网络是否受到了被告商业行为的不当影响，使消费者在正常商业环境中内生的对特定商品的认知网络发生扭曲。商标法需要对商标侵权行为进行规制，以矫正消费者的商品认知网络，维护商标权人的合法权益。

首先，商标混淆行为不当利用了消费者的特定商品认知网络。当侵权人以与商标权人的商标相同或者相类似的商标标识贴附于侵权人的商品上时，消费者感觉器官会接受这些外在刺激，启动模式识别程序。前文已述，消费者往往在模式识别中主动对商标标识刺激信息进行形状、大小、结构等方面的前期加工，外在商标标识不重要、不显著的部分将被忽略，只保留核心特征，而在消费者长时记忆中，商标权人的商标标识也是一种抽象的原型，更何况记忆还会发生模糊痕迹，使记忆中商标权人商标的细节特征丢失。所以当侵权人使用与商标权人商标标识相同或者类似的商标标识时，消费者就会很容易将侵权人使用的商标标识与长时记忆中商标权人的商标标识相匹配，从而激活商标权人商标标识为中心节点的商品认知网络，将侵权人的商品误认为是商标权人提供，或与商标权人有授权等关系，造成误购。可见，在商标混淆这种侵权行为中，消费者本不应该被激活的商标权人商品认知网络被他人以不正当的方式激活，导致对侵权人提供的商品的来源作出错误的认知。商标法理应禁止混淆行为的发生，以矫正消费者的商

---

[1] Jeremy N. Sheff, The (Boundedly) Rational Basis of Trademark Liability, 15 Tex. *Intell. Prop. L.J.* 334(2006–2007).

品认知网络。

其次，商标淡化行为改变了消费者的商品认知网络。在淡化的情况下，当侵权人以与商标权人商标相同或近似的标识贴附于并非商标权人的商品时，也会激活消费者长时记忆中商标权人的商品认知网络。但是，由于商标权人商品与侵权人的商品类别有显著区分，消费者并不会认为侵权人的商品来源于商标权人，此时，消费者会以商标权人的商标标识为中心建立一套侵权人商品的认知网络。当消费者再次遇到商标权人的商标标识时，就会同时激活商标权人和侵权人各自商品的认知网络，从而降低激活商标权人商品认知网络的能力。例如，如果"劳力士"品牌被侵权人贴附于自行车上，消费者就会形成劳力士手表和劳力士自行车两套商品认知网络。当消费者遇到劳力士商标标识的外在刺激时，就需要额外的信息来确定适用哪套认识网络。如果"劳力士"被不同的生产厂商贴附于电视机、冰箱、服装等各种商品之上，劳力士商标激活劳力士手表认知网络的能力就会大大降低。可见，淡化的本质在于侵权人不正当地在消费者长时记忆中，以商标权人的商标标识为中心添加了新的不属于商标权人提供的商品的认知网络，从而干扰了消费者正常的心理认知过程。这一侵权方式相比混淆而言更为隐蔽，但由于其不当改变了消费者的商品认知网络，理应受到商标法的规制。

第五节　结　　语

商标的功能、商标权、商标侵权等商标法基本范畴都与消费者的心理反应密切相关，从本质上看，其都源于商标的心理学概念。商标的心理学概念表明商标是以外在的人体可感知的标识刺激引起消费者的心理反应，构建、改变、激活消费者长时记忆中特定商品的认知网络，从而指导消费者购物。商标的命运与消费者的心理状态密切相连，消费者的认知决定了商标的产生、意义变迁与消亡。由此，通过认知心理学可以更好地认识商标，为商标法律制度的完善奠定坚实的理论基础。尽管如此，我国学界对于利用认知心理学分析商标法中的基本理论如商标显著性、商标混淆和淡化、驰名商标本质等还未引起足够重视，司法界也并未将认知心理学这一分析工具引入商标案件的审判，这无疑是令人遗憾的。认知心理学给探寻商标法理与进行实践运用留下了广阔空间，值得密切关注。

第三章 商标的功能

商标的功能，即商标在市场中所应当发挥的作用，决定了商标权范围的大小、商标侵权判断的基本依据和商标法的制度面貌，是商标法中重要的基本理论问题。然而，目前学界对商标功能的界定并未取得一致意见，对商标功能有着不同的解读和理解，这影响到商标法的具体实践效果，不利于商标法的后续完善。因此，从理论上必须对商标的功能进行深入研究，通过商标的功能明确商标权的范围和商标法的基本任务。本章将首先论述目前学界对商标功能的基本界定，再利用认知心理学原理，从消费者心理的角度研究商标的功能，最后对商标的标示来源功能、品质保证功能和广告宣传功能进行理论评析与反思。

第一节 商标功能的界定

商标的功能，是指商标在市场经济中究竟扮演何种角色，发挥何种作用。对商标进行保护，从本质上来说就是对商标的功能进行保护。当商标的功能受到不正当的干扰或影响，无法正常发挥时，商标法就需要予以干预。而当商标的功能能够正常发挥时，商标法就不需要介入，由此，商标权的范围通过商标的功能就能够予以确定。

对于商标的功能，学者们有着不同的解释。吴汉东教授将商标的功能归纳为识别功能、标示来源功能、保证品质功能、广告宣传功能。❶ 刘春田教授认为："商标的基本功能是区别性，也就是所谓的'认知'功能。"❷ 曾陈明汝教授认为："商标的原始功能（the primary function）在于表示商标之来源或出处。"此外，商标的功能还包括表彰自己商品与其他商品、表示所有同一商标的商品来自同一来源、表示所有同一商标的商品具有相同品质、广告或促销商品的主要工具等功能。❸ 王莲峰教授认为商标的功能包括"表示商品或服务的来源""区别商品或服务的质量""进行广告宣传""增强企业的竞争力""传递企业文化"。❹ 王迁教授认为，商标具有识别功能、质量保障功能和广告宣传功能。❺ 杜颖教授则认为，商标有四种功能，前三种功能是标示商品来源功能、品质保证功能、投入和广告功能。除此之外，随着社会经济的发展，商标还具有文化功能。商标已经演化为一种具有特定文化内涵的象征性社会符号。❻ 麦卡锡教授则主要从经济学方面分析商标的功能。他认为商标至少有两个重要的市场功能：(1)激励有质量的商品的生产；(2)降低消费者的搜寻成本。❼ 此外，商标还具有广告

---

❶ 吴汉东主编：《知识产权法》，中国政法大学出版社2004年版，第234~235页。
❷ 刘春田："商标与商标权辨析"，载《知识产权》1998年第1期。
❸ 曾陈明汝：《商标法原理》，中国人民大学出版社2003年版，第10页。
❹ 王莲峰：《商标法学》，北京大学出版社2007年版，第17~18页。
❺ 王迁：《知识产权法教程》，中国人民大学出版社2009年版，第388页。
❻ 杜颖：《商标法》，北京大学出版社2014年版，第5~7页。
❼ J. Thomas McCarthy, McCarthy on Trademarks and Unfair Competition, Eagan: Thomson/West, 2006, §2:3.

功能（advertising function），即作为广告的主要元素帮助销售者。[1] 波斯纳是法经济学派的代表，他认为商标的主要目的在于通过指示特定商品的特定来源，降低消费者搜寻成本。[2]

上述学者的观点实际上可以整合。首先，学者基本达成共识，商标的基本功能是标示来源。所谓"识别功能""标示来源功能""标示商品来源""表示商标之来源或出处""表示商品或服务的来源""区别商品或服务的质量""指示特定商品的特定来源""降低消费者搜寻成本"等，描述的都是商标所具有的标示来源的功能。正如前文所言，商标作为一种信息传递的符号，是一种两元结构的组成。商标是由人体感觉器官可感知的刺激即商标标识与存储于消费者长时记忆中的该商标标识所代表的商品信息组成。商标的本质是以某种公共性形式存在的信息。因此，商标标识所代表的信息中最为核心的就是商品的来源信息，即该商品来自哪一个特定的即便是消费者不知道具体名称的企业，方便消费者认牌购物，能够通过特定标识里了解该商品来自哪一提供者。可见，"商业标识受法律保护，主要原因不在于其本身所具有的创造性，而在于识别性"。[3] 商标最基础的功能就是标示来源，通过表明商品的来源来引导消费者购物。前文麦卡锡教授和波斯纳教授所言的降低消费者搜寻成本，实际上是从经济效果上对商标标识来源功能的归纳。对

---

[1] J. Thomas McCarthy, McCarthy on Trademarks and Unfair Competition, Eagan: Thomson/West, 2006, §3:12.

[2] W.M. Landes & R.A. Posner, *The Economic Structure of Intellectual Property Law*, Boston: HarvardUniversity Press, 2003, p.168.

[3] 王莲峰：《商业标识立法体系化研究》，北京大学出版社2009年版，第20页。

于消费者而言，商标保护能够确保商标标示来源功能的正常发挥，使消费者可以通过商标了解到商品的来源和提供者，直接认牌购物，不必在每次购买商品时耗费时间与精力辨识商品的来源，从而降低消费者的搜索成本。因此，搜寻成本的降低是商标标示来源功能发挥在经济上的效果。搜寻成本降低的功能从本质上来是商标标示来源功能的另一种表述。

其次，"表示所有同一商标的商品具有相同品质""激励有质量的商品的生产"等，指的都是商标的第二个功能——激励品质功能。随着社会经济的发展，出现了商标拥有者和具体商品生产者的分离。某些公司拥有良好声誉的品牌、销售渠道、营销能力等，出于成本的考虑，他们往往不会自己聘用员工进行生产。而是提供商标授权，将商品的具体生产委托给那些人力资源成本较低的公司，再贴附上自己的商标予以销售。这就出现了商标拥有者和具体商品生产者的分离。然而，由于商标具有标示来源的功能，无论商品由谁生产，只要该商品上出现了同一商标，就表明该商品来自同一个商标拥有者，代表该商标拥有者是该商品最终的提供者和质量信誉的保障者。因此，所谓激励品质功能，学界一般称为品质保证功能，意指商标可以保证商品具有一以贯之的质量，使消费者在看到同一商标时就能确信，该商品现在的质量与其以前购买或知悉的该商品的质量相一致或更高。"使用相同商标的商品或服务具有相同的质量"，[1]"商标不仅标示了生产者或商人的来源，也表明了一贯

---

[1] 王迁：《知识产权法教程》，中国人民大学出版社2009年版，第388页。

的质量水平"。❶ 这就是商标对其所标示的商品的"品质保证"。

商标品质保证功能的存在，使得商标的信誉与该商标标示的商品质量和服务水平密切相关。在心理学中有所谓的回馈效应。消费者会将其对商品的感受反馈到该商品的商标之中，以作为下次购物的参考。如果商标权人的商品品质较好，消费者有着愉快的使用体验，则消费者就会将这种良好的评价反馈到商标之中，商标的商誉就会不断提高，消费者再次购物就很有可能继续选择这样的商标标示的商品。如果商标权人的商品质量低劣或出现与以往商标权人提供的商品质量不一致的情况，消费者就会将这种质量的低劣或质量水准的不统一归咎于商标权人，从而降低对商标权人商标的评价。当消费者对商标权人商标的评价降低后，商标权人商标的"品牌资产"就会受到损失，其形象也会在消费者的心理中大打折扣，导致商标权人的商誉遭受损害。消费者会将对商标权人商标的负面评价存储在大脑之中，下次识别出商标权人商标之后就会了解到这些负面的评价，消费者就很可能以拒绝购买的方式对商标权人实施"报复"。由此，商标权人必须保障商标所标示的商品的质量，防止消费者由于商品质量的原因对商标评价降低，导致商誉受损。

最后，"进行广告宣传""传递企业文化""广告宣传""广告或促销商品""广告功能"，都是指商标所具备的广告宣传功能。广告宣传功能，是指商标在企业进行广告宣传和商品促销中，所起到的宣传企业形象、激发消费者购买兴趣，促进

---

❶ J. Thomas McCarthy, McCarthy on Trademarks and Unfair Competition, Eagan: Thomson/West, 2006, § 3:10.

商品销售的功能。商标的该项功能与广告的重要性密不可分。早在19世纪末,随着资本主义经济步入繁荣阶段,为了赢得消费者,经营者开始重视消费者心理,以商标为中心打造企业形象,进行广告宣传,以激发消费者的购买需求和购物欲望。"早先的广告还主要是向消费者提供商品的客观信息,及至20世纪20年代,广告已经成为一种职业的艺术,它依赖的是情感上的吸引力,并没有多少信息性的内容。"❶ 甚至,广告越来越趋向于塑造美好的商标形象,通过音乐、形象、煽动性的广告语,操纵消费者的情感,创造抽象的品牌人格,使消费者对商标产生美好的幻想,劝诱消费者在非理性的状态下购买商品。在这种趋势下,商标越来越具有一种功能:以其自身的形象和所负载的企业商誉进行广告宣传。对于该项功能,法官弗兰克福特认为:"商标保护意味着法律对于符号心理功能的认可。如果说我们依靠符号生活,则我们同样也依靠符号购物。"❷ 美国侵权法重述也指出:"当市场的地域范围扩大,销售系统逐步复杂之后,商标就成为重要的广告工具。如果商标权人在市场中成功地塑造了惹人喜爱的商标形象,这个商标本身就成为刺激消费的重要因素。商标通过广告产生商誉的能力已经被商标法所承认。"❸

---

❶ Mark Bartholomew, Advertising and the Transformation of Trademark Law, 38 N.M. L. REV. 1, 12(2008).

❷ Frankfurter, J., in Mishawaka Rubber & Woolen Mfg. Co. v. S.S. Kresge Co., 316 U.S. 203, 205 (1942).

❸ Restatement(Third) of Unfair Competition § 9, comment c (1995).

根据上述分析，商标实际上具备三种主要功能：标示来源、激励品质和广告宣传。其中，标示来源是商标最为基础和本源的功能，缺乏商标标示来源的功能，商标就不称其为商标，消费者也无法依据商标来确定商品的来源。而激励品质和广告宣传的功能，都是商标标示来源功能的延伸，甚至可以说就是商标标示来源功能的有机组成部分。正是在标示来源的基础上，消费者才能够认牌购物，区分不同的品牌商品，支持其满意的品牌，拒绝其不满意的品牌。这样，标示来源的机制才能够激励商标权人保证商品的品质。说商标具有品质保证功能，毋宁说是商标标示来源的功能促成了商标权人有动力去维护或提高商品的品质。同样，广告宣传的功能也来自商标的标示来源功能，是标示来源功能进一步发展的结果。商标具备标示来源的功能，消费者自然能够根据自己的喜好认牌购物，购买自己喜爱的品牌商品，这样，有的厂商就会在市场竞争中逐步取得优势，其商标的商誉不断累积，商标的吸引力逐步增大，商标本身就成为一种广告，厂商也可以围绕商标进行宣传。当消费者看到这种商标时，就会被商标的商誉和散发出的魅力所吸引。可见，商标的广告宣传功能也来自标示来源的功能。"商标最主要之功能，在表彰自己之商品/服务，以与他人之商品/服务相区别。"❶"商标的基本功能在于标示商品和服务的来源或出处，藉以与他人的商品和服务相区别，商标的其他

---

❶ "台湾地区'混淆误认之虞'审查基准"，前言1，载http://www.110.com/fagui/law_12416.html,2015年4月12日访问。

功能都建立在这一基本功能之上。"❶ 正是因为标示来源功能的存在，商标才具有宣传和促销的功能。从本质上看，激励品质功能和广告宣传功能都是商标标示来源功能的延伸，是商标标示功能的组成部分。

第二节　商标功能的认知心理学分析

商标的功能与消费者对商标的心理认知密切相关。只有消费者对某个商标表示认可，愿意购买该商标所标示的商品，商标权人才能从消费者的购物决策中获益。因此，只有消费者正确地识别出商标，并依据商标购物，商标权人使用商标标示其来源，将自身商品与他人的商品相互区分才具有意义。商标的标示来源功能、激励品质功能、广告宣传功能，根本上都依赖于消费者能够正确地识别商标，辨别出商品的来源。

对商标的功能进行认知心理学分析要从现代市场经济中商品的特点谈起。随着市场经济的发展，商品的品种日渐丰富，商品自身的属性和功能也日趋复杂，消费者很难在购物之前通过检测商品的性能作出购物决策。因此，在买者和卖者之间存在信息不对称的现象。所谓信息不对称，在经济学中指"私人信息的存在使一部分人比他人拥有更多的信息"。❷ 由于信息不对称，在市场交易中容易出现逆向选择和道德风险。美国学者

---

❶ 张玉敏："维护公平竞争是商标法的根本宗旨——以《商标法》修改为视角"，载《法学论坛》2008年第2期。

❷ 陈钊：《信息与激励经济学》，上海三联书店、上海人民出版社2005年版，第20页。

阿克洛夫（Akerlof）以二手车市场为例，指出信息不对称可能导致市场失灵：在二手车市场中，通常卖方比买方更加清楚车辆的状况和质量，为了促成交易，卖出较好的价格，卖方并不会在交易中披露所有的有关二手车的信息，由此在二手车交易市场上存在信息不对称。由于买方担心卖方以次充好，购买到质量较差的二手车，在出价上就会尽量压低价格。而受较低的出价的限制，卖方就不会先将好车卖出。这样，质量好的车就无法卖到合适的价格，最后只能退出市场，导致在二手车市场上出现逆向选择，质量较差的二手车反而比质量较好的二手车更容易卖出。质量好的车无法以合适的价格卖出，便会逐渐退出市场，市场上的二手车的平均质量将逐步降低，买方将进一步降低自己的出价，导致市场上质量相对较好的车再次无法以合适的价格卖出，退出市场，如此反复，最终使整个二手车市场失灵，留在市场上的都是质量较差的车了。由此可见，二手车市场中的信息不对称严重影响到市场交易的正常进行，最终导致这一市场无法存在。"它改变了处于信息劣势的买方对旧车平均质量的预期，最终导致效率的损失。"❶

　　在市场交易的其他领域，同样存在信息的不对称现象。如果没有商标，信息的不对称现象会进一步加剧，导致交易成本的上升。学者认为，商品可以分为搜寻品与经验品。搜寻品的质量可以在购买前通过检测了解；而经验品的质量则只能

---

❶ 陈钊：《信息与激励经济学》，上海三联书店、上海人民出版社2005年版，第31页。

通过实际使用才能知道。❶ 在市场上,绝大部分的商品消费者是无法在购买之前通过有效的方法予以检测的,消费者一般只有将商品使用一段时间,才能了解该商品的质量、性能等。例如,在商品没有商标的情况下,消费者如果要购买某种口味的食品,就只能通过品尝来寻找。在厂商提供的同一种类的食品越来越多的今天,消费者很难仅通过品尝来找到特定的品牌食品,再次消费时也无法保证能够找到同一来源的品牌食品。因此,诸如价格、成分、气味等商品的有形属性虽然会对消费者的购物行为产生影响,然而在大多数情况下,对这些属性进行辨别会耗费大量的消费者心理认知成本,却"不能培育出具有识别性的特定品牌"。❷ 亦即,由于提供同类型商品的厂商较多,消费者要正确地分辨出不同厂商所提供的商品,需要付出较高的交易成本。消费者和厂商之间的信息不对称非常明显。

当商品不易在购买前予以检测、确定其来源和品质时,商标的重要性就凸显出来。在上例中,如果给定具体的食品品牌,消费者便能感知和识别其商标,很快意识到该商标所标示的商品的属性和有关信息,从而准确地区分出不同商品的来源,了解到该商品通常所应当具备的品质。例如,当给定"上好佳"品牌时,消费者大脑就能够从记忆中提取以"上好佳"商标为中心节点所存储的有关该商品的信息,如大致的价格、

---

❶ Phillip Nelson, Information and Consumer Behavior. *Vol. 78, No. 2, 311-329* (Mar. - Apr., 1970).

❷ Jacob Jacoby, The Psychological Foundations of Trademark Law: Secondary Meaning, Genericism, Fame, Confusion and Dilution, *91 TRADEMARK REP.*1024(2001).

生产商、公司所在地、食品口感、以前食用所产生的美好回忆等，消费者就能了解该商品的提供者，为其进一步的购物决策提供依据。这就表明，"品牌名称"是相关商品信息的集中地，代表着消费者大脑记忆中特定认知网络的中心。

从认知心理学的角度观之，当消费者大脑中建立了以商标权人商标为中心节点的认知网络，并且其他人没有以混淆消费者的方式使用该商标时，该商标标示来源的功能就能正常的发挥。如前文所言，根据认知心理学的扩散激活理论，人的记忆是由知识构成的，知识由节点以及节点之间的连线构成的网络来标示。商标或者品牌实际上就是品牌名字这一节点与其他节点之间的联系。❶ 消费者在记忆中建立了以某一商标为中心节点的认知网络之后，当相同的商标标识再次刺激消费者的感觉器官时，消费者就会启动模式识别程序。如果外在商标标识与消费者大脑记忆中的商标相匹配，存储于消费者记忆中的该商标节点就会被激活，该商标所代表的相关信息就会传递给大脑，使消费者了解到该商标的有关信息。"当消费者在进行购买前的决策时，品牌名称代表的信息是经常提取的信息类型"。❷ 从认知心理学角度看，商标的基本功能即在于简化消费者购物过程中的心理认知过程，将商品的各种特征、属性和相关信息凝结在可感知的商标标识之上，通过外在商标标识对消费者感

---

❶ 黄合水、彭聃龄："论品牌资产——一种认知的观点"，载《心理科学发展》2002年第3期。

❷ Jacob Jacoby, The Psychological Foundations of Trademark Law: Secondary Meaning, Genericism, Fame, Confusion and Dilution. , *91 TRADEMARK REP.* 1025(2001).

官的刺激，唤起消费者大脑记忆中存储的该商标为中心的特定认知网络，使消费者可以准确找到其所需要的商品。通过建立以商标为中心的认知网络，消费者可以节约搜索特定商品的时间、精力和费用，降低了错误决策的风险，从而使搜寻特定商品的认知成本大幅降低。

联系商标的功能来看，当市场中没有人从事混淆消费者的商标侵权行为，商标标示来源的功能能够运转正常时，消费者就能在市场中正确地识别商标和进行购物决策，区分不同的商品，选购到自己所意欲购买的商品。举例而言，消费者去商场购买手机，在到达商场专柜之后，会看到很多手机品牌的商标。消费者看到这些商标后会启动模式识别程序，对这些商标进行识别。以诺基亚商标为例，当消费者看到外在的诺基亚商标标识后，会对其进行模式识别，将之与大脑记忆中存储的诺基亚商标进行匹配。当确定外界的标识就是诺基亚商标之后，消费者会激活大脑之中存储的以诺基亚商标为中心的认知网络，提取出诺基亚商标所代表的企业、诺基亚手机的评价、感受和体验等相关信息。消费者会根据这些信息，作为其购物决策的参考。消费者可能会在经过比较和考虑之后，根据诺基亚商标所代表的较高的商誉，作出购买该品牌手机的决定。也可能根据以前购买该品牌手机不愉快的经历，作出不再购买的决定。可见，只要市场中的商标能够相互区分，不发生混淆，消费者就能正确地识别商标，激活大脑中存储的以该商标为中心节点的认知网络，提取该商标所代表的相关信息，以之作为购物的参考，作出符合自己意愿的购买决定。因此，商标的标示来源功能从认知心理学角度看，就在于不断地启动消费者的心理认知程序，使消费者正确地识别商标，确定商标所标示的商品的来源，了解到商标代表的相关信息，供其购物决策参考。

商标的激励品质功能也可以用认知心理学来解释。由于市场上的商标相互区分，在商标标示来源功能的正常运转下，消费者就能够对不同的商标进行识别。在购买某一特定商标所标示的商品之后，消费者也能对该商品的使用感受、售后服务、质量性能等进行反馈和评估，作出对该商品的评价，将评价正确地归于该商品背后的商标。正如前文所述的回馈（feedback）效应。如果某一商标代表的商品品质优良，有较高的服务水平，消费者就会对其作出正面的评价，这些评价信息会凝结到商标之中，纳入消费者的记忆，以供消费者下次购物决策时使用。当消费者以后在购物中识别出该商标，就能够了解到该商标正面的评价信息，促使其再次购买。如果某一商标代表的商品品质低劣、服务水平参差不齐，或者出现下降的趋势，消费者在购买之后就会对该商品作出负面的评价，并纳入记忆之中，在下次识别出该商标后就能提取出这些负面的信息，避免再次购买到该商标标示的商品。只要商标能够相互区分，不发生混淆，消费者就能正确地区别不同的商标，将好的或坏的评价归于该商标，纳入记忆之中。这样，以商标为中心节点的认知网络就在消费者不断的购物和消费过程中发生着变化。消费者对有的商标评价会较高，这些商标就会在消费者心目中形成强大的认知网络，变得具有较强的显著性，而有的商标则可能会在消费者心目中的地位不断降低，消费者也会避免再次购买该商标标示的商品。商标在消费者心目中就这样发挥着标识来源的作用，让消费者不断地产生心理认知反应，以此循环往复。正是由于消费者回馈效应的存在，客观上促使商品的提供者不断维持或提高商品的质量和服务水平。一旦商品出现质量问题或负面新闻，就会影响到消费者对商标的评价。这些评价均会凝聚在商标之中，消费者在识别出该商标后，就能了解到这些评价信息。因此，商标在标示来源功能正常发挥的基础上，客观上就存在激励品质功能，这项功能主要是由消费者对商标的评价所引起。正是消费者回馈效应的存在，使得商标具备了激励品质的功能。

商标的广告功能已经得到了品牌心理学理论的验证。正如前文所言，根据品牌专家埃克尔（Aaker）的见解，品牌联想包括商品的类别、无形的因素如商品评价、使用的情境、商品的属性等。[1] 这些内容都是消费者在市场中经过对商标权人商品的接触所形成的有关于商标权人商标的信息。当一个品牌或者商标在消费者的大脑中留下印迹的时候，商标就可以发挥其广告功能，改变和影响消费者的购物决策。心理学认为，品牌具有光环效应（halo effect），人体在缺乏充分必要信息参考的情况下会从已有的知识结构中提取与目标对象相关的心理图示。[2] 尤其是在一个不熟悉的环境中，人们更倾向于选择那些有一定熟悉程度的事物。由此，在购物环境中，品牌和品牌背后所代表的信息会成为消费者购物的重要决策因素。品牌包括该品牌的商誉、品牌的内涵定位、品牌所塑造出的形象、会对消费者的购物决策产生影响等。消费者对自己熟悉的品牌商品尤其是那些具有较高商誉的品牌或者以前有过美好消费体验的品牌商

---

[1] 张欣瑞："认知心理学视角下品牌知识形成路径分析"，载《商业时代》2010年第5期。

[2] 杨铖、戴革、刘建平、曾晓青："品牌的心理效应研究"，载《中国组织工程研究与临床康复》2007年第11卷第52期。

品会有较强的认同甚至依赖。在购物决策中相对于那些不熟悉的品牌，就会倾向于选择这些品牌的商品。"研究表明，消费者有时会采纳一种决策原则，即只买熟悉的、成熟的品牌。"❶品牌不仅具有光环效应，还具有情感效应。亦即，消费者认同品牌和信赖品牌，会升华到喜爱这一品牌，达到对特定品牌的移情，产生美好的情感效应。❷不同的品牌，代表不同的品位、兴趣、取向，人们实际上通过购买商品来消费品牌的内涵，通过品牌来表彰自己的身份和品位。正如可口可乐和百事可乐有着不同的消费群体，人们正是通过品牌将品牌的内涵与自身的情感相联系，借助于品牌来表达自身的情感。由此，品牌已经不仅仅是商品来源的表征，品牌自身已经具备广告功能，能够激发消费者独特的情感，使人们对品牌产生美好感觉，进而产生购买动机。品牌的情感效应会进一步导致品牌忠诚。消费者对品牌的评价和消费者后续的购买行为会生产良好的互动，使得消费者能够强化对某一品牌的购买动机，形成对某一品牌坚定的支持态度和购买意愿。"品牌购买反过来增强品牌意识，这种相互影响形成一种良性的循环，而这种循环在不影响品牌态度的情况下，就构成品牌忠诚中的行为忠诚。"❸一旦消费者形成对某一品牌的忠诚，该品牌就会在市场中建立起优势的地位，消费者很可能在购物中不再考虑其他品牌的商品。品牌的光环

---

❶❸ 黄合水、彭聃龄："论品牌资产——一种认知的观点"，载《心理科学发展》2002年第3期。

❷ 杨铖、戴革、刘建平、曾晓青："品牌的心理效应研究"，载《中国组织工程研究与临床康复》2007年第11卷第52期。

效应、情感效应、品牌忠诚,在品牌心理学研究领域已经有了较为成熟的理论。从商标法的角度看,商标所具有的广告功能,与品牌对消费者的心理影响密切相关。商标在现代社会早已不再仅是指示来源的标识,相反,商标已经成为独立的、具有特定品牌内涵、价值取向的符号,通过其广告功能吸引消费者的注意力,影响消费者的购物决策。

根据上述商标功能的认知心理学分析,可以发现,商标的基本功能在于标示来源,使消费者能够在市场中正确地识别商标,正确地提取商标所代表的包括商品来源在内的有关信息,为其购物决策提供依据。商标的基础和最主要的功能就是激活消费者大脑中所储存的该商标的相关信息,使消费者了解到商标所承载的商品信息。只有保护了商标的标示来源功能,不同厂商的商品才能够为消费者所区分,消费者才能够正确地识别商标并依据商标进行购物决策,商标的激励品质、广告宣传功能才能够正常的发挥。商标所具有的激励品质功能、广告宣传功能,都是在标示来源功能正常发挥的基础上产生的。

第三节　商标标示来源功能的思考

19~20世纪初叶,商标法所保护的商标的标示来源功能,主要是指商标标示着特定而具体的商品生产来源,即消费者通过商标,可以知道商品来自哪一个具体的生产者,这就是严苛的刚性出处理论。在严苛的刚性出处理论的指导下,当时的商标法对商标侵权判定有着严格的要求。正如本书在商标保护的历史中所述,商标法一直以来在商标侵权的成立上就要求侵权人在直接与商标权人相竞争的商品之上使用与商标权人商标相同或者近似的标识。"在商标法形成的阶段，商标法仅限于处理在直接竞争的商品上使用混淆性相似的商标所造成的问题。"❶亦即，商标法针对的侵权仅仅是：消费者将侵权人的商标误认为是商标权人的商标，并且两种标识所标示的商品直接竞争，消费者的误认误购会直接使商标权人失去本该获得的交易机会和收入，发生交易的转移（trade diversion）。在严苛的刚性出处理论看来，由于商标标示的是特定而具体的某个出处，只有他人使消费者发生了混淆进而导致"交易的转移"，使消费者没有购买这一特定而具体的出处所提供的商品，才会对商标权人构成损害。即便后期法院放松了在侵权成立上系争双方的商品必须直接竞争的要求，但是双方所使用的商品还是必须具有本质上相同的特点。

21世纪一二十年代以来，严苛的刚性出处理论开始衰落，取而代之的是匿名出处理论。所谓匿名出处理论，即是指商标的标示来源功能已经不再是标示某一具体而特定的来源，而是标示着出自同一的但是可能是匿名的来源。商品具体由谁生产已经不再重要。重要的是，商品上标示的是哪一个商标。无论商品具体由哪一个厂商生产，只要商品上的商标是相同的，就表明这些商品是来自同一出处。商标就能够预示着这些商品尽管其具体生产来源不同，但都统一具有该商标所代表的一贯稳定的质量。消费者在看到某一商标时，也不再关心这一商标所标示的商品具体来源于哪一个生产厂商，相反，消费者只关心

---

❶ Robert C. Denicola, Trademarks as Speech: Constitutional Implications of the Emerging Rationales for theProtection of Trade Symbols, *Wis. L. Rev.158*, 163(1982).

商品上是哪一个商标。

商标标示来源功能的这一演变与当时社会环境和交易形态的发展有密切的联系。随着生产力的提高、交通运输业的发达、日渐统一的市场的形成，厂商已经能够大规模地进行商品的生产销售和运输。为了降低生产成本，商标权人开始寻找劳动力更为低廉的商品生产厂商，将生产商品的具体任务交给这些厂商，再贴附商标权人的商标予以销售。同时，品牌的延伸、扩展和许可开始流行，商标权人已经不满足在同一类商品上使用其商标，借助其商标所包含的商誉，商标权人开始在其他商品类别上使用同一商标，并且将商标许可给更多的厂商使用。这样，商标已经无法再发挥标示特定具体的某一来源的功能，相反，商标标示的是某一个同一的但是匿名的来源。消费者已经不需要知道商品具体来自哪里，只需要知道同一商标来自同一出处，由同一企业即拥有该商标的企业对其标示的商品质量负责。

从严苛的刚性出处理论到匿名出处理论，商标标示来源的功能发生了变化。这种变化给商标法带来深远的影响。首先，由于交易形态的变化，商标权人将其商标在更多的商品类别上使用，并许可给其他厂商使用，消费者不再对商标的具体出处感兴趣，相反，即便不同的商品上出现同一商标，消费者也会将之视为同一出处。消费者已经习惯于在更多的不同类别的商品上看到同一商标，这使得当他人未经授权在一些与商标权人商品没有联系的商品上使用商标权人的商标时，更容易使消费者发生混淆。亦即，当消费者在市场中碰到商标权人的商标标示在商标权人以往并没有经营过的商品上，也倾向于推定商标权人拓展经营范围，或者使用这个商标的主体已经获得商标权人的许可。很多侵权人就利用消费者的这种观念，未经商标权人许可在与商标权人商品类似或不相类似的商品类别上使用商标权人的商标，造成消费者发生来源混淆，或误认为商品的提供者间存在关联关系，发生混淆误购。而当时的商标法却无法规制这种行为，引发商标权人不满。在商标权人的推动下，商标反混淆保护的范围逐步扩大，包括关联关系混淆等混淆形态。尤其是驰名商标保护制度的建立，使得他人即便在非相关和非类似的商品上使用商标权人的商标，如果容易导致消费者混淆，也可能构成商标侵权。

商标标示来源功能的变化除了使商标反混淆的保护范围大幅扩张之外，还使得商标反淡化理论开始兴起，成为反淡化理论的重要依据。这主要也是因为商标标示来源的功能变为指示匿名来源之后，消费者更为看重商标本身所传递出的信息和商标本身所具有的价值、特点、品位、形象，而非商品具体的来源和由哪一个厂商所生产。亦即，只要商标本身的形象已经统一得以塑造，在消费者心里留下了独特的印象，其所标示的具体商品的生产来源并不为消费者所关注。这种匿名来源的功能使得商标本身的独特性和区别性开始变得重要，商标权人更重视商标向消费者所传递的信息和给消费者心理留下的印象。在这种情形下，谢希特提出商标的保护范围应当取决于商标的区分显著性的观点，并在此基础上提出商标法应当保护商标本身所具有的独特性，即商标法应当防止商标被淡化。最终，商标反淡化保护制度得以建立。

从上述分析可见，商标法在保护范围上的扩张，追根溯源，都与商标标示来源功能的转变有关。正是商标标示来源的功能由严苛的刚性出处功能转化为匿名出处功能，使得商标法在反混淆和反淡化两个维度上不断扩张。这也反映出现代社会商标本身的价值得以凸显，而商标标示具体的特定来源的功能已经变得不再重要。消费者更看重商标本身的价值、特质和形象，企业开始将资金大量投资于对商标形象的塑造和维护之上，并要求商标法保护其所塑造的商标的独特性。

第四节　商标品质保证功能的批判

学界通说认为商标具有"品质保证"功能。由于品质保证的字面词义是指商标能够对商品的品质进行保证，有学者遂认为商标的品质保证功能就是指商标能够保证其所标示的商品质量始终如一，保持稳定的状态。消费者在看到同一商标后，就能合理预期该商标所标示的商品的品质保持同一性和稳定性。

实际上，商标"品质保证"功能的这一称谓并不贴切，因为商标并不是商品强制性的质量保证标记。正如前文所言，商标的基本功能是标示来源，它的功能不在于保证每个贴附这一商标的商品的品质都保持一致或者较高水准。商标仅仅告诉消费者，其所标示的商品来自某一个特定和具体的提供者，以及标示同样商标的商品均来自同一个提供者。至于商品的质量如何，商品的提供者是否愿意保持甚至提高其商品的质量，则完全是看商品提供者自身的意愿，与商标本身没有关系。商品提供者既可以提供商品质量不一致的商品，坑害消费者，"赚一把就走"，也可以努力维持或提高商品的质量，确保其提供的商品品质始终如一或不断提高。当商品提供者提供商品质量不一的商品，消费者购买到这些商品之后，并无法依据《商标法》，以商品提供者提供的商品质量前后不一为由起诉商品提供者，要求其承担产品质量责任。消费者只能根据该商品提供者的商标，对该商标作出负面评价，避免下次再次购买同样的商标标示的商品，以拒绝再次消费的方式进行"报复"。亦即，在《商标法》之外，消费者可以依据《合同法》瑕疵担保责任、《消费者权益保护法》和《产品质量法》等，要求商品提供者为其提供的商品承担质量责任。但是，消费者却并不能以《商标法》为依据，要求提供商保证贴附同一商标的商品的质量保持一致。商标乃是一种信誉机制，消费者只能通过对商标表示支持或不支持的方式表达自己的购买意愿。当商品提供者提供的商品质量始终如一或不断提高时，消费者购买到的就是商品品质稳定的商品，消费者就会强化记忆该商标，对该商标作出正面的评价，在购物时以该商标作为以后购买类似商品的依据，通过购买行为对该商标表示支持。而当消费者购买到的商品质量不稳定或存在缺陷时，消费者就会对商标作为负面的评价，下次在市场中遇到该商标标示的商品就可以避免再次购买。可见，商品之上的商标仅仅表明，该商品来自某一个特定的商业主体，该商品的品质有可能保持稳定，但是并不保证一定与之前提供的同类商品的质量保持一致。消费者可以根据该商标来选购商品，在该商品质量不符合消费者要求时拒绝再次购买，在该商品质量符合消费者要求时继续购买。但是商品之上的商标，仅仅表明该商品来自哪一个提供者，绝不意味着保证商品提供者提供的商品始终品质如一，绝不保证其商品质量一定处于稳定的状态。商品之上的商标仅仅表明该商品是哪个特定和具体的提供者所提供，它不是商品质量的保证书。商品提供者标示了商标，相当于表明自己的身份，但并不代表商品提供者一定能够通过商标保证提供品质如一的商品。"需要注意的是，商标

的质量功能并不意味着商标总是标示着'高'质量的商品或服务。在严格的法律意义上，商标并不是一种确保或保证。"❶

那么，所谓商标的品质保证功能源自何处，应如何加以理解呢？所谓品质保证，是指在商品标示商标之后，商标权人有提供质量始终如一的商品的激励。亦即，由于商标的存在，商标权人的身份是公开的，商标的信誉机制得以建立，消费者会根据商标权人商品的品质对该商标进行评价，并会在商品质量不符合要求时拒绝再次购买该商标标示的商品，这会激励、督促、促使商标权人保证提供质量如一的商品，以积累商誉，赢得消费者。这种品质保证的激励实际上还是来自商标所具备的标示来源功能。正是商标具备标示来源的功能，市场上的商品才能够相互区分，消费者才能够认牌购物，选择自己喜欢的品牌商品，明确自己所购买的商品的提供者。在标示商标之后，如果商标权人提供的商品质量并不能满足消费者的要求，消费者再次购物就会以拒绝购买的方式对商标权人进行"报复"，商标权人就可能被淘汰出市场。商标权人为了盈利，赢得消费者的亲睐，在标示自己商标的前提下，就更有动力提供质量始终如一或有所提高的商品，使消费者形成对其品牌的信任甚至忠诚。❷ 因此，商标权人保持商品品质的动力来自商标的标示

---

❶ J. Thomas McCarthy, McCarthy on Trademarks and Unfair Competition, Eagan: Thomson/West, 2006, §3:10.

❷ 当然，也会有一些厂商就是为了赚一把就走，生产劣质商品，这样的厂商即便标明了自己的商标，也并不能保证自己商品的品质。这样的厂商必然会逐步被消费者所认识，一旦商品问题被暴露出来，其商标无疑是告诉消费者不要再购买该商标所标示的商品，该厂商就会被淘汰。因此，商标的功能仅在于激励厂商去维持和提高商品质量，但并不保证厂商一定会这样做。

来源功能。而商标"品质保证"的称谓名不副实，商标并不能够保证商品的质量。甚至，有些商家即便标示了商标，也同样提供假冒伪劣的商品，坑害消费者，"赚一把就走"。当消费者对该商标的负面评价较多时，有的企业再换一个新的商标进行商品的生产销售，以避免不利的影响。所以，商标根本无法保证商品的品质，保证商品的品质也不是商标法的任务。正确的说法应是，商标具有激励品质的功能。这种功能所产生的效果是激励商标权人维持或提高商品质量，但是并不一定保证商品质量始终如一。商标的激励品质功能也来自商标的标示来源功能，是商标标示来源功能的延伸。

过去我国沿用很多年的2001年《商标法》由于并没有认清所谓商标品质保证功能的真实含义，在立法上出现错误，把商标权人保证其提供的商品的质量规定为一项法定义务。2001年《商标法》第45条规定：使用注册商标，其商品粗制滥造，以次充好，欺骗消费者的，由各级工商行政管理部门分别不同情况，责令限期改正，并可以予以通报或者处以罚款，或者由商标局撤销其注册商标。该条文错误地把商标所具有的品质保证功能误读为商标权人要保证商品的质量，认为这是一项法定的义务，要求商标权人贯彻落实。实际上，保证商品质量，是由《消费者权益保护法》《产品质量法》等经济法所完成，而《商标法》的主要任务乃是确保市场上的商标相互区分，消费者能够认牌购物。2001年《商标法》规定提供假冒伪劣商品的由商标权撤销其注册商标，并不能够有效遏制生产者继续提供假冒伪劣商品。相反，商标被撤销后，生产者还可以继续申请新的商标，继续提供假冒伪劣商品。由此可见，《商标法》无法确保商品的品质始终如一，它仅仅是通过信誉机制建立，让消费者去自我评判商标的优劣，从而使提供假冒伪劣商品的商标逐步被淘汰出市场。我国新颁布的2013年《商标法》删去了这一条文，是正确的立法选择。然而，新立法在这一方面的修法上依然不够彻底。新《商标法》第7条规定，商标使用人应当对其使用商标的商品质量负责。实际上前文已述，商标使用人在标示商标之后，由于建立起了以商标为中心的信誉机制，其有提供符合质量标准的商品的动力，但是并不意味着商标使用人一定会提供符合质量标准的商品。商标的信誉机制并不保证商标使用者提供的商品不会发生任何质量问题，商标法也不负责保证商标使用者所提供的商品的质量。商标使用者对其使用商标的商品质量负责，是提供商品的主体在消费者权益保护法、产品质量法、合同法上的义务，而并非在使用商标时所存在的商标法上的义务。商标法惩戒商标使用者的机制是一种信誉机制，一种由消费者评判和选择的市场机制，消费者只有一种"报复"的手段，即由购买了商品的消费者对该商品的商标进行评价，以继续购买或拒绝再次购买的方式支持或惩罚商标使用者，以此激励商标使用者提供质量较好的商品。新《商标法》第7条强制性规定商标使用人应当对其商品质量负责，虽然从通常意义上看并没有错误，但是并无实际的意义，缺乏可操作性，也没有规定商标权人如果对其商品质量不负责的相应惩戒措施，建议《商标法》再次修订时予以删除。

第五节　商标广告宣传功能的反思

商标标示来源功能是商标最初的也是最基本的功能。随着社会经济的发展、交通运输的进步、广播媒体的兴起，提供商品的厂商和消费者之间可以远距离交易。商标开始作为广告的媒介发挥重要的作用。提供商品的厂商将各种信息,如商品的品质、独特性、品牌的内涵,都注入商标之中,通过商标表彰商品的各种独特的特征,塑造品牌的形象,激发消费者潜在的购物欲望,而商标的标示来源功能反而退居幕后。正如学者所言,曾经仅仅用做标示商品来源和质量的符号如今已经演变成为具有独立价值的产品,在表彰购买者的社会地位、个人爱好和气质方面发挥重要作用。❶

随着商标广告功能重要性的逐步提高,商标权人开始要求商标法保护商标的广告功能。商标权人将商品的品质、独特性、品牌的独特内涵、气质注入商标之中,主要目的就是吸引消费者,激发消费者的购物欲望。另外,商标权人努力通过品牌宣传塑造具有独特特征的商标,就不愿意看到其他主体以任何方式使用这一商标,即便这种使用行为没有造成任何消费者混淆。这便是商标反淡化保护的起源。商标反淡化保护理论的提出者谢希特认为,商标现在已经从幕后走向前台,成为公司重要的无形资产。他人对商标权人商标的使用,即便没有造成消费者混淆,也会逐步削弱或降低该商标在消费者心目中的形象,最终损害商标本身的独特性价值,导致商标权人塑造品牌的投资付诸东流。谢希特在国会作证,举出"杜邦"鞋子、"别克"阿司匹林和"柯达"钢琴的例子,认为这些商标被用在与商标权人商品不具有竞争性的商品之上,将导致这些商标逐步丧失其自身的独特性和对消费者的吸引力。谢希特所言的

---

❶ Rochelle Cooper Dreyfuss, Expressive Genericity: Trademarks as Language in the Pepsi Generation, *65 NotreDame L.Rev.397*, 398(1990).

商标的独特性可以理解成为一商标区别于其他商标的可区分性，即其商标自身所拥有的特质。商标可区分性越强，商标的显著性就越强，从市场营销的角度来看，这种商标就具有很强的推销力和对消费者的吸引力。在美国纳贝斯克（Nabisco）案中，第二巡回法院就认为："反淡化法建立在以下认识的基础之上，即显著性较强的驰名商标是强有力的推销工具，因此应当受到法律保护。"❶ 由此可见，商标反淡化法实际上是对商标广告功能的保护，保护的是商标对消费者的吸引力。反淡化法所针对的并非商标使用行为所可能导致的消费者混淆，相反，反淡化法所针对的乃是即便在不存在混淆的情况下，他人对商标权人商标的使用所可能对商标的独立性、对消费者的吸引力和销售力的影响。

　　但是，有学者对商标的广告功能提出了质疑，认为对商标广告功能的保护增强了商标权人的市场控制力，导致消费者非理性的购物，增加了其他市场参与者参与市场竞争的难度，并不利于市场的自由竞争。❷ 学者认为，现代商业广告主要是劝诱性的广告，而非单纯地告诉消费者产品的性能和特点。商标反淡化法保护的是劝诱性广告生产的效果，会导致商标权人将巨额资金投入广告营销而非提高商品的质量和服务水平上。商标权人通过塑造良好的商标形象劝诱消费者，并为了维持劝诱性广告的效果而进一步推动商标权的扩张，将形成恶性循环，使其他竞争者处于不利境地，提高了市场进入和与著名品牌商

---

❶ Nabisco, Inc. v. PF Brands, Inc.191 F.3d 208(2d Cir.1999).

❷ Ralph S. Brown, Jr., Advertising and the Public Interest: Legal Protection of Trade Symbols, *57 YALE L.J.* 1165(1948).

标权人进行竞争的门槛，这远远背离了商标法最初的立法目的和宗旨。在这些学者看来，商标法的主要作用就在于防止混淆，确保消费者能够正确地识别商标，使市场上的商品能够区分开来。而对于商标所散发出来的所谓商业魅力或销售力，商标法并没有进行保护的义务，这些应当交给市场去自发调节，而法律不应当为此进行干涉。近现代以来，商标法已经不仅限于规制造成消费者混淆的侵权行为，而且也规制可能导致商标淡化的行为。商标独特的形象、对消费者的吸引力和推销力受损，也被视为商标权人商标资产的受损，商标法也需予以干预。由此，商标权控制的范围已经大幅扩张。其他厂商在非类似商品上使用商标权人的商标，将可能承担淡化侵权责任。同时，即便是一些非商业性言论如对商标的评论和批评，也可能招致商标淡化之诉。商标法对商标广告功能的保护，将强化那些著名商标的市场支配或控制地位，消费者在著名商标良好品牌形象的影响下，将形成品牌忠诚和品牌依赖，其他厂商将很难进入这一市场与拥有著名商标的企业竞争。

　　实际上，是否应当对商标的广告功能予以保护，可以转化为商标法是否需要保护商标不被淡化的问题，亦即，商标反淡化保护是否具有正当性。同时，商标法在多大程度上对商标的广告功能予以保护，实际上就是确定商标反淡化保护的范围即保护的强度。这主要是因为，商标的广告功能在现代社会主要表现为品牌的形象、品牌的定位、品牌对消费者的吸引力和销售力，而这些正是商标反淡化制度所要保护的对象。为此，本书将在后续章节商标的反淡化保护、商标反混淆保护与反淡化保护的关系中详细讨论这一问题。对于商标广告功能的维护和商标的反淡化保护，本书的基本观点是，鉴于商标反淡化保护不需要考察消费者是否可能发生混淆，这将极大地强化商标权人的控制范围，他人在非类似的商品上使用商标权人商标，也可能构成侵权。因此，出于市场自由竞争的考虑，商标反淡化制度的适用必须严格限制在十分狭小的范围之内，以免由于商标权的扩张导致市场的垄断。亦即，对商标广告功能的保护必须限制在一定范围之内，只有那些极少数的在全国范围内驰名的商标，才能够享受到反淡化法的保护，可以排斥他人在任意商品上对其商标的使用。同时，商标权人需要举证证明被告对其商标的使用极有可能淡化或污损其商标。由此，商标反淡化制度不应是商标权人通常能够提起并获得救济的法律救济途径，它应当被定位为一种补充性的只适用于少数特别案件的制度。它应有着严格的适用范围和证明标准，不仅只有在一国境内的一般公众中高度驰名的商标才有资格获得淡化保护，而且获得淡化救济还必须举出强有力的证据来证明淡化已经发生或具有发生的极大可能性。麦卡锡教授就认为，有可能会有一些特别的情形需要适用反淡化法。反淡化救济只适用于一些不寻常的或特别的案件。它必然不是适用于所有案件的法律诉由。它应当被认为是一个独特的法律工具，只运用在特别的案件中。不仅反淡化法只适用于具有高度声誉的商标中的少数和精华的那一部分，而且对该法的违反必须是在案情清楚的案件中，通过强有力的证据基础来证明。据此，商标法应当以规制容易导致消费者混淆的侵权行为为主要任务，以确保商标标示来源功能的正常发挥。规制以消费者混淆为中心的商标保护模式应当是现在和未来商标法对商标进行保护的核心模式。商标反淡化保护不应该排斥和架空商标反混淆制度，商标反淡化只是为商标权提供额外保护的补充性制度，只应适用于高度驰名的商标和特定的案件。

由于目前商标权的不断扩张，尤其是商标反淡化保护理论的提出和运用，商标广告功能确实得到了强有力的保护，那些著名商标的市场控制力得到了强化，他人在任何商品上使用商标权人的商标，甚至他人在非商业性的语境下利用他人商标发表言论、表达观点，都可能招致商标淡化之诉，这给其他新进入市场的主体参与市场竞争和消费者获得多元化的商品信息增加了难度。因此，在通过规制商标混淆侵权，确保市场上的商标能够相互区分从而保护好了商标的标示来源功能之外，是否还需要对商标的广告功能实施额外的反淡化强化保护，还值得进一步探讨。❶ 但是，商标法对商标进行保护，就能够使商标正确指示特定的来源，使得市场上的商品相互区分。消费者自然愿意购买符合其消费意愿的品牌商品，商标权人也可以商标为中心进行广告宣传和促销，以使消费者更好认牌购物。因此，广告是市场经济的产物，而商标的广告功能也是市场经济中采用商标作为厂商身份区分工具的必然结果。有些厂商通过诚实的劳动不断提高商品质量和服务水平，进行广告宣传，塑造良好的品牌形象，由此所产生的商业信誉或对市场一定程度的支配乃是市场竞争的结果。商标的可区分性决定了必然有一些厂商在经过市场竞争之后获得优势地位，这是对其努力投入经营的"褒奖"。法律只需要保证市场进入和竞争的开放性，商标的广告功能所带来的市场垄断就会限制在极为有限的范围内，不会对市场自由竞争构成威胁。其他厂商只要能够自由进

---

❶ J. Thomas McCarthy, Proving a Trademark Has Been Diluted: Theories or Facts? *41 Hous. L. Rev.* 713(2004).

入相关市场，就不必担心已有的具有优势地位的厂商获得市场的实质性的垄断。进言之，从商标法角度看，商标的广告功能是商标基础功能即标示来源功能的自然延伸，也是商标在现代竞争激烈的商品经济社会所必然具备的功能。正是基于标示来源的功能，市场上的品牌商品能够相互区分，这才有了商标施展广告功能的余地。而正是有了商标广告功能的运用，消费者才会形成对特定品牌的忠诚和依赖，有些品牌才会占据市场优势地位。所以应当承认，广告功能是商标本身就具备的功能。商标法实际上已经通过商标反混淆保护对商标的广告功能予以了一定的承认和保护，只是在商标反淡化保护的强度和范围方面还需要进一步斟酌。

第六节 结　　语

　　商标的功能是商标法中的重要理论范畴。商标功能决定商标法的基本任务、决定商标权的范围和对商标侵权的判定。商标的基本功能是标示来源，在基本功能的基础上，随着市场经济的发展，商标还衍生出品质激励、广告宣传的功能。然而，学界目前对商标的标示来源功能、品质保证功能和广告宣传功能还未进行深入分析，对这三项功能的实质缺乏深入的认识。实际上，商标标示来源功能的转变与商标法保护范围的变化有内在联系，预示着商标保护范围的扩张，商标的品质保证功能实际上表现为商标的信誉激励机制，但并不能完全保证商标的品质。而商标的广告宣传功能是现代市场经济的产物，在现代社会越发重要，商标法是否要对商标的广告宣传功能加以保护、如何保护，是需要认真思考的问题。

第四章　商标的显著性

　　显著性是商标保护的灵魂、是商标法中的核心问题。商标法上的重要范畴如商标的概念、商标的形成、商标的功能、商标混淆、商标淡化等都与商标的显著性有关。但是，尽管显著性在商标法中十分重要，有关于显著性的研究却还有待深化。人们对显著性还缺乏深入和细致的界定，商标显著性的概念和本质究竟是什么？显著性之中，有固有显著性和获得显著性之分，其在消费者识别商标的过程中分别起到何种作用？学界有人提出所谓出处显著性和区分显著性，究竟应当如何看待？这些显著性的分类对于商标法制度建构的意义何在？最后，显著性与商标侵权判断的关系如何？如何在商标侵权判定中考察商标的显著性要素？这些问题在商标法理论研究和实践中意义重大，亟待学界作出解答。考虑到商标与消费者之间的密切关系，本章将从消费者认知心理的角度出发，运用认知心理学基本原理，对商标显著性的概念进行剖析，论证显著性分类的重要意义，厘清显著性与商标侵权判定之间的关系，助益于商标法的完善。

第一节　显著性概念的认知心理学界定

一、商标显著性的认知心理学基础

显著性是商标保护的灵魂，[1]是商标法正常运行的枢纽。[2]甚至，商标强度乃至保护范围也在很大程度上取决于其显著性。[3]尽管显著性在商标法上如此重要，学界的界定却并不全面，显著性的内涵与本质还存在模糊之处。为了明确显著性在商标侵权判定中的作用，需要首先对显著性的概念进行剖析，明确显著性的本质。

许多学者对显著性的概念进行了界定。曾陈明汝教授认为："商标之显著性乃为商标表彰自己商品以与他人商品相甄别之固有属性。"[4]黄晖教授认为："商标的显著性也叫做商标的识别性或区别性，具体是指该标志使用在具体的商品或服务时，能够让消费者觉得，它应该或者实际与商品或服务的特定出处有关。"[5]彭学龙教授将显著性界定为：商标标示商品出处并使之区别于其他同类商品的属性。[6]美国学者柯克帕特里克则认为，显著性是指商标有区别性地指出了商品的来源或起源，

---

[1] 黄晖：《驰名商标和著名商标的法律保护》，法律出版社2001版，第11页。

[2] Barton Beebe, The Semiotic Analysis of Trademark Law, *51 UCLA L. Rev.* 621(2004).

[3] 彭学龙：《商标法的符号学分析》，法律出版社2007年版，第101页。

[4] 曾陈明汝：《商标法原理》，中国人民大学出版社2003年版，第131页。

[5] 黄晖：《商标法》，法律出版社2004年版，第56页。

[6] 彭学龙：《商标法的符号学分析》，法律出版社2007年版，第108页。

将该商品与其他商品标示和区分。❶ 美国还有判例将显著性界定为:"商标标示商品来自一个具体的,哪怕是匿名的来源的能力(tendency)。"❷ 考察上述观点,学者都是从商标功能的角度对显著性进行界定。商标具有标示来源、激励品质和广告宣传的功能。显著性作为商标的固有属性,从商标的功能角度来看,就是商标标示商品来源,并与其他商品相区分的属性。但是,学者也意识到,商标功能并非一成不变,而是处于不断演变的过程中,"标示"与"区别"只是其最原始的功能,要准确界定显著性的概念,就必须将商标现有和将有的一切功能都包含在内。❸ 由于商标的功能处于演变之中,以商标的功能来界定显著性成为不可能完成的任务。在对显著性概念的界定上,目前学界遵循了与界定商标概念一样的思路,即都是从商标所发挥的功能出发,通过商标的功能界定商标的概念和显著性,而非直接从商标本身入手,直接界定概念的内涵和外延。实际上,商标作为消费者购物的主要依据,所发挥的功能与消费者的认知密切相关。商标的显著性体现了商标的功能属性,而商标的功能属性又表现为商标对消费者心理认知的影响。只有消费者将某一个标识视为商标,该标识实际上才具备显著性。因此,商标的显著性可以从消费者对商标的心理认知角度进行诠释。

---

❶ Richard L. Kirkatrick, *Likelihood of Confusion in Trademark Law*, New York: Practising Law Institute, 2010, §3:1.

❷ Paddington Corp. v. Attiki Imps. & Distrib., Inc., 996 F.2d 577, 585 (2d Cir. 1993).

❸ 彭学龙:《商标法的符号学分析》,法律出版社2007年版,第108页。

从认知心理学的视角来看，市场中的消费者一开始往往对贴附在商品之上的标识一无所知，因为此时消费者还没有在大脑中存储这些标识的相关信息。商品的提供者会通过广告宣传、试用、促销等方式来改变消费者对其商品上特定标识的认知，让消费者逐渐熟悉自己的标识。消费者也会通过看广告、购买商品、对商品进行使用等方式来记住厂商的标识，在大脑记忆中建构以该标识为中心的认知网络。商标权人通过长时间地宣传和使用其标识，就会使消费者将该标识识别为商标，作为其购物的依据，这时这一标识就演化为商标。

　　具言之，当商品上外在可感知的商标标识与人体感觉器官如眼睛相接触时，相关的外在刺激就会转化为生物电信号传递至消费者大脑的特定区域。随后，人脑会对该外在刺激进行识别，确定该刺激是什么。当消费者初次接触商品上的标识这种刺激时，由于大脑记忆中并不存在与该标识有关的认知网络，还无法从大脑中存储的知识和经验中提取有用的信息来帮助其识别该标识。在这种情况下，消费者可能对该标识没有任何认识，不将其看做商标。此后，经过商品提供者的广告宣传或者消费者对商品的使用，消费者就会对输入其感觉器官的与该商品有关的信息进行新的认知、组合和编码，将这些信息凝结进该商品之上的商标之中。这些信息包括：该商品的基本属性（质量、价格、品种、款式等）、服务质量（营业员态度、付款方式以及售后服务等）、商店的气氛（温馨、兴趣、舒适）等。❶通过接触相关刺激，消费者会对刺激进行编码，将刺激信息凝

---

❶ 李付庆：《消费者行为学》，清华大学出版社2011年版，第321页。

聚在代表该商品的商标之上,将杂乱无章的信息以易于记忆的商标为中心进行整合,将经过编码的凝结在商标中的信息纳入大脑记忆之中。当消费者在大脑中建立起以特定商标为中心的认知网络后,消费者在市场中遇到该商标后就能够识别出该商标,从大脑中提取该商标代表的相关信息。当某一标识与特定商品相联系,在消费者记忆中形成特定的认知网络时,就表明该标识已经演化为代表特定商品的商标。可见,商标表明的是某一个标识经过消费者认知的处理之后,消费者将其作为商标对待,使该标识发挥出商标的功能。商标并非先天存在的产物,是从市场中逐步产生的。对于某个图案或文字,消费者并不会一开始就将之作为商标对待,这个图形或文字也并不会传递商标的有关信息。只有消费者在记忆中建立起以特定商标为中心的认知网络后,再次遇到该标识时才能够将其识别为商标,并从大脑中提取出该商标所代表的相关信息以指导其购物。当某一标识与特定企业及其商品相联系,在消费者记忆中形成特定的认知网络时,该标识才演化为商标,具备商标才有的显著性。

通过认知心理学扩散激活理论,可以更深刻地理解商标与消费者心理认知上的联系。❶根据扩散激活理论,人的记忆系统由各种信息构成,信息与信息之间由节点相联系,节点与节点相连构成认知网络。当个体遇到刺激时,与之匹配的储存在记忆中的某些节点就会被激活,消费者就获得了这一节点的

---

❶ Jacob Jacoby, The Psychological Foundations of Trademark Law: Secondary Meaning, Genericism, Fame,Confusion and Dilution, *91 Trademark Rep*. 1013,1018-1021(2001).

信息。同时，激活的能量会通过该节点的连线扩散到另一个节点，激活另一个节点，使消费者获得另一节点的信息。激活的能量还会继续扩散，激起更多的节点，使消费者获得这些节点的信息。扩散激活的过程，是引发个体回忆的过程，激活的能量越大，被激活的节点就越多，人就能获得更多信息。其中，人所熟悉的或印象深刻的事物，通常在记忆中占据庞大的认知网络，一旦被激活，其能量就能够传递得比较远，激活更多的节点，使人获得更多信息。我们平时都有这种感受，如果提到某个不是很熟悉的人，一般我们仅是知道该人，但是并不会联想到很多关于该人的信息，情感反应也较为平淡。而如果是我们的亲戚或熟悉的朋友，一旦被提到，我们就会联想到大量关于该亲戚或朋友的信息，同时情感反应也较为强烈。这就是说，对于熟悉的人，我们大脑中存储的该人的节点信息很多，构成了庞大的认知网络。一旦节点被激活，这种激活能量就会非常大，能够扩散激活更多的节点，使人获得大量有关这个人的信息。而对于不熟悉的人，我们大脑中存储的与该人有关的节点信息较少，因此激活能力较弱，我们获得的信息也较少。联系商标来看，商标就是人大脑中的节点，商标所代表的商品信息，消费者购物的感受、评价等，都被消费者存储在商标节点之中。消费者在市场中遇到某商标并识别出这一商标之后，该商标对应的节点就会被激活，使消费者获得该商标所代表的相关信息。而市场之中那些具有较高声誉的商标，在消费者的记忆中就拥有以商标为中心节点，由大量节点所构成的认知网络。当消费者在市场中遇到该商标时，商标节点就会被激活，由于该商标有较高声誉，其激活能量会很大，能够迅速扩散并激活与之相连的多个节点，消费者就会获得大量的有关该商标的信息，同时情感反应也较为强烈。消费者对商标的识别过程，实际上就是商标节点在消费者大脑中被激活，使消费者获得该商标所代表的相关信息的过程。

二、商标显著性的认知心理学界定

根据上述分析，商标的显著性与消费者面对商标时的心理认知有直接的联系。商标法中所谓显著性，即商标的属性，首先就是指商标所具备的标示与区分来源的功能。一个标识只有在消费者的大脑中占据一席之地，形成商标节点，围绕商标节点将商标所代表的信息存储起来，该标识对消费者而言才真正成为商标。所谓商标具有显著性，就是指消费者会将一个标识识别为商标，把其当成商标来对待，在市场中遇到该商标后能够识别出来，激活该商标在其大脑中对应的节点，获得节点中的信息。尽管消费者可能并不清楚该商标标示的商品具体是来自哪一个企业，然而通过扩散激活，消费者能够很快获得该商标所代表的相关信息，将不同企业的商品相区分。商标的显著性就是要告诉消费者，商标所标示的商品来自何处，与其他企业的商品有何区别。

显著性不仅表明商标具备标示与区分来源的基本能力，还表明这种能力有强弱之分。这种强弱之分表明不同的商标在消费者心目中具有不同的地位，使消费者发生不同的心理反应。强商标，即显著性较强的商标，是市场中享有声誉，得到消费者认可的商标。"名声（fame）是商标强度的顶峰，可以获得最大的保护范围。"❶ 这些商标之所以显著性较强，从认知心理学角度来看，正是因为它们在消费者的记忆中形成了庞大的由商标节点为中心组成的认知网络。一旦消费者在市场中遇到享有声誉、显著性较强的商标，消费者大脑中这个商标的节点就能够被迅速激活，被激活的能量会迅速扩散，再激活大量周围节点，使消费者获得大量该商标的信息，也使消费者有强烈的情感反应。例如，耐克是美国著名的运动品牌。当消费者在市场中看到耐克商标时，大脑中耐克商标这一节点就被激活。不仅如此，大量有关耐克商标的节点也会被激活。消费者会收到很多关于耐克的信息。不仅包括耐克的来源、耐克的商品类别，还包括以前购买耐克商品的体验，别人对耐克的评价，某位明星经常穿着耐克鞋和耐克服饰，甚至自己的某位亲友是位耐克迷等。消费者在获得这些信息之后，也会产生强烈的情感反应，对耐克商标产生好感。强商标之所以显著性较强，就是因为消费者大脑中存储了强商标的大量信息，以节点的形式组成了庞大的认知网络。一旦强商标被激活，扩散的能量就非常之大，能让消费者意识到大量有关该商标的信息。"需要记住的是，商标的显著性越强，它对公众意识的影响越大。"❷ 与强商标相对应的弱商标，是指这个商标在消费者心目中并没有形成较大的认知网络，其显著性较弱。当消费者看到弱商标时，由于弱商标的节点中存储的信息较少，与之相联系的节点也较少，在消费者的记忆中并不占据重要的位置。当弱商标被激活

---

❶❷ Richard L. Kirkatrick, *Likelihood of Confusion in Trademark Law*, New York: Practising Law Institute, 2010, § 3:2.

后，消费者只能得到较少的信息，其情感反应也较为平淡。甚至，刚刚进入市场的商标，由于显著性还比较弱，消费者对其并不熟悉，对这个商标所代表的商品的具体情况一无所知。可见，"商标越弱，它在相关公众中的印象就越弱，被记住的可能性就越小"。❶

根据上述观点，商标的显著性实际上就是商标影响消费者心理的能力，是向消费者传递信息，使消费者获取商标所代表的信息的能力。其中，显著性较强的商标由于在消费者记忆中占据庞大的认知网络，其激活能力较强，在被激活后能使消费者获得大量有关该商标的信息，而显著性较弱的商标并没有在消费者的记忆中形成庞大的认知网络，其激活能力较弱，在被激活后只能给消费者带来少量有关该商标的信息。可见，显著性的强弱，代表了商标影响消费者心理能力的强弱，表明商标标示和区分能力的强弱。据此，联系学界已有的对显著性的界定，可以将商标的显著性界定为：商标标示与区分来源，使消费者获得商标所代表的信息的属性。

第二节 显著性分类的认知心理学分析

一、固有显著性和获得显著性的认知心理学解释

固有显著性和获得显著性是商标法对显著性的分类。所谓固有显著性，指的是"商标标志不能被合理地理解为是对其

---

❶ Richard L. Kirkatrick, *Likelihood of Confusion in Trademark Law*, New York: Practising Law Institute, 2010, § 3:3.

所附着商品的描述或装饰，消费者会自动将这种标志视为商品出处的表征，因而，可以直接注册为商标"。❶ 而商标贴附于商品之上，投入市场之中所产生的显著性，被称为获得显著性（acquired distinctiveness），又被称为"第二含义"（secondary meaning）。有的商标是描述性标识，不具有固有显著性，但是将该商标投入市场后，如果商标具备标示来源的含义，就取得第二含义，具有获得显著性。传统商标法理论及实践表现出对固有显著性的青睐，在商标注册和商标侵权的判定中给予固有显著性更多的考虑。实际上，根据认知心理学原理，这种做法并不合理。

传统商标法理论将商标区分为五类，即臆造商标、随意商标、暗示商标、描述性商标与通用名称。❷ 臆造商标，是由非现有的文字、词汇所构成的无特定含义的商标。如美国的施乐（Xerox）、戴尔（Dell）和中国的海尔（Haier）。臆造商标被认为是固有显著性最强的商标。这主要是因为臆造商标与其所标示的商品或服务不存在任何联系，是纯粹创造出来的新符号。人们将其发明出来，就是为了将其作为商标。正因为如此，"其他人如果不是出于故意，不会使用这种臆造商标，因而在侵权纠纷中，臆造商标的所有人往往处于十分有利的地位"。❸ 随意商标由社会中现有的词汇构成。尽管与臆造商标这种纯粹创造出的符号不同，但随意商标中的这些词汇与商品的特点也没有

---

❶ 彭学龙:《商标法的符号学分析》，法律出版社2007年版，第121页。

❷ Abercrombie & Fitch Co . v. Hunting World, Inc., 537 F. 2d 4 (2d Cir. 1976).

❸ 彭学龙:《商标法的符号学分析》，法律出版社2007年版，第131页。

联系。例如，用于皮鞋和衣服的"鳄鱼"。因此，当随意商标使用在毫无联系的商品上时，消费者一般也会将这些标识识别为商标。因此，随意商标也具有较强的固有显著性。暗示商标也是由常用词汇构成，它与商品没有直接、明显的联系，但以隐喻、暗示的手法提示商品的某一属性或特点与所使用的商品之间存在一定的联系，固有显著性相对臆造商标和随意商标更弱。如用于车辆的"悍马"。描述性商标则是直接描述商品特点的词汇，它们会被消费者认为是对商品特征的描述，无法被直接识别为商标，不具备固有显著性。如"真好喝"用于饮料，"坚固"用于木地板。通用名称则是通常用于称呼某种商品的名称，如以"电视机"称呼电视，也不具备显著性。综上，在实践中，前三类商标具有固有显著性，可直接注册并获得商标法的保护。不仅如此，由于臆造商标和随意商标具有较强的固有显著性，往往在侵权判定中处于有利地位，而描述性商标只有具备"第二含义"，亦即具备获得显著性之后，才可进行商标注册并受到保护。通用名称则根本无法得到商标注册与保护。

  实践中，固有显著性的商标往往更加受到亲睐，能够直接获准商标注册，固有显著性强的商标也能得到较强范围的保护，法官往往在认定商标混淆侵权是否成立时会参考商标的固有显著性的强弱。商标的固有显著性越强，当他人未经商标权人授权使用时，消费者越容易发生混淆。而不具备固有显著性的商标无法直接获得商标注册，只有在具备获得显著性之后才能够获准注册。实际上，根据认知心理学有关原理，固有显著性并非真正的显著性，而仅仅是显著性的拟制。真正具有显著性的是那些在市场中行销之后，在消费者大脑中留下"印迹"

的商标。正如前文所言，从认知心理学的视角看，市场中的消费者一开始对贴附在商品之上的商标标识一无所知，因为此时消费者还没有在大脑中存储这些标识的相关信息，以商标为节点建立起认知网络。这时这些标识并不是商标。商品的提供者会通过广告宣传、试用、促销等方式来改变消费者对其商品上特定标识的认知，让消费者逐渐熟悉标识。消费者也会通过看广告、购买商品、对商品进行使用等方式来记住厂商的标识，在大脑记忆中建构以该标识为中心的认知网络。将商品的相关信息、商品提供者的信息凝聚在标识中。商标权人通过长时间地宣传和使用其标识，就会使消费者将该标识识别为商标，作为其购物的依据，这时这一标识就演化为商标。只有当这一标识演化为商标时，该标识才具备上商标法真正意义上的显著性，即能够标示和区分来源。而一些商标标识虽然具有固有显著性，但由于还没有投入市场，消费者的大脑中并没有建立起以该标识为中心的认知网络，可以说，该标识还并不具备真正意义上的显著性。但是，具有固有显著性的标识，由于其与标示的商品不存在关系或只存在较少的关系，当这些标识贴附于商品上时，消费者会很容易将这些标识识别为商标。亦即，"相关公众一看到商品或服务上使用的一个标志，马上就能意识到该标志是用于指示商品或服务提供者，从而区分商品或服务来源"。[1] 消费者容易将这些标识识别为商标，只是表明这些标识天生就具备作为商标的"潜质"，而非这些标识已经获得了真正的显著性、标识中已经存储了商品提供者的商誉和商品的有

---

[1] 王迁：《知识产权法教程》，中国人民大学出版社2014年版，第388页。

关信息，即消费者的大脑中已经形成了该商标的认知网络。因此，商标的固有显著性并不是真正的显著性，它只表明消费者会很容易将标示识别为商标，具备标示商品来源的"潜质"。而之所以具备这种"潜质"，主要是因为该标识与其标示的商品之间不存在或只存在较少的关系。作为具备一定理性辨别能力的消费者当然会将之识别为商标。与之相反的是，尽管不具备固有显著性的描述性标识，由于与商品之间存在密切联系，消费者也很容易将其视为对商品基本特征和属性的描述。这种标识实际上是由于其与商品存在的联系过于紧密，导致消费者并不会将之识别为商标。但是随着描述性标识投入市场，消费者会逐渐在大脑中建立起以该描述性标识为中心的认知网络，将商品的相关信息存储在该描述性标识之中。随着使用者在市场中对该描述性标识在商标意义上的使用，消费者大脑的认知结构就会发生变化，将该标识识别为代表商品出处、表明商品信息的商标。这时该描述性标识就具备了获得显著性，消费者将会把该标识与提供商品的特定来源相联系，将该标识识别为商标。由此，获得显著性才是真正意义上的显著性，而固有显著性只是表明该标识具有成为商标的"潜质"，是标识与其标示的商品之间不存在或较少存在联系才使该标识具备了这种"潜质"。

二、出处显著性和区分显著性的认知心理学解释

除了固有显著性和获得显著性，有学者在研究商标显著性时，提出了"出处显著性"和"区分显著性"的区分。"出处显著性"表示商标标示商品出处的属性，与符号的意义相对

应；而"区分显著性"是指商标与其他商标区别开来的能力，与符号的价值相对应。❶ 出处显著性主要表明这个商标能够标示商品来源，具备商标的功能。而区分显著性是一个商标与其他商标之间的区别性、独特性。区分性越强的商标，其保护范围也就越大。巴顿碧毕教授认为，商标混淆侵权损害的是商标的出处显著性，而商标淡化侵权破坏的是商标的区分显著性。❷

实际上，根据上文分析，所谓商标具有显著性，是指消费者大脑中有该商标的认知网络，在市场中会将一个标识识别为商标。亦即，消费者在市场中遇到该商标后能够识别出该商标，激活该商标在消费者大脑中对应的认知网络中的节点，获得节点中的信息。尽管消费者可能并不清楚该商标标示的商品具体是来自哪一个企业，然而通过扩散激活，就能够很快获得该商标所代表的相关信息，将不同企业的商品相区分。由此可见，商标的显著性是标示功能和区分功能的整合。标示功能和区分功能只是从不同的方面对商标显著性的强度所作的分类。标示能力表明商标标示特定出处的能力。商标的显著性强，表明在消费者记忆中已形成庞大的由商标节点为中心组成的认知网络。一旦消费者在市场中遇到这些商标，其大脑中这个商标的节点就能够被迅速激活，激活的能量会迅速扩散，激活大量周围节点，使消费者获得大量该商标的信息，也使消费者有强烈的情感反应。由此，商标标示特定出处的能力也越强。另外，显著性越强，商标的区分能力也越强。这是因为显著性较

---

❶ 彭学龙:《商标法的符号学分析》，法律出版社2007年版，第162~163页。

❷ Barton Beebe, The Semiotic Analysis of Trademark Law, *51 UCLA L. Rev.* 621 (2004).

强的商标在消费者记忆中拥有庞大的认知网络，存储大量有关于该商标的信息。这样，消费者更为熟悉强商标，掌握了更多的强商标与其他所有商标不同的特质和独特的特征。这样，在消费者的大脑中，强商标与其他商标的对比和区别就更为强烈。换言之，消费者掌握了大量有关强商标的信息，这样就能明确强商标与其他商标的不同之处，强商标区别他人商标的能力也就越强。进而言之，强商标的区分能力越强，实际上就是表明该商标和其他商标的区别性越显著，而区别性越显著，也表明该商标具有较强的标示来源的能力，能够使消费者很快地获得大量有关强商标的信息，准确快速地识别该商标的来源。消费者只要在市场中看到那些在市场中驰名的商标，就会迅速激活大脑中对应的商标认知网络，获得驰名商标的大量信息。由此可见，商标所谓标示能力和区分能力是一个整体，无法将其截然的分开。所谓的出处显著性和区分显著性，只是从不同的角度对商标显著性进行的分析。亦即，它们都表明商标对消费者心理的影响能力。只是分析的角度不同，标示功能是从商标标示来源能力的强弱角度来界定的，而区分功能是从商标和其他商标的可区别性角度来界定的。但总体来看，商标具有较强的标示功能和区分功能，表明该商标在消费者记忆中拥有庞大的认知网络，消费者对该商标更为熟悉，这样，该商标标示来源，将特定来源与其他来源相区别的能力自然更强。

　　巴顿碧毕教授认为，商标混淆侵权损害的是商标的出处显著性，而商标淡化侵权破坏的是商标的区分显著性。根据上文的分析，这种观点实际上也是不全面的。商标混淆侵权虽然从表面上看损害了商标的出处显著性，使消费者对市场上的商标发生了混淆，导致商标的来源无法被识别，但是如果混淆的情况一直存在，或者愈演愈烈，则商标权人的商标与其他商标之间的可区分性也将被削弱。亦即，由于市场上商标混淆的情况经常发生，消费者大脑对商标权人商标的记忆将变得模糊，商标权人的商标由于经常被他人商标所干扰，与其他商标的区分性也会变弱。由此，商标混淆侵权实际上既损害了商标的出处显著性，又损害了商标的区分显著性。正是混淆导致消费者无法识别不同的商标的来源，使得商标权人的商标无法在消费者的大脑中形成稳定的认知网络，导致商标权人商标区别于其他商标的独特性无法长久地在消费者大脑中存储，商标标示来源的功能受到了损害。既然商标的来源都无法明确，又何谈商标区别于其他商标的独特性呢？同理，商标淡化表面上看损害了商标的区分显著性，尽管没有造成消费者混淆，然而如果市场上使用在不同商品类别上的同一商标越来越多，将导致商标权人商标区分显著性的不断减弱，最后丧失可区分性，失去标示特定来源的功能，与其他商标无法正常区分。亦即，由于很多主体在不同的商品类别上使用同一商标，商标权人的商标在消费者大脑中的形象、独特性将慢慢减弱。如果淡化的行为在市场上越来越多，使用商标权人的商标的主体越来越多，则最终商标权人的商标和其他人的商标将无法区分，消费者在市场中会发生混淆，商标权人商标也将丧失标示来源的能力。这也就是说，淡化现象如果越来越严重，人们在各种类别的商品上使用商标权人的商标，则最终的结果是商标权人的商标无法被消费者准确地识别和区分，导致商标混淆，使得商标权人的商标完全无法标示来源。由此可见，商标混淆侵权和商标淡化侵权将同时损害商标的标示功能和区分功能，商标混淆侵权并不是只损害商标的标示来源功能，同样，商标淡化侵权也并不是只损害商标的区分功能。商标混淆侵权和淡化侵权所不同的只是混淆侵权由于直接损害了商标的标示功能，使得商标的区分功能变弱，如果混淆的情况十分严重，则导致商标的区分功能最终完全丧失。而商标淡化侵权损害商标的区分功能，是一种逐步的积累性的损害过程。如果市场中的淡化行为较少，则对商标标示来源的能力损害较小；如果淡化行为较多，对商标的淡化较为严重，则商标标示来源的功能终将丧失。

据此，商标的显著性是指商标标示与区分商品特定来源，向消费者传递信息，使消费者获取商标所代表的信息的功能。其中，标示和区分密不可能，标示功能越强，代表该商标区别于其他商标的能力越强，反之亦然。同时，显著性从本质上看是特定商标标示与区分商品来源，影响消费者心理的能力，一种激活消费者认知过程，使消费者获得一定程度的信息和产生某种程度的情感反应的属性或能力。既然显著性是一种标示与区分特定来源的功能，它就与商标侵权的判定存在密切的联系，影响着消费者对商标的识别。

第三节　显著性与商标侵权判定的认知心理学分析

一、显著性与消费者心理认知

在购物中，消费者会对商标进行识别，以此获得该商标代表的相关信息，并根据信息去购物。侵权人会利用消费者心理认知的特点，故意抄袭和模仿商标权人商标的特征，让消费者对商标发生识别错误。不仅如此，侵权人往往会选择那些具有一定知名度、享有声誉、具有较强显著性的商标或驰名商标。

在其他条件不变的情况下，显著性的强弱会直接影响到消费者对商标的识别。"商标越强，在其他因素不变的情况下，混淆可能性越可能发生。"❶ 侵权人利用的正是这一点。

显著性之所以会影响消费者对商标的识别，与消费者的心理认知特点密切相关。首先，在市场中，消费者对商标的识别不是一种"精确识别"，而是整体上的、对商标主要特征的识别。❷ 根据认知心理学原理，人在对特定事物进行识别之前，会主动对刺激信息进行形状、大小、结构等方面的前期加工，将刺激信息中不重要的或者不具有意义的信息消除，同时对过大、过小的刺激信息进行调整，然后再与大脑中存储的信息进行匹配。同时，人的记忆会发生遗忘，随着时间的延长，一般只能记住事物整体或主要的特征。因此，人识别事物的过程不仅是积极主动的，同时还受到了人自身存储的信息的影响。人既对外在的刺激进行了剪裁，又用记忆中已有的知识结构去识别外在的刺激。在识别过程中，当人认为外在刺激的主要特征与已有知识结构中某物的主要特征相吻合时，人就会判定该外在刺激是该物，这实际上就可能发生判断的错误。联系商标来看，由于遗忘的存在，消费者的记忆中并不会存储某一商标的所有细节，往往只保留该商标的主要特征。当消费者在市场中看到外界的标识后，会主动对该外界标识进行剪裁，把不重要的特征忽略掉，以外界标识的主要特征与大脑中存储的商标的主要特征相比对，用大脑中已经存储的该商标的主要特征去解

---

❶ Gray v. Meijer Inc., 295 F.3d 641, 646(6th Cir. 2002).

❷ 丁锦红、张钦、郭春：《认知心理学》，中国人民大学出版社2010年版，第66~70页。

释外界的标识。如果消费者认为两者的主要特征相吻合，就会认为外界的标识正是大脑中存储的商标，从而断定外界标识是哪一个企业的商标。由于人在识别商标的过程中往往会注意和比对外界标识和记忆中商标的主要特征而非全部细节，这就存在消费者发生混淆的可能。

另外，认知心理学研究表明，预期会影响人们对事物的识别。人们在解释外界事物时，总是带着记忆中已有的知识去理解。比如，眼前有一种动物，人们以前并未见过这种动物是什么，这时，预期就影响人们对眼前这种动物的识别。这只动物的外形像一匹马，人们就会激活大脑中有关马的知识，并运用马的知识去解释眼前的这种动物。尽管人们并不确定这种动物是否是马，然而由于记忆中最像眼前这种动物的是马，人们主观上就更倾向于将这种动物认定为马。实际上，它可能是驴或者鹿，这就导致认知混淆。可见，人已有的关于某事物的知识，会形成人对眼前某一相类似的事物的"预期"，将眼前的事物解释为记忆中已有的事物。我国有学者也意识到了这种心理现象，称之为"形不足而意有余"。亦即，如果非常熟悉某个人或某件事，即便只看到该人或事的一个局部，由于记忆中的某个人某件事的节点被激活，就会用某个人、某件事去解释眼前该人或事的局部，我们的大脑会自动对其加以复原，使之最终呈现出完整的形象。对商标的认知也是如此，商标显著性和知名度越高，大脑的修复能力越强，发生联系并进而造成混淆的可能性也就越大。[1]只要看到"海尔"文字商标，我们

---

[1] 黄晖：《商标法》，法律出版社2004年版，第129页。

脑海中就会浮现出由两个小兄弟的形象，进而形成该商标的完整图案。❶

二、显著性与消费者混淆的关系

根据上述消费者认知的特点，显著性强的商标更容易导致消费者发生混淆。我们已经知道，消费者将某标识视为商标，代表该商标具备显著性。当消费者记忆中存储大量有关某一商标的信息，形成庞大的认知网络时，代表这一商标具有较强的显著性。具有较强显著性的商标由于其在消费者记忆中的节点较多，认知网络较大，该商标被激活后，能产生较大范围的扩散激活，消费者就会获得大量有关强商标的信息，其情感反应也更为强烈，而弱商标的情况正与之相反。这样，由于商标的显著性较强，消费者能够以更快的速度获得大量有关该商标的信息，并以记忆中商标权人商标的这些信息为依据，去解释和诠释外界的标识。在强商标的作用下，消费者主观上会更期望或期待外界的标识与商标权人商标的特征相匹配，同时，消费者对外界标识的识别又是一种整体的、关注于其主要特征的识别，这就很可能导致消费者忽视侵权标识和商标权人商标之间的细微差别，从而发生混淆。

以驰名商标耐克为例，消费者在记忆中已经拥有耐克商标的大量信息，形成了庞大的认知网络。当消费者在市场中看到类似耐克的标识后，首先会对该标识进行剪裁，把不重要的特征忽略掉，以其主要特征与大脑中存储的耐克商标的主要

---

❶ 彭学龙：《商标法的符号学分析》，法律出版社2007年版，第222页。

特征相对比，用大脑中已经存储的该商标的主要特征去解释外界的标识。当侵权人采用与耐克商标相同或相似的标识时，由于耐克商标的显著性很强，一旦侵权标识的主要特征与耐克商标的主要特征相吻合，消费者就会激活记忆中的耐克商标，用记忆中存储的耐克商标的信息来判断和识别外界的侵权标识是否是耐克商标。对消费者来说，由于是用记忆中已有的耐克商标的相关信息去判断外界的标识，这种判断就融入了消费者的主观色彩，形成了消费者的预期。在耐克商标强显著性的影响下，消费者更容易看到外界标识中和耐克商标相符合的特征，而忽视标识间细微的差别，于是更倾向于将外界的标识识别为耐克商标。可见，"预期和环境会让记忆不仅仅填补丢失的部分，还包括忽略那些与自己想法相悖的信息，甚至'改写'刺激"。❶也正是如此，消费者对于显著性很强的商标才更容易发生混淆。"显著性强的商标，即便商标不太近似，或者商品或服务不太类似，仍可能发生混淆。"❷

现实中有观点认为，商标的显著性越强，消费者记忆中拥有的关于这个商标的信息就越多，消费者就拥有充分的识别商标的依据，越可能发现外界侵权标识与商标权人商标之间的差别，从而避免混淆。实际上，这种观点并不符合上述消费者认知的特点。消费者在识别商标时关注的是商标整体的和主要的特征，并受到自身主观预期的影响。商标的显著性越强，意

---

❶ Jacob Jacoby, The Psychological Foundations of Trademark Law: Secondary Meaning, Genericism, Fame, Confusion and Dilution, *91 Trademark Rep.* 1013,1039(2001).

❷ 黄晖：《商标法》，法律出版社2004年版，第130页。

味着其影响消费者心理的能力越强。消费者在识别外界的标识时就会受到强商标显著性的影响，用记忆中强商标的特征信息去解释外界标识，并主观上"期待"外界标识与记忆中的商标特征相吻合。在商标权人强商标的影响下，消费者很可能不会注意到外界侵权标识与商标权人商标之间的细微差别，在外界标识主要特征与记忆中的商标的主要特征相吻合时，就倾向于认为外界的侵权标识就是商标权人的商标，导致发生混淆。因此，根据消费者认知的特点，商标的显著性越强，消费者更容易发生混淆，而非更不容易发生混淆。

可见，显著性的强或弱影响到消费者对商标的识别，显著性与消费者是否发生混淆具有内在的联系，是混淆可能性判定的重要考量因素之一。相对于那些显著性程度不高的商标，具有较高显著性的商标更容易使消费者发生混淆。"当一个标识在消费者中享有广泛的认知度时，消费者推定它标示先前某个熟悉的使用者的可能性就会增加，而如果新的使用者与在先使用者并无联系，这就增加了混淆的可能性。"❶"商标越显著，混淆的可能性越大。"❷

---

❶ Richard L. Kirkatrick, *Likelihood of Confusion in Trademark Law*, New York: Practising Law Institute, 2010, §3:2.

❷ 黄晖：《商标法》，法律出版社2004年版，第130页。

第四节 显著性在商标侵权判定中的作用

一、固有显著性在商标侵权判定中的作用

显著性虽然影响消费者对商标的识别,但固有显著性和获得显著性对消费者心理的影响却各不相同,了解这种区别,对商标侵权的判定意义重大。

在商标侵权的判定中,固有显著性常被视为判定消费者是否会发生混淆的标准之一。法院通常认为臆造商标、随意商标,由于和所标示的商品不存在直接联系,消费者会自动将它们识别为商标,这些商标在市场中就应当获得更宽的保护范围。而暗示商标、描述性商标,通常与所标示的商品具有一定的联系,则对其保护的范围就较窄。"法院赋予臆造商标和随意商标更宽的、更有力的保护,而给予那些确定或描述商品或他们的特征的词汇所组成的商标更窄的保护或不保护。"[1]

在系争商标是臆造商标或随意商标时,倾向于认定消费者更可能发生混淆,因而给予更强的保护具有一定的合理性。以臆造商标为例,臆造商标往往是杜撰出的词汇,这种词汇在消费者最初看来并不包含任何意义,就是一个纯粹的符号。将这种符号附着在商品之上投入市场,消费者一看到商品之上的这种符号,就很可能将其视为商标。而其他人只要使用了这种符号,消费者就更容易联想到商标权人的商标,更可能发生混淆。"如果一个商标是臆造的或随意的,并没有指示它所标示

---

[1] Richard L. Kirkatrick, *Likelihood of Confusion in Trademark Law*, New York: Practising Law Institute, 2010, §3:4.1.

的商品的本质,由于这种商标选择的任意性,消费者在市场中看到不同的商品上贴附有该商标,就会认为它们具有同一来源。"❶例如,某一商标是MOATA。显然,这个商标是杜撰出来的,现实中没有这种词汇。如果这个词汇贴附于商品的显著位置,消费者在第一次见到该词汇时就可能将其视为商标。这种商标由于是臆造词汇,消费者对其会有一定的印象,但也由于是臆造词汇,消费者对这个词汇字母的排列顺序并不会有清晰的记忆。如果他人在商品上使用了MOTAA、MOAAT、OMATA等词汇,消费者就可能在看到这一商标时联想到商标权人的商标MOATA。由于这一词汇是臆造词汇,很难有不同的厂商巧合地选择这一商标,因此,消费者很有可能将其与商标权人的商标MOATA联系,从而发生混淆。臆造词汇的唯一性和独特性也使其成为商标垄断权的理想标记。❷"商标越不寻常,越是臆造和随意,两个独立的主体就越不可能都选择这一商标。"❸

但是,根据认知心理学原理,在混淆可能性的判定中,固有显著性并不起到重要作用。固有显著性,指的是某一标识在被选为商标,投入市场后,消费者就会直接将其视为商标,它实际上指的是一个标识所具备的成为商标的潜质。亦即,某一个标识,一旦投入市场,它就会直接被消费者视为商标,发挥商标的作用。而描述性标识、通用名称,因为和商品的联系过于紧密,消费者在看到这些标识时,往往只会认为这些标识是

---

❶❸ Richard L. Kirkatrick, *Likelihood of Confusion in Trademark Law*, New York: Practising Law Institute, 2010, § 3:4.1.

❷ 吴汉东主编:《知识产权法》,中国政法大学出版社2003年版,第231页。

说明性的，而并非标示来源。实际上，如果具备固有显著性的标识刚刚投入市场，消费者对这个标识还一无所知，记忆中就并不存在有关该标识的任何信息。只是由于该标识贴附于商品的显著位置，并且与商品的特征不存在直接联系，消费者会直接将其识别为商标，这种具备固有显著性的标识也就可以直接获准注册。可见，商标具备固有显著性并不表明消费者的记忆中就有了关于该商标的节点和认知网络，并不代表消费者的记忆中就存储了该商标所代表的信息。相反，具备固有显著性的标识仅仅表明，一旦该标识贴附于商品之上投入市场，消费者会直接将该标识识别为商标。但是，消费者可能还没有在记忆中存储有关该商标的任何信息。消费者可能仅仅知道，这个标识只是一个商标。该标识只有投入市场之后，消费者经过一段时间的了解、接触，才会渐渐熟悉并在记忆中以该商标为节点建立认知网络，存储有关该商标的信息。这样，这个商标才开始在消费者心目中占据一席之地。

由此可见，"标章可能在概念上为强，但因少有广告及销售量低，而在市场上为弱"。❶ 固有显著性虽然在消费者混淆可能性的判定中起到一定的作用，但是这种作用并不大。商标一旦贴附于商品之上投入市场之中，重要的是如何在激烈的市场竞争中生存下来，为消费者所认识和亲睐。这样，商标就必须在消费者的记忆中占据有利地位，而不是仅仅让消费者知道这个标识是一个商标。当消费者慢慢开始熟悉某一商标、在记忆中建立起以该商标为中心的认知网络时，这个商标的获得显著性

---

❶ 王敏铨："美国商标法之混淆之虞及其特殊样态之研究"，载《智慧财产权月刊》2006年第94期。

就在慢慢增加，其对消费者的影响也会慢慢变大，而固有显著性的影响则会慢慢减少。一个固有显著性很强的臆造或随意商标，可能在投入市场之后，消费者对其的认知度并不高，很多消费者并不知道该品牌。这样的商标被别人使用，就可能不会造成消费者混淆。相反，一个固有显著性很弱甚至不具备固有显著性的商标，可能在投入市场之后获得很高的声誉，在消费者群体中享有广泛的认知度，具有很强的显著性。这样的商标被别人使用，就极有可能造成消费者混淆。可见，所谓固有显著性，仅仅是潜在的、由人为拟定的一种显著性，它实际上不代表某一个商标在消费者记忆中的地位。它对消费者的影响一般也限制在消费者是否会将其识别为商标的层面。一旦该商标投入市场，在混淆可能性的判定中，固有显著性就不再占据主要的地位。法院在混淆可能性的判断中，也要考虑到固有显著性在消费者识别商标中所起的这种有限的作用，不能仅因为系争商标是固有显著性较强的臆造商标或随意商标，就倾向于认定消费者极有可能发生混淆。

二、获得显著性在商标侵权判定中的作用

获得显著性，是指商标在市场中实际发挥标示与区分来源的功能。与拟制的固有显著性不同，获得显著性是真正的显著性，它代表了商标真实的在市场中标示与区分来源的功能。获得显著性才是真正的显著性，是在市场中实际发挥作用的显著性，绝不是什么拟制。而一向为人们所看重的固有显著性却与

真正的显著性相去甚远,至多只是获得显著性的有利条件。❶

　　根据认知心理学原理,获得显著性之所以是真正的显著性,是因为它真实地反应或者对应着一个商标在消费者记忆中所占据的地位和对消费者心理的影响能力。正如前文所述,商标的显著性有强弱之分,代表商标在消费者心目中的不同地位,使消费者发生不同的心理反应。显著性较强的商标,在消费者的记忆中拥有庞大的认知网络,一旦消费者在市场中遇到这种商标,消费者记忆中存储的这个商标的节点就会被迅速激活,使消费者获得大量该商标的信息,消费者的情感反应也较为强烈,而显著性较弱的商标则与此相反。可见,这里的显著性较强,实际上指的就是商标现实具备的获得显著性,而非固有显著性。一个臆造商标或随意商标,固有显著性是较强的,但是如果该商标不投入市场,或者虽然投入市场,但是并没有多少消费者知道,该商标在消费者的记忆中并没有存储多少信息,则这个商标的获得显著性就较弱。

　　正因为获得显著性真实地反应或者对应着一个商标在消费者记忆中所占据的地位和对消费者的影响能力,使其成为混淆可能性判定中需要重点考量的对象。"商标强度的第二含义、名声,或者'获得显著性',与消费者混淆相关。如果一个商标在市场中被长久、突出和大量使用,则消费者就很可能认为其来自先前的使用。一个商标在先的使用使其拥有广泛的消费者认知度,易使消费者将后使用者的使用识别为在先熟悉的使用者,如果后使用者在事实上与先使用者并无联系,这就增加

---

❶ 彭学龙:《商标法的符号学分析》,法律出版社2007年版,第160~162页。

了消费者发生混淆的可能。"❶ "越独特、越著名的标章,在消费大众心中所造成的印象越强,所以越可能在大众的心中,与较广范围的商品或服务结合。"❷ 我国台湾地区混淆误认之虞审查基准也指出:"识别性越强的商标,商品/服务之消费者的印象越深,他人稍有攀附,即可能引起购买人产生混淆误认。"❸ 可见,真正对消费者识别商标起到重要作用的是获得显著性。在其他条件不变的情况下,商标权人商标的获得显著性越强,消费者混淆发生的可能性越大,而如果获得显著性越弱,则消费者混淆发生的可能性越小。如果系争商标权人商标的获得显著性很强,则对商标相似性、商品类似性的要求就较低,而如果系争商标权人商标的获得显著性较弱,则对商标相似性和商品类似性的要求都会提高。

  获得显著性是相关消费者群体对商标的认知情况,只有相关消费者群体的认知状况才是衡量获得显著性高低的标准。但是相关消费者群体的认知状况并不好直接获得,实践中主要依据直接证据和间接证据来证明商标的获得显著性情况。所谓直接证据,就是指熟知某个产业状况的消费者个人或专家出庭提交的获得显著性证言,还有企业所进行或委托他人进行的关于商标显著性的消费者调查等。但是这些证据面临着是否具备证

---

❶ Virgin Enters. Ltd. v. Nawab, 335 F.3d 141, 148(2d Cir. 1) 转引自 Richard L. Kirkatrick, *Likelihood of Confusion in Trademark Law*, New York: Practising Law Institute, 2010, §3:4.2.

❷ 王敏铨:"美国商标法之混淆之虞及其特殊样态之研究",载《智慧财产权月刊》2006年第94期。

❸ "台湾地区'混淆误认之虞'审查基准第5条",载http://www.110.com/fagui/law_12416.html,2015年4月20日访问。

明力的问题，是否会被法院所采纳，还要看消费者个人或专家提交的证据以及消费者调查证据是否符合民事诉讼法证据规则的有关规定。在诉讼中，法院需要重点考察消费者个人或专家提交的证据是否具有一定的代表性，是否能够代表系争商标的相关消费者群体，以及消费者调查是否在公平、中立的环境下进行。所谓间接证据，就是指一些间接的能够表明涉案商标获得显著性的数据、材料等。这些间接证据主要包括：商标使用的时间、使用的地域范围、商标所标示的商品的销售数量、商标投入的广告费用和广告宣传的力度、第三方媒体对商标所属企业及其商品的评价、消费者对该商标所标示的商品的喜爱程度等。这些证据尽管并不直接考察消费者对商标的认知状况，然而通过对这些证据的了解，一定程度上就能够推断出商标在市场中实际具备的显著性，值得法院考虑。

第五节　我国商标显著性规则的完善

一、显著性概念和分类规则的完善

关于显著性，本章已经通过认知心理学基本原理，对其本质和分类进行了剖析。在立法上，我国《商标法》首先要在概念和分类上对显著性加以界定。关于显著性的概念和分类，目前的《商标法》主要在商标注册和商标权取得、驰名商标保护方面对显著性进行了规定。在商标注册和取得方面，我国《商标法》在第9条规定：申请注册的商标，应当有显著特征，便于识别，并不得与他人在先取得的合法权利相冲突。同时，我国《商标法》第11条规定，下列标志不得作为商标注册：(1) 仅有本商品的通用名称、图形、型号的；(2) 仅直接表示商品的质量、主要原料、功能、用途、重量、数量及其他特点的；(3) 其他缺乏显著特征的。前款所列标志经过使用取得显著特征，并便于识别的，可以作为商标注册。由此可见，我国法律要求能够获准注册的商标必须具有固有显著性，或者经过使用获得第二含义，具有获得显著性。这样的商标才能得到我国商标法的保护。然而，立法并没有明确显著性的概念，也并未区分固有显著性和获得显著性，未明确如何在实践中判断商标的固有显著性和获得显著性。实际上根据前文的分析，商标是否具有固有显著性或获得显著性，都是从消费者的视角出发，考察消费者是否会将标识识别为指示商品特定来源的商标。具备固有显著性的商标虽然在理论上可以区分为臆造商标、任意商标和暗示商标，但是这三类商标之间并没有严格的区分界限，其均表明该商标具备标示来源的属性。尽管该商标可能并未投入市场或投入市场的时间并不长，然而只要消费者将之识别为商标，就表明该标识具备商标的功能，可以获准注册。而获得显著性商标也是指消费者已经将本不具备标示来源功能的特定标识作为商标对待，通过其获得来源信息，该标识已经演化为商标。建议我国在《商标法实施条例》或司法解释中明确界定显著性以及固有显著性和获得显著性的分类和判定方法，建立相对完整的商标显著性制度。修法条文可规定为：显著性，指商标所具备的标示和区分商品来源的属性。在界定商标显著性概念的基础上，还可以进一步对固有显著性和获得显著性进行规定。修法条文可规定为：商标具有固有显著性，指商标具备标示和区分商品来源的属性。即消费者会将该商标作为商品来源的标识。臆造商标、随意商标、暗示商标，具有固有显著性；描述性标识和通用名称不具有固有显著性。经过使用，当消费者将该描述性标识或通用名称识别为商品来源的标识时，具有获得显著性。消费者调查、商标使用的时间、使用的地域范围、相关商品的销售数量、广告费用和宣传力度，可用于证明商标的获得显著性程度。

二、显著性侵权判定规则的完善

显著性立法的完善，还需要规定显著性在商标侵权判定中的运用。我国法院在商标案件的审理中，注意到显著性在商标侵权判定中的重要意义。在南京利源"百家湖"一案中，被告金兰湾公司使用了原告注册的"百家湖"标识。法院在案件审理中认为，消费者不会发生混淆，被告的行为不构成商标侵权。法院的重要理由即是，南京地区的普通公众对"百家湖"的第一印象首先是地名或湖名。根据再审阶段的随机调查了解，知道"百家湖"商标者极少，说明"百家湖"至少在争议发生之前知名度不高或没有，其显著性较弱或不存在。由于"百家湖"显著性不强，相关消费者就系争商标发生混淆的可能性较小，❶ 被诉人的行为也就不构成商标侵权。在北京嘉裕长城葡萄酒一案中，最高人民法院也指出，本案讼争的商标"长城"或"长城牌"文字部分因有着较高的使用频率而具有较强的识别力，在葡萄酒市场上与中粮公司的葡萄酒形成了固定的联系，具有较强的显著性。因嘉裕公司使用"嘉裕长城及图"

---

❶ 江苏省高级人民法院[2002]苏民三终字第056号民事判决书；江苏省高级人民法院[2004]苏民三再终字第001号民事判决书。关于本案也可参见孔祥俊：《商标与反不正当竞争法原理与判例》，法律出版社2009年版，第294页。

商标与长城公司"长城牌"商标相近似，中粮公司"长城"或"长城牌"文字部分又具有驰名度和显著性，这足以使相关公众将使用含有"长城"文字的"嘉裕长城及图"商标的葡萄酒与中粮公司的长城牌葡萄酒产品相混淆，对中粮公司"长城"或"长城牌"应当给予强度较大的法律保护。❶ 在北京xyc杏叶村一案中，北京市高级人民法院同样认为，由于"xyc杏叶村"与著名酒类品牌"杏花村"相似，鉴于"杏花村"具有较高的知名度，消费者容易对两者发生混淆。被诉人的行为构成商标侵权。❷ 最高人民法院的司法政策指出："认定商品类似和商标近似要考虑请求保护的注册商标的显著程度和市场知名度，对于显著性越强和市场知名度越高的注册商标，给予其范围越宽或强度越大的保护。"❸ 可见，我国法院在商标侵权判定中也会考虑商标的显著性问题，根据系争商标显著性的强弱来判定消费者是否极有可能发生混淆。

从我国立法上看，在驰名商标保护方面，我国商标法规定了认定驰名商标的考量因素。❹ 这实际上就规定了如何在案件中判断商标是否具备了较强的已经达到了"驰名"程度的显

---

❶ 最高人民法院[2005]民三终字第5号民事判决书。关于本案也可参见孔祥俊：《商标与反不正当竞争法原理与判例》，法律出版社2009年版，第250页。

❷ 薛红深："混淆还是联想——也评'xyc杏叶村'商标确权案"，载《中国工商管理研究》2005年第11期。

❸ 《最高人民法院关于当前经济形势下知识产权审判服务大局若干问题的意见》，2009年4月21日印发 法发[2009]23号。

❹ 《商标法》第14条规定，认定驰名商标应当考虑下列因素：（1）相关公众对该商标的知晓程度；（2）该商标使用的持续时间；（3）该商标的任何宣传工作的持续时间、程度和地理范围；（4）该商标作为驰名商标受保护的记录；（5）该商标驰名的其他因素。

著性，为驰名商标的跨类保护提供依据。《最高人民法院关于审理商标授权确权行政案件若干问题的意见》第11条也对显著性较强的驰名商标作出了规定：对于已经在中国注册的驰名商标，在不相类似商品上确定其保护范围时，要注意与其驰名程度相适应。对于社会公众广为知晓的已经在中国注册的驰名商标，在不相类似商品上确定其保护范围时，要给予与其驰名程度相适应的较宽范围的保护。这就表明，商标显著性越强、商标权的保护范围越宽。此外，《关于审理商标民事纠纷案件适用法律若干问题的解释》第10条也涉及显著性问题。人民法院依据《商标法》第52条第（1）项的规定，认定商标相同或者近似按照以下原则进行：判断商标是否近似，应当考虑请求保护注册商标的显著性和知名度。由于我国商标法以商标的相似性和商品的类似性作为侵权判定的标准，该条文实际上就要求司法机关在商标侵权的判定中要考虑系争商标的显著性这一因素。❶

尽管在我国实践之中，法院对商标显著性有所关注，相关立法和司法解释也涉及显著性问题，然而我国立法层级较高，新近出台的商标法在侵权判定方面并没有对显著性加以规定，这与显著性在商标混淆侵权判定中所起的重要作用不相符合，不利于法院在商标侵权案件审判中正确地适用这一因素。同时，显著性又有固有显著性和获得显著性之分，其在商标侵

---

❶ 该条文在逻辑上是值得商榷的。实际上，商标的相似性和商品的类似性只是判定混淆可能性需要考量的因素，而非商标侵权的判定标准。同理，显著性也是判定混淆可能性需要考量的因素，而非判定商标的相似性和商品的类似性的考量因素。

权判定中的地位并不相同，立法未能明晰显著性的分类及其在侵权判定中的运用方式，对于商标侵权判定也可能造成不利影响。鉴于显著性的重要性以及固有显著性和获得显著性之间存在的区别，建议对商标法侵权判定条款进行修订，明确将显著性规定为法院在侵权判定中需要考量的因素之一，将之纳入商标侵权判定条款之中。同时，通过商标法相关条例或司法解释明确规定，法院在商标侵权判定中需要重点考察商标权人商标的获得显著性，而非固有显著性。此外，立法还可以在商标法条例或司法解释中规定获得显著性的具体判断方法，以方便法官在案件审理中对商标的显著性进行正确的估判。相关条款可规定如下：

第一款 除商标相同或近似、商品相同或类似之外，在判定商标侵权时，还可以参照商标的显著性。

第二款 在进行商标侵权判定时，要着重考察商标的获得显著性和市场知名度。

第三款 消费者调查、商标使用的时间、使用的地域范围、相关商品的销售数量、广告费用和宣传力度，可用于证明商标的获得显著性程度。

第六节 结　　语

商标显著性是商标法的基础理论问题，是商标法的基本范畴之一，也与商标混淆可能性的判定密切相关。要准确界定显著性在商标侵权判定中的作用，需要了解混淆可能性与消费者心理认知之间的联系。正是消费者的心理认知特点，决定了显著性会影响到消费者对商标的识别。通过对显著性的分析可以发现，固有显著性不过是一种拟制显著性，并不代表消费者真实的对商标的认知状况，毋宁说，固有显著性只表明一个商标最一开始会被消费者识别为商标，至于它是否会对消费者识别商标构成实际的影响，还要看该商标在市场中所获得的显著性，这种显著性才是混淆可能性判定中需要考量的关键因素。无论如何，对显著性的判断都离不开对相关消费者心理认知的考察，只有消费者才能决定商标显著性的强与弱，决定商标的命运。

第五章　商标的反混淆保护

　　正如前文的研究，商标的本质是人类感觉器官可以感知的，以特定公共性形式存在（即以符号形态存在）的信息。商标的基本功能是让消费者正确地识别出商标，确定商标所标示的商品来源，便于进行购物决策。为了防止市场上的商标发生混淆，不利于消费者依据商标进行购物，商标法必须规制市场中混淆消费者的侵权行为，确保市场中的商标相互区分。由此，商标的反混淆保护成为保护商标权最重要和最主要的方式。商标反混淆保护制度建立的基础和正当性，也正在于防止商标标示来源功能的丧失，避免市场中的消费者出现混淆，无法正确地识别商标和依据商标所代表的信息进行购物。本章将从商标混淆的危害角度出发，研究商标法为什么需要反对混淆，并界定商标法所反对的混淆的具体内涵和外延，明确商标反混淆制度的适用范围。❶

---

　　❶ 本章主要介绍商标反混淆保护中的两个核心问题：商标反混淆保护的正当性和商标反混淆保护中所指的混淆究竟是什么。关于商标反混淆问题更为详细的研究，可参阅本人拙著：《商标混淆可能性研究》，知识产权出版社2015年版。

第一节　商标法为何需要反混淆：商标混淆的危害

商标法之所以要反混淆，主要原因就在于保障商标标示来源功能的发挥，避免由消费者混淆所带来的危害。下文将主要从认知心理学角度分析商标混淆对消费者和商标权人带来的危害，明确商标反混淆制度建立的正当性。

一、影响消费者购物决策

商标混淆使消费者对商标发生错误判断，误认为侵权标识是商标权人的商标或与商标权人存在关联关系，导致消费者可能购买到侵权人的商品，损害消费者和商标权人的利益。因此，商标法需要反混淆，防范这些影响消费者正常识别商标和依据商标进行购物决策，损害消费者和商标权人利益的侵权行为。从消费者认知的角度来看，这些混淆侵权的危害主要表现为以下方面。

首先，混淆侵权对于消费者直接的损害是使消费者无法依据商标权人的商标进行认牌购物，无法再对商标权人的商标进行正常识别和基于商标权人商标的相关信息进行购物决策，使消费者可能购买到侵权商品，违背消费者的购买意愿。

商标的基本功能在于标示来源。亦即，商标在市场中主要发挥着区分的作用，如果商标之间能够相互区分，不存在相互混淆的情况，消费者就能够放心地依靠商标去购物。而当侵权人仿冒了商标权人的商标之后，商标权人的商标和侵权人的标识就共同存在于市场之中，消费者很可能会将侵权人使用的标识与大脑中存储的商标权人的商标相匹配，误认为侵权人的标识就是商标权人的商标或与之存在关联关系,从而激活大脑中存储的以商标权人商标为中心的认知网络并提取商标权人商标所代表的信息,以之作为是否购买侵权商品的依据。最终,消费者在混淆的状态下,很可能基于对商标权人商标的信赖发生误买误购,购买到自己本不会去购买的侵权商品。可见,商标混淆严重违背了消费者的消费意愿,直接导致消费者对商标进行错误的识别,使消费者付出了精力、时间和金钱等成本,却购买了自己本不会去购买的侵权商品。更严重的是,仿冒的商品往往质量较为低劣,远远不及被仿冒的商标权人提供的商品,这有可能会导致消费者人身和其他财产利益遭受损失。

其次,商标混淆从短期看违背了消费者的购买意愿,影响消费者正常的购物决策过程,如果混淆侵权的状况长期存在,还会使消费者长久以来依靠于商标进行购物决策的方法失去作用,使消费者无法再依靠商标进行购物决策,而被迫采取其他搜寻成本更高的方法对商品进行鉴别,确定商品的来源,从而导致整个市场效率的降低。商标的基本功能在标示来源,商标法通过赋予商标权的方式,构建了一个有效率的市场竞争环境,使消费者可以放心地依靠商标进行购物决策。而如果商标混淆经常发生,消费者依靠商标进行购物决策的方法就会严重失灵,消费者依靠商标进行购物的信心将会动摇。

二、损害商标权人商誉

商标混淆不仅损害消费者的利益,还会直接损害商标权人的利益,导致其商誉受损,正常的经营行为被打乱,投资回报降低。商标混淆对商标权人的损害主要可分为两种形态。其一，当商标权人的商品和侵权人的商品相互竞争时，由于本应购买商标权人商品的顾客发生了混淆，转而误购了侵权人的商品，导致商标权人商品的销售额直接减少，利润直接降低。亦即，由于商标权人商品和侵权人商品在市场中是一种可以相互替代的竞争性关系，当消费者误购了侵权人的商品，实际上就表明商标权人失去了本应获得的交易机会，对应的商标权人商品的销售量就会减少。这就是学者所谓的交易转移。[1] 造成交易转移的仿冒侵权行为，是最典型的也是商标法所重点打击的商标侵权行为，它直接造成商标权人销售利润的下降，使本应购买商标权人商品的消费者没有购买商标权人的商品，严重挫伤了商标权人投资的积极性。

此外，如果侵权人的商品质量低劣或出现与商标权人商品质量不一致的波动时，消费者由于发生了混淆，误认为侵权人的标识是商标权人的商标或与商标权人存在关联关系，就会认为是商标权人生产了质量低劣或质量不一致的商品，将这种质量水准的不统一归咎于商标权人，导致消费者对商标权人商标评价降低。当消费者对商标权人商标的评价降低后，商标权人商标的"品牌资产"就会受到损失，商标权人商标的形象就会在消费者的心中大打折扣，导致商标权人的商誉遭受损害。消费者会将对商标权人商标的负面评价存储在大脑之中，下次识别出商标权人商标后就会想到这些负面的评价，消费者就很可能以拒绝购买的方式对商标权人实施"报复"，这就是消费者认

---

[1] Mark p.McKenna, The Normative Foundations of Trademark Law, *82 Notre Dame L.Rev.*1839,1848(2006–2007).

知中存在的负面回馈效应(negative feedback)。[1]顾名思义,负面回馈效应是指消费者会对购买的商品不满意,将负面的评价归咎于该商品背后的企业及其商标。正是负面回馈效应,一旦消费者发生混淆,侵权人商品质量的低劣或波动问题就会影响到消费者对商标权人商标的评价,造成商标权人商誉受损。当商标权人商誉遭受损失,消费者对其评价降低后,商标权人未来的商品销售就会受到影响。而也正是在负面回馈效应的作用之下,商标权人才会努力提高商品质量和服务水准,博得消费者的亲睐,以使自己的商标获得消费者的正面评价。

其二,当商标权人的商品和侵权人的商品没有相互竞争的关系,但消费者误认为侵权人商品来自商标权人或者与商标权人之间存在授权、赞助等关联关系而误购了侵权人的商品时,商标权人的商誉同样会遭受损失。虽然商标权人的商品和侵权人的商品不是直接替代的关系,消费者发生混淆误购后,商标权人商品的销售额和利润也并不会直接减少。但是,与上文所述相类似的是,在发生混淆的情况下,消费者还是会将商标权人作为该商品质量最终的监督者、管理者和承担者,将商标权人视为该商品提供者的幕后负责人,这同样会发生负面回馈效应。亦即,当该商品质量低劣或出现与商标权人商品质量不一致的波动时,消费者会将质量水准的降低或不一致归咎于商标权人,使商标权人的商誉遭受损失,影响其未来的商品销售。实际上,在商标混淆对商标权人的损害中,对商标权人伤害较大的往往是商誉的损害和商标评价的降低。这种损害不同于商

---

[1] Mark P. McKenna, Testing Modern Trademark law's Theory of Harm. *95 Iowa L.Rev*, 1,84 (November 2009).

标权人销售额或利润的短暂丧失，而是对商标权人未来市场竞争力和销售能力的伤害。一旦造成这种损害后果，商标权人很难在短期内改变消费者对其商标的评价，恢复其原有的市场竞争力。

由此可见，商标混淆侵权行为是通过影响消费者正常地识别商标和依据商标所代表的相关信息进行购物决策来牟取不正当利益的。混淆使商标标示来源的功能无法发挥，使消费者识别商标和依据商标作出购物决策的行为受到了影响，使消费者自由选择和购买自己所意欲消费的商品的权利受到了损害。同时，由于消费者的误认误购，商标权人的利润和商誉也会受到影响。这不仅导致商标标示来源的功能丧失，使商标不能够激励商标权人维持和提高商品质量和服务水平，同时也直接危及整个市场经济的正常运行。商标法之所以需要确立混淆可能性标准，打击混淆消费者的商标侵权行为，正在于规制这些损害商标功能、影响消费者识别商标和作出购物决策、损害商标权人利益、扰乱市场经济秩序的混淆侵权行为。

第二节 商标法中的混淆是什么：商标混淆的概念

消费者混淆是指消费者对商标的来源发生错误的认识。商标法上的商标反混淆制度有其特定的适用范围，以保证商标反混淆和市场自由竞争之间的平衡。本节将依从混淆的原因、主体、程度和类型入手，对纳入商标反混淆范围的混淆的主要特征进行归纳，以期能够归纳出商标混淆的概念，明确商标反混淆的基本范围。

一、混淆的原因

商标混淆所指的混淆有其发生的原因，它与消费者基于自身原因发生的混淆不同，它是侵权人有意采取的侵权行为所导致的结果。自然状态下混淆产生的原因是由于两个或多个事物之间相同或相似导致人在判断过程中难以区分两个事物。两个或多个事物之间的相同或相似可以是外在特征的相同或相似，也可以是内在属性的相同或相似。正是因为两个事物之间相同或相似，才使人的认知发生了错误，无法发现或忽视不同事物之间的差别，将两事物混为一谈。自然状态下混淆发生的原因对于商标法上混淆发生的原因同样具有解释力。但是，商标混淆所指的混淆并不能归咎于消费者自身的失误，它是侵权人实施的侵权行为所导致的结果，是侵权人通过仿冒商标权人商标造成消费者对商品的来源发生错误的判断，侵权人的行为是消费者发生混淆的直接原因。正是因为侵权人的行为造成了消费者混淆的结果，破坏了公平自由的市场竞争秩序，商标法上才将侵权人造成消费者混淆的行为认定为侵权行为。

侵权人要想使消费者发生混淆，通常会模仿商标权人商标的主要特征。这是因为，只有商标权人商标和侵权标识之间存在着相似性，才可能导致消费者发生判断的错误。正如前文所言，消费者在看到与商标权人商标相似的侵权标识时，会主动对侵权标识进行加工，将侵权标识中不重要的特征消除，只保留主要的特征，然后再与大脑中已经存储的商标权人商标的特征进行匹配。消费者大脑中已经存储的商标权人的商标也是以主要特征的形态存在，并且随着时间的延长，消费者只能记住商标权人商标的大致特征而非所有的细节。这样，消费者就有可能忽略侵权标识和商标权人商标之间的差异，以脑海中存储的商标权人的商标来解释外界的侵权标识，误将其认为是商标权人的商标或与之存在关联关系。不仅如此，侵权人为了使消费者更容易发生混淆，往往会将与商标权人商标相同或近似的标识使用在与商标权人商品相同或者类似的商品类别上。侵权人将侵权标识使用在与商标权人商品相同或类似的商品之上，更容易使消费者认为"商标权人的商标"出现在了其熟悉的商品类别之上，消费者会倾向于认定侵权标识是商标权人的商标或与之存在关联关系，将侵权标识和商标权人商标相混淆。可见，在商标侵权中，侵权人一般会通过仿冒商标权人的商标和商品以使消费者发生混淆。

值得注意的是，即便侵权人将商标权人商标相同或近似的标识使用在不同类的商品之上，当商标权人的商标拥有较高的商誉时，也可能导致消费者混淆。这是因为，拥有较高商誉的商标往往在消费者大脑中占据着有利的地位。"世界上最强的商标在消费者的大脑中占据了一席之地。"[1] 拥有较高商誉的商标的显著性较强，在消费者的大脑中拥有庞大的以该商标为节点的认知网络。这些认知网络中包含着该商标的各种信息，包括制造厂商、商品质量、售后服务质量、新颖的款式、以前消费的美好体验等。当消费者看到这些商标时，就能很快地激活大脑中有关该商标的节点，获得节点中存储的有关该商标的信息，对这一商标产生感觉和情感。例如，当消费者看到耐克这一商标时，关于耐克商品的来源、新潮和时尚的品牌、青春富

---

[1] Rebecca Tushnet, Gone in Sixty Milliseconds: Trademark Law and Cognitive Science, 86 *TEX. L.REV.*507,515(2008).

有朝气的形象、科技领先的运动商品等信息，就会从消费者的记忆中被检索出来，被消费者所了解。当侵权人将与这类商标相同或近似的标识使用在其他商品类别之上，消费者在看到这一标识时，也能很快地激活大脑中存储的著名商标的节点，倾向于以该商标的信息去解释侵权标识，消费者就有可能发生混淆，认为侵权人提供的商品来源于著名的商标，或者认为著名的商标拓展了业务领域，延伸到了其他类别的商品之上。

综上，商标混淆的发生原因在于侵权人仿冒了商标权人商标的特征，使侵权标识与商标权人的商标相同或相似，通过利用消费者的认知特点使消费者发生混淆。商标混淆发生的原因特征主要在于商标的相同或相似。为了使消费者更容易发生混淆，侵权人往往也会将侵权标识使用在与商标权人商品相同或类似的商品类别上。如果一个商标显著性较强，对商品相同或相类的要求就会降低，将显著性很强的商标使用在不相同或不相类的商品类别上时也极有可能造成消费者混淆。因此，商标的相似性、商品的类似性，是判断混淆是否存在的重要因素。

二、混淆的主体

（一）混淆主体特征概述

自然状态下的混淆泛指人们在日常生活、工作和学习过程中发生的混淆，其主体涉及所有的人，而商标法中的混淆是法律概念，需要根据商标法的价值和规范意旨，对自然状态下混淆的主体进行剪裁，将符合商标法价值和规范意旨的混淆主体纳入混淆可能性的范围。商标法的价值在于市场竞争中的自由与公平，商标法的规范意旨是打击混淆侵权，使市场中商标能够相互区分，防止消费者发生混淆，维护自由市场竞争秩序。据此，"作为一种分析的基础，如果混淆要存在，它必须发生在遇到系争商标的相关消费者的大脑中。"❶ 商标混淆中的混淆主体主要是购买特定商标所标示的商品的相关消费者。

相关消费者一般限于正在购买商标所标示的商品的消费者或潜在有购买可能的消费者。而"范围过度着重于购买关系，有时可能不够广泛。"❷ "购买过程中消费者的混淆是最常见的。但是，一些人的混淆，也可能影响到消费者。"❸ 因此，商标混淆的主体应还包括一些相关消费者之外的其他极有可能发生混淆的主体。这些商标混淆的主体可以概括为"相关公众"。相关公众一词，在多国或地区立法之中都有所体现，只是用词略有不同。在欧洲，欧盟1993年12月通过的《欧洲共同体商标条例》以及2004年对条例的修订，都规定欧盟商标权人有权阻止"在公众中"能引起混淆的使用行为。❹ 我国《商标法》第13条、《商标法实施条例》第50条中都使用了"误导公众"一词。而《最高人民法院关于审理商标民事纠纷案件适用法律若干问题的解释》第1条在界定商标侵权时也使用了"容易使相关公众产生误认的"。可见，立法为避免相关消费者涵盖的范围不够广泛，已将商标混淆的主体界定为"相关公众"。这里的"相关

---

❶ Richard L. Kirkatrick, Likelihood of Confusion in Trademark Law, New York: Practising Law Institute, 2010, §6:1.

❷ 刘孔中：《商标法上混淆之虞之研究》，五南图书出版公司1997年版，第10页。

❸ Shashank Upadhye, Trademark Surveys: Identifying the Relevant Universe of Confused Consumers, 8 FORDHAM INTELL. PROP. MEDIA & ENT. L.J.549,580(1998).

❹ 黄晖：《商标法》，法律出版社2004年版，第313~317页。

公众"就成为一个以相关消费者为主，包括其他相关主体的广义概念，并不仅限于真正购买或可能购买特定商标所标示商品的消费者，还包括那些能够直接影响和左右消费者购买特定商标所标示商品的主体，以及与特定商标的商标权人有直接经济上往来和联系的各类主体。

（二）混淆的一般主体

首先，商标混淆的主体主要是正在购买的消费者和潜在消费者，意指市场中真正接触到并正在购买或可能购买特定商标所标示商品的主体。只有正在或可能购买特定商标所标示商品的消费者，才是该商标真正或潜在的消费者，而只有这些真正或潜在的消费者，才需要识别特定商标，才有可能在市场中因该商标被他人仿冒而发生混淆，进而作出错误的购物决策。可见，只有特定商标所标示的商品的相关消费者所发生的混淆，才与商标法的价值和规范意旨相冲突，才有必要通过商标法去保护。相反，某一消费者对其根本不可能购买的商品发生混淆，如一般消费者对大型碎石机、大型采矿机的商标发生混淆，就不属于混淆可能性所指的混淆，商标法就没有介入的必要性。在这些情况下，正在或潜在可能购买这些商品的相关消费者能够正常地识别相关商标和依据商标所代表的相关信息进行购物，市场竞争的自由与公平没有遭到破坏，商标标示来源的功能能够正常发挥，商标法就无须介入。因此，相关消费者是商标混淆中的主要主体，甚至在绝大多数情况下在判断商标侵权时只需要考察相关消费者是否会发生混淆。通过对混淆主体的剪裁，一般日常生活中的混淆所指的各类主体将首先根据商标法的价值和规范意旨被剪裁为正在购买或可能购买特定商标所标示商品的消费者或潜在消费者。

(三)混淆的特殊主体

商标混淆的主要主体虽然是相关消费者,但是对消费者购物决策有直接影响的主体发生的混淆,实际上会左右相关消费者的购物决策,使消费者发生误购,造成消费者和商标权人的损失。商标法既然以制止市场中混淆消费者的行为,保护商标权人和消费者为价值追求,则对相关消费者识别商标和作出购物决策有直接影响的主体,也应纳入商标混淆可能性所针对的主体范围。例如,父母—孩子关系类的商标混淆案例就表明,直接影响消费者决策的主体的混淆也会给消费者和商标权人造成损害。在父母—孩子关系中,父母经常应孩子的要求为孩子购买玩具、食品等商品。而小孩注意程度较低,不易辨别出相似商标之间的差别,容易发生混淆。当小孩在混淆的状态下要求父母购买侵权人的商品时,父母往往在不了解孩子所意欲选购的商品的情况下答应孩子的要求,购买到侵权人的商品,这样就使小孩的混淆最终影响到了作为购买者的父母的购物决策。在Toys "R" Us, Inc. v. Canarsie Kiddie Shop, Inc一案中❶,正是玩具的使用者小孩发生了混淆,其在混淆的状态下要求父母为其购买某品牌玩具,而父母又并非玩具的实际使用者,不了解各种玩具品牌的区别,于是在孩子混淆的影响下购买了侵权商品。与之类似的Warner Brothers, Inc. v. Gay Toys一

---

❶ Toys "R" Us, Inc. v. Canarsie Kiddie Shop, Inc., 559 F.Supp.1189(E.D.N.Y.1983).

案中❶，也是孩子在发生混淆的情况下要求父母购买玩具，最终孩子的混淆影响了父母，使父母购买了侵权商品。"在购买之时的非购买者混淆（Non-purchaser confusion）可以被解释为包括那些陪伴购买者去商店，影响消费者决策的人，或者作出了选择但是并不是真正的购买者。"❷

不仅直接影响相关消费者决策的其他主体应当纳入商标混淆的主体范围，一些与特定商标的商标权人有直接经济上往来和联系的主体也应属于混淆可能性针对的对象。这是因为，目前市场中的经济活动日趋复杂，商标权人不仅面对的是最终的消费者，而且要在市场中与各种经济主体如借贷人、出租者、投资者、经销商、批发商、零售商进行交易。借贷人、出租者、投资者、经销商、批发商等发生的混淆，会直接影响到商标权人，并且会造成上述主体在进行投资、购买等经济决策时因混淆而作出错误的判断，影响其利益。例如，投资者如果对不同商品的提供者发生了混淆，就可能作出错误的投资决策。而假如投资者清楚不同商品提供者的区别，就很可能不会作出这种投资。并且，投资者在混淆状态下作出错误的投资，很有可能因该商品提供者不佳的市场表现而带来更大的损失。可见，上述主体的混淆与最终消费者发生的混淆并无本质区别，所不同的也只是其发生在市场交易的中间环节。按照商标法的价值和规范意旨，这种类型的混淆为自由和公平的市场经济所

---

❶ Warner Brothers, Inc. v. Gay Toys, 658 F.2d 76(2nd Cir. 1981).

❷ Shashank Upadhye, Trademark Surveys: Identifying the Relevant Universe of Confused Consumers, 8 FORDHAM INTELL. PROP. MEDIA & ENT. L.J.549,578(1998).

不容，同样需要商标法加以规制。在美国，学者就认为，第二巡回上诉法院和其他一些法院的很多判决都指出了可诉的混淆范围包括了那些实际或潜在购买者之外可能影响商标权人商誉的主体。❶

在目前，混淆主体的范围有逐步扩大的趋势，以至于有观点认为商标法防范的是"任何人的任何形态的混淆，不论是否是购买者和潜在的购买者。"❷ 这使得很多本不适宜被纳入混淆可能性范围的主体被纳入进来。实际上，哪些主体需要纳入混淆可能性的主体范围，主要是看这类主体的混淆是如何发生的，其对商标权人和其自身会产生何种影响或危害。换言之，某种主体是否应纳入混淆可能性的范围，要看该种主体的混淆是否会妨碍商标标识来源功能的发挥，是否会妨碍相关主体正常地识别商标和依据商标代表的相关信息进行购物决策，是否会阻碍商标法的价值追求和规范意旨的实现。正如本文第二章的分析，消费者发生混淆后，会依据混淆的结果即对商品来源的错误认识进行购物决策，这不仅会导致消费者最终购买的并不是其所意欲购买的商品，而且导致商标权人交易机会的直接丧失乃至商誉的损失。判断混淆的主体范围，也要秉持这一原理。之所以将借贷人、出租者、投资者、经销商、批发商等纳入混淆的主体范围，也是因为这类主体需要依靠商标同各种市

---

❶ Mark D. Robbins, Actual Confusion in Trademark Infringement Litigation: Restraining Subjectivity Through aFactor-Based Approach to Valuing Evidence, *2 Nw. J. Tech. & Intell. Prop.* 1,163(2004).

❷ Shashank Upadhye, Trademark Surveys: Identifying the Relevant Universe of Confused Consumers, 8FORDHAM INTELL. PROP. MEDIA & ENT. L.J.549,579(1998).

场主体进行投资、交易等交易活动。假如发生混淆，这类主体的交易活动就会受到影响，这与消费者发生混淆受到损失并没有本质区别。可见，混淆主体范围的判定标准是：（1）该主体是否依靠于商标同商标所代表的主体进行市场交易，（2）混淆是否会影响市场交易的结果，导致商标权人和其交易对象受到损害。根据这一标准，有几种发生混淆的主体就并不适宜纳入混淆可能性的范围。这些不适宜纳入混淆可能性主体范围的主体包括：潜在雇员、职业介绍所、工业评级组织（industry rating groups）等，其发生混淆的具体情况主要有：潜在雇员因为混淆而应聘于其并非想要应聘的企业，职业介绍所因为混淆而错误地介绍了本不想介绍给应聘者的工作单位，以及工业评级组织因为混淆而张冠李戴，列错了企业的等级。❶ 潜在雇员、职业介绍所以及工业评级组织的混淆行为尽管会对商标权人的市场活动带来影响，但都不是市场交易行为中的混淆，并不会影响市场交易。因为混淆而应聘到了错误单位的潜在雇员，可能并非用人单位的相关消费者，其在应聘过程中发生的混淆并不是交易过程中发生的混淆。并且潜在雇员在应聘或入职时，

---

❶ 在Mark D. Robbins关于实际混淆的文章中，提到了这些主体的混淆也被法院认定为是商标混淆，包括：潜在雇员因为混淆而应聘于其并非想要应聘的企业，职业介绍所因为混淆而错误地介绍了本不想介绍给应聘者的工作单位，以及工业评级组织因为混淆而张冠李戴，列错了企业的等级等。理由就是这些主体的混淆会影响商标权人的商誉。笔者认为，这种做法和观点值得商榷，这些主体并不是混淆可能性所针对的混淆的主体。关于这些主体被法院纳入混淆考察的范围，以及其所持的理由，可参见：Mark D. Robbins, ActualConfusion in Trademark Infringement Litigation: Restraining Subjectivity Through a Factor-Based Approach toValuing Evidence, 2 Nw. J. Tech. & Intell. Prop. 1,163–172(2004).

会深入了解该单位,很可能会发现自己的混淆。如果其不愿意受雇于该单位,可以撤回应聘材料或辞职,这样就能避免进一步的损失。同样,职业介绍所和工业评级组织发生的混淆,并不意味着他们是相关企业的交易对象,职业介绍所和工业评级组织也可以通过日后的调查纠正自己的错误,发表更正的声明,消除其行为造成的影响。这些主体发生的混淆,并不会对其市场交易行为造成影响,并不表明其在市场交易时也会发生同样的混淆。

可见,混淆主体判断中需要强调的是,商标法保护的是以商标作为市场交易参考依据的交易主体。这些交易主体发生的混淆才是商标混淆所指的混淆,而除此之外的主体所发生的混淆,都不是商标混淆所指的混淆,商标法就不能介入。

三、混淆的程度

(一)发生混淆的消费者的数量和范围

程度,是事物发展的进度、达到的状况。日常生活中的混淆泛指一切人所发生的任何混淆形态,并没有程度上的要求,其既可指某一个人的混淆,也可以指一些人、一群人乃至所有的人发生的混淆;既能指那些智力或注意程度较低的人发生的混淆,也可以指那些知识渊博或观察事物仔细的人发生的混淆。但是对于商标法中的混淆而言,为了符合商标法的价值追求和规范意旨,日常生活中的混淆必须经过商标法价值和规范意旨的裁剪,使混淆的程度符合商标法的要求,使商标法有介入的必要。亦即,商标混淆所针对的混淆需要相当范围或数量的消费者极有可能发生的混淆。同时,混淆也对消费者的注意程度有要求，仅涉及那些施加了合理谨慎的注意力却仍然极有可能发生混淆的消费者。

首先，商标混淆对被混淆的消费者的范围或数量有一定的标准和要求。消费者在混淆之后，会依据混淆的结果即对商品来源的错误认识进行后续的购物决策，这很可能导致消费者最终购买的并不是其所意欲购买的商品，使商标权人丧失交易机会甚至商誉受到损失。商标法需要规制的正是这样一种破坏市场公平和自由竞争秩序的行为。因此，这种需要商标法规制和干预的混淆就不能是个别的、偶然的、仅限于一小部分人的混淆。个别的、偶然的，限于小部分人群的混淆，恰恰表明在同样的情况下其他多数人群能够正确地识别商标并进行购物决策，不会发生混淆。这样，商标法如果仅是为了照顾少数人不发生混淆就要求其他厂商"停止侵害"以及"损害赔偿"，就不当干涉了市场竞争中其他厂商正常的经营活动，而那些未被混淆、能够正常识别商标并进行购物的大部分消费者的利益，就未被考虑，这与商标法的价值和规范意旨相背离。司法实践中，法官往往不会注意到未被混淆的消费者及其背后的其他参与竞争的厂商的利益。只要有个别的或很小一部分人的混淆，就认定被告构成商标侵权，这显然不符合商标法的价值和目标，违背了市场公平和自由竞争的基本准则。王敏铨教授就指出："'之虞'代表一种量的门槛（threshold quantum）——要有'相当数量'（appreciable number）的合理购买人，可能被近似的标章所混淆——才使混淆'可能性'❶升高到混淆'之虞'。"❷可见，商标法中消费者可能被混淆的程度，应当已经发展到了一定的范围和进度，处于一种相对严重的状态，需要商标法介入。如果消费者可能被混淆的程度还未达到上述要求，就表明市场上的商标还能够被消费者区分，市场经济活动还能够正常运转，商标法在这时进行介入就缺乏正当的依据，不仅不会起到预期的效果，反而会干涉厂商正常的经营活动。

目前各国商标法并未明确规定多大范围的消费者的混淆构成商标侵权，而司法实践中各个法院的做法也并不一致。一般认为，只要相当可观的（appreciable）理性消费者有可能就相似的商标发生混淆，商标侵权或反不当竞争的责任就成立了。❸然而，何种数量为"相当可观"，立法与司法并未明定。刘孔中教授在其著述中认为，必须在相关事业或消费者中有相当部分的人有陷于错误之可能时，商标法才有介入之必要。而其中的"相当部分"也没有固定之数字或比例。❹司法实践中，不同法院的做法也是大相径庭。有法院认为8.5%的消费者的混淆就是证明混淆可能性的有力证据，另有法院认为这一比例应达到

---

❶ 王敏铨该文中的"可能性"，仅指一般的发生混淆的可能性，这与本文所称的"混淆可能性"不同。本文所称的"混淆可能性" 是指发生混淆的"极大的盖然性"、"明显的可能性"、"具有较大现实性的可能性"。台湾地区一般称之为"混淆之虞"，欧美国家对应的英文为"the likelihood of confusion"。

❷ 王敏铨："美国商标法之混淆之虞及其特殊样态之研究"，载《智慧财产权月刊》2006年第94期。

❸ J. Thomas McCarthy, McCarthy on Trademarks and Unfair Competition, Eagan: Thomson/West, 2006, §23:2.

❹ 刘孔中：《商标法上混淆之虞之研究》，五南图书出版公司1997年版，第11页。

15%。因此，似乎消费者的混淆并不意味着一定要相关消费者的大多数发生混淆。❶ 刘孔中教授认为，必须结合个案的情况来确定。而一般而言，相关事业或消费者中有10%受到混淆之虞，这应该是国际上普遍接受的合理门槛。❷

鉴于具体案情的不同，关于多大范围的相关消费者发生的混淆构成商标侵权，立法和司法都不能也无法规定一个抽象的消费者混淆的数量或比例。就个案而言，首先要确定的是相关消费者的范围，然后再具体判断这些范围内的消费者究竟有多少人会发生混淆。这一比例不能过低，过低的比例反而表明大部分消费者并不会发生混淆。但这一比例也不能太高，否则就不能切实地保护消费者和商标权人。据此，刘孔中教授所言10%混淆之虞的比例，似乎有偏低之嫌。10%的相关消费者极有可能会发生混淆，正表明90%的相关消费者不容易发生混淆，系争商标在市场上通常就能够被正常地区分，不会发生大面积的消费者混淆误购。根据商标法的价值和规范意旨，法院固然应关注于可能会发生混淆的消费者，但是同样不可忽略那些未被混淆的消费者和其他厂商。由于利益之间存在冲突，当进行混淆侵权的判定时，法院需要在商标权人和消费者不受混淆侵害的利益诉求与其他厂商正常地参与市场竞争以及消费者享受自由竞争带来的益处的利益诉求之间进行衡量，以切实落实商标法的价值，避免商标法成为商标权人扩张商标权和支配

---

❶ J. Thomas McCarthy, McCarthy on Trademarks and Unfair Competition, Eagan: Thomson/West, 2006, §23:2.

❷ 刘孔中：《商标法上混淆之虞之研究》，五南图书出版公司1997年版，第11页。

市场，排斥竞争的工具。就此而言，30%及其以上的相关消费者极有可能会发生混淆应是比较恰当的范围比率，这一比率表明市场中确实有相当部分的消费者极有可能发生混淆，需要商标法介入。

（二）发生混淆的消费者的注意程度

商标混淆不仅对被混淆的消费者的数量和范围有要求，对消费者的注意程度也有要求，仅指那些施加了合理谨慎的注意力却仍然极有可能发生混淆的消费者。商标混淆所要求的混淆程度，不仅包含着对被混淆的消费者的数量和范围的要求，同时也指这些混淆应当是那些施加了合理谨慎的注意力的消费者对商品来源所发生的错误判断。对被混淆的相关消费者的数量和比例的探讨，如果不辅之对消费者注意程度的要求，将会变得毫无意义。这是因为，消费者在购物中的注意力与消费者是否会发生混淆密切相关。当消费者在购物时有着较高的注意力时，往往能发现系争商标之间的不同，从而避免发生混淆。而当消费者在购物时漫不经心或粗心大意，则系争商标之间的相似性更可能会导致其混淆。在现实中，总有一些消费者对商标漠不关心、对商标的注意力极低，这些消费者很容易发生混淆。也就是说，在市场环境中，系争商标可能总会造成这类消费者的混淆。如果商标法将这类消费者的混淆都纳入规制的范围，则任何厂商使用与商标权人相似的商标都会被判定为侵权，这显然不符合商标法的价值和规范意旨，不利于其他厂商公平地参与市场竞争。因此，商标混淆所指的混淆，不仅要求相关消费者的混淆达到一定的数量和比例，并且这些消费者的混淆都是指在购物环境中，消费者施加了通常的、一定的和合理的注意力，但仍然不能避免的混淆。这种数量和比例的混淆才在商标法上具有意义，才是违背商标法价值和规范意旨的混淆形态，才需要商标法的介入。

司法实践中，法院一般以合理谨慎的消费者（ordinary prudent purchaser）来指代施加了合理注意力的消费群体。所谓合理谨慎的消费者，仅是对与某特定商标所标示的商品有关的消费者群体在购买该商品时的注意力的一种假设或抽象。这种注意力对于消费该种品牌商品的消费者群体而言通常或一般情况下会发生。因此，消费者合理谨慎的注意力并不是一成不变的。相反，不同的商标、商品、购物环境以及消费者购买的目的等，都会影响到消费者施加的注意力，合理谨慎的消费者的注意力只能根据具体的环境来判断。美国反不正当竞争法第三次重述对此认为："用以衡量混淆可能性的消费者注意程度，是由商品或服务通常被购买或销售的市场环境所决定的。有一些纳入考量的因素是商品被购买的方式，商品被销售的方式，以及潜在消费者的类型等。"❶ 一般认为，消费者所消费的商品的价格会显著影响消费者的注意力。"通常最重要的因素是价格，一个商品的价格越贵，潜在消费者可能会施加更多的注意力，从而降低混淆的可能性。高的价格通常使消费者更仔细地观察商品和其商标，了解其来源。"❷ "而价格低廉的，一次性使用的，更换较为频繁的商品一般会施加更低的注意力，导致

---

❶ Restatement(Third) of Unfair competition § 20 comment h(1995).

❷ Richard L. Kirkratrick, Likelihood of Confusion in Trademark Law, New York: Practising Law Institute, 2010, § 6:5.

有更大的风险发生混淆。"❶

四、混淆的类型

商标混淆的类型是指来源混淆、关联关系混淆、初始兴趣混淆、售后混淆等混淆可能性针对的消费者混淆形态。来源混淆是商标混淆所针对的最为传统的混淆类型,是严重损害商标功能发挥,对商标法的价值和规范意旨威胁最大的混淆类型。近年来,混淆一直处于扩张之中,除了来源混淆之外,关联关系混淆、初始兴趣混淆、售后混淆等混淆类型都相继出现。那么,商标法中的混淆是否包括这些新的混淆类型呢?

无论混淆的类型如何多样,混淆的理论依据都是判断该种类型的混淆是否需要纳入混淆范围的基本标准。只有相关消费者对商品的来源发生混淆,其正常的识别商标和依据商标进行购物的行为才可能受到影响,消费者才可能基于混淆这种错误的判断作出错误的购物决策,由此导致消费者和商标权人遭受到损失,使商标法所追求的价值和规范意旨无法实现。因此,商标混淆所针对的混淆应是那些妨碍消费者对商标进行识别和依据商标进行购物决策的混淆形态。亦即,消费者的混淆,必须是一种持续的、对消费者识别商标和进行购物构成重大影响的混淆形态。如果某一种混淆形态发生的时间较为短暂,在消费者作出购买决定之前完全已经排除,并且这种短暂的混淆并不会影响消费者对商标进行识别和依据商标进行购物决策,该

---

❶ Richard L. Kirkatrick, Likelihood of Confusion in Trademark Law, New York: Practising Law Institute, 2010, §6:4.

购物行为就符合消费者的购买意愿，消费者在购买决定作出之前发生的短暂的混淆就并非商标法上的混淆，也就不适宜作为混淆的对象。

所谓关联关系混淆，指消费者并不会误认为两个商品来自同一生产者，只是误认为两者的生产者之间存在商标许可、关联企业等关系。❶ 当他人在其提供的商品上使用与商标权人商标相同或相似的标识，容易使消费者认为系争商品的提供者之间存在赞助、附属、许可等关联关系，他人的行为就构成关联关系混淆侵权。之所以要规制这种侵权，主要是因为，即便消费者不会对商标所标示的商品来源发生混淆，但也很可能会认为侵权人与商标权人之间存在某种赞助、许可、附属等联系，从而可能基于这种联系作出购买侵权人商品的决定，并将侵权人商品质量的波动归咎于商标权人，导致商标权人的商誉受损。据此，关联关系混淆侵权是否成立的关键就在于消费者是否会在关联关系的判断中，认为商标权人是侵权人商品背后赞助、许可或进行某种控制的主体。亦即，消费者是否会认为商标权人是侵权人商品质量的保证方，会对侵权人的商品进行质量方面的监督和管控。

初始兴趣混淆是消费者或潜在消费者在购买决定作出之前发生的，在购买决定作出之时已经排除的混淆形态。美国法院常将该混淆作为规制的对象，❷ 主要是因为初始兴趣混淆容易造

---

❶ 孔祥俊：《商标与反不正当竞争法原理与判例》，法律出版社2009年版，第260页。

❷ J. Thomas McCarthy, McCarthy on Trademarks and Unfair Competition, Eagan: Thomson/West, 2006, §23:6.

成消费者注意力和购买兴趣发生转移,即便消费者在购买之时已经将这种混淆排除,但消费者仍有可能购买侵权商标标示之商品,使商标权人丧失交易机会,造成商标权人损害。但是,初始兴趣混淆目前出现扩大化适用的趋势,造成许多本不该商标法介入的初始混淆被认定为混淆可能性所指的混淆形态。甚至,消费者在购买之前并未发生混淆,而仅仅是注意力被他人转移,也被法院认定为构成初始兴趣混淆。[1] 实际上,初始兴趣混淆所应针对的是那些影响消费者对商标的识别以及依据商标进行购物的侵权行为,如果混淆只是暂时的,偶尔的,只引起了消费者注意力的短暂转移,随后消费者能够正确地依据自己的意志购买商品,则表明消费者对商品的来源还有着清晰的认识,这种"混淆"是否应当构成商标法上的混淆就存在疑问。

初始兴趣混淆是消费者售前发生的混淆,而售后混淆则指的是购买的消费者没有发生混淆,而是购买之后其他旁观者所发生的混淆。售后混淆关注购买者之外的旁观者,有理论上的依据。其一,售后混淆虽然没有造成购买之时消费者的混淆,但由于被诉侵权人提供的商品的质量往往不如商标权人的商品,使得旁观者在发生混淆之后会误认为商标权人的商品质量低劣,这就可能导致其不愿意再购买商标权人的商品,使商标权人丧失交易机会。其二,由于商标权人的商标往往具有较高的商誉,商品的价格较高,有的消费者无力负担商标权人的商品,便会购买与之类似的仿制商品,以借用商标权人的商标和商品表明自己的身份和地位。商标权人认为这种情况下,很多

---

[1] Mark P. McKenna, A Consumer Decision-Making Theory of Trademark Law, *98 Virginia Law Review*, 67, 99(2012).

人使用仿制品，会使真品稀缺、高贵的形象和价值受到损害，使那些本会购买真品，以展示其收入、地位的消费者不再愿意购买这些商品。实际上，其他旁观者所发生的混淆究竟是不是混淆可能性所针对的混淆，重点是考察该旁观者发生混淆之后，有没有基于这种错误的认识去购物。如果售后混淆影响到旁观者正常地识别商标和依据商标进行的购物决策，则这种混淆妨碍了商标法价值和规范意旨的实现，需要商标法去介入。反之，这种"混淆"就与商标法没有关系，不是混淆可能性所指的混淆。而所谓售后混淆没有使消费者或旁观者的利益受损，但会使商标权人的商品稀缺、高贵的形象受到损害，实际上是商标淡化的问题，与混淆没有关系。就此而言，售后混淆应仅限于那些可能购买商标权人的旁观者所发生的混淆。

据此，只有满足上述特征的混淆，才是商标混淆所指的混淆形态。这些混淆与日常生活中的混淆并不相同，是商标法中的法律概念。同时，商标混淆的范围也决定了商标法只针对这些混淆形态。除此之外消费者发生的"混淆"，都不是商标法意义上的混淆，都超出了混淆的范围，不是商标法所指的混淆。他人行为即便造成消费者发生这种"混淆"，也不构成商标侵权。

根据上述商标混淆的特征，我们可以归纳出商标混淆的概念。商标法上的混淆，是商标法据以判断商标侵权成立与否的标准。这一标准以相关消费者对商标的心理认知为主要依据，具体指：他人未经许可，将与商标权人相同或近似的标识使用在商品或服务之上，致使相关消费者中的相当部分，虽然施加了合理谨慎的注意力，仍然极有可能将不同的商品或服务误认为来自同一来源，或极有可能误认为两商品的来源间存在赞助、许可、附属等关联关系，并可能基于该错误认识作出错误的购物决策的状态。

依据该定义，商标混淆具有指向上的特定性，仅仅针对那些损害商标标示来源功能发挥，危害消费者和商标权人利益，危及商标法价值和规范意旨实现的混淆形态。无论是关联关系混淆、初始兴趣混淆、售后混淆，只有他人的行为极有可能造成消费者发生上述形态的混淆，才构成商标侵权。除此之外的所谓"混淆"，都是日常生活用语的混淆，都不是商标法意义上的混淆。即便他人造成了消费者发生这种"混淆"，商标法也不应当以商标侵权为名介入。明确商标法上混淆的概念，有利于商标侵权的判定，有助于确保商标司法判决的权威性和可预测性。

第三节　结　　语

商标混淆问题是商标法中最为基本和最为重要的问题，商标法的制度建构，很大程度上是围绕商标混淆问题展开的。商标混淆范围的大小一定程度上决定了商标权的大小，决定了商标权人能够在何种范围内禁止他人对其商标的使用。然而，学界目前对商标混淆问题的研究却并不深入，没有明晰商标混淆的危害是什么，何为商标法上的混淆，商标法上的混淆究竟指何种形态的混淆。本章对混淆危害和概念的探讨，澄清了以往对商标混淆的一些错误和模糊的认识，希望能够引起学界对这一问题的关注，对商标混淆问题进行更为深入的研究，使商标反混淆制度更为科学合理。

第六章　商标的反淡化保护

　　所谓商标淡化，一般是指未经许可，将他人商标使用在自己的产品之上，导致他人商标的独特性（uniqueness）或者唯一性（singularity）受到削弱或损害。❶ 这一定义来源于谢希特1927年发表的关于商标淡化的论文，后人研究淡化问题，多以这一定义为参照。然而，这一定义的模糊性又显而易见。不仅所谓"独特性""唯一性"的含义含混不清，包括用以判断淡化侵权的所谓商标被"削弱或损坏"也难以给出清晰的界定。后人为更加明确地阐释淡化，又给出了五花八门的界定。如有人认为淡化是对公众强商标标示能力的侵蚀（erosion），是减少（diminishing）商标的显著性、独特性、有效性（effectiveness）。❷ 还有人认为淡化是对商标独特特征（unique character）的削弱。更有人指出淡化是保护一个显著性商标的销售力（selling power）。从这些定义的用词可以看出，人们往往只能用模糊而粗略的词语笼统地描述商标淡化现象，却无法用清楚的术语和理论说明淡化以及淡化的损害是什么，这反而更加深了"淡化"这一概念的模糊性和人们对它的迷惑。何为商标淡化？何为商标淡化的损害？淡化的损害达到什么程度商

---

❶ Schechter, The Rational Basis of Trademark Protection, *40 Harv. L. Rev.* 813, 831 (1927).

❷ Tiffany&Co. V. Boston Club, Inc.,*231 F. Supp. 836*,844(1964).

标法才有必要介入？对于这些问题，尽管商标淡化的法律实践已走过了半个多世纪，理论与实践依然无法给出相对圆满的答案。各个法院在适用淡化法律时也极为不统一，判决结果极为不确定，至今仍让人感觉是一团迷雾。难怪巴顿碧毕（Barton Beebe）教授不无遗憾地承认："淡化可能是所有商标法规则中最模糊的概念。"❶ 西蒙森（Simonson）也说淡化是让人难以琢磨的概念（elusive concept）。❷ 有心理学专家形容淡化是像星云（nebulous）一样朦胧的概念，极难予以证明。❸ 商标法著名学者麦卡锡教授甚至写道："在我四十多年的知识产权教学和执业生涯中，从未遇到过像商标淡化这样难以理解的概念。即便向学生、律师和法官阐释淡化最为基本的概念，也是教学上巨大的挑战，让人望而却步。"❹

要对商标淡化进行清晰的界定，最为根本的途径是确定商标法上的淡化在消费者的心理中究竟是一种什么样的状态，这种状态又是否会对消费者对待商标以及基于此作出购物决策构成重要的影响，损害商标权人的利益，需要商标法干预。只有从第一性的意义上探寻商标的淡化究竟是什么，才能够进一步

---

❶ Barton Beebe, A. Defense of the New Federal Trademark Antidilution Law, *16 FORDHAM INTELL. PROP.MEDIA &. ENT. L.J.* 1143, 1144 (2006).

❷ Alexander F. Simonson, How and When Do Trademarks Dilute: A Behavioral Framework to Judge'Likelihood of Dilution,' *83 Trademark Rep*.149,150(1993).

❸ Maureen Morrm & Jacob Jacoby, Trademark Dilution: Empirical Measures for an Elusive Concept, 19 J. PUB.POL'Y & MARKETING 265(2000). http://papers.ssrn.com/sol3/papers.cfm?abstract_id=231023, 2015-4-10.

❹ J. Thomas McCarthy, Proving a Trademark Has Been Diluted: Theories or Facts? *41 Hous. L. Rev*.713,726(2004).

明确这种淡化的状态是否会损害商标权人和消费者的利益，从而得出商标淡化是否需要商标法进行规制的结论。循此逻辑，认知心理学在商标淡化研究中大有用武之地。这是因为认知心理学能够更好地揭示消费者在商标淡化时的心理状态和后续相应的购物决策，确定商标淡化是否损害了商标权人的权益，为设计相应的商标法律制度提供参考素材。从现有研究来看，目前从认知心理学视角探究商标淡化的研究文献并不多见，"有大量的法律文献探讨了商标淡化的概念，但研究消费者的学者对此的讨论并不多"。[1]

基于此，本章将运用认知心理学基本原理与规律，探究商标淡化在消费者心理中的本原状态，以此为基础，界定商标淡化的概念与本质，确定商标淡化法律制度的正当性，同时对目前商标淡化制度在司法实践中的扩张作出评析与反思，探讨建立更为科学合理的商标淡化法律制度。

第一节　商标反淡化法的争议

随着市场竞争的日趋激烈，各个厂商都纷纷以商标为中心，加大对其产品的广告宣传投入，努力塑造品牌的形象和特质，以期在消费者大脑中建构良好的品牌形象，激发消费者的购买欲望，在市场竞争中占得优势。在此过程中，商标反淡化问题逐步引起了学界和社会各方的关注，成为目前商标法研

---

[1] Maureen Morrm & Jacob Jacoby, Trademark Dilution: Empirical Measures for an Elusive Concept, 19 J. PUB.POL'Y & MARKETING 265(2000). http://papers.ssrn.com/sol3/papers.cfm?abstract_id=231023.p4,2015-4-20.

究中的重点和热点问题。商标反淡化之所以引人关注，是因为商标淡化在本质上关系到产品的生产厂商以商标为中心的市场营销、广告宣传和品牌塑造的努力和投资是否值得商标法去保护，关系到商标权的权利范围是否能够扩大到商标混淆之外，从而排除他人对商标权人商标的非混淆性的使用。显然，商标权人希望商标反淡化制度能够纳入商标法之中，并且其所能控制的范围越大越好，而其他产品的生产厂商则希望商标法以反混淆为中心，不采用商标反淡化制度或者避免商标反淡化控制的范围过于宽泛。可见，对商标反淡化的理解和立法设计会决定未来商标权权利范围的大小，涉及市场中多方主体的利益，对其深入探讨的价值不言而喻。

商标反淡化制度虽历经半个多世纪的演变，但关于反淡化的许多问题依然众说纷纭、争议不断。1996年，美国联邦反淡化法案（FTDA）的建立，并未给长久以来关于反淡化的争议画上圆满的句号，反而引发了各方更为剧烈的对反淡化的不解与疑虑。联邦立法不仅没有定纷止争，反而制造了更大的模糊和不确定性，其背后最为本质的原因在于反淡化制度的理论研究过于薄弱，理论储备严重不足，致使淡化的本质和损害没有被清晰地界定，人们对反淡化还存在很大的疑惑和不解。前文有述，商标反淡化制度产生的背景在于社会经济环境的变迁，使商标权人不遗余力地游说立法机关，试图使反淡化法成为保护商标权人商业投资、维持其塑造的商标形象的有力工具。在这种大环境下，人们沉迷于反淡化理论倡导者的种种言论，认为他人在非竞争性的商品上使用商标权人的商标确实会损害该商标的"独特性""单一性""商业魅力"或者"销售力"，而忽略了对反淡化理论进行理性而深入的研究，寻找商标反淡化的正当性。当1996年联邦立法通过之时，反淡化的理论储备尚未完成，人们对商标淡化还停留在似是而非、认识不清的阶段。所以，这部法律造成了更大的疑惑和不确定性，以至于麦卡锡教授认为1996年之后关于反淡化的法院判例尽管为数不少，但并没有能够说明反淡化法究竟是什么，造成"连贯性和可预测性很难找到"。❶ 2006年，美国对反淡化法进行了修订，一定程度上解决了反淡化法中的部分争议。但是，关于反淡化的问题与争议依然存在。"2006年美国商标淡化修正案（Trademark Dilution Revision Act of 2006，TDRA）为司法上更激进地适用淡化法律以及对其进行更宽泛的解释埋下了伏笔。"❷

1996年的商标淡化法案规定于《兰哈姆法》第43条（C）以及第45条❸，其将淡化界定为"著名商标（Famous mark）"指示和区分商品或者服务能力的削弱。无论著名商标所有人与其他主体之间是否存在竞争，或者是否存在混淆、误解或欺骗的可能。❹ 该法案共分5条，第1条和第2条为法案的标题与法案与1946年《兰哈姆法》的关系。从第3条开始详细规定了商标的反淡化保护。具言之，该条规定著名商标的所有人可以禁止他人淡化性地使用其著名商标，并规定了判断著名商标的8项因素。在规定了权利人的相关权利之后，该法在第3条第4款还规

---

❶ J. Thomas McCarthy, Proving a Trademark Has Been Diluted: Theories or Facts? *41 Hous. L. Rev.*713,715-716(2004).

❷ Robert G. Bone, A Skeptical View of the Trademark Dilution Revision Act, *11. INTELL. PROP. L. BULL.187*,187-188(2007).

❸ 15 U.S.C.A. § 1125(c), 1127 (Supp. II 1996).

❹ 15 U.S.C.A. § 1127 (1996).

定了不得提起淡化诉讼的4种情况，主要是比较广告中的使用、非商业性质的使用以及任何形式的新闻报道和新闻评论。该法案第4条是关于对1946年《兰哈姆法》第45条关于淡化定义的修订，第5条是法案的生效时间。

虽然1996年《商标淡化法案》的立法目的之一在于消除各方人士长久以来对淡化的不同看法与争议，消除各州立法在适用上的不一致，但事与愿违，这部法案的颁行引发了更大的争议与适用上的混乱。各级法院在适用该法案时理解不一，以至于该部反淡化法可预测性大打折扣。具体而言，该部法案引发的争议主要包括以下方面。首先，对于淡化的判断标准究竟是实际淡化还是淡化之虞存在争议。该法案仅仅规定了商标权人有权禁止他人商业性地使用该商标，只要这样的商标导致商标权人已经注明的注册商标显著性的淡化。❶ 但并未说明此处淡化的判断标准究竟是实际淡化还是淡化之虞。这种定义造成了巡回法院在判决中巨大的分歧，有的法院认为该条款明确了商标权人获得淡化救济的前提条件是证明实际淡化的存在，而要证明实际淡化，往往需要证明在被告非授权性地使用原告的商标之后，原告商标的销售力受到影响，在经济上造成损失（economic harm）。而有的法院则认为，淡化的判断标准跟混淆的判断标准是一致的，亦即，淡化之诉中原告只需要证明存在淡化之虞（likelihood of dilution），就能获得反淡化救济。

---

❶ 相关法条原文为："The owner of a famous mark shall be entitled to an injunction against another person's commercial use in commerce of a mark or trade name,if such use begins after the mark has become famous andcauses dilution of the distinctive quality of the mark........" 参见 15 U.S.C.A. § 1125(c), 1127 (1996).

例如，第四巡回法院认为，不应以淡化之虞来判断淡化是否成立，而应以实际淡化为救济的前提条件。在具体判断上，该法院要求原告必须要证明在被告使用其商标之后，原告在经济上的损失、实际营业上的损失（actual economic harm）❶。假如该举证无法达成，原告还可以设计消费者调查，证明消费者就两种商标产生了密切的心理联系，并可以合理地推论出该种联系造成了对原告商标的实际损害。与第四巡回法院相反，第二巡回上诉法院批评第四巡回上诉法院用以判断淡化侵权之诉成立的标准过高，导致商标权人无法完成实际损失的举证责任。第二巡回上诉法院认为，应当采取淡化之虞的判断标准，只要商标权人通过一系列间接证据来证明淡化之虞，法院就认为淡化侵权成立。第二巡回上诉法院由此总结出判断淡化是否成立的10项因素。❷

其次，对于反淡化保护的对象究竟为所有著名的商标还是仅为具有固有显著性的商标存在疑问。由于法案在其1125条C款第一项（A）中明确提出判断商标是否著名的因素之一是该商标具有的固有显著性或者实际显著性。有法院据此认为，只有像臆造、任意等具有固有显著性的商标才受FTDA保护，而有的法院则持不同的观点，认为即便某一商标不具有固有显著

---

❶ Ringling Brothers.-Barnum & Bailey Combined Shows, Inc. v. Utah Division of Travel Development,170 F.3d449,465 (4th Cir. 1999).

❷ 包括：（1）原告商标的显著性；（2）原被告商标之间的相似性；（3）原被告产品的近似度及进入对方市场的可能性；（4）先使用商标的显著性以及与后使用商标的近似性、产品相似度三者之间的关联性；（5）共有的消费者群体以及地域"；（6）消费者的注意程度等。参见：Nabisco, Inc. v. PF Brands, Inc., 50 F.Supp.2d188, 217-222(S.D.N.Y.1999).

性，但在日后的使用中获得了巨大的商誉，变为具有较强实际显著性的商标，也能够受到FTDA的保护。这个分歧的根本原因在于不同法院对固有显著性和实际显著性的本质认识不清，对何种商标能够构成反淡化所保护的对象意见不一，而立法对此又没有作出明确的规定。

最后，对于反淡化保护的商标要求是全国著名还是仅在某一地区或者行业著名存在分歧。❶ 由于FTDA的规定并不明确，法院对于仅在某一地区或者行业著名的商标是否可以获得反淡化保护意见不一。第二巡回上诉法院认为，反淡化法对商标著名性的要求较高，只有在全国范围内著名的商标才可以受到反淡化法的保护，而在全国局部地区或者行业著名的商标给予反混淆的保护就已足够。与之相反，第三巡回上诉法院则认为，在一定范围内著名的商标，也具有较强的商誉，假如与被告商标所使用的区域或者行业有重叠的部分，导致商标权人的商标发生淡化，自然也需要反淡化法的介入。关于此问题，实际上也是反淡化法保护的对象问题。

上述问题一直持续到2006年美国《商标淡化修正案》（TDRA）的通过，才得以暂时缓和。其一，在淡化的证明标准方面，TDRA明确规定原告要获得反淡化保护，仅需证明被告对其商标的使用有淡化之虞。❷ 据此，案件当事人不必举证证明其商标被淡化后营业额损失的数额，也不需要进行消费者调查以证明实际淡化，而只需要依据TDRA列举判断淡化的6项

---

❶ 美国一般将商标仅在某一地区或者行业的著名称之为"小众市场声誉"（niche market fame），以区分于商标在全国范围内的著名（general fame）。

❷ 15 U.S.C.A. § 1125(c)(1) (2006).

考量因素进行相关事实的举证。TDRA规定的这6项考量因素包括：商标的相似程度、著名商标的显著性、著名商标排他性使用的程度、消费者对著名商标的认知、他人使用商标权人商标的意图、使用人使用的商标与著名商标的实际联系。❶ 其二，在反淡化保护的对象方面，TDRA明确规定所有的在全国范围内著名的商标，无论其是具有固有显著性还是获得显著性，都是反淡化法保护的对象。由此，具有固有显著性的商标，假如后天经过使用并未取得全国范围内的著名程度，也无法受到反淡化法的保护，而不具有固有显著性的商标，经过使用获得了显著性，并且在全国范围内著名，也能够得到反淡化法的保护。可见，反淡化保护对象判断的重点转移到该商标是否著名，而非固有显著性是否存在。TDRA为明确商标著名的判断标准，列举出法院可以考量的因素，包括：商标广告或者公开传播的持续时间、范围和地域，无论该广告或者公开传播系商标权人或第三人所为；商标所表彰的商品或服务销售的数额、数量和地理范围；商标实际上被认知的程度；无论商标是否为依据1881年3月3日、1905年2月20日的法案进行注册或者于主注册簿上登记。❷ 其三，在反淡化保护的对象是否包括小众市场声誉商标方面，TDRA明确规定，商标必须广泛地为一般消费者识别为商标权人商品或者服务的来源。在反淡化的保护对象方面，立法明确排除了在一定地域范围内或一定行业中著名的商标，使保护的范围仅限于那些全国著名的为消费者所广泛知悉的商标。

  尽管对于上述反淡化法中的争议，TDRA通过立法形式予

---

❶ 15 U.S.C.A. § 1125(c)(2)(B)(i)–(vi) (2006).

❷ 15 U.S.C.A. § 1125(c)(2)(A)(i)–(iv) (2006).

以明确，但也仅是暂时地缓和了问题。对于反淡化的证明标准而言，尽管立法明确规定了判断的标准在于淡化之虞，然而立法除了列举出判断淡化之虞的若干判断因素，并未规定应当如何去判断淡化之虞的存在。而这些判断淡化之虞的因素，其在判断淡化侵权中究竟起到何种作用，应当如何适用，不同法院在理解上存在很大的分歧。例如，TDRA明确规定商标的相似程度是判断淡化之虞的第一项考量因素，但究竟两个商标相似到何种程度，才构成淡化之虞，争议很大。假如两个商标之间仅是部分相似，仅仅使消费者联想起商标权人的商标，是否构成淡化之虞？对此，有法院认为被告的商标必须与商标权人的商标相同或者几乎相同，否则对原告商标不构成淡化之虞。❶ 而有些法院则对此进行扩大解释，认为两个商标部分相似，只要能够引发消费者的联想，就满足了第一个要件的要求。更进一步，不仅淡化之虞判断的第一个要素存有争议，TDRA列举诸项因素用以判断淡化之虞的立法形式也受到了批评。TDRA中列举了6项判断淡化之虞的要素，其中商标的相似程度、著名商标的显著性、消费者对著名商标的认知、他人使用商标权人商标的意图这4项判断要素，同样也是混淆之虞判定中需要考量的因素。那么，混淆之虞和淡化之虞判断中这些要素的运用，究竟是否存在适用的区别呢？而在造成消费者混淆之虞或者淡化之虞时，这些因素又会起着怎样的作用？立法并未给出答案。同样，在商标反淡化法适用的对象上，尽管TDRA已经明确，商标需要在全国范围内著名，才能够得到反淡化法的保护。然

---

❶ Century 21 Real Estate LLC v. Century Ins. Group, 2007 WL 484555 (D. Ariz., Feb. 08, 2007).

而，TDRA与1996年的FTDA一样，仅仅列举出判断商标是否著名的考量因素。对于商标著名的判定标准，历来在实践中有着不同的做法。如商标委员会认为，商标的著名不能仅仅考虑广告的投入费用、产品的销售额等，还要有一些直接能够证明商标著名的证据，例如消费者调查和被告的承认。❶ 而在实践中，该判断标准也是飘忽不定，当缺乏消费者调查时，委员会又认为通过销售额、广告投入等，就可以认定某一个商标是否著名。而即便运用到了消费者调查，对于消费者人群中有多大比例的消费者认识该商标才能证明该商标为著名，也有不同的观点，实践中极难以统一。麦卡锡教授曾经认为，在潜在的消费者之中，有超过50%的消费者认识商标权人的商标，则该商标为著名商标，然而麦卡锡教授随后又改变了观点，认为这一比例应提升至75%。而美国商标复审委员会采取的仅仅是一种模糊的弹性标准，即某一商标符合反淡化法要求的著名，需要消费者群体中的大多数（majority）、实质性多数（substantial majority）或者相当可观的消费者（appreciable number）认识该商标。❷ 可见，对于哪些商标能够成为反淡化法保护的对象，即便在TDRA通过之后，也还是存在争议。

实际上，反淡化法之所以存在如此多的争议，并且很难取得一致意见，根本原因还在于对于淡化的概念和本质认识不清，对淡化所造成的损害缺乏清晰认识，导致对淡化的判断

---

❶ J. Thomas McCarthy, McCarthy on Trademarks and Unfair Competition, §24:89.50(4th ed.2006).

❷ J. Thomas McCarthy, McCarthy on Trademarks and Unfair Competition, §24:92(4th ed.2006).

标准、反淡化保护的对象等存在重大分歧。反淡化法的上述问题，表面看来，似乎更多是技术上和法律适用上的细节问题，但从本质上反映出反淡化法还远远未能成长为一项成熟和科学的制度，反淡化法的理论研究还相对薄弱，反淡化的理论对反淡化法制度建设的支持力度还远远不够。因此，建立科学、系统的反淡化保护体系的当务之急是正本清源，探究淡化的基本概念和本质属性，研究淡化的损害与反淡化保护的对象，在此基础上才能设计出合理的反淡化制度。下文将主要运用认知心理学对反淡化的上述问题进行分析。

第二节　商标淡化的认知心理学依据

学界一般认为，商标淡化干扰并削弱了商标的显著性，损害了商标的销售力和商业魅力，需要商标法予以规制。但是正如前文所析，商标反淡化理论与制度的建设充满了不确定性和争议，法院在适用反淡化时也都莫衷一是，这突出地反映出反淡化理论基础的薄弱。鉴于此，本节将通过心理学研究方法的运用，力求探究商标淡化在消费者心理中造成的真实影响，依此界定商标法上商标淡化的本质属性，确定商标法上的商标淡化会造成何种具体损害，为商标反淡化法的制度设计提供理论参考。

一、商标淡化的消费者搜寻成本理论

目前，商标法中具有统治地位的理论无疑是以波斯纳为代表的法经济学派提出的商标法经济学理论。在分析商标法时，经济学分析明确指出，商标法的基本目标是降低消费者的搜寻

成本，促进市场上信息的交换效率。❶ 在商标法反混淆的保护之下，消费者不必去探究每个商品的质量和品质，而只需要认牌购物，通过商标来寻购自己心仪的商品。商标权人也会竭尽所能地维护和提高商品的质量，以吸引消费者。而"如果商标法未能阻止混淆，搭便车最终就会损害体现在商标之中的信息财产，搭便车因而可能会损害塑造有价值的商标的激励"。❷ 正是在商标法排除混淆的努力之下，市场信息交换的效率得以提高，商标权人和消费者都获益匪浅。

　　商标法降低消费者搜寻成本的理论其实与认知心理学原理密切相关。法学研究者已经意识到了商标反混淆其实是一个认知心理学问题，只是囿于缺乏相关的心理学知识，采用了降低消费者搜寻成本的分析路径。从认知心理学上看，混淆在本质上就是干扰消费者对商标的心理认知过程，使消费者识别商标，作出购物决策的心理认知机制发生扭曲。而在消费者发生混淆并作出错误的购买决策后，商标权人和消费者都受到了损失，因而商标法需要对商标混淆的行为进行规制。可见，经济学分析与认知心理学分析在商标混淆的问题上观点一致，两者并没有本质的区别。

　　商标反淡化问题的出现给法学界解释这一现象带来了极大挑战。法学界一直试图寻找到某种理论，能够说明商标法对商标淡化进行规制的正当性。于是在商标混淆问题上如鱼得水的

---

❶ William M. Landes & Richard A. Posner, Trademark Law: An Economic Perspective, 30 J.L. & Econ.265,268–270(1987).

❷ William M. Landes & Richard A. Posner, Trademark Law: An Economic Perspective, 30 J.L. & Econ.265,270(1987).

经济学搜寻成本理论再度被学界所关注，成为学者用来解释商标淡化问题的工具。

依循在混淆之中，消费者搜寻成本增加，进而需要商标法对商标混淆侵权进行规制的逻辑思路，法经济学派在解释商标淡化问题时也认为，淡化削弱了著名商标的显著性，增加了消费者的搜寻成本，因此需要商标法进行规制。对商标淡化而言，其具体情况可以细分为两个方面。其一，由于两个商标相同或者近似，消费者在看到后一商标时联想到前一著名商标，但是能够清楚地分辨出这两个商标标示的不同来源。此后，由于消费者将同一商标联系到了两个不同的来源，当再次看到这一商标时，就需要先思考眼前的商标是前一商标还是后一商标，导致著名商标显著性的淡化。❶ 其二，由于两个商标相同或者近似，消费者在看到后一商标时联想到前一著名商标，但能够清楚地分辨出这两个商标标示的不同来源。此后，由于后一商标标示在污秽、下流、低劣的商品之上，致使消费者在看到前一著名商标时，将对后一商标的反感和不满转移到前一著名商标上，导致著名商标显著性的淡化。❷ 法经济学派认为，不论是淡化中的弱化还是丑化，都增加了消费者的搜寻成本。"通常认为，淡化的目标是降低消费者的搜寻成本，正如传统商标

---

❶ 这种情况在美国TDRA反淡化法中被称为"弱化的淡化"（dilution by blurring），与之对应的是"丑化的淡化"(dilution by tarnishment)。可见，淡化是一种统称，包括了弱化和丑化两种基本形式。参见：15 U.S.C.A. § 1125(c)(2006). 本文为行为便利，一般不再做细分，均将两种情形称之为淡化，只在行文需要特别说明时明确"弱化"和"丑化"这两种淡化形式。

❷ 此即为"丑化的淡化"（dilution by tarnishment）。

法的做法。"❶ 只是，这一搜寻成本与在商标混淆的状态下消费者所增加的搜寻成本有所区别。商标混淆时的搜寻成本是外部搜寻成本（external search costs），而商标淡化导致的搜寻成本则被称为内部搜寻成本（internal search costs）。

所谓淡化造成消费者内部搜寻成本的增加，在淡化中的弱化这种情形下，指的是由于著名商标被他人非授权性地使用在商品之上，虽然没有造成消费者混淆，但是在消费者的大脑之中，该著名商标就不再仅仅标示商标权人的商品来源，还标示第三人的商品来源，消费者下次在市场中遇到该商标时，将会花费更多的时间和精力去确认眼前的商标究竟标示的是哪一个商品来源。正是因为淡化造成同一个商标不再标示原来商标权人唯一的或者确定的来源，使消费者要花费多余的搜寻成本来确定该商标的来源。"通过分散消费者对品牌商品与其最初来源之间的联系，淡化因此削弱了市场效率。"❷

正如商标反淡化之父谢希特先生所言，"商标的真正功能在于识别让人满意的商品，刺激消费公众更进一步的消费"。❸ 对于商标来说，"显著性越强，其销售力也越强"。❹ 而淡化恰恰损害了商标的显著性，使以前标示唯一或独特来源的标志变

---

❶ Stacey L. Dogan & Mark A. Lemley, The Merchandising Right: Fragile Theory or Fait Accompli?, *54 EmoryL.J.* 461, 493 (2005).

❷ Laura R. Bradford, Emotion, Dilution, and The Trademark Consumer, *23 Berkeley Tech. L.J.* 1227,1243(2008).

❸ Frank I.Schechter, The Rational Basis of Trademark Protection, *40 Harv. L. Rev.* 813, 818(1927).

❹ Frank I.Schechter, The Rational Basis of Trademark Protection, *40 Harv. L. Rev.* 813, 819(1927).

为标示两个或更多的来源,"导致商标在公众心目中的形象和影响逐渐削弱或降低"。❶ 正因为在公众心目中的形象受到影响,消费者不得不花费更多的成本去识别著名商标,来确定商标的真实来源。由此,法经济学派的搜寻成本增加理论与谢希特的理论取得了一致。法经济学代表人物波斯纳就明确指出,如果商标开始与一系列非关联的商品相联系,消费者的搜寻成本就会增加。假如一家高档餐厅叫做蒂凡尼(Tiffany),在该餐厅消费的消费者不会认为他们是在蒂凡尼珠宝商店的分支公司。但当消费者下次见到蒂凡尼这一名称时,他们就可能同时想起餐厅和珠宝店,作为珠宝店标识的蒂凡尼这一名称的效率就会消失。消费者将会更努力地去联想,将该名称识别为珠宝店的名称,这导致了更高的想象成本。❷ 学者雅各布斯(Jacoby)也赞同波斯纳的观点,他认为,在商标弱化的情况之下,消费者大脑中会形成对于同一商标的二套认知网络。本质上,后来者的使用会把水搅浑,消费者将需要额外的信息来确定适用哪套认知网络。❸ 这里额外的信息就是消费者需要多付出的搜寻成本。商标法专家斯旺(Swann)也曾巧妙地描绘淡化造成的影响,他说,消费者在广告中听到某个商标,如果该消费者不能即时通过信息加载产生一种对著名商标所有人的美好印象,就不得不等待周边的环境去确定是否是非著名商标权人的商品在

---

❶ Frank I.Schechter, The Rational Basis of Trademark Protection, *40 Harv. L. Rev.* 813, 831(1927).

❷ Ty Inc. v. Perryman, 306 F.3d 509, 511 (7th Cir. 2002).

❸ Jacob Jacoby, The Psychological Foundations of Trademark Law:Secondary Meaning, Genericism, Fame,Confusion and Dilution,91 Trademark Rep. 1013,1047(2001).

被促销，作为市场工具的著名商标的实用性就降低了。❶ 权威学者麦卡锡教授就搜寻成本理论也论述道，如果曾经具有独特性的标识失去了独特性，消费者将该标识与强商标的单一来源联系就更为困难。在这种理论下，淡化通过分散该标识的识别力而增加了消费者的搜寻成本。❷ 对于淡化中的丑化而言，上述搜寻成本增加的理论也同样适用。所谓丑化，指的是他人将商标权人的著名商标使用在低俗、下流、污秽的商品之上，导致消费者对著名商标的好感降低，著名商标的商誉受到损害。在丑化这种情形中，不仅商标权人的著名商标与其他非商标权人的商品相联系，并且与著名商标相联系的还是那些低俗、有伤风化、不洁净的商品，使得消费者对著名商标的评价降低，著名商标的形象受到影响。因此，相对淡化中的弱化而言，丑化可谓是对著名商标更进一步地侵扰，对著名商标造成的影响和损害也更大。波斯纳在论述丑化时也联系搜寻成本理论指出，假如一个脱衣舞夜总会叫蒂凡尼，相关的消费者也不会认为它与珠宝店有任何联系。然而，因为消费者大脑长期形成的对商标与商品间的联系进行处理的习惯，知道珠宝店的消费者每当想起蒂凡尼时就会将其与脱衣舞夜总会相联系，珠宝店的形象就会被淡化。❸ 可见，在丑化中，消费者每次看到著名商标时都要对商标与商品之间的联系进行处理，脑海中既会出现商标权人

---

❶ Jerre B. Swann, Sr., Dilution Redefined for the Year 2002, *92 TRADEMARK REP*.585,612(2002).

❷ J. Thomas McCarthy, Proving a Trademark Has Been Diluted: Theories or Facts? *41 Hous. L. Rev*.713,727-728(2004).

❸ Ty Inc. v. Perryman, 306 F.3d 509, 511 (7th Cir. 2002).

的商品形象，又会出现低俗、有伤风化或不洁净的商品形象，即便消费者努力排除低俗商品对著名商标的干扰，这一过程也增加了消费者的搜寻成本。长此以往，低俗下流的形象就会慢慢转移到了著名商标之上，丑化就干扰了商标权人著名商标的信息传递机制，使信息传递的效率降低，也使消费者在看到著名商标时不再抱有美好的情感。

通过上文的分析应可明确，法经济学派不希望消费者搜寻成本理论在运用到商标淡化问题上失去解释力和适用的空间。他们对原本适用于商标混淆的搜寻成本理论进行了扩大化的解释，认为淡化与混淆在本质上没有区别，两者都是消费者搜寻成本增加的一种形态。混淆造成的消费者搜寻成本的增加更为明显彻底，它使消费者无法辨明商品的来源，需要投入更多的精力去区分商品来源；而淡化增加的消费者的搜寻成本更为隐晦间接，仅仅会使消费者花费一定的成本来联想起著名的商标。通过这种解释，商标反淡化制度获得了存在的理论依据，以波斯纳为代表的法经济学派一直倡导的消费者搜寻成本理论也拓展了新的适用空间。这种理论在商标淡化问题的论证上虽然能够自圆其说，不过很明显，与解释商标混淆问题相比，该理论在解释商标淡化时过于牵强，解释力大为下降。甚至可以说，该理论在商标淡化问题上的观点只是商标法学者在为商标反淡化寻找正当性依据的一种直觉上的推理，并未经受严谨的理论论证和实证研究。实际上，法经济学派认为商标被淡化时，由于同一著名商标标示了两个或两个以上的来源，消费者每当遇到该商标时就需要增加搜寻成本来确定该商标标示哪个来源。这种识别成本虽不能说可以忽略不计，但是这种成本在法律上是否具有意义，是否能够成为商标法介入的理由，法经济学派并没有论证。可以明确的是，淡化所造成的消费者心理搜寻成本与混淆造成的搜寻成本相比是微不足道的。混淆造成的搜寻成本是直接和巨大的，以至于在商品混淆得不到规制的情况下，消费者购物时就不得不投入大量的时间和精力去确定所购买的商品是否来源于商标权人，这会给社会经济秩序带来很大的负面影响。而淡化所增加的成本仅仅是消费者识别商标过程中短暂地确定商品来源的思考，淡化恰恰明确地表明消费者是能够在思考之后清楚地区分同一商标标示的不同商品来源，消费者完全可以购买到其想购买的商品。可见，法经济学派的搜寻成本理论仅仅是一种假定，它无法说明淡化造成的消费者搜寻成本的增加是否在商标法上具有意义，无法说明这种消费者搜寻成本的增加是否就是商标反淡化法所要规制的损害，从而无法成为确定商标反淡化的正当性依据。

二、商标淡化的认知心理学理论

前文已述，商标淡化的搜寻成本理论是商标法学界在解释商标淡化问题时的主要理论依据。但是，商标淡化的搜寻成本理论虽然指出了淡化与消费者的心理活动密切相关，但其论述与推理更多地依赖于直觉，并未运用认知心理学的有关知识来解释淡化，使这种理论在科学性和解释力上大打折扣。许多学者开始将认知心理学引入商标反淡化研究，希望通过对消费者心理状态的剖析，更科学地揭示淡化的本质。下文将通过认知心理学对商标淡化问题展开研究，期能为更好地理解商标淡化提供理论支持。

同商标的显著性、混淆等问题一样，商标的淡化在第一性的意义上也是心理学问题，其描述的是消费者面对商标时的心理状态。只是这种心理状态同商标法相联系，成为商标法的规制对象，探究这种心理状态才在法律上具有必要性。因此，在商标法上，"商标淡化是一种心理现象，它造成了法律上能够确定的经济损失"。❶ 正是由于商标淡化的心理学本质，使心理学研究方法成为分析商标法淡化问题的有力工具。在商标法心理学研究方法的指引下，"随着法官越来越强调实证主义，对现实的预测将更少地依赖于直觉，更多地依靠真实的证据和建立在行为学基础上的论据"。❷

根据认知心理学原理，著名的商标在消费者大脑中占据着有利的甚至统治性的地位。"世界上最强的商标在消费者的大脑中占据了一席之地。"❸ 著名商标显著性越强，在消费者的大脑中越拥有庞大的以著名商标为节点的认知网络。当消费者看到著名商标时，就能很快地激活大脑中储存的有关著名商标的各种信息，激发对著名商标的美好感觉和情感。例如，当消费者看到耐克这一商标时，耐克商品的来源、新潮和时尚的品牌、青春富有朝气的形象、科技领先的运动产品等信息，就会从消费者的记忆中被检索出来，被消费者认知。因此，从商标法淡化的角度而言，这些显著性很强的著名商标就可能面临着被淡化的风险。

---

❶ Alexander F. Simonson, How and When Do Trademarks Dilute: A Behavioral Framework to Judge "Likelihood of Dilution," *83 Trademark Rep*.149,149(1993).

❷ Alexander F. Simonson, How and When Do Trademarks Dilute: A Behavioral Framework to Judge "Likelihood of Dilution," *83 Trademark Rep*.149,149(1993).

❸ Rebecca Tushnet, Gone in Sixty Milliseconds: Trademark Law and Cognitive Science, *86 TEX. L.REV*.507,515(2008).

从认知心理的角度而言，商标法淡化中的弱化是如何发生的呢？学界一般认为要经历三个心理阶段。其一，在著名商标被淡化之前，其在市场中往往具有很强的显著性，能够很快地激活消费者大脑中有关该著名商标的认知网络。除此之外，消费者不会联想起其他没有关系的信息。用谢希特的话来说，这时商标是独特的甚至独一无二的，具有很强的销售力（selling power）。以耐克为例，未被淡化的著名商标在消费者大脑中的认知网络如图6-1之a所示。其二，当他人未经耐克商标权人许可，在其他商品类别例如吸尘器之上使用与耐克商标相同或者类似的商标，就在消费者大脑中已有的耐克认知网络中添加了新的以耐克为节点的耐克吸尘器认知网络。这样，对于耐克商标而言，消费者大脑中就形成了针对同一商标的两套认知网络。其情形如图6-1之b所示。其三，在消费者大脑中形成以耐克为节点的两套认知网络时，消费者将受到耐克吸尘器这一认知网络的干扰，在认知时激活耐克商标权人的认知网络的速度和精确度将降低。这是因为，当消费者在市场中遇到真正的耐克商标时，将会同时激活大脑中的两套认知网络，一套是耐克商标权人的认知网络，它标示的正是耐克的商品来源、商品品质、科技含量、品牌内涵等信息，而另一套则是未经耐克授权的耐克吸尘器商品的来源、商品品质等信息。消费者需要进一步动用认知资源，去判断眼前的耐克商标究竟需要适用于哪一套认知网络，然后才能提取该认知网络所存储的相关商品信息，为购物提供指导。其情形如图6-1之c所示。在这种情况下，商标权人的耐克商标激活消费者大脑中对应的认知网络的能力就受到了损害，换言之，耐克商标的显著性和销售力相比淡化之前都有所下降。

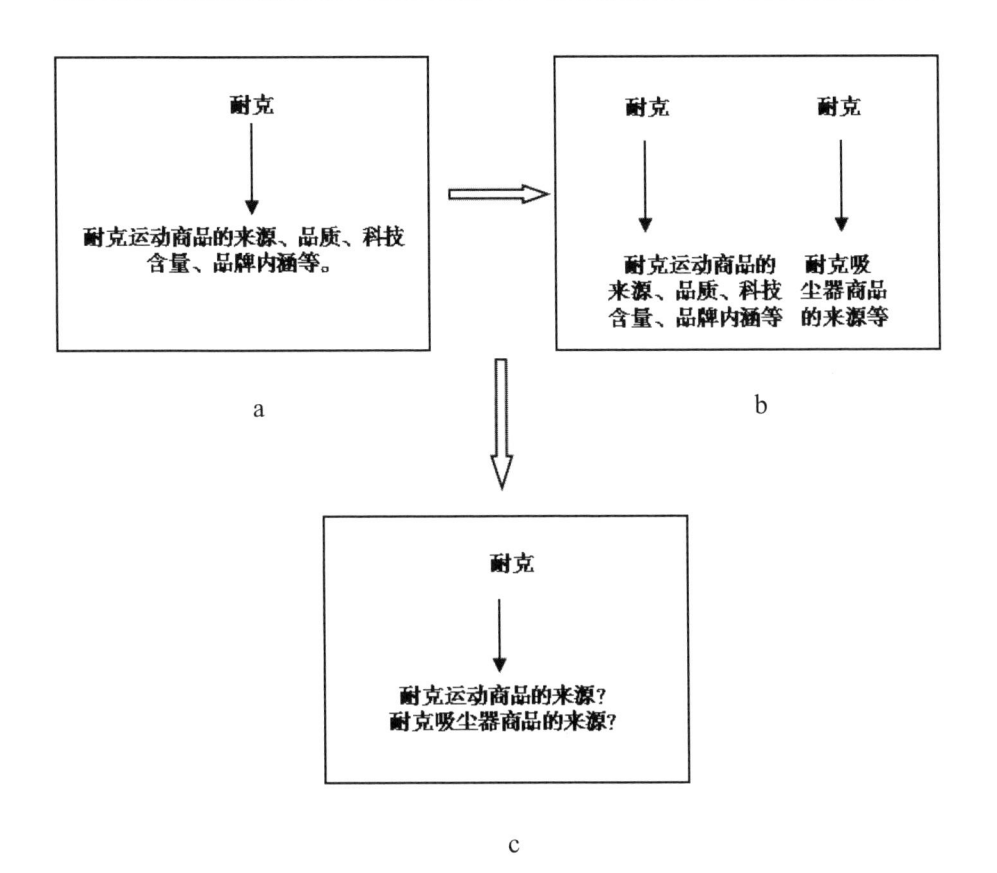

图6-1 商标弱化的三个心理阶段

淡化中的丑化与弱化的情形相类似,只是与弱化相比,丑化还兼具有消费者情感的转移和对商标权人著名品牌评价的降低。从认知心理学角度来看,将商标权人商标使用在污秽、下流、不洁的商品之上,消费者会把对劣等商品厌烦的情感和较低的评价转移到商标权人的著名商标之上,从而损害著名商标的显著性。

首先,和弱化一样,在丑化之前,著名商标在消费者的大脑中也建立了完善和庞大的认知网络,当消费者遇到该商标时，能够很快地激活相关认知网络，获得该商标的相关信息。其次，当他人未经商标权人许可将其著名商标使用在污秽、下流和不洁的商品上时，消费者大脑中的认知网络发生了变化，除了商标权人的著名商标为中心的认知网络外，还形成了以该商标和涉及污秽、下流和不洁商品的认知网络。最后，尽管消费者对两种商品的来源不会发生混淆，也知道低俗商品并非来自著名商标所有人，但两套认知网络形成之后，当消费者购物时遇到著名商标后，就会同时激活两套认知网络，消费者对著名商标美好的情感和对著名商标使用在低俗下流商品之上的厌恶的情感就会同时产生。消费者就可能将厌恶的情感转移到商标权人的著名商标之上，从而造成著名商标显著性的损害，这就是心理学上的刺激泛化（stimulus generalization）和评价转移（evaluation transfer）。[1] 所谓刺激泛化和评价转移，来自于巴普洛夫的经典实验。在该实验中，巴普洛夫在摇铃的时候用一块肉引诱一只狗，狗听见了铃声，并在看到肉时分泌了唾液。该行为重复多次之后，狗在听到铃声但是没有看到肉时也会分泌唾液。这就说明，狗分泌唾液的行为和铃声原本没有联系，但当肉和铃声同时出现并重复多次的时候，狗就认为当铃声响起的时候会有肉出现，狗对肉的态度和情感就转移到铃声之上，因此当听到铃声后也会产生同样的效果，分泌出唾液。同样，狗在听到与铃声相似的声响，如钥匙碰撞或风铃的声音，都会分泌唾液。在商标丑化中，由于消费者不断接受著名商标被使用在低俗商品之上的刺激，产生厌恶反感之情。久

---

[1] Alexander F. Simonson, How and When Do Trademarks Dilute: A Behavioral Framework to Judge'Likelihood of Dilution,' *83 Trademark Rep*.149,160-161(1993).

而久之，当消费者看到真正的著名商标标示的商品时，这种厌恶和反感之情也会产生，并很可能转移到著名商标及其商品之上。"即便消费者相信是另一个商标要为这种新的商品负责，刺激的泛化也昭示着会发生一定量的评价转移。"❶

　　心理学家进一步通过实验证明了上述商标淡化理论。在该实验中，心理学家预设了两种假设：（1）消费者接触到商标淡化的广告之后，与接触到这种广告之前相比将会发生更多的认知错误。（2）消费者接触到商标淡化的广告之后，与接触到这种广告之前相比其认知的反应时间更慢。❷ 显然，这两种假设如果成立，则说明了消费者在商标淡化之后的认知状况确实发生了商标权人不希望看到的改变，这种改变与前述消费者搜寻成本和认知理论对淡化的研究结论相一致。在该实验中，心理学家找到了64位大学生，将之分为三组，通过向这三组学生播放不同的广告测试其心理状态。心理学家选择了三个著名商标进行该项实验：歌帝梵巧克力（godiva chocolate）、喜力啤酒（heineken beer）、凯悦酒店（hyatt hotel）。对于第一组学生，心理学家向其播放了有可能造成商标淡化的广告：歌帝梵狗饼干、喜力爆米花、凯悦法律服务。还有三个与这三个品牌没有任何关系的其他品牌的广告。显然，这是模拟在现实的市场环境中，第三人在不相关的商品上使用他人的著名商标。

---

❶ Alexander F. Simonson, How and When Do Trademarks Dilute: A Behavioral Framework to Judge"Likelihood of Dilution," 83 *Trademark Rep*.149,161(1993).

❷ Maureen Morrin & Jacob Jacoby, Trademark Dilution: Empirical Measures for an Elusive Concept, 19 J. PUB.POL'Y & MARKETING 265, (2000). http://papers.ssrn.com/sol3/papers.cfm?abstract_id=231023，p10,2015-4-10.

第二组学生，心理学家向其播放了歌帝梵、喜力和凯悦这三个著名商标的原版广告，同样也播放了三个其他品牌的广告，但是并没有向其播放可能造成商标淡化的广告。第三组学生，心理学家既没有播放这三个著名商标的原版广告，也未播放可能造成淡化的广告，而是播放了任意其他几个品牌的广告。在向这三个小组播放完广告之后，为检验学生是否都记住了播放的广告，心理学家还让每一个学生回忆所播广告的内容。在确保学生已经将广告的内容编码并储存在记忆中之后，心理学开始利用计算机来检测商标淡化对大学生的影响。该测试由一个计算机软件来执行，首先，电脑屏幕上会短暂地出现上述著名商标，如歌帝梵，然后会出现该著名商标对应的商品信息，如出现各种巧克力。这时需要测试者确定歌帝梵这一品牌是否与巧克力匹配（match），并以最快的速度精确地按下是或否的按钮。显然，这是测试这些学生在看到著名商标时能否准确地激活该著名商标对应的商品。测试结果显示，接触可能造成淡化的广告的第一组学生无论是反应的精确度和反应时间都低于第二组和第三组。在精确度方面，第一组的正确率是73.1%，低于第三组的84.3%和第二组的88.9%。在看到著名商标按动按钮的反应时间方面，第一组耗时770毫秒，长于第二组的675毫秒。该测试还显示，不同著名商标之间还是存在区别，凯悦受到淡化的影响并没有歌帝梵和喜力两个商标大。心理学家认为，这可能是因为凯悦相比歌帝梵和喜力而言更为著名，在消费者大脑中拥有十分强大的认知网络，可以抵抗一定的淡化的影响。❶ 总体而言，该心理学实验证明了心理学家之前关于商标淡化的假设，亦即，消费者受到商标淡化的影响之后对著名商标进行识别的精确度和反应时间都有所下降。这主要也是因为在商标淡化之后，消费者在大脑中形成了两套以著名商标为中心节点的认知网络，自然增加了认知负担。由此，心理学实验也一定程度上与商标法学界关于商标反淡化的消费者搜寻成本理论保持了一致，成为支持商标反淡化人士的立论依据。

三、商标淡化的消费者情感理论

尽管商标淡化的认知心理学理论分析及其心理学实验已经清楚地表明商标淡化降低了消费者识别著名商标的精确度和反应时间，但是，有学者还是对该种理论表达了质疑。主要是因为实验方法所证实的精确度和反应时间的降低过于细微，似乎不足以说明商标淡化所造成的损害，也不足以证成商标法介入的正当性。

根据上文所述，心理学家在进行淡化实验后得出结论，消费者接触淡化广告之后对著名商标的反应时间（770毫秒）比接触著名商标原版广告的消费者（675毫秒）要慢95毫秒。尽管这一数字明白无误地表明，消费者在识别著名商标时确实受到了干扰，但这种干扰是否构成商标法上的损害，是否值得商标法进行干预，实有疑问。学者质疑，仅仅在实验室的环境下几十毫秒的迟延并不会使消费者对著名商标的印象发生改变。本

---

❶ Maureen Morrin & Jacob Jacoby, Trademark Dilution: Empirical Measures for an Elusive Concept, 19 J. PUB.POL'Y & MARKETING 265, (2000). http://papers.ssrn.com/sol3/papers.cfm?abstract_id=231023，p14,2015-4-10.

(Bone)教授就认为,淡化行为只是让消费者的反应时间延长了一些,但是并没有造成消费者混淆,因而并未损害商标法的核心目的:保护商标所传递信息的清晰性。❶麦卡锡教授虽然未对商标淡化进行专业的心理学分析,但也表达了类似的观点:"我们早已习惯强商标并未因他人的使用而被削弱。一个常被使用的例子是代尔塔(Delta)航空❷,我并不认为她已经被代尔塔水龙头、代尔塔牙齿保险计划或位于密西西比州新奥尔良附近的所有代尔塔小企业所淡化。"❸因此,他认为商标淡化对消费者造成的负担"在现实世界中是否会是很大的风险还不得而知,也未得到证实"。❹

其实,心理学家从消费者对著名商标识别精确度和反应时间的降低出发来论证商标淡化问题,无法真实地揭示消费者面对著名商标时心理状态的变化,界定淡化造成的损害。正如学者所言,仅仅几十毫米的迟延在真实的购物环境中对消费者没有太大的影响。消费者尽管识别能力、反应能力有所降低,但由于混淆并不存在,消费者依然能够准确地作出购物决策。可见,认知心理学理论的实验方法与消费者搜寻成本理论虽然保持了一致,但依然未能说明为什么消费者识别能力、反应时间的降低会对商标权人造成损害,从而需要商标法去干预。商标

---

❶ Robert G. Bone, Hunting Goodwill: A History of the Concept of Goodwill in Trademark Law, *86 B.U. L. REV.*547, 559 (2006).

❷ Delta 是一家总部位于美国佐治亚州亚特兰大的航空公司,也被译为达美航空。

❸ J. Thomas McCarthy, Proving a Trademark Has Been Diluted: Theories or Facts? *41 Hous. L. Rev.*713,746-747(2004).

❹ J. Thomas McCarthy, Proving a Trademark Has Been Diluted: Theories or Facts? *41 Hous. L. Rev.*713,728(2004).

反淡化依然需要寻找其正当性依据。

随着经济的发展和人类消费行为的日趋复杂，消费心理学研究取得了长足的进步。心理学在消费领域的发展为更好地论证商标淡化问题提供了契机。所谓消费心理，是指消费者在购买、使用和消费者商品过程中一系列心理活动。❶ 在消费心理之中，对消费者购买决策影响较大的是消费者对商标的心理态度。所谓态度，是指一个人对某些事物所持的认识上的评价、情感上的感受和行动上的倾向。❷ 进言之，消费者对商标的心理态度就是消费者对商标的认知、情感的体验和在购买行动上的倾向性。态度表明了消费者对某个商标喜欢或者不喜欢，亲切或者反感，决定消费者最终的购买行为，关系到商标权人的生死存亡。心理学理论认为，态度兼具三种成分，包括认知（cognition）、情感（affect）和行为（behavior）。❸ 其中，对购物决策影响最大的又是情感这一因素。情感是由情绪（emotion）升华而来。情绪是消费者对商标和商品暂时的、局部的和表层的心理体验，各种情绪经过长期的积累和沉淀，就会逐渐变为某种稳定的，深沉的情感，从而形成对特定商标的好恶之情，以指导消费。可见，情感实际上是就是消费者对某个特定商标的喜好、厌恶、热情、冷漠等的心理评价。

心理学认为，情感在消费者的购物决策中起到重要的作用。消费者在纷乱复杂的购物环境中，往往只有有限的时间和精力，无法在购买特定商品时列出提供该商品的所有品牌并逐一对各种品牌商品的质量等进行比较。消费者必须以较少的

---

❶ 李晓霞、刘剑主编：《消费心理学》，清华大学出版社2010年第2版，第3页。
❷❸ 佘贤君：《激活消费者心理需求》，机械工业出版社2011年版，第83页。

成本、作出最优的购物决策。商标与商品的价格、质量、售后相比，是消费者衡量商品品质并作出购物决策的最为重要的标准。而消费者对商标的情绪乃至情感，又会很大程度上决定消费者的行为。"情绪通常明确了目标和欲望，指导消费者有意识的或者无意识地追求这些欲望。"[1] 心理学研究已经表明，消费者对于他们所知道的商品和其背后的商标，通常都持有好恶之情。消费者通过对某一商品的使用体验、售后经历、朋友介绍和推荐、广告的宣传等，形成对该商品所属的商标的情感。甚至在某些情况下，消费者对某一商标并不了解，但通过接触该商标的广告，认识了该商标，那么相对于一无所知的陌生商标，消费者也容易对他认识的商标产生好感。这些情感，都在消费者的购物行为中发挥作用。在消费者对各种品牌的商品作出选择时，消费者需要有一种决策机制，从各种选择中作出自己满意的决定。"面对在日常购物环境下几乎无限的可供选择的机会和决定，消费者为降低不确定性，通常会在有限的一组选择中作出决定，而排除其他的选择。"[2] 而情感就是其中最直接的决策标准。在消费者的潜意识里，已经为各种商品贴上了好或者坏的标签。当消费者在购物环境中遇到某一商标时，就会激活长时记忆中存储的该商标的认知网络，从而使消费者迅速意识到自己对该商标所持有的好或者坏的情感。这种情感的反应几乎是自动和瞬时产生的，消费者可能完全没有意识到。

---

[1] Laura R. Bradford, Emotion, Dilution, and The Trademark Consumer, *23 Berkeley Tech. L.J.* 1227, 1261(2008).

[2] Laura R. Bradford, Emotion, Dilution, and The Trademark Consumer, *23 Berkeley Tech. L.J.* 1227, 1265(2008).

可见在消费环境中，消费者不可能对某一商品的所有品牌进行考察，由于时间和精力的限制，消费者为了避免风险，在短期最大化地实现自己的利益，往往选择有好感的品牌商品。情感在消费者的实际购物过程中发挥着指导甚至决定消费行为的作用，情感的这种地位和作用已经得到了心理学家的承认。消费者对商标的情感在本质上就是消费者对商标的一种综合性的评价。在商标法上，著名商标之所以显著性较强，无非是在消费者长时记忆中拥有着强大的认知网络。许多对著名商标的情绪体验、使用评价、售后服务经历等，都内化在认知网络中，成为稳定的、表达一定态度倾向性的情感。联系到谢希特所言著名商标的"销售力"，情感实质上就对应着谢氏理论著名商标的"销售力"。这种情感能够激活消费者大脑中对著名商标美好的联想，激发消费者的购物欲望，从而增加商标的销售力。而著名商标权人之所以主张商标法的反淡化保护，根本原因也在于维护其商标在消费者心目中美好的情感。

从消费心理学中情感的角度去理解，他人将著名商标使用在不相关的商品之上，会逐步使消费者对著名商标的情感发生变化，产生情感反应上的不一致，从而可能损害著名商标的显著性。正如前文所言，著名的商标通常在消费者的大脑中都拥有强大的认知网络。消费者已经对著名商标形成了稳定的态度和印象。消费者遇到著名商标时，由于著名商标所使用的环境和场景、所提供的商品的特点和风格有着高度的一致性，消费者每一次对著名商标的消费体验、心理感受和情感反应等都基本相同，而将著名商标进行淡化性的使用，很显然淡化使用的环境一般都会与著名商标权利人对其商标的使用方式、使用环境和场景有很大的区别。这种区别会造成消费者认知的失调，在认知失调的影响下，消费者对著名商标的情感可能就会改变，心理的好感度降低，影响到对著名商标的评价，最终使消费者不再依靠这种情感来在有限的时间和精力下作出购物决策。正如学者所言，"如果在截然不同的环境中遇到某一商标，即便有意识地评价这个新的环境或者其与熟悉的商标之间的关系，对这个商标有多了解的信心也开始受到损害"。❶ 这种环境的不一致主要表现为所提供商品的特征和风格、售后服务的质量、销售环境、店面布置等。具体到商品的特征和风格而言，认知的不一致会带来负面的影响。例如，著名商标肯德基提供的商品有风格一致的包装、适度的价位、一以贯之的口感等。假如肯德基商标被他人使用在与快餐食品不相关的商品——自行车之上，该自行车的包装、价位、品质等，很难与肯德基提供的食品保持统一。即便消费者知道该商品并非肯德基提供，也并没有改变对肯德基原有的认识和评价，但由于消费者在识别该著名商标时会同时激活两套认知网络，认知的速度和精确度都有所降低，消费者很有可能对著名商标的情感体验不如以往强烈，长此以往，将会降低对著名商标的情感体验，购买著名商标商品的欲望也会受到影响。

心理学家已经通过实验的方式证明了在认知失调的情况下，消费者对著名商标的情感会发生变化。在实验中，当观察者认为，附着著名商标的但并非商标权人提供的商品与商标权人的商品在特征和风格上存在不一致时，大脑有关于冲突和负

---

❶ Laura R. Bradford, Emotion, Dilution, and The Trademark Consumer, 23 Berkeley Tech. L.J. 1227, 1272(2008).

面情绪的区域就会变亮。❶ 显然，消费者在面对商标淡化时，大脑潜意识里对著名商标的情感已经发生了变化。如果该著名商标被一个或多个商标权人以外的主体任意使用在各种商品之上，淡化的程度足够大，消费者面对著名商标时被激活的正面的积极的情感就不像以往那么强烈。可见，在商标淡化的情况下，消费者对著名商标识别的精确度和反应时间的降低只是一种心理上表层次的体现。精确度和反应时间的降低会带来消费者内心情感的变化，这种内心情感的变化会对商标的认知和消费者购物决策产生重大影响。尽管情感的改变极为缓慢和微小，只有在淡化达到一定程度之后，才慢慢地演变为消费者对著名商标态度的整体改变，但商标法的反淡化针对的正是这样一种消费者情感乃至态度的转变。

对于商标丑化，显然这是一种相对于弱化更为直接的改变消费者情感的行为。丑化由于是将著名商标用在污秽、下流和不洁的商品之上，即便消费者能够意识到这些商品并非商标权人所提供，但在潜意识里对著名商标的情感也会不断发生变化。如果丑化达到一定程度，消费者在面对著名商标时美好的情感反应就不再像以前那样强烈，消费者会觉得被丑化的著名商标难以与以往的情感相对应，在这种认知失调下，即便消费者没有发生混淆，对著名商标的情感反应也会逐步由正面向负面转化。可见，不管是弱化和丑化，在达到一定强度之后，最终都会使消费者对著名商标的情感反应越来越向负面的方向发展，最终损害的也是谢希特一直强调的商标的"销售力"。

---

❶ Laura R. Bradford, Emotion, Dilution, and The Trademark Consumer, *23 Berkeley Tech. L.J.* 1227,1273(2008).

综上，对于商标淡化来说，其说服力不如商标混淆。商标淡化问题一直以来就存在争议，尽管商标淡化已经被写入了许多国家的立法，但是淡化到底是什么？淡化到底给商标权人带来了哪些损害？商标法反对淡化的正当性何在？这些问题在理论上一直没有明确的界定。一方面，人们试图通过搜寻成本理论、认知心理学理论、消费者情感理论等来对商标淡化问题作出更为明晰的解释，但是，这些结论并不能完全让人信服；另一方面，人们也开始通过各种理论和分析工具，对商标反淡化保护进行反思。

第三节　商标反淡化正当性的认知心理学反思

无论是商标淡化的搜寻成本理论，还是商标淡化的认知心理学和消费者情感理论，都从消费者心理认知的角度描述了淡化发生的机理，论证了淡化所可能造成的损害，一定程度上为商标法反淡化制度寻求到了理论上的支撑。但是，尽管商标淡化确实会给消费者的心理带来影响，这三种理论还是没有明确说明淡化所造成的影响和导致的损害为何需要商标法的介入。可见，在论证商标法反淡化的正当性方面，这三种理论力有不逮。实际上，通过认知心理学的分析可以发现，商标淡化对消费者所造成的心理影响微乎其微，对商标权人所造成的所谓销售力的损害目前也没有真实事例加以佐证。商标反淡化保护更像是商标权人为了扩大保护而"虚构"出的诉求。本节将主要通过认知心理学理论，分析商标法反淡化制度所针对的损害究竟有多大，以此为商标法反淡化寻找理论上的正当性依据。

一、商标反淡化正当性的质疑

商标权保护的传统基础在于防止消费者对商标或者服务的来源发生混淆，避免商标权人的正常营业和商誉受到损害。反淡化理论的出现动摇了传统的以反混淆为中心的商标权保护模式，扩张了商标权人的权利范围，以至于商标权有可能发展成为一种总括性的财产权（in gross property rights），这招致了一些学者的反对或质疑。尽管商标淡化确实会使消费者对著名商标的心理认知和情感反应产生变化，可能损害到商标权人的利益，但商标法学界对商标法反淡化制度的质疑和批评从未中断。针对以波斯纳为代表的法经济学派就商标法反淡化制度提出的搜寻成本理论，很多对商标反淡化持谨慎态度的商标法学者也提出多种观点进行质疑。尽管这些质疑与批评大多未能运用到心理学原理，但学者的关注点还是集中于消费者的心理和行为，可谓切中问题的要害。具体而言，对商标法反淡化制度持谨慎态度的学者主要是从以下几个方面展开论述的。

首先，商标权人的商业广告操纵了消费者的情感，人为塑造了商标的美好形象，劝诱消费者消费，而商标反淡化保护恰恰维护的又是商标通过广告宣传被人为塑造而成的美好形象，这可能造成市场的集中，与传统商标法的目的和宗旨相背离。

20世纪40年代，学者开始质疑劝诱型广告在市场经济中的地位和作用。布朗（Brown）教授认为，广告可以分为信息型广告和劝诱型广告，而现在的广告越来越趋向于塑造美好的品牌形象，通过美好的音乐、产品形象、煽动性的广告语，操纵消费者的情感，创造抽象的品牌人格，使消费者对商标产生不切实际的幻想，劝诱消费者在非理性的状态下购买本不应当购买的商品。这种劝诱型广告人为扭曲了消费者的购买决策，使消费者对广告塑造的品牌抱有虚幻的美好联想，从而愿意为品牌商品支付更高的价格。而很多的商品尽管质量和品质相比知名品牌而言并无本质区别，但由于并未使用劝诱型广告宣传，无法通过塑造美好的品牌形象吸引消费者的注意，受到了消费者的冷遇。布朗教授认为劝诱性广告使消费者倾向于非理性消费，为得到劝诱性广告宣传的商品付出更多的价金，这样损害了市场的效率。❶ 布朗教授随后指出，商标的唯一合法的功能在于标示来源。亦即，商标法的目的就是保护商标标示来源的功能，使不同商标的商品能够清晰地被区分开，使消费者达到认牌购物的目的。劝诱型广告显然更有利于塑造消费者对特定品牌的偏好和品牌忠诚，使某些生产厂商免受价格和质量的竞争压力，拥有市场的垄断权，进行区别性的定价，损害公平竞争的市场经济秩序。劝诱型广告的兴盛，虽然是商品经济社会大众传媒发达之后的必然产物，但客观来说确实可能对市场经济效率带来了的负面影响。

从商标淡化角度分析，商标反淡化保护恰恰是为了维持商标权人劝诱型广告的宣传效果。毫无疑问，淡化理论的拥护者认为淡化的损害在于使商标某些独特的、单一的形象和商业魅力受到损害，减弱了商标对消费者的吸引力。商标权人之所以推动商标反淡化立法，其主要目的即在于最大限度地维护其通过巨额投资所塑造的商标的广告形象、商业魅力。商标权人通过大量劝诱性广告的投放，在消费者心目中塑造了其商标的良

---

❶ Ralph S. Brown, Jr., Advertising and the Public. Interest: Legal Protection of Trade Symbols, *57 YALE L.J.1165*, 1170–1175 (1948).

好形象，让消费者对其商标和商品产生情感和品牌忠诚。商标权人希望在商标反混淆保护之外建立起反淡化保护，防止他人对其商标的一切商业性利用，获得其投资于品牌的全部回报。为此，对劝诱性广告持批评态度的学者对商标法反淡化忧心忡忡。在他们看来，商标反淡化法保护的是劝诱性广告生产的效果，会导致商标权人将巨额资金投入广告营销，使其他竞争者处于不利境地，而且劝诱消费者，并为了维持劝诱性广告的效果而进一步推动商标权的扩张，形成恶性循环。这远远背离了商标法最初的立法目的和宗旨。学者认为，商标法的作用就在于防止混淆，确保消费者能够正确地识别商标，使市场上的商品能够区分开来。对于商标所散发出来的所谓商业魅力或销售力，商标法没有进行保护的义务。

尽管学者对劝诱性广告提出了质疑，但是，即便劝诱性广告如学者所言确实扭曲了消费者的购物决策、有损害市场经济效率之嫌，信息性广告和劝诱性广告之间也并没有泾渭分明的界限。现在很难明确地将广告划分为信息性广告和劝诱性广告，很多广告在表达商品的成分、质量和性能等商品信息的同时，也在努力塑造良好的品牌形象，设计美妙的音乐和场景，邀请著名歌星、影星代言，运用优美动听的广告语，唤起消费者的美好感觉。可见，目前广告的内容和形式已经与布朗教授所处时代的广告有了不同之处。当代广告更多地同时具备了信息性和劝诱性。因此，法律在客观上不可能在信息性广告和劝诱性广告之间划出明确的界限，也不可能禁止商标权人发布劝诱性的广告。在此基础上，学者对于劝诱性广告的批评尽管有合理的成分，但这种批评已没有意义，法律无法对劝诱型广告进行规制，也不能阻止商标权人花费巨额广告费去塑造品牌。

另外，学者之所以质疑劝诱型广告，很大程度上是为了对商标反淡化法进行批评。显然，如果劝诱型广告给社会带来了福利上的损失，不利于消费者理性的消费决策，则商标反淡化的正当性就存在疑问。因为商标反淡化法恰好维持和强化了商标的劝诱功能，使著名商标在消费者心目中的地位更加稳固。因而，商标法学界对商标法反淡化制度的这种质疑反映出对商标广告效应的不信任。

其次，消费者具有一定的认知能力和意志力，精确度和反应时间的降低不会给消费者的购物带来影响，也没有现实事例证明著名商标因为淡化而丧失了销售力。商标法学界经常举出很多著名商标被不同主体拥有（但是并非发生淡化的实例），来说明淡化造成的损害几乎并不像淡化理论支持者宣扬的那般严重。麦卡锡教授就直言不讳地指出："淡化理论中的弱化，假定一个弱小的使用者能够淡化著名商标标示一种来源的能力，然后一个接一个的弱小使用者能够也将会这样做，就好比被一百只蜜蜂蛰后造成严重伤害的累积效应（cumulative effect）。然而，这种比喻精确的反应了现实世界吗？很多人都曾经被一只蜜蜂蛰过，但却并没被随后更多蜜蜂接着蛰。"❶ 显然，对于一些小的厂商在其不相关的商品上使用著名商标，不一定会给商标权人带来严重的损害，而商标权人之所以极力禁止这种使用，原因是怕更多厂商对其商标非混淆性的使用会损害该商标的商业魅力，因而在第一个厂商使用时就要加以禁止。但是，正如麦卡锡教授所言，这种累积效应是否存在，商

---

❶ J. Thomas McCarthy, Proving a Trademark Has Been Diluted: Theories or Facts? 41 Hous. L. Rev.713,735(2004).

标是否在现实世界中因为某一个主体的使用最终造成该商标被淡化，都是存在疑问的。

现实社会中，存在很多的商标，其本身就有多重含义，标示着不同的商品或者服务来源，不过这多重起到识别来源作用的含义并没有给该商标的显著性带来负面的影响，淡化该商标。例如，凤凰牌自行车的"凤凰"二字，就标示着除了中国著名自行车品牌之外其他的含义，包括：（1）湖南著名的湘西土家族旅游景点凤凰县；（2）中国古代传说中的百鸟之王；（3）周王出游卷阿，《诗经》中写到凤凰的赞美诗作；（4）著名的凤凰卫视电视台；（5）美国西部亚利桑那州的凤凰城。在这些含义中，姑且不论"凤凰"具有多少种含义，从商标法角度而言，至少"凤凰"被用做三个不同商品或者服务的商标，即提供旅游服务的凤凰景点、凤凰卫视和凤凰自行车。但是，凤凰存在的多重含义阻碍了"凤凰"这一商标成为著名的旅游景点、电视台或者自行车的品牌吗？显然没有。消费者在看到凤凰电视台的凤凰商标时，依然会将凤凰电视台提供的服务类商品视为高端、及时、全面和权威的电视节目；消费者在看到凤凰自行车的凤凰商标时，也会正确地获得关于凤凰自行车品质优良、外形美观、经久耐用的商品信息。"凤凰"并没有因为多重的使用而被淡化，这显然与商标反淡化的理论与实践相背离。在商标权人看来，当将著名商标使用在不相关的商品之上时，著名商标的显著性就已经受到损害。上诉到美国联邦最高法院的维多利亚的秘密（Victoria's secret）一案中，被诉淡化了著名商标"维多利亚的秘密"的主体仅仅是肯塔基州伊丽莎白镇的一个小商店，其使用了与"维多利亚的秘密"相似的商标。麦卡锡教授也对此发出了疑问，他质疑这样一个小商店在一定的地域范围内使用一个著名的商标是不是真的会给该著名商标造成重大（significant）的损害。❶ 在现实中，不同著名商标彼此共存而没有相互淡化的例子还有不少。福特（Ford）汽车和福特模特经纪公司就是两个共同使用福特的企业，显然，福特汽车目前仍然是全球最为知名的品牌之一，谁也无法证明福特汽车公司的福特商标被福特模特经纪公司所淡化。❷ 巴顿碧毕教授为此也认为："当两个相同的商标在相同的市场上存在，明显会使各自的独特性（uniqueness）丧失，但他们不会彼此弱化。他们不会使消费者增加搜索成本，或者使消费者花费时间思考（think for a moment）各自商标的不同来源。"❸

综上，尽管商标法学者并未运用专业的心理学知识分析淡化问题，但还是围绕着消费者对商标的心理认知对商标反淡化展开了反思。一方面，对于商标的诱导性广告宣传，学者始终保持着警惕，认为商标的诱导性广告宣传不仅无益于市场效率的提升，反而增加了市场的集中程度，而商标反淡化法又恰恰维护了商标在广告宣传之后的劝诱效果。另一方面，消费者在商标淡化面前又非完全被动接受的主体，即便有不同主体共用一个商标，消费者也能够准确地加以区分，实践中著名商标的共存并未发现有互相淡化的事例。

那么，商标法学者对于淡化的质疑是否有其合理性呢？透

---

❶ J. Thomas McCarthy, Proving a Trademark Has Been Diluted: Theories or Facts? 41 Hous. L. Rev.713,736(2004).

❷ Barton Beebe, A. Defense of the New Federal Trademark Antidilution Law, 16 FORDHAM INTELL. PROP.MEDIA &. ENT. L.J. 1143, 1150(2006).

❸ Barton Beebe, A. Defense of the New Federal Trademark Antidilution Law, 16 FORDHAM INTELL. PROP.MEDIA &. ENT. L.J. 1143, 1149(2006).

过认知心理学有关原理的分析可以发现，商标淡化所造成的损害并不像淡化理论拥护者所描绘的那般严重，这主要因为消费者情景效应、专家技能、重申效应、卷入程度以及心理抵制作用的存在，都会一定程度上减弱商标淡化所造成的损害。正是因为商标淡化所造成的损害极为有限，这种对商标淡化的心理学分析一定程度上印证了商标法学者对商标反淡化理论质疑具有一定的合理性。下文拟通过心理学分析工具，对商标淡化所造成的损害进行更进一步的探究，并借此反思商标法反淡化制度的正当性。

二、情景效应与商标淡化

情景效应（context effects）是认知心理学中的基本理论，它是指当人对某一刺激进行识别时会受到周围环境因素（environmental factors）的影响。[1]亦即，人对某一刺激进行识别时，并不只是单独对该刺激进行信息加工，从大脑长时记忆中提取相应的信息。人在认知时，也同时对该刺激周围的各种环境因素进行信息加工，从周围环境中推导出相关信息，用于识别该刺激。也就是说，人对刺激的识别是在该刺激周围环境因素的帮助下完成的，识别结果受到周围环境因素的影响。心理学上最经典的情景效应案例是"the cat"，如下图6-2所示。

---

[1] Context effects, see Wikipedia, http://en.wikipedia.org/wiki/Context_effects, 2015-04-05.

THE CAT

图6-2 情景效应图例

在图6-2中，假如人只对这两个单词中间的字母进行识别，很可能将之识别为"A"，然而，人的识别受到环境因素的影响，当人正确地识别出中间字母旁边的四个字母后，就会自然地推导出中间的字母为"H"，从而将这六个字母识别为两个单词，即"the cat"。同理，对于"ca"，将之放置于不同的环境，人会将之识别为不同的单词。如将"ca"放置于宠物店，人会将之识别为"cat"，放置于汽车店，又会识别为"car"。这些事例均表明了环境因素对人的识别具有重要的影响。

情景效应对商标淡化有着很强的解释力。前文已述，商标法反淡化支持者的主要观点是，由于第三人将著名商标使用在其他商品之上，造成著名商标在消费者心目中的形象逐步减弱，消费者再次遇到该商标时，需要花费更多的时间和精力去确认眼前的商标究竟标示的是哪个来源。由于搜寻成本的增加，消费者对著名商标的印象就会逐步减弱，著名商标的销售力就会受损，因而需要商标法去规制。运用心理学情景效应理论去分析可以发现，商标法反淡化支持者的观点看似逻辑严密，实则有悖消费者认知的实际情况，商标淡化所造成的损害并不像淡化支持者所描绘的那样严重。

根据情景效应原理，消费者在对特定商标进行识别时，会根据该商标周围的环境因素来推导出一定的信息，帮助其识别该商标。即便该商标被他人使用在不相关的商品之上，按照淡化支持者的理论构成了商标淡化，但是所谓消费者搜寻成本的增加也会在一定程度上被情景效应所抵消。例如，前文所述的凤凰商标同时被自行车厂、电视台、旅游景区等不同的主体所使用，消费者在识别特定主体使用的凤凰商标时，并不会由于凤凰被很多主体同时使用而增加认知上的负担，即不需要在识别使用凤凰的特定主体时去思考眼前的凤凰商标究竟代表哪一主体。这是因为，由于情景效应的存在，消费者会根据该商标周围的环境因素去推导该商标标示的来源。很显然，当消费者看到凤凰这一商标，并且又看到自行车店或者自行车时，就会根据自行车店或者自行车推导出眼前的这一凤凰商标代表的是生产高品质自行车的著名厂商，从而激活大脑中有关凤凰牌自行车的认知网络。前文曾述心理学家为证明商标淡化的机理时，通过实验方法证实当著名商标被他人使用在不相关的商品上之后，消费者在识别该著名商标时发生了90毫秒的迟延，而这正是商标法反淡化支持者所强调的所谓消费者搜寻成本的增加。但是在情景效应的作用下，消费者在识别被多个主体同时使用的商标时所发生的时间上的迟延或搜寻成本的增加几乎可以忽略不计，消费者并不会因为这几十毫秒时间的增加而发生识别上的困难或错误。消费者在购物过程中看到自行车店时，会准确地识别并激活凤凰自行车的商标，而绝不会去思考眼前的凤凰商标究竟是代表自行车、电视台或者旅游景点。

  实际上，情景效应在日常生活中较为常见。坐长途大巴时，在售票窗口说要买去凤凰的车票，售票员绝不会去思考这位旅客究竟是要去凤凰电视台所在地，还是凤凰自行车厂所在地，抑或凤凰旅游景点。根据旅客所说的凤凰的特定环境因素，售票员就能够很快地推导出旅客所言的凤凰特指凤凰旅游景点，商标淡化支持者所言的搜寻成本的增加微乎其微。同样，苹果这一标志也具有多重含义，既代表一种水果，又代表苹果电脑和苹果服饰。当消费者如果到街上水果摊前，向摊主表示要购买苹果，摊主绝不会认为消费者需要购买苹果电脑，摊主激活的认知网络也是苹果这一水果的认知网络。这也是因为摊主根据消费者所说的苹果的周围环境因素判定，既然消费者来到水果摊前，那么消费者口中所说的苹果自然是一种水果。

  从上述分析可以看出，无论波斯纳主张的商标淡化时消费者搜寻成本的增加，还是心理学家通过实验方法确定淡化之后消费者反应精确度的下降和反应时间的延长，都有夸大之嫌。这些观点无一例外地关注于消费者在商标淡化之后心理负担的增加，不过是为商标法反淡化制度寻找正当性依据，但是却无法合理地揭示现实中消费者并不会对著名商标发生迟延的现象。可见，波斯纳和支持商标反淡化的心理学家，在考察淡化问题时并未将情景效应纳入消费者搜寻成本的考查范围，其只不过是在孤立的环境中，通过片面的心理学实验找到了消费者搜寻成本增加的证据。这种实验的缺陷在于仅仅向消费者展示被淡化的商标，而并未向消费者展示商标周围的环境因素。因此实验室内的消费者无法从著名商标周围的环境因素中提取信息，用以判断商标标示的来源。在这种情况下发生认知上的迟延，并不能真实地还原消费者在现实的消费环境中的认知状况。正如学者所言，"实验的环境本身是反环境的（decontextualizing），抽离了被试者通常使用的用来区别著名商标中淡化性使用的线索"。❶ 在这种实验环境下剥夺了消费者从周边环境中提取信息的权利，自然得出了消费者在商标淡化时发生认知上精确性下降和反应时间迟延的结论。

三、专家技能、重申效应与商标淡化

不仅情景效应可以一定程度上减轻商标淡化给著名商标带来的危害，专家技能和重申效应的存在也使商标淡化给消费者心理带来的冲击变的微乎其微。下文详述专家技能及重申效应与商标淡化之间的关系。

认知心理学认为，专家在大脑知识的数量、组织和使用上，要胜于一般人。对于某个特定领域来说，知识，特别是专业知识，能够大大提高人们解决问题的能力。❷ 国外心理学家曾经做过实验，比较国际象棋大师和普通棋手的差异。心理学家分别给前者和后者一个象棋的残局，然后将棋局移去，让两者去回忆棋局的布局。象棋大师正确恢复的棋子数是20~25个，普通棋手只有6个。但是，当棋局上的棋子是任意排列，不遵守象棋规则时，两者能够恢复的数量都是6个。心理学家还组织物理学专家和初学物理者进行实验。该实验要求两者把24道物理习题进行分类。结果表明，初学者往往将表明相似（例如题中都含有三角形）的习题归为一类，而专家则根据物理定理和解

---

❶ Rebecca Tushnet, Gone in Sixty Milliseconds: Trademark Law and Cognitive Science, 86 TEX. L.REV.507,531(2008).
❷ 同上书，第277页。

题思路将题目分类。❶

上述实验表明，专家与非专家相比，大脑中已经存在大量用以解决问题的认知网络，专家在面对问题时，能够很快地调用长时记忆中已经存储的信息，根据相关的信息去解决问题。在上述象棋实验中，当给象棋大师和普通棋手展示的是象棋残局时，因为象棋大师大脑的长时记忆中已经存储了大量的象棋棋局，对应给出的象棋残局，能够很快地激活大脑中相关的认知网络，对该象棋残局进行有组织的记忆，从而能够在残局移去后恢复更多的棋子。而当给象棋大师和普通棋手展示的是任意排列的象棋棋局时，由于毫无规律可循，象棋大师头脑中有关棋局的认知网络将不再起到作用，因而专家与新手都只能恢复相同的棋子。可见，专家与非专家的差异就在于大脑中是否具有相关的认知网络，用以识别、记忆外在的刺激并解决问题。对于专家来说，解决其专业领域内的问题时其采用的信息加工方式往往是直接和自动的，专家已经累积了领域内大量的知识，形成了庞大的认知网络，能够在信息加工时趋于自动化，从而显示出比新手更快的速度和更高的精确度。而根据专家技能的有关理论，非专家通过一定的训练和练习，也会形成与专家相同或者类似的认识网络，在解决问题时会变得越来越高效而准确。

与专家技能相联系的另外一项心理学基本规则是重申效应（reaffirmation effects）。人类大脑识别外在刺激的能力虽然有限，在外界大量刺激的输入下有可能发生信息的过载。但是人

---

❶ 丁锦红、张钦、郭春：《认知心理学》，中国人民大学出版社2010年版，第278页。

类绝非不能够通过自己认知上能动的努力获得更好的记忆、识别和回忆效果。对于某刺激而言，个体在最初接触到时可能会发生认知上的困难，如无法从大脑长时记忆中提取有用的信息用于识别刺激，导致无法或者需要花费更多的认知成本才能识别该刺激。但是，当个体正确识别了该刺激，或者日后多次重复识别该刺激，就会在大脑中形成稳定的关于该刺激的认知网络，认知的速度和精确度都会大幅提高。这就表明，个体最初对于某些刺激在认知上的困难并不会一直持续，假如该刺激不断重复，个体会通过认知的努力不断进行识别、记忆、回忆，加强对该刺激的识别能力，在这种认知努力下，个体对刺激的识别能力将大为改善。因此，"一些检索的困难会促使更多的心理加工，导致对相关概念更长时间的记忆"。[1]联系上文所述的专家技能可以发现，个体最初对某个刺激识别的困难会使个体更加努力地去记忆，从而记忆的更为牢固，形成针对外界刺激的认知网络。个体在这种认知的重申和努力之中，慢慢会由一个认知上的新手向专家过渡，通过一定时间的训练和反复识别，个体对于某些特定刺激的认知能力将类似于专家对其专业领域内刺激的认知能力。在日常生活中，都会有这种直觉的感受。比如在社交场合新认识的朋友，当下次再次遇到该人时，由于记忆的遗忘，可能无法从大脑长时记忆中提取出有用信息来识别。但是当了解了该人身份之后，就会努力地进行记忆，试图下一次遇见时能够很快地认出该人，避免尴尬。于是，即便在最初几次识别该人会遇到认知上的困难，但经过反复

---

[1] Rebecca Tushnet, Gone in Sixty Milliseconds: Trademark Law and Cognitive Science, 86 *TEX. L.REV.*507,539(2008).

刺激、识别与记忆，大脑就会形成关于这个人的稳定的认知网络，其情形与专家技能类似。以后遇到该人后，即便距离很远，也会很容易地识别出该人。

专家技能、重申效应对于商标法中的淡化问题具有较强的解释力。商标法反淡化的支持者强调，由于著名商标被淡化后，不再标示唯一的来源，消费者识别著名商标的精确度会下降，反应时间会延长，最终导致著名商标在消费者心目中的影响力逐步削弱，销售力受到损害。但是根据前文专家技能和重申效应的论述可以发现，消费者的识别能力远非商标法反淡化支持者描绘的那么低下。在著名商标被淡化之后，即便消费者在初次面对著名商标时会发生识别上的迟延，也并不意味着这种迟延会永远存在。消费者能够通过认知上的努力强化对该著名商标的记忆，以便在下次遇到该著名商标时能够很快地识别出来源。实际上，消费者完全有能力避免识别特定商标时反应延迟的再度发生。消费者由于长期购物物品，大脑中拥有很多著名商标的认知网络，即便某一个著名商标被他人使用在不相关的商品之上，可能导致淡化的发生，消费者也能够很快地调整自己的认知，加强对著名商标的记忆，以便在下次购物时能够准确地识别。实际上，消费者在购物环境下存储在大脑中的商标认知网络，类似于专家技能，消费者长期浸润在购物环境之中，对于反复接受的刺激都拥有着较强的认知网络，能够以较快地速度准确地识别出商标。

专家技能和重申效应说明，商标淡化给商标权人带来的损害并没有想象的那么大，也不会给商标权人带来灭顶之灾。商标权人通过大量投资，在消费者心目中塑造而成的著名品牌，不可能轻易地被淡化。消费者并不是认知上的低能者，相反，消费者大脑中拥有者购物所需的大量认知网络，并且能够通过能动性的认知逐步适应多变的购物环境，准确地指导其购物。尽管商标法学界已经达成共识，商标淡化所造成的损害不会像商标混淆那么明显而直接，商标淡化是缓慢而潜移默化的，是逐步对商标显著性的削弱。但是也要承认，这种缓慢的、潜移默化的损害也会在一定程度上为专业技能和重申效应所抵消。

四、消费者卷入程度与商标淡化

消费者认知卷入（cognition involvement）理论是20世纪60年代消费心理学家提出的心理学理论，它是指消费者主观上感受品牌、商品、消费过程或者消费环境与其自身的相关性。对于高卷入度（high involvement）的商品，消费者一般会施加更多的注意，主动了解该商品的性能、价格、服务等。在购买时较为理性，会在审慎分析的基础上作出决策。而对于低卷入度（low involvement）的商品，消费者为追求认知成本的最小化，不会施加太多的注意力，往往是根据自己对某品牌直接的情感反应，在随意、漫不经心的状态下完成消费。可见，产品与消费者的关联度会影响消费者对产品的认知，关联度越高，消费者的学习越主动，认知效果越好。❶比如购买别墅与轿车，消费者就处于高卷入度状态，而购方便面或口香糖，就处于低卷入度状态。对于前者，消费者会对商品的性能、质量、价格、消费环境等方面进行很高程度的关注，购买决策过程比较复杂；对于后者，消费者一般不需要花费太长的时间与精力，

---

❶ 佘贤君：《激活消费者心理需求》，机械工业出版社2011年版，第61页。

决策过程相对比较简单。

很显然,对于高卷入度商品,往往价位较高,风险较大,关乎消费者切身利益,消费者会施加更多的注意力。这样,理性的消费信息加工和消费决策在高卷入度商品中成为主要的认知模式。在此影响之下,消费者受到广告劝诱的可能性更小,消费者更加关注于产品的性能、质量、售后服务等,而不会单纯地听命于广告塑造出的商品美好形象;而对于低卷入度商品,由于价位较低,一般为日用生活品,消费者不会施加太多的注意力。因此,对于低卷入度商品,广告更为重要,广告形塑品牌形象的效果更为明显。在此情形下,消费者由于时间限制、信息局限、或者缺乏动机,往往有着较少的认知资源。消费者主要是依靠诸如情绪冲动(emotional impulse)的启发法(heuristics)来作出购物决策。[1]可见,在低卷入状态,消费者往往是在广告的劝诱之下形成了对某个商标的情感,一般在自动地情绪和情感反应下购买有好感的商标标示的商品。在现实生活中,消费者有这方面的感受。如果购买的是汽车、房屋、奢侈品等,往往会尽力收集各个品牌商品的相关信息,去询问其他消费者的使用体验和评价,去商场观察或试用商品,在此基础上谨慎地作出消费决策;而诸如买牙膏、牙刷、香皂等,往往是直接光顾超市,在货架上根据自己当时的情感反应作出购买决策。

正是因为对于低卷入度商品,消费者主要依赖于对商标的情感反应,而非理性审慎地评估商品的性能、质量等。低卷入

---

[1] Laura R. Bradford, Emotion, Dilution, and The Trademark Consumer, 23 Berkeley Tech. L.J.1227, 1263-1264(2008).

度商品更加需要广告塑造品牌形象，激发消费者美好的联想；而高卷入度商品则不然，尽管广告也会取得一定的效果，使消费者对某些高卷入度品牌及其商品抱有好感，但是消费者最终消费决策的作出还主要基于理性和审慎的思考。

  消费者卷入程度的区分对于分析商标淡化问题具有一定的启发。商标法反淡化制度并没有提及消费者卷入程度，未将商品区分为卷入度高和卷入度低的商品，而是给予所有的著名的商标以同等的法律保护。其中所暗含的观点就是消费者在商标淡化之后，对于所有著名商标的反应时间都会延迟，最终造成著名商标在消费者心目中形象的受损和地位的降低，消费者作出购物决策的时候也不会再对著名商标抱有商标权人期望的好感。然而结合消费者卷入程度理论可以发现，对于高卷入度商品而言，即便由于第三方对著名商标的使用，发生了商标反淡化支持者所言的损害，消费者在实际购物中也会对商标所代表的商品的性能、质量、售后服务等进行理性而审慎地评估和调查，在综合分析的基础上得出是否购买的决定。消费者的购物过程是经过周密的分析和利益的权衡，商标淡化对于消费者所造成的心理影响并不显著。诚然，对于高卷入度商品而言，广告当然也会在市场营销中发挥重要的作用，让消费者对其商标和商品产生情感，但是淡化即便发生，消费者在确定对某商品是否进行购买时其主要的决策依据依然在于该商品的性能、价位、售后服务等，而非该商品背后的商标所激发的消费者美好的感情。这就表明，著名商标之间由于各自所代表的商品种类不同，自然也就在消费者心目中具有不同的重要性，在商标遭受淡化时对消费者心理造成的影响也千差万别。对于汽车、住宅、游艇、珠宝首饰等昂贵商品，以及对消费者人身、财产、社交活动有重大影响的商品❶，消费者在购买之前会经过足够的调查，施加高度的注意力，这些商品的商标在商标淡化时所受到的冲击要小。而对于日用生活品、小额零售商品，消费者为了节约时间和认知成本，往往采取某种认知上的捷径，通过对商标的直观感受和情感反应，利用有限的资源作出效益最大化的选择。由于消费者往往不会对这些商品进行细致调查和评估，这些商品的商标受到商标淡化的影响更大。

当然，对于每个消费者个体来说，高卷入度和低卷入度涉及的商品可能会所有不同，高卷入度和低卷入度的划分具有相对性，对于一个收入很高的人来说，可能汽车和住宅也属于低卷入度商品。此外，即便对于同一类别的消费者，高卷入度和低卷入度的划分也并非泾渭分明，尤其是中间过渡地带的商品如高级皮具、名品手表、高端手机等，很难将之划分为高卷入度或低卷入度商品。但是，关于消费者卷入程度的划分对于分析商标法反淡化制度依然具有意义。其一，更需要商标法反淡化保护的商标是那些著名的日用生活和小额零售类商品的商标。对这些商标而言，更为关键地是树立和维护其在消费者心目中的形象和地位。其二，商标淡化对著名商标的损害不可一概而论，不能完全遵从淡化支持者的观点和商标权人的诉求。很明显，对于高卷入度商品的商标，被淡化之后对消费者的影响并不大。商标法立法或司法实践如果贸然对这类商标进行保

---

❶ 对人身有重大影响的包括攀岩用的绳索，尽管价格相对汽车等较低，消费者在购买时仍然会施加高度的注意力，通过分析商品的性能、质量等作出购买决策，而不仅仅依赖于广告和心目中对特定绳索品牌的美好情感。

护，无疑会极大地强化商标权人的商标权，稳固商标权人已有的在市场中的优势地位，对自由市场竞争构成威胁。既然如此，在法律制度的设计上是否可以提高商标反淡化保护的门槛，只将少数著名商标纳入商标反淡化保护范围之内？这是值得谈论的议题。

五、商标反淡化保护范围的反思

从上文论述可知，根据情景效应、专家技能、重申效应和消费者卷入程度的相关理论，商标淡化尽管会给商标权人的商标在消费者心理中的形象及独特性带来一定的影响，然而这种影响对消费者心理的影响是微乎其微的，甚至在一定条件下可以忽略不计。商标权人所谓的商标淡化会让商标权人营造品牌形象的努力和投资付诸东流的说法，并没有强有力的理论依据和实证支撑。商标权人在淡化问题上更多强调的是一种宽泛意义上的推断，即当商标被他人使用就会造成商标独特性受损，这种推断实际表明，商标权人想要独占对其商标的使用，确保商标权人商标的独特性，不希望有其他任何人再使用与商标权人商标相同或类似的标识，以免商标权人的商标在消费者心目中的形象受到影响。此外，通过运用认知心理学理论的分析，我们又不能忽略商标淡化给商标权人商标所可能带来的影响。商标淡化尽管给商标权人商标的影响微乎其微甚至可以忽略不计，但是商标淡化是一种缓慢的对商标权人商标进行逐步淡化的形态。某一个别主体对商标权人商标在淡化意义上的使用可能并不会给商标权人的商标带来严重的损害，但是如果成千上万的主体在淡化意义上使用商标权人的商标，则会给商标权人商标带来严重的损害。这也就是说，单一的淡化行为给商标权人商标带来的影响较小，几乎可以忽略不计，而大量淡化行为的累积效应将对商标权人商标在消费者心目中的形象构成较大的影响，损害商标的显著性，甚至当同一商标被大量使用在不同商品之上时，消费者将分辨不清商品的来源，造成混淆，而这也正是商标权人所担心的。由此，我们不得不制定商标反淡化法，去规制单一的淡化行为，将对商标权人的淡化扼杀在萌芽的状态。亦即，假如没有反淡化法，大量的多个淡化行为的累积将会冲击商标权人商标的独特性，给商标权人造成损害，这也就是制定商标反淡化法，对淡化行为进行规制的正当性依据。同时，我们也应当能够明确，正因为单一的淡化行为对商标权人商标的影响微乎其微，商标反淡化法必须限制在严格的范围之内，不能适用过宽，以免给市场自由竞争带来不利的影响。在这方面，美国反淡化法规定受反淡化保护的商标必须在全国范围内广泛地为一般消费者所识别，明确排除了在一定地域范围内或一定行业中著名的商标，使保护的范围仅限于那些全国著名并为消费者所广泛认知的商标。这种立法遵从了上述认知心理学理论，具有合理性。

　　反观我国立法，在反淡化保护范围上还需要进一步商榷。我国《商标法》第13条涉及有关于驰名商标的保护，该条规定："为相关公众所熟知的商标，持有人认为其权利受到侵害时，可以依照本法规定请求驰名商标保护。就相同或者类似商品申请注册的商标是复制、摹仿或者翻译他人未在中国注册的驰名商标，容易导致混淆的，不予注册并禁止使用。就不相同或者不相类似商品申请注册的商标是复制、摹仿或者翻译他人已经在中国注册的驰名商标，误导公众，致使该驰名商标注册人的利益可能受到损害的,不予注册并禁止使用。"从条文可以看出,我国《商标法》实际上并没有对商标淡化问题作出规定,而是在商标反混淆的意义上规定了驰名商标的保护。为了能够对商标淡化行为有所规制,最高人民法院的司法解释《最高人民法院关于审理涉及驰名商标保护的民事纠纷案件应用法律若干问题的解释》规定:"足以使相关公众认为被诉商标与驰名商标具有相当程度的联系,而减弱驰名商标的显著性、贬损驰名商标的市场声誉,或者不正当利用驰名商标的市场声誉的,属于我国《商标法》第13条规定的'误导公众,致使该驰名商标注册人的利益可能受到损害的'情形。"据此,我国实际上是通过司法解释的形式,规定了商标淡化的问题,司法解释中所说的"减弱驰名商标的显著性、贬损驰名商标的市场声誉,或者不正当利用驰名商标的市场声誉",实际上就是对商标的弱化和丑化。在2012年鳄鱼恤有限公司商标淡化案中,北京市高级人民法院就判决认定,鳄鱼恤有限公司申请注册使用在餐馆等服务上的第1247835号"Croco Cola"商标(下称被异议商标),与可口可乐公司引证的在先驰名商标(第710137号和第276544号"COCA-COLA"商标,下称引证商标)构成近似商标,会减弱和淡化两引证商标的显著性、降低其作为商标而存在的商业价值,不应予以核准注册。北京市高级人民法院经审理认为,被异议商标与两引证商标在商标标志的构成上仅有细微区别,分别构成近似商标。两引证商标具有较高知名度,已成为无酒精饮料等商品上的驰名商标,在餐馆等服务上注册并使用与上述驰名商标近似的被异议商标,无疑会减弱和淡化该在先驰名商标的显著性、降低其作为商标而存在的商业价值,已构成"误导公众,致使该驰名商标注册人的利益可能受到损害"的情形，不应予以核准注册。❶ 可见，司法实践中已经开始适用这一司法解释。值得注意的是，我国司法解释将商标淡化保护与驰名商标保护相联系，因此我国商标反淡化的保护对象就确定为在我国注册的驰名商标。而根据我国对驰名商标的界定，驰名商标只是指"为相关公众所熟知的商标"，亦即，我国《商标法》并没有要求驰名商标必须在全国范围内为消费者广泛知悉，那些在一定范围内为相关消费者知悉的商标，就构成驰名商标，根据司法解释的规定就可以纳入到商标反淡化保护的范围之内。而根据美国商标反淡化法的规定，受到反淡化法保护的只是那些全国著名并为消费者所广泛认知的商标。因此，从此角度分析，我国商标反淡化的保护强度甚至要强于美国，在商标反淡化保护范围上值得进一步商榷。

第四节　结　　语

商标反淡化保护是商标反混淆保护之外，对那些高度驰名的商标所增加的额外保护。目前学界在对待商标反淡化问题的态度是几乎是一边倒地支持对商标的反淡化保护，没有理性分析商标反淡化的本质是什么？商标淡化究竟会给商标权人带来哪些损害？商标淡化又应当如何判定？本章也只是运用了认知心理学的基本原理，对商标淡化的本质进行了初步的探讨。然而这种探讨的结果却让人对商标反淡化保护的正当性产生了怀疑。当然，笔者并不是完全反对商标反淡化制度的建立，而是

---

❶ 驰名商标的反淡化保护，http://www.iprchn.com/Index_NewsContent.aspx?newsId=72935,2015-4-10.

强调，商标反淡化制度极大地强化了商标权，因此，有必要对商标反淡化制度进行系统、深入的研究，界定其适用范围和例外情形。期待学界对这一问题有更加深入的分析。

第七章　商标反混淆保护和商标反淡化保护的关系

对商标法上的混淆进行界定之后，还需要进一步明确商标反混淆保护在商标法上的地位，这关系到以规制混淆为中心的商标保护模式能否正确适用。前文商标保护的历史演化部分有过论述，近代商标法的发展史是以反混淆为中心展开的，无混淆即无商标侵权。混淆之诉是商标侵权与反不正当竞争法的基石。但是随着反淡化理论的提出和发展，以规制混淆为中心的商标保护模式的地位受到了很大的冲击。在反淡化法通过之后，商标权人即便无法证明消费者容易发生混淆，也可以提起淡化之诉。反淡化法给予商标权人绕开混淆之诉，转而向法院提起商标淡化保护的通道。但是目前，正如前文论述的情况，反淡化法远未能成为一项成熟的制度，其适用的对象、范围和条件、证明的方法等，都充满了争议。这就使反淡化法的适用存在不确定性。商标权人为了最大限度保护自身利益，不管是否有依据，都会提起淡化之诉，并极力说服法院扩大反淡化法的适用。在这样的情势下，商标混淆作为商标侵权的核心要素有被架空的危险。商标反混淆保护地位的动摇使得商标法开始由防止混淆向保护商标自身的价值方面转变，暗含着商标法立法宗旨和调控目标的变化。可见，对商标反混淆地位的认识，不仅关系到其具体适用，也直接涉及商标法的立法宗旨和调控目标，关系到商标法未来的发展走向。有鉴于此，本章将探讨商标反混淆保护和反淡化保护是否会造成垄断，进而揭示出商标法对商标反混淆保护和商标反淡化保护所应当秉持的态度，最后对商标反混淆保护和商标反淡化保护在商标法中的地位和关系进行合理的界定。

第一节　商标反混淆保护与商标垄断

一、商标反混淆保护导致商标垄断

正如前文所述，传统商标保护以规制混淆为中心，无混淆则无商标侵权。据此，商标权人禁止他人以混淆消费者的方式使用其商标。尽管商标法为了确保自由竞争的市场环境设置了以反混淆为主的范围有限的商标权，还是不断有学者认为商标权赋予之后，给予了商标权人更强的市场控制力，使商标权人可以通过商标权提高市场的进入壁垒，一定程度上排斥其他厂商的竞争，导致市场效率的降低。

早在1742年的Blanchard v. Hill案中，英国勋爵哈德威克法官就因担心商标的垄断权而不予颁发禁令。❶ 该案中，原告在扑克牌上使用了英王特许的标记，而被告使用了该标记，于是成讼。哈德威克拒绝为垄断的特许权而产生的排他权利进行保护。可见，对商标保护与垄断关系的探讨早在18世纪就已开始。20世纪以来，对商标保护持负面评价的代表学者是经济学家钱柏林（Chamberlin）。在其1933年出版的著

---

❶ Blanchard v. Hill, 2 Atk.484, 26 Eng. Rep.692 (Ch. 1742).

作中，钱柏林认为商标有垄断性的一面，就像专利或版权，用以区分相关的商品，控制市场的某一部分。商标的使用必然导致产品的区分，而产品的区分则可能导致垄断。❶ 商标的主要功能在于确定商品来源，规制混淆。正是由于商标可以区分不同商品的产源，阻止他人模仿，从而使该商标及其商品在市场上具有独特性。因此钱柏林得出结论："商标特殊性的成分（distinctive contribution）是垄断的因素。"❷ 在1962年出版的著作中，钱柏林进一步更新了其观点，他认为每个市场上都存在竞争和垄断。任何商品的区分，无论是否基于专利特征、商标，还是独特的包装或有特色的销售，都能被称为垄断性的商品区分。钱柏林坚持认为，保护商标就是保护垄断。❸ 钱柏林的观点引发了人们对商标权可能导致垄断的担忧，而钱柏林的理论也得到了其他一些学者的支持。这些学者主要从两个方面论证商标权可能导致垄断：第一，商标保护会导致消费者作出非理性的选择，从而实际上损害消费者的利益；第二，商标保护可能导致反竞争的效果，为同类产品进入市场设置障碍，从而导致垄断。❹ 美国学者布朗（Brown）就认为，商标保

---

❶ Chamberlin, The Theory of Monopolistic Competition 56 (1933),转引自J. Thomas McCarthy, McCarthy on Trademarks and Unfair Competition,Thomson/West, § 2:10(2006).

❷ Chamberlin, The Theory of Monopolistic Competition 56 (1933),转引自J. Thomas McCarthy, McCarthy on Trademarks and Unfair Competition,Thomson/West, § 2:10(2006).

❸ Chamberlin, The Theory of Monopolistic Competition 56 (1962),转引自J. Thomas McCarthy, McCarthy on Trademarks and Unfair Competition,Thomson/West, § 2:10(2006).

❹ 魏森：《商标侵权认定标准研究》，中国社会科学出版社2008年版，第3页。

护会导致消费者产生非理性的购物决策,从而使商标权人产生某种程度的市场排斥力,提高其他厂商进入市场与商标权人展开竞争的门槛。

20世纪40年代,学者开始质疑广告在市场经济中的地位和作用。布朗教授认为,广告可以分为信息型广告和劝诱型广告。信息型广告主要是向消费者说明产品的性能、特征等,便于消费者了解产品信息。信息型广告有利于消费者在掌握产品信息的基础上作出决策,有利于纠正市场中卖方和买方的信息不对称。劝诱型广告则主要是吸引消费者的兴趣,激发消费者的购物欲望。市场中,劝诱型广告越来越多,这些广告趋向于塑造美好的品牌形象,通过美好的音乐、产品形象、煽动性的广告语,操纵消费者的情感,创造抽象的品牌人格,使消费者对商标产生不切实际的幻想,从而劝诱消费者在非理性的状态下购买本不应当购买的商品。这种劝诱型广告人为扭曲了消费者的购买决策,使消费者对广告塑造的品牌抱有虚幻的美好联想,从而愿意为品牌商品支付更高的价格。而很多的商品尽管质量和品质相比知名品牌而言并无本质区别,但由于并未使用劝诱型广告宣传,无法通过塑造美好的品牌形象吸引消费者的注意,受到了消费者的冷遇。布朗教授认为劝诱性广告使消费者倾向于非理性消费,为得到劝诱性广告宣传的商品付出更多的价金,这样损害了市场的效率。❶ 举例而言,20世纪40年代,美国烟草业"三巨头"的每包香烟相较于未做广告的其他竞争者能获得3美分的溢价,其中1美分为广告投入,0.5美分

---

❶ Ralph S. Brown, Jr., Advertising and the Public Interest: Legal Protection of Trade Symbols, 57 YALE L.J. 1165, 1170-1175 (1948).

为使用较好的烟草的成本。这样，通过广告，"三巨头"额外获得了溢价。而消费者在事先不告知品牌的情况下，很难辨别不同品牌的卷烟。布朗教授认为，正是广告人为制造了区分，这种区分使消费者愿意掏更多的钱购买广告中的产品。这样，做了广告的生产者就获得了一定的市场支配力，而未作广告的生产者在竞争中就处于不利地位。

布朗教授最后指出，商标唯一合法的功能在于标示来源。亦即，商标法的目的就是保护标示来源的功能，使不同商标的商品能够清晰地被区分开，使消费者达到认牌购物的目的。而劝诱型广告显然更有利于塑造消费者对特定品牌的偏好和品牌忠诚，使某些生产厂商免受价格和质量的竞争压力，拥有了市场一定程度的垄断权，通过区别性的定价损害公平竞争的市场经济秩序。劝诱型广告的兴盛，虽然是商品经济社会大众传媒发达之后的必然产物，但客观来说其确实可能对市场经济效率带来负面影响。

除了消费者可能出现的非理性选择，从商标是一种垄断这一前提出发，一些学者还认为广告制造了较高的市场进入障碍。这一结论实际上与消费者非理性的选择密切相关，是消费者非理性选择所导致的后果之一，只是关注的视角转向市场中与商标权人竞争的其他厂商。该观点认为，由于广告的作用，消费者对某些品牌已经形成了品牌忠诚。新进入市场的品牌，很难与这些在消费者中有较高忠诚度的品牌形成竞争。表面上看，市场上与商标权人竞争的其他厂商所受到的唯一限制就是不得使用商标权人的商标，造成消费者混淆，但是即便进入市场不存在其他方面的障碍，其他厂商使用一个全新的商标进入市场，也会遭遇著名商标在市场上支配力的影响。消费者的选择偏好在短期内很难改变，而后进入市场的主体为了在市场上进行有效的竞争，必须花费大量的资金进行广告宣传，以影响消费者的偏好，而不是将有限的资金用来提高产品质量。有一个较为经典的实验表明了品牌对参与市场竞争主体的影响。在该实验中，消费者首先被蒙上双眼，看不到商品的具体品牌，然后实验者给这些消费者相继喝可口可乐和百事可乐。当消费者看不见品牌时，一般会认为百事可乐的口感要好于可口可乐，愿意选择百事可乐。但是当消费者可以看到可乐上的品牌时，消费者却更喜欢可口可乐。这就说明，品牌往往在消费者决策中起到关键的作用，甚至可以说消费者是在消费品牌。[1]而拥有消费者喜爱的品牌，无疑将在市场竞争中占据有利的竞争地位，甚至形成一种市场的进入壁垒，让其他新进入市场者无力与其竞争。

二、商标反混淆保护与商标垄断的关系

尽管有学者对商标法规制商标混淆、保护商标权的做法提出了质疑，但是应当承认，防止消费者混淆，构建商标之间能够相互区分的竞争性市场是发展市场经济的必然选择。如果说以规制混淆为中心的商标权导致了一定的消费者选择偏好和市场进入的障碍，那么为了发展竞争性的市场经济，也只能接受这种负面的影响，因为这是相互竞争的市场经济发展的必然结果。实际上，这种负面影响可以控制在合理的范围之内。

---

[1] Rebecca Tushnet, Gone in Sixty Milliseconds: Trademark Law and Cognitive Science, *86 TEX. L. REV.507*,514(2008).

首先，人们往往忽略，所谓商标权"垄断"与反垄断法所指的垄断并非同一概念，商标权所造成的"垄断"对市场的负面影响远远不及反垄断法中的垄断。从经济学角度来看，反垄断法所指的垄断往往是指少数企业凭借着强大的经济实力，对市场进行控制，限制竞争的行为。在垄断的认定上，早期经济学奉行结构主义理论，认为企业只要在市场中占据一定份额，就构成了垄断。而现代经济学更为强调市场主体的行为，企业除了占有较高的市场份额，还需要实施反竞争的行为，才被认为是垄断。[1]可见，垄断一般是指滥用市场支配地位，实施反竞争的行为。而商标法之所以赋予市场竞争者以商标权，目的在于设置一个公平竞争的环境，让不同的竞争者能够以不同的商标作为身份的代表和象征，在市场中相互区分，从而使消费者作出选择，这会激励商标权人在市场中努力投资，提高产品质量的竞争者也能够脱颖而出。可见，商标权并不是一种反竞争的行为，而是发展竞争性市场经济的必然要求。商标权本身并不会使企业获得对市场的控制力，相反，企业的控制力是竞争的结果，而非商标权导致的结果。亦即，在商标权设定之后，随着企业在竞争中的优胜劣汰，必然有一些企业做大做强，得到消费者的信赖，从而获得市场一定程度的控制力。与其说以规制混淆为中心的商标权导致了垄断，不如承认这是先进入市场的企业通过自身努力所形成的先发优势。在任何自由的市场竞争中，先进入市场，努力投资、不断提高产品质量的厂商都会慢慢获得消费者的认可，从而取得竞争的优势。竞争

---

[1] 李昌麒主编：《经济法学》，中国政法大学出版社2002年版，第289页。

的优势是对努力投入的厂商的嘉奖，并不是一种垄断。

其次，消费者的偏好一定程度上也是消费者自愿选择的结果，而非商标权导致的强制性和被迫性的选择。消费者在购物中即便受到了广告的诱导，但是并非完全没有自主的购物决策能力。相反，消费者对商标及商品具有一定的识别力和鉴别力，通常会在接受广告之后作出符合自己喜好的决策。尽管有学者批评商标权的设置使市场上的商标产生了区分度，这种区分使消费者愿意掏更多的钱购买广告中的品牌产品，并且由于消费者偏好的影响，后进入市场的厂商可能难以与先进入市场的厂商相竞争。这种观点尽管指出商标区分之后可能会造成消费者选择的偏好，但是它忽略了消费者的选择完全出于自愿，而没有任何的强制。消费者在市场上可以凭借自己的意愿购买自己所需要的商品，商标权人一般并没有像反垄断法规制的垄断主体那样具备控制产品产生和销售、迫使消费者作出违背意愿的消费决策的能力。商标权人所能做的仅仅是进行广告宣传，让消费者相信其提供的产品具有优良的品质，而消费者虽然有时候会相信商标权人广告的劝诱去购买一些产品，但一旦商标权人提供的产品的质量不符合消费者的预期，则消费者下一次就会拒绝购买。商标权人的广告虽然在前期会取得一定的销售效果，但这种广告更像是一种对产品品质的担保，一旦提供的产品出现了瑕疵，便会很快遭到消费者的"报复"，商标权人在广告之中的投资和取得的效果便会在顷刻间瓦解。另外，消费者并未在商标权人的劝诱之下完全失去理智，相反，消费者在购物之中具有一定的判断力。当一个市场上某一产品存在多个供应者和竞争者时，消费者就可以对不同产品的性能、品质、服务等进行考量，选择对自己有利的品牌产品。如果需要选购的产品价位较高或风险较大,攸关消费者切身利益,消费者就会施加更多的注意力,受到广告干扰的程度就较小。这样,消费者在品牌信息的收集、产品质量的评估和消费决策的作出方面会更为慎重。在此影响之下,消费者会更加关注于产品的性能、质量、售后服务等,而不单纯地听命于广告塑造出的商品美好形象,受广告的劝诱。因此,商标权人的广告宣传只是增加了其他竞争者参与竞争所需要付出的成本,而并没有阻止其他竞争者参与竞争,消费者可以通过充分的考虑之后进行购物决策。

最后,即便承认劝诱性广告不利于市场竞争,制造了后进入市场者有效参与市场竞争的障碍,但是商标法甚至整个法律制度也并不能有效地区分广告的性质,进行有效地规制。尽管学者对劝诱性广告提出了质疑,但是即便劝诱性广告如学者所言确实扭曲了消费者的购物决策,有损害市场经济效率之嫌,信息性广告和劝诱性广告之间也并没有泾渭分明的界限。目前是广告为王的时代,在产品提供者和消费者之间搭起沟通桥梁的是广告,很难想象,一个企业不通过广告,如何将产品的相关信息传播给远在千里之外的消费者。因此,广告无论形式,最终目的都是告诉消费者本企业产品的相关信息以及刺激消费者进行消费。由于广告形式的多样化,现在已很难明确地将广告划分为信息性广告和劝诱性广告,很多广告在表达商品的成分、质量和性能等商品信息的同时,也在努力塑造良好的品牌形象、设计美妙的音乐和场景、邀请著名歌星影星代言、运用优美动听的广告语,以唤起消费者的美好感觉。即便某些厂商的广告仅仅表明了商品的成分、质量和性能,没有表达任何劝诱性信息,但消费者在消费之后如果对该产品较为满意,也会让消费者产生美好的感觉，消费者也很有可能赋予该产品和品牌某种美好的形象。久而久之，该产品背后的品牌也就具备了良好的品牌形象，这完全是自由竞争的结果。可见，目前广告的内容和形式已经与布朗教授所处时代的广告有了不同之处，当代广告更多地同时具备了信息性和劝诱性。而且广告并不导致品牌形象永远在消费者心目中保持美好，真正使品牌形象永远美好的只能是商标权人在竞争中不断努力进行投资，提高产品质量。因此，商标法不仅在客观上不可能在信息性广告和劝诱性广告之间划出明确的界限，也不可能禁止商标权人发布劝诱性的广告，即完全没有必要对广告的类型进行规制。在此基础上，学者对于劝诱性广告的批评尽管有合理的成分，但这种批评已没有实际意义，商标法无法对劝诱型广告进行规制，也不能阻止商标权人花费巨额广告费去塑造品牌。

第二节 商标反淡化保护的反思

一、商标反淡化保护的垄断之忧

尽管有学者对商标保护提出了种种质疑，但是以规制混淆为中心的商标保护模式还是具有相当的合理性，成为19世纪中叶之后主流的商标保护方式。然而，商标反淡化理论及实践的兴起，则完全置混淆理论于不顾。根据反淡化理论，判断商标侵权与否根本不需要考察消费者是否可能混淆，只要考察商标的形象或商业魅力是否可能被损害。实践中，商标反淡化之诉架空了商标反混淆制度的适用，而只注重保护商标自身的价值，这引起了各方人士对反淡化理论的质疑，这种质疑很大程度上还是源于对商标保护扩张到商标淡化领域之后可能进一步加剧垄断的担忧。

商标反淡化保护在本质上保护的是商标形象或商业魅力。1996年的商标淡化法案规定于《兰哈姆法》第43条（C）以及第45条❶，其将商标淡化界定为"著名商标（famous mark）"指示和区分商品或者服务能力的削弱。无论著名商标所有人与其他主体之间是否存在竞争，或者是否存在混淆、误解或欺骗的可能。❷ 2006年，美国商标淡化修正案TDRA通过，TDRA将商标淡化划分为弱化和丑化。弱化是指由于一个标识或商业名称与著名商标的相似而引起的可能导致著名商标的显著性受损的联想，而丑化则是指一个标识或商业名称与一著名商标的相似而导致的损害该著名商标声誉的联想。由上述立法定义可见，商标反淡化保护的是商标所具有的不同于其他商标的独特性、个别性，也就是商标区别于其他商标的显著性。这种独特性、个别性、独有的显著性是商标独特的形象、商业魅力和销售力的根源。正如谢希特所言，现代商标的价值在于其销售力，而销售力又依托于商标对大众心理的吸引，其不仅来自原商标所标示的商品的优点，也来自商标本身具有的独特性和单一性。这种独特性和单一性，无论使用在相关或者不相关的商品上都会受到折损或伤害。因此商标保护的程度取决于在商标所有者的努力下，该商标实际上与其他商标的区别。❸

---

❶ 15 U.S.C.A § 1125(c), 1127 (Supp. II 1996).

❷ 15 U.S.C.A § 1127 (1996).

❸ Frank I.Schechter, The Rational Basis of Trademark Protection, *40 Harv. L. Rev. 813*, 831(1927).

由于商标反淡化保护的是商标本身具有的独特性和单一性，商标反淡化就不需要证明消费者是否会发生混淆，商标权人可以在没有消费者混淆的情况下以削弱或损害商标的显著性为名提起淡化之诉。这使商标权范围和效力得到了极大的扩张。前文已述，通过商标反混淆制度的实施，市场上的商标已经能够相互区分，部分商标在得到消费者的认可和信赖之后，就具备了较高的市场声誉和显著性，具备了较强的市场控制力，一定程度上建立起其他主体进入市场参与竞争的障碍。当然，由于规制混淆是商标法的基本任务，因此商标反混淆保护所带来的这种程度的市场控制力并不被认为是反垄断法所说的垄断。而商标反淡化保护则完全抛弃了反混淆理论的适用，直接将商标的形象和价值纳入法律的保护范围，进一步强化了对商标区分性的保护，使市场上商标的区分程度进一步加深，某些商标对市场的控制力进一步增强。联系上文所说的劝诱型广告可以发现，商标法反淡化保护恰恰是为了维持商标权人劝诱型广告的宣传效果，维持商标权人所塑造出的品牌形象和商业魅力。毫无疑问，反淡化理论的拥护者认为淡化的损害在于使商标权人商标独特的、单一的品牌形象、商业魅力和广告效果受到损害，最终削弱商标的销售力，减弱商标对消费者的吸引力。商标权人之所以推动商标反淡化立法，主要目的即在于最大限度地维护其通过大量投资所塑造的商标的广告形象和商业魅力。商标权人通过大量劝诱性广告的投放，在消费者心目中塑造了其商标的良好形象，让消费者对其商标和商品产生情感和品牌忠诚。商标权人希望在商标反混淆保护之外建立起反淡化保护，防止他人对其商标的一切商业性利用，以获得其投资于品牌形象的全部回报，并借此获得品牌的市场控制力，排斥其他厂商的竞争。由此，商标反淡化保护确实可能导致一定程度的市场进入障碍，妨碍其他厂商进行正当的市场竞争。对劝诱性广告持批评态度的学者就对商标法反淡化忧心忡忡。在他们看来，商标反淡化法保护的是劝诱性广告生产的效果，会导致商标权人将巨额资金投入广告营销，劝诱消费者进行不合理的消费，使其他竞争者处于不利境地，商标权人也会为了维持劝诱性广告的效果而进一步推动商标权的扩张，形成恶性循环，而这远远背离了商标法最初的立法目的和宗旨。传统上看，商标法的作用就在于防止混淆，确保消费者能够正确地识别商标，使市场上的商品能够区分开来。而对于商标所散发出来的所谓商业魅力或销售力，商标法并没有进行保护的义务。据新闻报道，某知名品牌依靠广告投资来打开市场，品牌的广告投资居然占据该公司募股所集资金的九成以上，而真正投入研发的费用则不超过3%。而值得玩味的是，巨额的广告投入也换来了该公司业绩的成倍增长。业内人士指出，目前中国的消费者在购买化妆品、日常用品和保健品的过程中，最容易受到广告的影响。而这些行业的企业为了通过广告轰炸获取更多消费者的青睐往往会夸大产品的功效，"有些甚至顶风作案，进行违规宣传，将子虚乌有的东西强行附加到自己企业的产品身上，以获得更大的利益"。[1] 现实市场的状况表明，企业要进行市场竞争，都需要广告投资，甚至投入巨资以营造品牌美好的形象，而商标反淡化法则会进一步保护这种形象，鼓励厂商投资广告。这种广告宣传——商标反淡化保护——广

---

[1] Robert N. Klieger, Trademark Dilution: The Whittling Away of the Rational Basis for Trademark. Protection, 58 U. PITT. L. REV. 789,862(1996–1997).

宣传的循环造成厂商将很多本应投入研发或提高产品质量的经费投入到广告之中，也使厂商为了确保广告的效果，更为倚重反淡化法。这种情况持续的结果就是厂商在品牌上的过度投资和对其他厂商在商标侵权问题上的过度打击。对商标反淡化保护持坚决反对意见的学者克里格（Klieger）就认为，"淡化保护鼓励公司去投资，创造那些无形的不会为产品增加真实的价值的联系"。同时，"淡化法不仅鼓励在培育品牌形象上的过度投资，也强化了进入相关或不相关市场进行竞争的壁垒"。❶ 总之，"淡化法明确地将商标法定位于对商标劝诱功能的保护，打破了商标法长久以来在自由和公平竞争之间的平衡"。❷

前文已述，商标法对混淆的规制并不会导致商标权成为一项"垄断权"，这种权利形态跟真正的市场垄断具有很大的差别。与其说以规制混淆为中心的商标权是一项垄断权，不如承认这是法律对先进入市场者开发市场并取得优势的认可。规制混淆是商标法的主要使命，是制定商标法的主要立法目的，也是规范市场竞争秩序，形成公平和自由的市场竞争环境的必然要求。况且，商标的反混淆保护以是否会造成消费者混淆为判断的主要依据，其适用已经限定在一定的范围之内，但是商标反淡化保护则不然。商标反淡化保护意在保护的是商标的形象、价值、商标魅力，这有时就会与其他厂商正当地参与市场

---

❶ Robert N. Klieger, Trademark Dilution: The Whittling Away of the Rational Basis for Trademark. Protection, 58 U. PITT. L. REV. 789,861(1996-1997).

❷ 相关报道参见：http://money.163.com/special/view233/?from=money, 2015-04-07.

竞争的权益相冲突。传统上看，其他厂商在商品上使用与商标权人相同或相近似的商标只要不会造成消费者混淆，则这种使用完全是一种自由，不属于商标权管控的范围。例如，一个新进入市场的主体为了更好地参与市场竞争，可能会选用一个与商标权人知名商标相同或相似的商标使用在与商标权人商品不相关的商品类别上，消费者不会发生混淆。于此情形，新进入市场的主体借助于该知名商标，降低了进入不相关的市场的难度。再比如，在比较广告之中，后进入市场的主体往往会在广告宣传中与先进入市场的某著名品牌相比较，以说明自己的商品丝毫不逊色于某著名品牌。如果这种使用不会造成消费者混淆，则不属于侵权行为，后进入市场者也通过利用著名商标向消费者传递了有用信息，降低了进入市场与商标权人进行竞争的难度。传统商标法认为，不会造成消费者混淆的行为，都是一种正当的属于自由竞争范畴的行为。这些行为有助于降低后进入市场者参与市场竞争的难度，一定程度上减弱先进入市场者对市场控制或支配的程度，更有利于后进入市场的主体向消费者传递更多的可与著名品牌商品相媲美的商品信息。正如学者所言："一个新的主体进入另一个市场，可能想要使用一个现有的具有一整套无形联系的商标或商业外观，以帮助其克服由产品区分（product differentiation）和消费者忠诚所带来的巨大的障碍。通过建立与已有商标'广泛的图景（broad imagery）'的联系，新进入者可能创造出一种有形的在其所属市场的竞争优势。"[1]

---

[1] Robert N. Klieger, Trademark Dilution: The Whittling Away of the Rational Basis for Trademark. Protection, 58 U. PITT. L. REV. 789,863(1996-1997).

可见，其他后进入市场的厂商通过合理的方式利用商标权人的商标，在不造成消费者混淆的情况下，确实会产生一定的经济效益，降低其进入市场参与竞争的难度。一方面，正如前文所述，商标权的设置往往会给先进入市场者带来某种程度的市场控制力，尽管这种市场控制力不同于真正的垄断，但还是会给后进入市场者参与市场竞争制造障碍。商标权限制于规制混淆的范围之内，就使其他厂商获得了一定范围的可进行自由竞争的行为空间，只要不造成消费者混淆，其他厂商就可以正当地利用商标权人的商标，向消费者传递有用信息，以降低进入市场开展竞争的难度。这就一定程度上抵销了商标权的设置所可能给市场自由竞争带来的冲击，使商标权造成的市场控制力被限定在极为有限的范围之内。另一方面，商标反淡化保护的又是商标权人经过市场开发和宣传之后所塑造的品牌形象、商业魅力和对消费者的吸引力。假如任由商标权人提起反淡化之诉，或者法院在适用反淡化法时扩大商标反淡化的保护范围，强化商标权的效力，则商标权对市场的控制力就会得以巩固和扩大，著名品牌先进入市场的优势将更为明显，消费者对某些品牌的忠诚可能将牢不可破，这显然不利于后进入者开展市场竞争。其他厂商在不造成消费者混淆的情况下通过合理的方式利用商标权人的商标，就有可能承担商标淡化侵权责任，导致商标权人的市场控制力进一步巩固和扩大。商标权人会竭尽所能，通过商标垄断市场，排斥竞争。

二、对商标淡化损害结果的反思

根据前文分析，商标淡化所给商标权人造成的损害并不像商标权人宣扬的那样严重。实际上，通过对消费者心理和行为的分析可以发现，商标淡化对消费者所造成的心理影响微乎其微，对商标权人所造成的所谓销售力的损害目前也没有实现中发生的事例加以佐证。商标反淡化保护更像是商标权人为了扩大保护范围而"虚构"出的诉求。

商标权人为了最大限度的维护自己的利益，往往会把消费者塑造成行为随意，很容易被欺骗的主体，这在商标权人推动商标反混淆保护范围的扩张中就表露无遗。正如学者所言，"消费者作为一个整体被描述或假想成仅凭商标即作取舍的头脑简单之人。"❶ 实际上，消费者具有一定的认知能力和意志力，一个商标被使用在不同的人使用，并不会给消费者的购物带来严重的影响，也没有现实的事例证明著名商标因为被淡化而丧失了销售力。商标法学界经常举出很多著名商标被不同主体拥有，但是并非发生淡化的实例，来说明淡化造成的损害并不像淡化理论支持者宣扬的那般严重。麦卡锡教授就直言不讳地指出："淡化理论中的弱化假定一个弱小的使用者能够淡化著名商标标示一种来源的能力，然后一个接一个的弱小使用者能够也将会这样做，就好比被一百只蜜蜂蛰后造成严重伤害的累积效应（cumulative effect）。然而，这种比喻精确的反应了现实世界吗？很多人都曾经被一只蜜蜂蛰过，但却并没被随后更多蜜蜂接着蛰。"❷ 显然，对于一些小的厂商在其不相

---

❶ 黄海峰：《知识产权的话语与现实——版权、专利与商标史论》，华中科技大学出版社2011年版，第230页。

❷ J. Thomas McCarthy, Proving a Trademark Has Been Diluted: Theories or Facts? 41 Hous. L. Rev. 713,735(2004).

关的商品上使用著名商标，基本不会给商标权人带来严重的损害，而商标权人之所以极力禁止这种使用，原因是怕当法律不作为时，更多的厂商会对其商标进行非混淆性的使用，最终导致该商标商业魅力的丧失。因而在第一个厂商对商标权人商标进行淡化使用时就要加以禁止。但是，正如麦卡锡教授所言，这种淡化的累积效应是否存在，商标是否会在现实世界中因为某一个主体的使用最终造成该商标被淡化，都是存在疑问的。

现实生活中，存在很多的商标，其本身就富含多重含义，标示着不同的商品或者服务来源，或指代其他的不同事物，不过这多重的起到识别来源或指代作用的含义并没有给该商标的显著性带来负面的影响，淡化该商标，影响消费者对其的识别。正如前文的介绍，凤凰牌自行车的"凤凰"二字，就标示着除了中国著名自行车品牌之外其他的含义，包括：（1）湖南著名的湘西土家族旅游景点凤凰县；（2）中国古代传说中的百鸟之王；（3）周王出游卷阿，《诗经》中写到凤凰的赞美诗作；（4）著名的凤凰卫视电视台；（5）美国西部亚利桑那州的凤凰城。在这些含义中，姑且不论凤凰具有多少种含义，从商标法角度而言，至少凤凰被用做三个不同商品或者服务的商标：提供旅游服务的凤凰景点、凤凰卫视和凤凰自行车。但是，凤凰存在的多重标示来源的含义阻碍了凤凰这一商标成为著名的旅游景点、著名的电视台名称或者著名的自行车品牌吗？显然没有。消费者在看到凤凰电视台的凤凰商标时，依然会将凤凰电视台提供的服务类节目视为高端、及时、全面和权威的电视节目；消费者在看到凤凰自行车上的凤凰商标时，也会正确地获得关于凤凰自行车品质优良、外形美观、经久耐用的商品信息。消费者想去旅游，看到凤凰这一地名时，也会对这一名称产生美好的想象。"凤凰"并没有因为多重的使用而被淡化,相反,这几个凤凰商标或名称都具有较强的显著性,这显然与商标反淡化的理论与实践相背离。在商标权人看来,当将著名商标使用在不相关的商品之上时,著名商标的显著性就已经受到损害。上诉到美国联邦最高法院的维多利亚的秘密(Victoria's secret)一案中,被诉淡化了著名商标"维多利亚的秘密"的主体仅仅是肯塔基州伊丽莎白镇的一个小商店,其使用了与"维多利亚的秘密"相似的商标。麦卡锡教授也对此发出了疑问,他质疑这样一个小商店在一定的地域范围内使用一个著名的商标是不是真的会给该著名商标造成重大(significant)的损害。❶ 因为在现实中,不同著名商标彼此共存而没有相互淡化的例子比比皆是。福特(Ford)汽车和福特模特经纪公司就是两个共同使用福特的企业。显然,福特汽车目前仍然是全球最为知名的品牌之一,谁也无法证明福特汽车公司的福特商标被福特模特经纪公司所淡化。❷ 巴顿碧毕教授为此也认为:"当两个相同的商标在相同的市场上存在,明显会使各自的独特性(uniqueness)丧失,但他们不会彼此弱化。他们不会使消费者增加搜索成本,或者使消费者花费时间思考(think for a moment)各自商标的不同来源。"❸

更为重要的是,前文对消费者心理和行为的研究表明,消

---

❶ J. Thomas McCarthy, Proving a Trademark Has Been Diluted: Theories or Facts? *41 Hous. L. Rev. 713*,736(2004).

❷ Barton Beebe, A. Defense of the New Federal Trademark Antidilution Law, 16 FORDHAM INTELL. PROP. MEDIA &. ENT. L.J. 1143, 1150(2006).

❸ Barton Beebe, A. Defense of the New Federal Trademark Antidilution Law, 16 FORDHAM INTELL. PROP. MEDIA &. ENT. L.J. 1143, 1149(2006).

费者在识别商标时在情景效应和重申效应的帮助下,并不会受到淡化的干扰。情景效应是指当人对某一刺激进行识别时会受到周围环境因素(environmental factors)的影响。❶ 人对某一刺激进行识别时,并不只是单独对该刺激进行信息加工,从大脑中提取相应的信息。人在认知时,也同时对该刺激周围的各种环境因素进行信息加工,从周围环境中推导出相关信息,用于识别该刺激。正如前文所言,心理学上最经典的情景效应案例是"the cat":

THE CAT

假如人只对这两个单词中间的字母进行识别,很可能将之识别为"A",然而,人的识别受到环境因素的影响,当人正确地识别出中间字母旁边的四个字母后,就会自然地推导出中间的字母为"H",从而将这六个字母识别为两个单词,即"the cat"。同理,对于"ca",将之放置于不同的环境,人会将之识别为不同的单词。如将"ca"放置于宠物店,人会将之识别为"cat",放置于汽车店,又会识别为"car"。这些事例均表明了环境因素对人的识别具有重要的影响。

根据情景效应原理,消费者在对特定商标进行识别时,会根据该商标周围的环境因素来推导出一定的信息,帮助其识别该商标。即便该商标被他人使用在不相关的商品之上,消费者也并不会在遇到该商标时发生反应的迟延,该商标在消费者心目中的独特性和吸引力并没有受到损害。前述凤凰商标同时

---

❶ Context effects, see Wikipedia, http://en.wikipedia.org/wiki/Context_effects, 2015-04-05.

被自行车厂、电视台、旅游景区等不同主体所使用。消费者在识别特定主体使用的凤凰商标或名称时，并不会由于凤凰被很多主体同时使用而增加认知上的负担。这主要也是因为由于情景效应的存在，消费者会根据该商标周围的环境因素去推导该商标标示的来源。显然，当消费者看到凤凰这一商标，并且又看到自行车店或者自行车时，就会根据自行车店或者自行车推导出眼前的这一凤凰商标代表的是生产高品质自行车的著名厂商，从而激活大脑中有关凤凰牌自行车的认知网络。消费者在购物过程中看到自行车店时，会准确地识别并激活凤凰自行车的商标，从而提取出凤凰自行车悠久的历史、优良的品质和完善的售后这些相关信息，而绝不会去思考眼前的凤凰商标究竟是代表自行车、电视台还是代表旅游景点。同样，亚马孙也有多个含义。有亚马孙这条著名的河流，有亚马孙这一品牌购物网站。但是，即便亚马孙这条河流很有名，也不会觉得亚马孙购物网站这一品牌被亚马孙河流这一名词所淡化。相反，当网上购物时，还是很容易就能联想起亚马孙网站。情景效应在日常生活中较为常见。坐长途大巴时，在售票窗口说要买去凤凰的车票。售票员绝不会去思考这位旅客究竟是要去凤凰电视台所在地，还是凤凰自行车厂所在地，抑或凤凰旅游景点。根据旅客所说的凤凰的特定环境因素，售票员就能够毫不费力地推导出旅客所言的凤凰特指凤凰旅游景点。同样，苹果这一标志也具有多重含义，既代表一种水果，又代表苹果电脑和苹果服饰。如果消费者到街上的水果店前，向店主表示要购买苹果时，摊主绝不会认为消费者需要购买苹果电脑或购买苹果服饰。店主激活的认知网络也是苹果这一水果的认知网络。这也是因为店主根据消费者所说的苹果的周围环境因素就可以判定，既然消费者来到水果摊前，那么消费者口中所说的苹果自然是一种水果。再比如，目前在市场上存在很多商标共存的现象。"鳄鱼"这一商标就有新加坡鳄鱼、香港鳄鱼、法国鳄鱼等多个服装生产企业在使用。但是，并没有发生三个"鳄鱼"品牌相互淡化的情况，消费者还是有能力区分不同的鳄鱼品牌，记住不同鳄鱼品牌服饰的特点。既然消费者可以在情景效应的帮助下准确地识别商标并提取该商标所代表的信息，就表明消费者并不会受到淡化的干扰。著名的商标对于消费者来说还是具有很强的吸引力，其商业魅力和销售力并不会因他人的使用而受到损害。

重申效应也能够帮助人们克服淡化所带来的影响。正如前文所言，人类大脑识别外在刺激的能力虽然有限，在外界大量刺激的输入下有可能发生信息的过载。但是人类绝非不能够通过自己认知上能动的努力获得更好的记忆、识别和回忆效果。对于某刺激而言，个体在最初接触到时可能会发生认知上的困难，如无法从大脑长时记忆中提取有用的信息用于识别刺激，导致无法或者需要花费更多的认知成本才能识别该刺激。但是，当个体正确识别了该刺激，或者日后多次重复识别该刺激，就会在大脑中形成稳定的关于该刺激的认知网络，认知的速度和精确度都会大幅提高。这就表明，个体最初对于某些刺激在认知上的困难并不会一直持续，假如该刺激不断重复，个体会通过认知的努力不断进行识别、记忆、回忆，加强对该刺激的识别能力，在这种认知努力下，个体对刺激的识别能力将大为改善。因此，"一些检索的困难会促使更多的心理加工，导致对相关概念更长时间的记忆"。❶ 联系上文所述的专家技能可以发现，个体最初对某个刺激识别的困难会使个体更加努力地去记忆，从而记忆的更为牢固，形成针对外界刺激的认知网络。个体在这种认知的重申和努力之中，慢慢会由一个认知上的新手向专家过渡，通过一定时间的训练和反复识别，个体对于某些特定刺激的认知能力将类似于专家对其专业领域内刺激的认知能力。在日常生活中，都会有这种直觉的感受。比如在社交场合新认识的朋友，当下次再次遇到该人时，由于记忆的遗忘，可能无法从大脑长时记忆中提取出有用信息来识别。但是当了解了他的身份之后，就会努力地进行记忆，试图下一次遇见时能够很快地认出该人，避免尴尬。于是，即便在最初几次识别该人会遇到认知上的困难，但经过反复刺激、识别与记忆，大脑就会形成关于这个人的稳定的认知网络，其情形与专家技能类似。以后遇到该人时，即便距离很远，也会很容易地识别出该人。

　　重申效应对商标法中的淡化问题也具有较强的解释力。商标法反淡化的支持者强调，由于著名商标被淡化后，不再标示唯一的来源，消费者识别著名商标的精确度会下降，反应时间会延长，最终导致著名商标在消费者心目中的影响力逐步削弱，销售力受到损害。但是根据前文专家技能和重申效应的论述可以发现，消费者的识别能力远非商标法反淡化支持者描绘的那么低下。在著名商标被淡化之后，即便消费者在初次面对著名商标时会发生识别上的迟延，也并不意味着这种迟延会永

---

❶ Rebecca Tushnet, Gone in Sixty Milliseconds: Trademark Law and Cognitive Science, *86 TEX. L. REV.*507,539(2008).

远存在。消费者能够通过认知上的努力强化对该著名商标的记忆，以便在下次遇到该著名商标时能够很快地识别出来源。实际上，消费者完全有能力避免识别特定商标时反应延迟的再度发生。消费者由于长期购物，大脑中拥有很多著名商标的认知网络，即便某一个著名商标被他人使用在不相关的商品之上，可能导致淡化的发生，消费者也能够很快地调整自己的认知，加强对著名商标的记忆，以便在下次购物时能够准确地识别。实际上，消费者在购物环境下存储在大脑中的商标认知网络，类似于专家技能，消费者长期浸润在购物环境之中，对于反复接受的刺激都拥有着较强的认知网络，能够以较快地速度准确地识别出商标。这样，某些淡化行为实际上对消费者的影响微乎其微。

综上所言，商标淡化给商标权人带来的损害并没有那么大，不会给商标权人带来灭顶之灾。商标权人通过大量投资，在消费者心目中塑造而成的著名品牌，不可能被轻易地淡化。消费者不是认知上的低能者。相反，消费者的大脑中存储了大量的以各种商标为中心的认知网络，拥有较强的信息处理能力，能够通过主动性的认知逐步适应多变的购物环境，准确识别商标，指导购物。

第三节　商标反混淆保护与商标反淡化保护的关系

通过上文的论述应可明确，只有市场上的商标能够相互区分，消费者才能够认牌购物，准确地作出购买决策，商标权人才能够放心地投资于商标，努力提高产品质量。因此，规制消费者混淆应为商标法的中心任务，商标法自始至终需要以防止消费者混淆为主要的使命。与商标反混淆保护相反,商标法反淡化保护是商标权人为了维持其商标形象所做的投资,不但可能导致垄断,且与消费者真实的心理状态和行为不符。商标反淡化保护应当严格适用的标准,将其适用限定在极为特定和有限的范围之内。据此,商标法应以商标反混淆保护为制度构建的中心,商标反淡化制度不应当排斥和架空商标反混淆制度,其仅仅是适用范围极为有限的对商标权人投资于商标形象的补充性保护。

首先,商标法应当以规制消费者混淆为中心任务,以规制消费者混淆为中心的商标保护模式应是现在和未来商标法对商标进行保护的主要模式。商标法的价值在于实现市场竞争中的公平和自由,而营造公平和自由的市场竞争环境,最基本的要求是市场中的商标能够相互区分,避免商标混淆。一旦市场中的商标相混淆,消费者就无法根据自己的需求和厂商提供的商品的品质进行准确地选择,市场主体之间的竞争就无法开展。因此,"产生者必须警惕商标的模仿者。后来者可能通过将与先用者商标相同或近似的标志使用在直接竞争的商品上转移本属于先用者的交易,试图通过与公平竞争相冲突的方式获得优势。而后来者即便没有直接转移本属于先用者的交易,也使公众误认为先用人赞助或与后来者有关联。后来者在误导公众的同时也挟持了先用者的商誉。"[1] 可见,商标是市场竞争的基本要素,一旦脱离了商标,竞争性的市场经济就无法维系,有商标但商标之间容易混淆而无法区分,则相当于没有商标,最

---

[1] Robert N. Klieger, Trademark Dilution: The Whittling Away of the Rational Basis for Trademark. Protection, *58 U. PITT. L. REV.* 789,852(1996–1997).

终还是会造成整个社会经济的紊乱。"在工业革命之后现代交易的发展,决定了商标在竞争性的经济中扮演着重要的角色。商标降低并将持续降低消费者搜寻成本,促进有效率的市场功能。"❶ 商标法的价值决定了商标法必须以规制混淆为中心任务,决定了商标的反混淆保护模式应为保护商标的核心模式,而商标反淡化不应该排斥和架空商标反混淆制度,而只能是为商标提供额外保护的补充性制度。

其次,商标淡化对商标权人造成的损害极为有限,并且可能导致垄断,因此不应当成为商标权人维护自身权益的主要方式,排斥和架空商标反混淆制度的适用。正如前文所述,由于商业广告在当今社会的极端重要性,商标权人将大量资金投入商标形象的宣传和塑造上。为了最大限度的维护投资利益,商标权人肯定不希望他人以任何的方式使用其商标,对其品牌资产构成威胁。商标反淡化理论恰恰符合商标权人的利益诉求。但是,商标反淡化制度在维护商标权人投资利益的同时,又强化了商标权人的市场控制力,提高了参与市场竞争的门槛。有调查表明,现代商标体现出了产品区分所带来的优势。波斯顿调查公司进行了市场中领导品牌(leading brand)的调研,结果显示,在22个产品大类中的19个类别中,1925年在市场中居于领导地位的品牌在1985年依然位局领导地位,而另3个类别中的2个之中,1925年的领导品牌到1985年只是滑落到第

---

❶ Robert N. Klieger, Trademark Dilution: The Whittling Away of the Rational Basis for Trademark. Protection, *58 U. PITT. L. REV.* 789,854(1996−1997).

二位。[1] 可以预见，假如商标反淡化制度得到强有力的实施，那么领导品牌的地位将会在市场中进一步巩固。另外，商标权人所提倡的商标反淡化理论在立法上得到确认之后，商标权人就同时拥有商标反混淆之诉和商标反淡化之诉这两种途径来维护自己的利益，商标权人可以在提起商标反混淆之诉的同时提起反淡化之诉，并可以在商标反混淆之诉较难取胜时绕开消费者混淆的证明难题，通过商标反淡化诉讼来寻求法律救济，这样商标权人就不必纠结于商标混淆所关注的系争商标所使用的商品类别是否相同或相似的问题，可以直接通过反淡化制度寻求商标的跨类保护，这实际上使商标权的保护范围大为扩展。有学者就认为，商标反淡化保护并未赋予著名商标任何有别于商标反混淆保护之外的实质性权利，只不过让著名商标的权利人免于了混淆的举证责任。[2] 麦卡锡教授也指出："一百多年来商标法都是保护消费者免受欺骗，以混淆是否可能发生为基础，而淡化理论是完全的新的商标排他权的法律基础，与保护消费者免受混淆或欺骗没有丝毫的关系。反淡化法更像是商标中的绝对的财产权。"[3] 商标反混淆保护的制度设计，以消费者是否会发生混淆为判断的中心环节，将商标权限定在一定的范

---

[1] David A. Aaker, Managing Brand Equity: Capitalizing on The Value of a Brand Name 71(1991).转引自Robert N. Klieger, Trademark Dilution: The Whittling Away of the Rational Basis for Trademark. Protection, 58 U. PITT. L. REV. 789,860(1996-1997).

[2] Robert N. Klieger, Trademark Dilution: The Whittling Away of the Rational Basis for Trademark. Protection, 58 U. PITT. L. REV. 789,846-847(1996-1997).

[3] J. Thomas McCarthy, Proving a Trademark Has Been Diluted: Theories or Facts? 41 Hous. L. Rev. 713,727(2004).

围之内,而商标反淡化法的实施,实际上去除了商标反混淆保护在赋予商标权人权利的同时所施加给商标权人的关于消费者混淆的举证责任,这使商标权有可能演化为与版权、专利权一样的总括性财产权(property right in gross),使商标之上的权利变为保护商标标识本身的权利,从而可能给其他厂商公平地参与市场竞争以及消费者在购物中获得多元化的信息带来不利的影响。"淡化的禁令,与商标(混淆)禁令相比,将会给经济的前景带来深远的影响。"[1] 为了确保公平和自由的竞争,商标反淡化制度的设计和适用应当十分谨慎,以免商标权人的市场控制力过为强大,压制其他市场主体正当参与竞争的行为,损害消费者获得多样化信息和进行多元选择的利益。因此,商标的反淡化保护模式应当被定位为在整个商标法保护体系中具有补充性和次要的地位。亦即,商标反淡化保护不应当成为商标权人绕开混淆之诉,避免承担证明消费者混淆举证责任的捷径。商标反淡化制度只是一种补偿性的制度,其意在遏制那种恶意的或随意的使用他人已经在公众心目中十分著名的商标,并很有可能造成商标权人商标形象毁损的行为。这是一种承认商标权人商业投资利益的附加的额外保护,但绝不意味着这种保护将会成为主流的或占据重要地位的商标保护模式。

最后,商标反淡化制度的适用必须严格限制在十分狭小的范围之内,以免妨碍正常的市场竞争。根据上文对商标反淡化制度的分析,商标反淡化应当定位为一种对商标权人商业投资进行补充性保护的制度,不能与商标反混淆制度相提并论,

---

[1] Mattel, Inc. v. MCA Records, Inc., 296 F.3d 894,904-905(9th Cir, 2002).

只能作为一种对著名商标进行额外保护的方式而存在。在这点上，一些法官与学者具有共识。例如，在1999年发生的Avery Dennison案中，Avery和Dennison商标的商标权人对使用其商标作为域名和电子邮件地址的被告提起了商标反混淆和商标反淡化之诉。法院认为，原告的商标并未达到著名的程度，因而驳回起诉。法院认为，淡化保护之所以必须严格判断商标是否著名，在于传统的消费者混淆标准小心地维系着保护商标与允许非侵害性使用之间的平衡。越不著名的商标，消费者就越不会发生来源方面的混淆，而淡化保护则摆脱了混淆的限制，在判断上将之归位不相关的因素，因此淡化保护如果不通过商标著名的要件进行控制，将颠覆以往的平衡，以禁止潜在的非侵害性的使用为代价，过度保护商标。❶ 同样，在Ringling bros案❷和一直上诉美国联邦最高法院的Victoria's Secret案中，法院均对当时的商标反淡化法进行了严格的解释，将淡化的证明标准提高到实际淡化，亦即原告必须证明其商标已经被实际的淡化，否则不能获得淡化救济。❸ 在Ringling bros案中，法院表明如果不要求原告证明其商标的经济价值受到了损害就给予著名商标权人禁令救济，则无异于给予著名商标无

---

❶ Avery Dennison Corp. v. Sumpton, 189 F.3d 868,875(9th Cir. 1999).

❷ Ringling Brothers.-Barnum & Bailey Combined Shows, Inc. v. Utah Division of Travel Development, 170 F.3d 449 (4th Cir. 1999).

❸ 尽管目前最新的美国反淡化法TDRA规定，商标淡化救济的证明标准不是实际淡化，而是淡化可能性（likelihood of dilution）。参见：15 U.S.C.A §1125(c)(1) (2006).

第七章 商标反混淆保护和商标反淡化保护的关系

限期的总括性财产权。❶ 而在备受瞩目的Victoria's Secret案中，最高法院也认为，对于淡化救济来说，法院不得进行推断，原告必须提出直接的证据来证明其著名商标标示商品或服务的能力有所减弱。❷ 同一些法院的理解一样，有学者也认为，应当将商标淡化制度限定在有限的范围之内，并严格适用的标准。麦卡锡教授就认为，对于商标淡化的证明，必须"要有说服力的证据（persuasive evidence），而非理论上去推断对著名商标的淡化将不可避免"。❸ 他认为，目前商标反混淆制度的适用范围已经十分广泛，包括了关联关系混淆等形态的混淆，许多淡化强保护的赞同者认为商标法存在的缺陷都因为商标混淆制度适用范围的扩大而消失了，因此对于淡化理论的需求并不那么迫切。❹ 另一方面，反淡化理论又与商标法传统反混淆理论没有丝毫的关系，与商标法百余年来所形成的传统理念相背离。因此，麦卡锡教授认为："有可能会有一些特别的情形需要适用于反淡化法。反淡化救济只适用于一些不寻常的或特别的案件。它必然不是适用于所有案件的法律诉由。它应当被认为是一个独特的法律工具，只运用在特别的案件中。不仅反淡化法只适用于具有高度声誉的商标中的少数和精华的那一部分，而且对该法的违反必须是在案情清楚的案件

---

❶ Ringling Brothers.-Barnum & Bailey Combined Shows, Inc. v. Utah Division of Travel Development, 170 F.3d 449,459 (4th Cir. 1999).

❷ Moseley v. V Secret Catalogue, Inc., 537 U.S. 418, 433-434(2003).

❸ J. Thomas McCarthy, Proving a Trademark Has Been Diluted: Theories or Facts? *41 Hous. L. Rev*. 713,713(2004).

❹ J. Thomas McCarthy, Proving a Trademark Has Been Diluted: Theories or Facts? *41 Hous. L. Rev*. 713,720(2004).

中，通过强有力的证据基础来证明。"❶ 从麦卡锡教授的观点可见，商标反淡化制度不应是商标权人通常能够提起并获得救济的法律途径，它应当定位为一种补充性的适用于极少数特别案件的制度。它有着严格的适用范围和证明标准，不仅只有在一国境内的一般公众中高度驰名的商标才有资格获得反淡化保护，而且获得反淡化救济还必须举出强有力的证据来证明商标淡化已经发生或具有发生的极大可能性。就商标的著名程度而言，麦卡锡教授曾经认为，在潜在消费者之中，有超过50%的消费者认识商标权人的商标，则该商标为著名商标。然而麦卡锡教授随后又改变了观点，认为这一比例应提升至75%。而美国商标复审委员会采取的仅仅是一种模糊的弹性标准，即某一商标符合反淡化法要求的著名，需要消费者群体中中的大多数（majority）、实质性多数（substantial majority）或者相当可观的消费者（appreciable number）认识该商标。❷ 就证明淡化的证据而言，TDRA规定了六项考量因素，包括：商标的相似程度、著名商标的显著性、著名商标排他性使用的程度、消费者对著名商标的认知、他人使用商标权人商标的意图、使用人使用的商标与著名商标的实际联系。❸ 司法实践中，这六项考量因素都根据反淡化保护的特定情况作出了更为细化的解释和更为严格的适用。

---

❶ J. Thomas McCarthy, Proving a Trademark Has Been Diluted: Theories or Facts? *41 Hous. L. Rev.* 713,747(2004).

❷ J. Thomas McCarthy, McCarthy on Trademarks and Unfair Competition, §24:92(4th ed.2006).

❸ 15 U.S.C.A §1125(c)(2)(B)(i)–(vi) (2006).

上文通过对商标反混淆制度与商标反淡化制度的分析和定位，理清了两者之间的关系。在商标法上，要坚持以规制混淆为中心的商标保护模式，将消费者混淆作为商标法介入和干涉市场主体行为的判断标准，将商标反混淆制度贯穿于商标注册、异议、撤销、侵权诉讼制度的始终，通过完善商标反混淆制度，使市场上的商标能够相互区别，使消费者能够依赖于商标进行准确地购物决策，以此营造出一个公平、竞争的市场环境。与此相反，商标反淡化制度只是商标权保护中的次要的和居于补充性地位的制度，它不应当排斥和架空商标混淆有关法律制度的适用，成为以规制混淆为中心的商标保护模式之外商标权人的又一主要的维权和救济制度。

第四节 结　语

商标反混淆制度和商标反淡化制度是目前商标法中的两大商标保护和侵权判定制度。通过对两大制度的定位应当可以明确，商标法依然需要以反对消费者混淆，构建公平、自由的市场竞争环境为其主要的价值追求。尽管随着市场经济的发展，商标的广告价值、商业魅力和所谓对消费者的"销售力"日益重要，但商标法对上述对象的保护应限制于极为狭窄的范围之内，其目的只是防止那些高度驰名的商标在特定的情况下被他人恶意、随意的使用或滥用，造成商标权人商标形象受损、商标资产流失。商标法的基本任务是确保商标标示来源功能的正常发挥，确保市场上的商标能够相互区分。这一任务应当毫不动摇地坚持下去。

第八章　商标侵权的判定标准

——对我国新《商标法》第57条的解释

第一节　问题的提出

通说认为，混淆是指"无法律上之权源而使用相同或近似于他人注册商标于同一商品或类似商品致使消费者对商品之来源发生混淆误认之谓。"❶ 目前，美国等一些国家实行的商标侵权判定标准是混淆可能性（likelihood of confusion）。一旦他人在其提供的商品或服务上使用与商标权人商标相同或近似的标识，极有可能造成消费者对商品或服务的来源发生混淆，就构成商标侵权。"可能导致消费者对商品或服务来源产生混淆，是构成商标侵权的必要条件，也是商标法所要防范和制止的行为。"❷

在我国2001年制定并长期沿用的《商标法》中，并未将混淆可能性规定为商标注册和商标侵权判定的要件。❸ 在这部

---

❶ 曾陈明汝：《商标法原理》，中国人民大学出版社2003年版，第96页。
❷ 王迁：《知识产权法教程》，中国人民大学出版社2007年版，第480页。
❸ 我国2001年《商标法》第8~12条是商标注册的条款，其中并没有规定造成消费者混淆可能性的标识不得注册。我国2001年《商标法》第52条第（1）项是商标侵权的判定条款。该条款也并未规定混淆可能性，未将混淆可能性明确规定为商标侵权的判定标准。

《商标法》中，商标的相似性、商品（或服务）的类似性一直是商标侵权判断最为重要的因素。❶ 一旦"未经商标注册人的许可，在同一种商品或者类似商品上使用与其注册商标相同或者近似的商标的"，就构成"侵犯注册商标专用权"。❷ 甚至，我国最高人民法院司法解释《关于审理商标民事纠纷案件适用法律若干问题的解释》第9条第2款和第11条在对2001年《商标法》第52条第（1）项"商标近似"和"商品类似"的解释中认为，商标近似和商品类似，都是指其容易造成消费者混淆。❸ 亦即，当容易造成消费者混淆时，系争主体的商标就构成近似，商品就构成类似。在这种解释下，消费者混淆成为了认定商标相似性、商品类似性的前提条件。

在我国2013年最新修订的《商标法》中，这种情况得到了改变。2013年新《商标法》第57条将2001年《商标法》第52条第（1）项一分为二。新《商标法》第57条第（1）项规定，未经商标注册人的许可，在同一种商品上使用与其注册商标相同的商标的；构成侵犯商标专用权；第（2）项规定，未经商标注册人的许可，在同一种商品上使用与其注册商标近似的商标，或者在类似商品上使用与其注册商标相同或者近似的商标，容

---

❶ 为行文简洁和便利，文中有时会将"商标的相似性、商品（或服务）的类似性"简称为"相似性"，"商品（或服务）"会略称为"商品"。

❷ 我国2001年《商标法》第52条第（1）项规定，下列行为属侵犯注册商标专用权：（1）未经商标注册人的许可，在同一种商品或者类似商品上使用与其注册商标相同或者近似的商标的。

❸ 《最高人民法院关于审理商标民事纠纷案件适用法律若干问题的解释》第9条第2款、第11条。

易导致混淆的，构成侵犯商标专用权。❶根据这一规定，当商标侵权案件中系争双方商标构成相同、商品构成相同时，可以直接推定混淆可能性存在，判定商标侵权成立。❷而当系争双方的商标或商品不相同，但符合相似性要件时，需要证明混淆可能性存在，才能认定商标侵权成立。这似乎表明，商标的相似性、商品的类似性，并非商标侵权判定的标准，"容易导致混淆"，才是商标侵权成立的关键。

对于新《商标法》的这一改变，有学者表示了赞同，认为"第57条将混淆确立为商标侵权的判断标准，厘清了相似性与混淆可能性的关系，使商标权的保护更加符合商标立法的本意，也更加符合商标司法中侵权认定的实际情况，具有重大的进步意义"。❸无疑，在商标侵权判定中加入混淆可能性要件的判断，是对我国商标侵权判定司法实践经验的总结，符合商标法的基本法理，具有显著的重要意义。

但是另一方面，围绕这一条款的疑惑和问题也亟待研究和

---

❶ 2013年新修订的《商标法》第57条：有下列行为之一的，均属侵犯注册商标专用权：（1）未经商标注册人的许可，在同一种商品上使用与其注册商标相同的商标的；（2）未经商标注册人的许可，在同一种商品上使用与其注册商标近似的商标，或者在类似商品上使用与其注册商标相同或者近似的商标，容易导致混淆的。

❷ TRIPs协议第16条规定："注册商标所有人应享有专有权，防止任何第三方未经许可而在商业中使用与注册商标相同或近似的标志，去标示相同或类似的商品或服务，以造成混淆的可能。如果已将相同的标志用于相同的商品或服务，则应推定已有混淆之虞。"据此，我国新《商标法》在引入混淆可能性要件之后，宜将第57条第（1）项解释为在系争双方商标相同、商品类别相同时，推定混淆可能性存在，商标侵权成立。对此问题，由于各国立法基本相同，本文不再赘述。

❸ 张今："商标法第三次修改的几个重大问题解读"，载《中华商标》2013年第11期。

澄清。第一，新《商标法》第57条第（2）项是商标侵权判定的条款，在相似性之外加入了混淆可能性要件，这一变化会给我国商标侵权判定的实践带来哪些影响？第二，商标侵权判定加入混淆可能性要件后，相似性与混淆可能性之间是什么关系？这两个并列出现在法律条文中的要件，是相似性占主要地位，还是混淆可能性起决定作用？相似性是否是混淆可能性的前置性要件，在商标侵权的判定中发挥独立的作用？抑或，相似性仅仅是混淆可能性成立与否的参酌因素，在商标侵权判定中仅起参考作用。即便案件中系争双方的商标和商品不符合相似性的要求，只要有消费者混淆可能性的存在，也可以直接判定侵权成立？第三，加入混淆可能性要件后，我国商标侵权判定的标准由相似性转变为相似性+混淆可能性，因此，原有的商标的相似性、商品的类似性的基本内涵和判定标准是否将发生变化？在商标侵权的判定中应如何理解混淆可能性和相似性的含义，以在商标侵权判定中正确地予以适用？

为准确理解和适用我国新《商标法》第57条第（2）项的侵权判定条款，本章将对上述问题展开研究。首先，论述我国传统商标侵权判定标准从相似性到混淆性相似的转变历程和转变过程中存在的矛盾与争议；其次，剖析新的商标侵权判定条款中混淆可能性与相似性的关系，厘清混淆可能性与相似性在商标侵权判定中的地位和所发挥的作用；最后，界定混淆可能性与相似性的含义和判断标准，明确在商标侵权判定中应如何适用这两项要件。

第二节　我国传统商标侵权判定标准的构成与反思

尽管我国新《商标法》第57条第（2）项明确规定了混淆可能性要件，但是实际上在我国以前的商标立法中，已经有涉及混淆的规定。概括而言，在2013年新《商标法》颁布之前，我国商标侵权判定标准的演变表现为从相似性标准到混淆性相似标准。这一标准在理论与实践中引发大量问题，饱受争议。

一、我国商标侵权判定标准的转变

在我国1982年《商标法》第38条中，规定了商标侵权的判定标准。该条第1款规定：有下列行为之一的，均属侵犯注册商标专用权：（1）未经注册商标所有人的许可，在同一种商品或者类似商品上使用与其注册商标相同或者近似的商标的。据此，当时的侵权判定是以"商标相同或相似+商品相同或类似"即相似性为标准的，这一标准一直沿用至2001年《商标法》。尽管如此，我国国务院颁布的《商标法实施条例》和国务院部委颁布的一些规章中，还是将有关混淆的条款加入。1988年《商标法实施条例》第41条第（2）项规定："在同一种或类似商品上，将与他人注册商标相同或者近似的文字、图形作为商品名称或者商品装潢使用，并足以造成误认的"，属于侵犯注册商标专用权的行为。类似的规定出现在2002年《商标法实施条例》第50条第（1）项："在同一种或者类似商品上，将与他人注册商标相同或者近似的标志作为商品名称或者商品装潢使用，误导公众的"，属于侵犯注册商标专用权的行为。

很明显，所谓"足以造成误认""误导公众"，都是指系争商标有可能导致消费者混淆。在1994年国家工商行政管理局《关于执行商标法及其实施细则若干问题的通知》第7条就认为，所谓"足以造成误认"，乃是指会造成对商品来源产生误认，或者产生当事人与商标注册人之间存在某种特殊联系的错误认识。尽管上述规定只是在某些特定类型的商标侵权判定中加入了对消费者混淆的考察，还难以说明中国商标立法已经全面引入了混淆可能性要件，但是立法将之纳入商标侵权判定标准的趋势已日趋明显。1999年国家工商行政管理局《关于商标行政执法若干问题的意见》第5条规定："近似商标是指两商标相比较，文字的字形、读音、含义，或者图形的构图及颜色，或者文字与图形的整体结构相似，易使消费者对商品或者服务的来源产生混淆。""类似商品是指在功能、用途、消费对象、销售渠道等方面相关，或者存在着特定联系的商品。""类似服务是指在服务的目的、方式、对象等方面相关，或者存在着特定联系的服务。商品和服务使用相同或者近似的商标，易使消费者对商品和服务的来源产生混淆的，该商品与服务应当认定为类似。"据此，该规定是用消费者混淆来解释相似商标和类似商品。亦即，一旦易使消费者发生混淆，商标就构成相似、商品就构成类似，这里的商标相似和商品类似加入了消费者混淆的判断，是一种混淆性的相似和类似。

在2002年最高人民法院发布的《关于审理商标民事纠纷案件适用法律若干问题的解释》中，进一步肯定了国家工商行政管理局以混淆来解释商标相似性、商品类似性的做法。该解释第9条第2款规定："商标法第52条第（1）项规定的商标近似，是指被控侵权的商标与原告的注册商标相比较，其文字的字形、读音、含义或者图形的构图及颜色，或者其各要素组合后的整体结构相似，或者其立体形状、颜色组合近似，易使相关公众对商品的来源产生误认或者认为其来源与原告注册商标的商品有特定的联系。"第11条规定："商标法第52条第（1）项规定的类似商品，是指在功能、用途、生产部门、销售渠道、消费对象等方面相同，或者相关公众一般认为其存在特定联系、容易造成混淆的商品。类似服务，是指在服务的目的、内容、方式、对象等方面相同，或者相关公众一般认为存在特定联系、容易造成混淆的服务。商品与服务类似，是指商品和服务之间存在特定联系，容易使相关公众混淆。"至此，尽管依据2001年《商标法》的规定，我国商标侵权判定的标准依然是相似性，但在国家工商行政管理局和最高人民法院的解释之下，在商标相似性、商品或服务类似性的判断中已经融入了消费者混淆可能性的要件，商标侵权判定标准已经从相似性演变为混淆性相似。

2013年颁布的新《商标法》第57条第（2）项正式将混淆可能性要件引入。由此，在我国商标侵权判定中，相似性和混淆可能性两项要件同时存在。至于是否还是使用混淆可能性去解释相似性，即在商标侵权判定中实行混淆性相似标准，涉及混淆可能性和相似性的关系的问题，后文将作出解释。从我国商标侵权判定标准演变的历史可以看出，我国立法一直试图修改1982年《商标法》中一直沿用的商标侵权判定的相似性标准，在商标的相似性、商品的类似性之外加入了混淆可能性要件。立法通过混淆对相似性进行解释，形成了在2013年新《商标法》修订之前适用较为广泛、影响最为深远的混淆性相似标准。

二、我国传统商标侵权判定标准的构成

根据2001年《商标法》的规定，我国商标侵权判定的标准是相似性，其中并没有混淆可能性要件。但是经由最高人民法院2002年商标法司法解释，商标近似、商品类似，都是在消费者混淆语境下对商标和商品的描述，这种近似（或类似）是一种混淆性近似（或类似）。与此同时，对于相同商标、相同商品，最高人民法院并未作出同样的解释。亦即，最高法院仅认为，对于商标近似、商品类似，需要运用混淆可能性予以判定，而他人在相同商品上使用与商标权人商标相同的标识，则直接依据2001年《商标法》第52条第（1）项认定侵权成立，无须经受混淆可能性的检验。

正是因为最高人民法院在司法解释中创造性地运用混淆可能性来解释商标相似、商品类似，使得司法实践中法院在判定商标侵权时，区分了物理意义上商标标识的相似性、商品类别的类似性，与混淆可能性意义上商标的相似性、商品的类似性。在江西省高级人民法院审理的葛丽俐诉江西开心大药房一案中，江西省高院就认为，"葛丽俐经营的景德镇市开心药店，在门店、店堂、价格标签、购物袋上使用了'开心药店'、'开心大药房'字样的服务标识，与江西开心人公司商标'开心人大药房'在字形、读音、含义等方面相比较，容易使相关公众对服务的来源产生误认或者认为其来源与江西开心人公司注册商标的服务有特定联系，可以认定两者构成近似。

葛丽俐侵犯了江西开心人公司的注册商标专用权"。❶ 在最高人民法院审理的长城葡萄酒商标侵权一案中,法院也认为:"(商标)其整体或主要部分具有市场混淆可能性的,可以认定构成近似;否则,不认定构成近似。判断商标侵权中的近似不限于商标整体的近似,而还包括主要部分的近似。商标整体的近似是商标标识的近似,而主要部分的近似则通常是指商标标识不近似而商标近似的情形。"❷

可以看出,在2001年《商标法》第52条第(1)项及最高人民法院2002年商标法司法解释的框架之下,我国商标侵权判定区分了物理意义上商标标识的相似性、商品类别的类似性,与混淆可能性意义上商标的相似性、商品的类似性。在物理意义上商标标识构成相似、商品类别构成类似,并不表明商标侵权一定成立。法院还需要运用混淆可能性来解释商标和商品的含义。只有容易导致消费者混淆,系争商标才构成商标相似、商品类似,这样才符合2001年《商标法》第52条第(1)项的规定,可以认定侵权成立。我国著名商标法专家孔祥俊先生也认为:"如果仅仅是标识的近似而并不足以产生市场混淆,就是不构成商标近似的商标标识近似;如果商标标识近似的同时又足以产生市场混淆,则同时构成了商业标识近似和商标近似。因此,商标法意义上的商标近似乃是一种混淆性近似,即不管物理意义或自然状态上的商标标识是否近似,只要构成市场混

---

❶ 葛丽俐与江西开心人大药房商标侵权纠纷案,参见江西省高级人民法院[2009]赣民三终字第46号民事判决书。

❷ 北京嘉裕东方葡萄酒有限公司与中国粮油有限公司商标侵权纠纷案,参见最高人民法院[2005]民三终字第5号民事判决书。

淆,就可以认定为商标法意义上的商标近似。"❶

三、我国传统商标侵权判定标准的问题

我国传统商标侵权判定以相似性为标准,仅通过司法解释将混淆可能性作为对相似性的解释性要件,未能确立混淆可能性在商标侵权判定中的地位。许多法院在司法实践之中依据2001年《商标法》中相似性标准作为裁判依据,往往得出不合理的判决结果。例如,在2002年山西方山县老传统食品公司诉山西杏花村汾酒厂一案中,原告在酒类商品上已经注册了"家家"商标,被告也在其酒类商品上使用了原告已经注册的商标"家家",原告将被告诉至法院。但是,原告虽然注册了"家家"商标,但从未投入市场中加以使用。在这种情况下,法院依然判决被告构成商标侵权并要求被告赔偿。在判决中,法院认为:"汾酒公司在老传统公司已经注册'家家'商标的情况下,仍然在其北方牌白酒上使用'家家'酒名称,侵犯了商标注册人老传统公司的专用权,其行为属侵权,依法应承担民事责任。"❷ 类似的判决也发生在2009年黑龙江满汉楼公司诉福建长乐市满汉楼大酒店一案中。在该案中,原告在其黑龙江省哈尔滨市的餐饮服务中注册了"满汉楼"及图组合注册商标。被告也在福建省长乐市经营一家名为"满汉楼"的大酒店。原告认为被告的行为构成商标侵权和不正当竞争。在福建省高院的

---

❶ 孔祥俊:《商标与不正当竞争法——原理与判例》,法律出版社2009年版,第240页。

❷ 山西方山县老传统食品公司诉山西杏花村汾酒厂商标侵权纠纷案,山西省吕梁地区中院[2002]吕民二初字第17号民事判决书。

二审中，法院认为，黑龙江满汉楼饮食有限公司享有的"满汉楼"及图组合注册商标专用权合法有效，依法应受法律保护。长乐市满汉楼大酒店在其店门正中位置悬挂"满汉楼"三个字牌匾，已超出企业名称适当简化的范围，属于将上诉人注册商标相同的文字在相同的服务上突出使用的行为，应认定构成商标侵权，被上诉人应承担停止侵权、赔偿损失的法律责任。❶ 在这两个案件中，法院都是依据相似性标准作出了判决。但是实际上，被诉侵权人的行为都未造成消费者混淆，没有侵犯原告的商标权。在2002年山西方山县老传统食品公司诉山西杏花村汾酒厂一案中，既然原告的注册商标"家家"从未投入市场使用，则消费者也就不可能将"家家"这一商标识别为来自原告，不可能发生混淆。在这种情况下，被告对"家家"的使用，不会侵犯到原告的任何权利。同样，在2009年黑龙江满汉楼一案中，双方的经营地域相隔千里、两个酒店所针对的消费者群体完全不同，消费者并不会将两者混淆。既然如此，原告有何权利被被告侵犯？

　　经2002年商标法司法解释补充，改良后的混淆性相似标准虽然将混淆可能性要件引入商标侵权判定中，但是依然无法解决理论与实践的困惑。从逻辑上看，混淆性相似标准最大的问题在于相似、混淆性相似、商标侵权成立之间的循环论证。这种循环论证不符合商标侵权判定的逻辑推理过程，没有实际意义和作用。根据前文论述，我国传统商标侵权判定中区分了物理意义上商标标识的相似性、商品类别的类似性，与混淆可能

---

❶ 黑龙江满汉楼公司诉福建长乐市满汉楼大酒店商标侵权纠纷案，福建省高级人民法院[2009]闽民终字第148号民事判决书。

性意义上商标的相似性、商品的类似性。因此，在进行商标侵权判定时就可能导致如下自相矛盾的逻辑推理过程。从物理意义上看，系争双方的商标标识不相似，但是容易导致消费者发生混淆。结论是商标构成相似，商标侵权成立。也就是说，物理意义上商标标识不相似，但是又容易导致消费者混淆，则需要认定商标构成相似，商标侵权成立。然而显而易见的是，既然商标侵权成立的前提是商标相似，而商标相似的前提又是容易导致消费者混淆，则无消费者混淆就无商标相似，无商标相似就无商标侵权，那还不如直接将消费者混淆作为商标侵权的要件，而无须由消费者混淆推出商标相似，再由商标相似得出商标侵权成立的结论。由此可见，这种循环论证的推导，在理论与实践上除了徒增繁琐之外，毫无实际功用。

实际上，我国许多学者都认为混淆性相似标准有待商榷。"不管是商标近似性还是商品类似度，与混淆之虞都不存在直接的因果关系。实际上，就商标侵权案件而言，一旦就是否存在混淆之虞的问题已经解决，法官就可据以作出判决，根本不必再去探究商品或商标的近似性。"[1] "商标侵权的判断标准是商标法的核心和精髓。我国商标法以所使用的商标标识和商品类别是否相同或近似作为商标侵权的判断标准既不科学也不合理。"[2] "商标及商品之近似，并不等于混淆之虞，前者仅是

---

[1] 彭学龙：《商标法的符号学分析》，法律出版社2007年版，第275页。学界持此观点的还包括：邓宏光："'商标法'亟需解决的实体问题：从'符号保护'到'防止混淆'"，载《学术论坛》2007年第11期。

[2] 邓宏光："论商标侵权的判断标准——兼论《中华人民共和国商标法》第52条的修改"，载《法商研究》2010年第1期。

可能导致混淆之虞的原因。前者并不必然导致相关大众混淆之虞。"❶ 因此，商标近似和商品类似确实有可能会导致消费者发生混淆，如果先判断出消费者容易发生混淆，就暗示着发生混淆误认的重要原因——商标很可能近似，商品很可能类似。但是，这并不表明消费者发生了混淆，导致混淆发生的商标就一定会近似，商品就一定会类似。可见，我国长期沿用的以消费者容易发生混淆来解释商标的近似性和商品的类似性，再以商标的近似性和商品的类似性来判定侵权成立与否，在逻辑与适用上存在问题。

第三节　我国商标侵权判定中混淆与相似性的关系

我国长久以来以相似性作为商标侵权判定标准，造成理论和实践的困惑。就此而言，我国新《商标法》在侵权判定中引入混淆可能性要件具有重大的进步意义。新的商标侵权判定采取了相似性+混淆可能性的标准，那么，在这一标准之中，相似性和混淆可能性的关系如何呢？相似性是否是混淆可能性的前置性要件？抑或相似性仅仅是法院在考量混淆可能性问题时的参考因素？对相似性和混淆可能性之间关系的界定，直接关系到我国新《商标法》侵权判定条款的适用，其意义不可谓不重大。

一、混淆与相似性关系的立法模式

为合理界定我国新《商标法》侵权判定中混淆与相似性的

---

❶ 刘孔中：《商标法上混淆之虞之研究》，五南图书出版公司1997年版，第3页。

关系，需要首先分析世界各国或地区有代表性的商标立法是如何处理这两者关系的。从世界范围来看，商标侵权判定标准立法模式大致可以分为三种。在这三种立法模式中，混淆与相似性的关系都有所不同。

首先是以美国商标立法为代表的商标侵权判定"混淆可能性"模式。在美国商标法中，混淆可能性一直以来就是商标侵权判定的标准。美国联邦商标法《兰哈姆法》明确将消费者混淆可能性作为商标侵权成立的前提。1946年美国《兰哈姆法》第32条（a）（1）规定侵权成立的条件是："任何人未经注册人同意（a）在商业贸易中对注册商标进行复制、仿冒、抄袭或有意模仿，并与商品或服务的销售、许诺销售、运输或广告相联系，极有可能产生混淆或误认、或造成欺骗。"[1] 美国学者也认为，"极有可能造成混淆（likely to cause confusion）"是诉讼和证明的基本要素。对于联邦注册商标侵权的民事诉讼，对于未注册商标、名称和商业外观以及其他种类的反不正当竞争，以及对于联邦注册商标仿冒的刑事之诉，关键都是看一个商标是否极有可能性造成混淆。[2] 由于美国商标混淆之诉起源于古老的普通法侵权之诉，属于反不正当竞争法的范畴，因此反对混淆，确保市场中的商标相互区分，是美国商标法的立论之基。如果不存在消费者混淆，则市场上的商标就能够被消费者所区分，商标法就没必要介入。美国学者基本上在谈到商标侵权时，仅指造成消费者混淆意义上的侵权行为。学者们

---

[1] Lanham Act 32, 15 U.S.C.A. 1114(1).

[2] Richard L. Kirkatrick, Likelihood of Confusion in Trademark Law, New York: Practising Law Institute, 2010, §1:1.

均无一例外地认定，混淆可能性是商标侵权和反不正当竞争的基石。❶

在美国商标侵权判定"混淆可能性"模式之下，混淆可能性和相似性的关系较为清晰。混淆可能性是商标侵权判定的核心要件，而商标相似性、商品类似性，都只不过是法院在判定混淆可能性是否存在的考量因素。司法实务之中，美国法院发展出了用以判定混淆可能性的多因素检测法，即"商标法在传统上总结出一系列的基本因素，用以决定混淆可能性的存在与否"。❷ 这些考量因素包括：商标的相似性、商品的类似性（产品的相关性）、商标权人商标的显著性、实际混淆、被告的主观意图、消费者的注意程度等。由此，在美国商标法中，商标相似性、商品类似性，都只不过是判断消费者是否会发生混淆的外在考量因素。

欧盟商标侵权判定标准与美国有区别，欧盟实行的商标侵权判定标准是相似性+混淆可能性。欧盟商标指令在前言第10条中规定："鉴于注册商标所赋予的保护，其功能特别是保障商标作为来源标识的功能，在商标与标识相同亦即商品或者服务相同的情况下是绝对的；鉴于该保护还适用于商标与标识近似以及商品或者服务类似的情形；鉴于必须解释与混淆可能性相关的近似概念；鉴于混淆可能性，其认定取决于多个因素，特别是取决于商标在市场上的知名度、可与所使用或者所注册

---

❶ J. Thomas McCarthy, McCarthy on Trademarks and Unfair Competition, Eagan: Thomson/West, 2006, §23:1.

❷ J. Thomas McCarthy, McCarthy on Trademarks and Unfair Competition, Eagan: Thomson/West, 2006, §23:18.

的不是产生的联系、商标与标识的近似程度以及所识别的商品或者服务的类似程度，构成这种保护的特定条件"。在阐述商标侵权判定的总体原则之后，欧盟商标指令在第5条第1项规定了商标注册标准和商标侵权判定标准。商标指令第5条第1项规定："注册商标所有人有权阻止任何第三人未经同意在商业中的下列使用行为：（a）与注册商标相同的任何标识，并使用在相同的商品之上；（b）注册商标相同或者近似的任何标识，使用在相同或者类似商品上，对于相关公众具有混淆的可能性，包括该标识与商标之间的关联的可能性。"❶从上述条文来看，欧盟在商标侵权判定中遵循的标准是：当系争双方商标相同、商品类别相同时，可以直接认定商标侵权成立，亦即，在商标相同、商品类别也相同时，对商标权人商标的保护是绝对的；而当系争双方商标或商品类别有一种并非相同，而是相似或类似时，不能够直接认定侵权，还需要引入混淆可能性要件，亦即，在这种情况下的保护并非绝对的。显然，欧盟在商标侵权判定中实行的标准是相似性+混淆可能性。在相似性与混淆可能性的关系方面，商标的相似性、商品的类似性与混淆可能性，都是商标侵权成立的要件。其中，商标的相似性、商品的类似性的判定在先，混淆可能性的判定在后。商标的相似性和商品的类似性是混淆可能性的前置性要件。如果系争双方的商标不符合商标的相似性、商品的类似性要件，则可以认定商标侵权不成立。如果系争双方的商标符合商标的相似性、商品的类似性的要求，还要看是否存在消费者混淆可能性，才能

---

❶ 欧盟商标指令原文请参见：http://www.wipo.int/wipolex/zh/details.jsp?id=5206，2015-4-15。

认定商标侵权是否成立。

　　日本商标立法采取的商标侵权判定标准是相似性，而在实务之中，侵权判定逐步转向混淆性相似标准。日本《商标法》第37条规定："下列行为，视为侵害商标权或者专有使用权行为：（一）在指定商品或者指定服务上使用和注册商标近似的商标的行为，或者在与指定商品或者指定服务类似的商品或者服务上使用注册商标或者与其近似的商标的行为。"❶ 从该条文可以看出，日本《商标法》在商标侵权判定上并未引入混淆可能性要件，而是直接依据商标的相似性、商品的类似性进行侵权判定。但是在实务之中，日本侵权判定还是引入了混淆可能性要件，通过混淆可能性来解释商标的相似性、商品的类似性。日本学者认为："有关商标的外形、含义以及发音的近似，仅仅是推测对使用其商标的商品出处产生混淆、误认的大概基准，因此，即使在上述三点中存在近似点，在其他点上有显著的不同、或根据有关交易的实情无法认定可能混淆误认商标出处的情形时，不得将其解释为近似商标。"❷ 可见，混淆可能性乃是解释商标近似的因素。如果不存在混淆可能性，则"不得将其解释为近似商标"。由此，日本商标实务已经将日本立法中商标侵权判定的相似性标准转为混淆性相似标准。在混淆可能性和相似性的关系方面，相似性是认定商标侵权成立与否的重要标准，而混淆可能性可以用来解释相似性。相似性并非是一种物理意义上的相似，而是一种混淆可能性

---

❶ 《日本商标法》，李扬译，知识产权出版社2011年版，第29页。
❷ ［日］森智香子、广濑文彦、森康晃：《日本商标法实务》，北京林达刘知识产权代理事务所译，知识产权出版社2012年版，第106页。

语境上相似。

二、混淆与相似性关系的学理界定

为了厘清我国新《商标法》中混淆可能性与相似性之间的关系，我们还需要从学理上明确商标和商品这两个因素在消费者识别商标的过程中所发挥的作用，确定混淆与相似性在商标侵权判定中的地位。

从消费者认知的角度来看，商标和商品两个因素在消费者识别商标中扮演着重要的角色。商标对于消费者来说是外在的刺激性信息，通过图案、色彩、文字等作用于人的感觉器官，让消费者感知和识别，使消费者获得该商标所代表的有关信息，便于消费者进行购物。商标的特征，是消费者据以判断商标所标示的商品来源的主要手段。正是因为商标的特征是消费者识别商标的主要依据，模仿商标的这些特征，仿制出与商标权人商标相同或相似的标识，成为侵权者让消费者发生混淆的主要方式。如果侵权人的标识没有模仿商标权人商标的特征，与商标权人的商标不相同也不相似，消费者就可以直接对商标予以区别，很难发生混淆。

商品的类别也是消费者的外在刺激信息，不同的商品类别，如鞋、衣服、饮料等，都通过其特征作用于人的感觉器官，使人了解到商标所使用的具体商品类别，通过这些商品类别来帮助消费者更准确地识别商标。在市场中，商标权人的商标总是与特定的商品类别相联系，消费者已经习惯了在某一商品类别上看到其熟悉的商标，或者在看到熟悉的商标时也习惯于该商标一贯所使用的商品类别。因此，商品这一因素会从环境方面影响消费者对商标的认知，使消费者更倾向于认定在相同或类似的商品类别上出现的与商标权人商标相同或相似的标识是商标权人的商标。侵权人会利用消费者这种认知的特点，将与商标权人商标相同或相似的标识使用在与商标权人商品相同或相类似的商品类别之上，创造出与商标权人商品销售环境相同或相似的环境。消费者在看到熟悉的商品类别时，就很可能因为这种熟悉的环境发生混淆。正是基于此，商标和商品类别才成为侵权人主要的模仿对象。侵权人只有模仿了商标权人的商标和商品，才能更有效地欺骗消费者，使消费者上当受骗。

由此可见，侵权人模仿商标权人商标和商品的特征，其目的不在于模仿本身，而在于通过模仿创造出商标相同或相似、商品相同或类似的环境，使消费者对商标所标示的商品的来源发生错误的判断，影响其购物。侵权人的目的在于使消费者发生混淆，而对商标权人商标和商品的模仿仅仅是手段。据此，商标的相似性和商品的类似性是相对于消费者的外在刺激，在消费者识别商标中起着帮助消费者识别的作用。系争双方两个商标的特征越近似，系争商标所使用的商品类别越类似，消费者发生混淆的可能性就会增大。而如果仅仅商标相同或相近似，而商标所使用的商品类别完全不一样，则商品类别创造出的完全不同的"环境"就会提醒消费者注意商标所使用的商品类别不同，消费者就很可能不会发生混淆。"真正形成商标冲突的最主要原因，也是最终的衡量标准乃在于相关消费者是否会混淆误认。至于商标的近似及商品/服务的类似,应该是在判断有无'混淆误认之虞'时,其中的两个参酌因素。"❶商标的相似性和商品的类似性是导致消费者极有可能发生混淆的重要因素,它们通过作用于消费者的认知,影响消费者对商标的识别,是消费者发生混淆的原因,而消费者发生混淆可能性则是前两者因素导致的结果。

根据上述分析,在商标侵权判定中,主要的判定标准在于考察被诉侵权人使用他人商标的行为,是否容易导致消费者混淆。如果消费者容易发生混淆,则表明商标标示来源的基本功能没有得到发挥,消费者无法正常的识别商标并通过商标认牌购物,商标标示来源的作用被扼杀,商标也就失去了价值。商标法需要规制的正是这样一种导致消费者混淆的侵权行为。而相似性,仅仅只是外在的,影响消费者商标识别的因素,是判断消费者是否容易发生混淆的考量因素。那么,为什么在许多国家的立法与司法实践中,会对相似性与混淆可能性之间的关系出现不同的看法呢?可能的原因在于,商标和商品两个因素与混淆可能性之间的联系过于紧密,往往会存在相互对应的情形,导致人们不能厘清两者之间的关系。亦即,系争双方商标相同或相似、商品相同或类似,很有可能就会导致消费者在购物之中发生混淆误判。这样,就可能产生这样一种认识:商标相同或相似、商品相同或类似与混淆可能性之间存在必然联系,两者可以划等号。证明了商标相同或相似、商品相同或类似的问题,就等于证明了混淆可能性的问题;而证明了混淆可

---

❶ "台湾地区'混淆误认之虞'审查基准第2条",载http://www.110.com/fagui/law_12416.html,2015年4月20日访问。

能性的问题，就等于证明了商标相同或相似、商品相同或类似的问题。因为，消费者混淆可能性一般就是由商标相同或相似、商品相同或类似所导致的。于是，这才会出现我国司法解释《关于审理商标民事纠纷案件适用法律若干问题的解释》第9条第2款和第11条的规定，即以容易造成消费者混淆误认来解释商标近似和商品或服务类似，再根据2001年《商标法》第52条商标的近似和商品或服务的类似来判定商标侵权成立与否。实际上，商标近似和商品类似确实有可能会导致消费者发生混淆，因此如果先判断出了消费者容易发生混淆，就暗示着发生混淆误认的重要原因——商标也很可能近似，商品也很可能类似。但是，这并不表明消费者发生了混淆，导致混淆发生的商标就一定会近似，商品就一定会类似。有可能商标近似，但商品类似程度低，消费者也极有可能发生混淆，有可能商标近似程度很低，但商品相同或相类似，消费者也极有可能发生混淆。

三、我国商标侵权判定中混淆与相似性的关系

根据上文分析，不同国家或地区的商标立法在商标侵权判定以及在处理混淆可能性和相似性的关系上都有所区别。在学理上，只有混淆才是商标侵权判定的核心要件，而相似性仅仅是判断混淆是否存在的参考因素。那么，在中国商标侵权判定中，应如何解释新《商标法》第57条第（2）项中混淆可能性与相似性的关系呢？相似性是否是混淆可能性的前置性要件？抑或相似性仅仅是法院在考量混淆可能性问题时的参考因素？

根据商标法的基本理论，商标法的主要任务在于规制混

淆，使市场上的商标能够相互区分，使消费者能够认牌购物。一旦消费者发生混淆，则商标权人无法借助于商标展示自己，消费者也失去了降低搜寻成本、方便快捷选购商品的有力工具。因此，商标的主要功能是让消费者明白商标所标示的商品的来源及与该商品相关的信息。当市场中的商标能够相互区分，消费者能够正常地识别商标并依据商标所代表的信息进行购物决策时，商标标示来源的功能就能够正常的发挥，商标权人就不应当禁止他人对其商标的使用。混淆可能性应是商标混淆侵权认定的标准和权利界定的基础。"如果两种商品或市场足够分离，则两个企业可以同时使用相同的词语做商标。这就意味着，商标所有人的权利边界必须通过'混淆'这一概念才能划定。"❶"商标及商品之近，并不等于混淆之虞。前者仅是可能导致混淆之虞的原因"，"必须因商标及商品近似而导致相关大众有混淆之虞的结果，商标法才有干涉的必要。"❷

由此，日本商标侵权判定实行的相似性标准以及实务中以混淆可能性来解释相似性的做法颠倒了混淆可能性与相似性的关系，容易造成逻辑混乱，不值得我国借鉴。❸而美国商标侵权判定实行的以混淆可能性为核心要件，以相似性为考量因素的标准最为科学和符合商标法基本原理。亦即，混淆可能性是商标侵权判定的认定依据，而商标的相似性、商品的类似性，

---

❶ 彭学龙：《商标法的符号学分析》，法律出版社2007年版，第190页。

❷ 刘孔中：《商标法上混淆之虞之研究》，五南图书出版公司1997年版，第3~4页。

❸ 事实上，长期以来我国实行的是与日本相同的侵权判定标准，饱受各界争议。根据新《商标法》第57条第（2）项的规定，我国商标侵权判定已经不再以混淆性相似为标准，而是引入了混淆可能性要件。

都只不过是认定混淆可能性是否存在的考量因素。商标的相似性和商品的类似性是导致消费者发生混淆的重要因素，它们影响消费者对商标的识别，是消费者发生混淆的主要原因，而消费者发生混淆则是前两者因素导致的结果。

那么，我们是否应当借鉴美国商标立法，遵循相似性与混淆关系的学理界定，对我国新《商标法》第57条第（2）项作出解释呢？亦即，将混淆可能性确立为商标侵权成立与否的核心要件，商标的相似性、商品的类似性都仅仅是考量因素，在商标侵权判定中起辅助性作用。一旦法院认定混淆可能性存在，即可直接判定侵权成立，无须考量商标的相似性、商品的类似性要件。

实际上，尽管美国的以混淆可能性为中心的商标侵权判定模式最为科学，符合商标法的基本原理，但其有效发挥作用却需要相配套的规则。在美国，立法上虽然明确规定混淆可能性是判断商标侵权是否成立的决定性因素，然而，混淆可能性的判定并非毫无规则可循。美国在司法上确立了多因素检测法并且在长期司法实践中形成了一整套适用办法。早在1938年，美国《侵权法重述》就对混淆可能性判定中需要考量的基本因素进行了归纳。这些因素分为9项，分别是：（1）行为人的商品、服务或营业会被其他人误判的可能性；（2）行为人可能将其营业扩展到与其他人相竞争的行业的可能性；（3）行为人的商品或服务与他人的商品或服务有着共同的消费者或使用者的程度；（4）行为人的商品或服务与他人的商品或服务是否通过相同的渠道销售；（5）行为人的商品或服务与他人的商品或服务在功能上的关系；（6）商标或商业名称的显著性；（7）购买行为人商品或服务以及他人商品或服务时购买者对商标施加的通常的注意程度；（8）行为人使用标识的时间；（9）行为人采用和使用标识的意图。❶ 司法实践中，美国很多法院也对混淆可能性判定中可以考量的多项因素及其适用进行了总结。在1961年第二巡回法院审理的Polaroid（宝丽来）案中❷，法院归纳出了判定混淆可能性的因素，被称为宝丽来因素（Polaroid factors）。❸ 在1973年的DuPont（杜邦）一案中❹，法院归纳出了杜邦因素。❺ 除此之外，还有1979年斯里克卡夫特因素❻、1983年兰谱因素。❼ 可以看出，美国法院已经形成了一

---

❶ Restatement of torts § 731(1938).

❷ Polaroid Corp. v. Polarad Elecs. Corp., 287 F.2d 492, 495(2d Cir. 1961).

❸ 这些因素包括：（1）商标的显著性；（2）两个标识之间的相似性程度；（3）商品的竞争性程度；（4）实际混淆；（5）原告营业扩展（bridge the gap）的可能性；（6）被告采用其标识的主观意图；（7）被告商品的质量；（8）购买者的注意程度。

❹ In re E.I.DuPont DeNemours&Co., 476 F.2d 1357(C.C.P.A.1973).

❺ 这些因素包括：（1）主体商标在外形、声音、意义、商业印象的相似性或非相似性；（2）商品或服务性质的相似性或非相似性；（3）已经建立的，可能还要继续的商业渠道的相似性或非相似性；（4）购买者购物时的环境，例如，冲动vs小心，谨慎的购买；（5）在先商标的名声（销售、广告、使用的时间）；（6）将相似商标使用于类似商品的数量和性质；（7）任何实际混淆的性质和程度；（8）两个商标共同使用而没有发生实际混淆的时间长度和状况；（9）一个商标使用或没有使用在多样的商品类别上；（10）申请者和在先商标所有人之间的市场接触程度；（11）申请者有权排除其他人使用其商标于其商品上的程度；（12）潜在混淆程度；（13）其他因素。

❻ AMF Inc. v. Sleekcraft Boats, 599 F.2d 341(9th Cir. 1979).

❼ Interpace Corp.v. Lapp, Inc., 721 F.2d 460(3d Cir. 1983).

整套关于如何判断混淆可能性存在的方法，美国实行的以混淆可能性为核心的侵权判定标准之所以能够运用自如，与美国司法实践中的配套措施密不可分。

而反观中国，中国法院并未像美国法院一样，在实践中归纳出多因素检测法，形成一整套关于混淆可能性的认定方法。尽管中国法院在司法审判中也会运用多因素检测法中的某一或某几项因素，但是，长久以来中国司法审判的传统是考察商标的相似性和商品的类似性，只有满足商标的相似性和商品的类似性的要件，才会进一步考察商标侵权是否成立。商标的相似性和商品的类似性在中国商标侵权判定传统中具有独立性的意义。另外，中国对普通商标和驰名商标进行区别保护，普通商标的商标禁止权范围小于驰名商标的商标禁止权范围，驰名商标可以享受到跨类保护。❶ 而如何区分这种保护，主要是看系争双方商标所使用的商品的类别是否类似。如果系争双方商标所使用的商品类别不类似，则商标权人必须证明其商标系驰名商标，可以获得跨类保护，方能进一步要求法院认定商标侵权是否成立。由此可见，我国立法由于区分了不同商标的保护范围，客观上需要借助于相似性要件，判断商品类别是否具有类似性，以区分不同商标的保护范围。商标的相似性、商品的类似性，在中国一直以来就是商标侵权判定的独立性要件，在侵

---

❶ 参见中国新《商标法》第13条："为相关公众所熟知的商标，持有人认为其权利受到侵害时，可以依照本法规定请求驰名商标保护。就相同或者类似商品申请注册的商标是复制、摹仿或者翻译他人未在中国注册的驰名商标，容易导致混淆的，不予注册并禁止使用。就不相同或者不相类似商品申请注册的商标是复制、摹仿或者翻译他人已经在中国注册的驰名商标，误导公众，致使该驰名商标注册人的利益可能受到损害的，不予注册并禁止使用。"

权判定中发挥着重要的作用。

因此，遵照商标法的基本法理和中国商标侵权判定的传统，宜对《商标法》第57条第（2）项中混淆可能性与相似性的关系做如下解释。第一，混淆可能性和相似性都是商标侵权判定的独立性要件。其中，相似性乃是前置性要件，混淆可能性乃是结果性要件。侵权判定中，系争商标只有满足了相似性的基本要求，才能进一步探讨混淆可能性的问题，而只有满足混淆可能性的要求，才能最终认定商标侵权成立，只有同时满足相似性和混淆可能性，才能认定构成商标侵权。亦即，系争商标即使符合相似性的要求，也可能由于不存在消费者混淆可能性，而不被认定为商标侵权。"尽管两个商标非常近似，并非必然引发混淆可能性的问题，近似本身不是判定的标准，关键在于近似是否有可能导致混淆。"❶ 第二，在实务中判断消费者是否极有可能发生混淆，需要考察系争双方商标的相似性和商品的类似性问题，只有满足相似性的要求，才能进一步考察混淆的问题。不能以消费者混淆的结果来解释双方商标的相似性和商品的类似性，再以双方商标的相似性和商品的类似性推导出商标侵权成立。

第四节 我国商标侵权判定中混淆与相似性的适用

在厘清新《商标法》第57条第（2）项混淆可能性与相似性关系的基础上，还需要进一步分析和界定这一条款中混淆可能

---

❶ 李明德：《美国知识产权法》，法律出版社2003年版，第300页。

性和相似性的含义。只有明确了混淆可能性和相似性的含义，才能够在商标侵权判定中对案件原被告的商标进行相似性和混淆可能性的分析，作出合理的判断。

一、商标侵权判定中混淆的含义与适用

日常生活中也存在混淆，指人们对不同的事物无法或难以区分的状态。混淆可能性作为一个法律概念，融入了法律的价值追求和规范意旨，与日常生活中的混淆不同。我国新《商标法》首次引入了混淆可能性要件，可以从主体、程度、类型这三个方面来进行解释。

从主体方面来看，作为一种分析的基础，如果混淆要存在，它必须发生在遇到系争商标的相关消费者的大脑中。"❶ 混淆可能性中的混淆主体主要是购买特定商标所标示的商品的相关消费者。相关消费者一般限于正在购买商标所标示的商品的消费者或潜在有购买可能的消费者。而"范围过度着重于购买关系，有时可能不够广泛。"❷ "购买过程中消费者的混淆是最常见的。但是一些人的混淆，也可能影响到消费者。"❸ 这些主体包括与特定商标的商标权人有直接经济上往来和联系的主体，如经销商、批发商、零售商等。因此，商标混淆的主体还

---

❶ Richard L. Kirkatrick, Likelihood of Confusion in Trademark Law, New York: Practising Law Institute, 2010, §6:1.

❷ 刘孔中：《商标法上混淆之虞之研究》，五南图书出版公司1997年版，第10页。

❸ Shashank Upadhye, Trademark Surveys: Identifying the Relevant Universe of Confused Consumers. Fordham Intellectual Property, Media & Entertainment Law Journal, Vol. 8, Issue 2 (Winter/Symposium 1998), pp.580.

应包括一些相关消费者之外的其他极有可能发生混淆的主体，立法将这些主体概括为"相关公众"。"相关公众"一词，在多国或地区立法之中都有所体现。在欧洲，欧盟1993年12月通过的《欧洲共同体商标条例》以及2004年对条例的修订，都规定欧盟商标权人有权阻止"在公众中"能引起混淆的使用行为。❶我国《商标法》第13条、第14条，《商标法实施条例》第50条中都使用了"误导公众"一词，而《最高人民法院关于审理商标民事纠纷案件适用法律若干问题的解释》第1条在界定商标侵权时也使用了"容易使相关公众产生误认的"。可见，立法为避免相关消费者涵盖的范围不够广泛，已将商标混淆的主体界定为相关公众。

在程度方面，混淆可能性对被混淆的消费者范围、数量和认知有一定的标准和要求。需要商标法规制和干预的混淆不能是个别的、偶然的、仅限于一小部分人的混淆。王敏铨教授就指出："'（混淆）之虞'代表一种量的门槛（threshold quantum）——要有'相当数量'（appreciable number）的合理购买人，可能被近似的标章所混淆——才使混淆'可能性'❷升高到混淆'之虞'。"❸可见，商标法中消费者可能被混淆的程度，应当发展到了一定的范围和进度，处于一种相对

---

❶ 参见黄晖：《商标法》，法律出版社2004年版，第313~317页。

❷ 王敏铨该文中的"可能性"，仅指一般的发生混淆的可能性，这与本文所称的"混淆可能性"不同。本文所称的"混淆可能性"是指发生混淆的"极大的盖然性"、"明显的可能性"、"具有较大现实性的可能性"。台湾地区一般称之为"混淆之虞"，欧美国家对应的英文为"the likelihood of confusion"。

❸ 王敏铨："美国商标法之混淆之虞及其特殊样态之研究"，载《智慧财产权月刊》2006年第94期。

严重的状态，需要商标法介入了。一般认为，只要相当可观的（appreciable）理性消费者有可能就相似的商标发生混淆，商标侵权或反不当竞争的责任就成立了。❶ 然而，何种数量为"相当可观"，立法与司法并未明定。刘孔中教授认为，必须相关事业或消费者中相当部分的人有陷于错误之可能时，才有商标法介入之必要。而其中的"相当部分"也没有固定之数字或比例。❷ 司法实践中，不同法院的做法也是大相径庭。有法院认为8.5%的消费者的混淆就是证明混淆可能性的有力证据，另有法院认为这一比例应达到15%。因此，似乎消费者的混淆并不意味着一定要相关消费者的大多数发生混淆。❸ 刘孔中教授认为，必须结合个案的情况来确定。而一般而言，相关事业或消费者中有10%受到混淆之虞，应该是国际上普遍接受的合理门槛。❹ 不仅如此，混淆可能性在商标法中并非指消费者对商品或服务的来源有一般的发生混淆的可能性，而是指消费者对商品或服务的来源有发生混淆的极大的盖然性、明显的可能性、具有较大现实性的可能性。

在类型方面，近年来，商标混淆可能性一直处于扩张之中，除了来源混淆之外，关联关系混淆、初始兴趣混淆、售后混淆等混淆类型都相继出现。初始兴趣混淆和售后混淆，主要是英美商标法上的概念，在我国并未得到广泛适用，如果要将

---

❶ J. Thomas McCarthy, McCarthy on Trademarks and Unfair Competition, Eagan: Thomson/West, 2006, §23:2.

❷❹ 刘孔中：《商标法上混淆之虞之研究》，五南图书出版公司1997年版，第11页。

❸ J. Thomas McCarthy, McCarthy on Trademarks and Unfair Competition, Eagan: Thomson/West, 2006, §23:2.

之引入我国商标法中，还需要对其理论基础、适用范围进行分析和界定。我国商标法中主要的混淆类型是来源混淆和关联关系混淆，亦即消费者将侵权人的商品或服务误认为是商标权人所提供，或者误认为侵权人与商标权人存在赞助、许可等关联关系，使消费者认为商标权人是侵权人提供的商品或服务的质量监督者和保证者。因此，在对我国新《商标法》中的混淆可能性进行类型方面的解释时，不宜将初始兴趣混淆和售后混淆轻易纳入，而应将之解释为来源混淆和关联关系混淆这两种我国立法和司法实务中已经得到广泛认可的混淆类型。

综上，我国新《商标法》上的混淆可能性，是判断商标侵权成立与否的重要标准，其具体含义是：系争主体商标的相关消费者中的相当部分，极有可能将不同的商品或服务误认为来自于同一来源，或极有可能误认为两商品的来源间存在着赞助、许可、附属等关联关系。只有符合这一定义的混淆，才是商标法上的混淆可能性。

二、商标侵权判定中相似性的含义与判断

新《商标法》已经将传统侵权判定混淆性相似标准转变为了相似性+混淆可能性标准，而我国2002年《商标法》司法解释第9条和第11条在解释商标近似和商品类似时，依然是着眼于"容易使相关公众混淆"。这是通过混淆可能性去解释商标的相似性和商品的类似性，如果这一司法解释不变，则新的"相似性+混淆可能性"标准在逻辑上就更为混乱。一方面，"相似性+混淆可能性"中的相似性需要用混淆可能性来解释；另一方面，新的侵权判定标准中又增加了混淆可能性要件，这相

当于要在侵权判定中适用两次混淆可能性要件。因此，在新的商标侵权判定标准出台之后，不应再通过混淆可能性对相似性进行解释。新《商标法》中商标的相似性、商品的类似性，应是一种物理意义上的相似，而不应当是混淆可能性语境上的相似。据此，应对我国商标法司法解释上述第9条和第11条进行修订，以物理意义上的相似性为标准重新界定商标的相似性和商品的类似性，删去"容易使相关公众混淆"的相关解释，将商标的相似性规定为：商标近似，是指被控侵权的商标与原告的注册商标相比较，其文字的字形、读音、含义或者图形的构图及颜色，或者其各要素组合后的整体结构相似，或者其立体形状、颜色组合近似。将商品的类似性规定为：类似商品，是指在功能、用途、生产部门、销售渠道、消费对象等方面相同；类似服务，是指在服务的目的、内容、方式、对象等方面相同。

关于相似性的证明标准，即商标或商品在何种程度上相近，才能达到新《商标法》所要求的相似性，应结合新的相似性+混淆可能性侵权判定标准来确定。根据前文的分析，新《商标法》第57条第（2）项中的相似性和混淆可能性，宜将之解释为商标侵权判定的两个独立要件。系争商标只有满足了相似性要件的要求才能进一步探讨是否存在混淆可能性。如果不符合相似性要件的要求，就无须再讨论混淆可能性的问题。因此，在这种情况下，就不宜将相似性要件的证明标准确定的过高。一旦将相似性标准确定的过高，就会导致某些情况下，系争双方的商标或商品不符合相似性的要求，从而不被认定为侵权，而被诉人对该商标的使用却容易导致消费者混淆，造成不公平判决结果的出现。根据商标法的基本原理，混淆才是商标侵权判定的关键，相似性的判断只是为了辅助混淆可能性的判断。只要案件中系争商标或商品类别有一定程度的相似，即应符合相似性的要求，后面的任务乃是综合案情各方面情况，考察这种相似性的程度是否极有可能导致消费者混淆误认。据此，商标在音、形、义或者图形的构图、颜色等某一个方面具备一定的相似性程度，即应认定为商标相似，商品在功能、用途、生产部门、销售渠道、消费对象等某一个方面相同或存在密切联系，即应认定为商品类似，对于类似服务的认定也是如此。

第五节 结　　语

商标侵权的判定，是商标法中的重大理论与实践议题，关系到商标权人商标权的有效保护、他人自由竞争权益的维护以及消费者利益的实现。我国2013年新《商标法》在侵权判定方面引入混淆可能性要件，取消了过去一直沿用的以商标的相似性、商品的类似性作为商标侵权判定依据的做法，符合商标法的基本原理，是立法的重大进步。但是，新的商标侵权判定条款的出台，在解释和适用上还有许多问题需要探讨，围绕新《商标法》第57条第（2）项的解释，需要结合商标法的理论基础、我国立法和司法在商标侵权判定方面的历史和传统，方能得出恰当的结论。就此而言，本文所做的努力仅仅是抛砖引玉，希望学界同仁能就这一问题发表更加深入的见解，深化对这一条款的认识，助益于商标审判司法实践。

第九章　商标保护、自由竞争与表达自由

　　商标法通过对商标混淆侵权行为进行规制，防止消费者对商品的来源发生混淆，确保市场上的商标能够相互区分，营造公平、自由的市场竞争环境。同时，商标法又将商标权限定在一定的范围之内，以消费者是否会发生混淆作为商标侵权救济的主要标准，保证其他厂商和消费者能够从对他人商标的合理利用中获益。因此，原则上说商标的保护与自由竞争和表达自由之间并不存在冲突。但是，正如前文所言，商标权自设立时起，就处于不断的扩张之中，不但商标侵权判定之混淆标准的适用范围呈现出扩张的趋势，而且商标反淡化法的通过，更使商标权大为强化。与此同时，由于法院判定商标混淆侵权和商标淡化侵权的标准不统一，使得商标权的保护与自由竞争、表达自由之间存在发生冲突的潜在可能，商标权人有可能通过其商标权损害市场自由竞争、压制表达自由。本章将论述商标保护与自由竞争、表达自由之间的关系，探讨建立商标保护和自由竞争、表达自由的协调机制，明确商标权的合理边界对于整个市场自由竞争的重要意义。

第一节　商标保护促进自由竞争与表达自由

　　在现有的文化背景下，包括字母、文字、线条、颜色在内的各种符号构成要素都携带着意义，纯属臆造、不会让人产

生任何联想的符号根本就不存在。❶人是一种符号动物，商标作为经济生活中最重要的符号之一，作为一种文化现象，对人们的生活有着举足轻重的影响。❷商标作为一种符号，在长期的使用过程中会产生诸多的意义，这些意义涉及的内容十分丰富。"它指称的客体为某个或某类商品或服务，所携带的意义则是这类商品或服务的出处、其生产者或销售者的商誉，驰名商标甚至还代表着特定的品位、可以彰显消费者的身份。"❸因此，商标不仅仅是作为市场中厂商之间彼此区分的标识，同时也代表着商誉、品味、优质、美好的形象等。正是商标具有符号所共有的存储并传递信息、表达言论的特点，使得商标成为一种公共符号资源，不仅商标权人需要使用其商标表明产源和相关商品信息，同时其他厂商、消费者和普通公众在一定情况下也需要借助于商标权人的商标向外界传递有关的信息，便利自己参与市场竞争或者表达言论。

首先，商标权人对其商标的使用和对商标权的维护，本身就是在向社会传递正确的、清晰的商品产源信息，是传递商业资讯、降低消费者搜寻成本的有效途径。在竞争激烈的商品经济社会，每一类别的商品都有诸多的竞争者提供，同一类别的商品十分丰富，为了让消费者了解本企业提供的商品的特点、质量等，厂商必须将本企业商品的信息通过有效的方式传递给消费者。而目前看来，商标无疑是传递与商品有关的信息的最为有力的工具。在选用能够在市场上为消费者所识别的商标之后，厂商就可以将其提供的商品的有关信息凝聚在商标之中，

---

❶❸ 彭学龙：《商标法的符号学分析》，法律出版社2007年版，第33页。

❷ 黄晖：《商标法》，法律出版社2004年版，第2~3页。

使社会公众以最为便捷的方式了解到本企业商品的资讯。"商标是一种心理现象，使消费者通过一个统一的标识来作出购买决策。"❶ 通过商标，社会公众获得了有用的商品信息，了解到了商品的来源，便于在大量的同类商品中作出理性的选择。厂商借助商标，不仅在市场中建立起便于消费者区分的身份象征，也将大量的有关商品的信息便捷地传递给消费者，使厂商所欲求表达的品牌形象、定位、质量品质等商业信息能够顺利地为消费者所获得。另外，仅仅使用商标并不能够确保商标权人所欲传达的信息可以准确、顺利地传达给消费者。如果他人以混淆消费者的方式，在自己提供的商品上使用与商标权人商标相同或类似的标识，容易使消费者发生混淆，则消费者就可能对标识所传递的信息作出错误的判断，进而作出错误的购买决策，发生误买误购，这样商标权人采用商标来进行信息传递的目的就完全无法实现。因此，商标法需要通过商标反混淆制度来规制商标混淆侵权，商标保护在实质上是对商标权人使用商标开展市场竞争，表达商业性信息的保护。它使商标权人拥有一定范围内的禁止权，可以禁止他人在商业贸易中采取让消费者无法有效获得商标所传递的商品信息的行为。

然而，商标也是一种公共符号，具有丰富的含义。不仅商标权人需要使用商标表明商品的来源、开展竞争、表达言论、传递信息，其他厂商、消费者和社会公众有时在一定情况下也需要借助于商标权人的商标传递相关的信息。亦即，商标存储着丰富的信息，其不仅属于商标权人的财产，同时也是一种公

---

❶ Uli Widmaier, Use, Liability, and the Structure of Trademark Law, *33 HOFSTRA L.REV.* 603, 614 (2004–2005).

共符号资源,人们可以在一定条件下使用这种公共符号资源。其他厂商可通过使用这种公共符号资源表达自己提供的商品的一些信息,使其能够更好地参与市场竞争。同时,消费者有时也可以使用这种公共符号资源来表达自己的观点和言论,以满足需求,获得更多元化的商品信息,便于作出更符合意愿的购买决策。由此可见,商标并不仅仅属于商标权人,商标本身所蕴含的丰富意义和作为符号的本质属性,决定了商标乃是人们之间进行沟通和表达信息的有效工具。商标权必须限定在一定的范围之内,在维护商标权人商标权的同时,也要让商标成为信息传递的有效工具,便利于参与市场竞争的其他厂商和消费者。当商标权的范围较为合理,商标侵权判定清晰明确,法院采取的判定商标侵权的标准合理统一时,商标权就会被限定在一定的范围之内,商标权之外的范围就会成为其他厂商和消费者、社会公众自由使用商标这种公共符号资源的空间。正是在这个意义上说,商标保护与自由竞争、表达自由之间并不存在本质的冲突,商标保护一方面确保了商标权人能够自由地向消费者传递其意欲传递的信息,使他人不得以不正当的方式干涉商标权人向消费者传递信息的活动,另外又为其他厂商和消费者留存了充足的可以自由利用他人商标进行自由竞争和表达自由的空间。因此,商标保护一般不会阻碍自由竞争与表达自由。相反,商标保护会助益于自由竞争和表达自由的开展,确保市场竞争的公平有序。

第二节　商标保护与自由竞争和表达自由的冲突

尽管商标保护一般并不会压制市场自由竞争和表达自由的进行，但是在商标之上，由于不同主体的利益需求不同，商标保护与自由竞争和表达自由之间还存在着发生冲突的潜在可能。

如果商标权控制在一定的范围之内，商标侵权判定的标准明确和统一，法院在进行商标侵权判定时运用的方法合理适当，则商标保护并不会与自由竞争和表达自由相冲突。然而，由于商标侵权判定目前面临着很大的不确定性，使得商标保护可能会影响到市场自由竞争和表达自由。例如，商标侵权判定的混淆标准所指的究竟是哪些消费者的混淆，法律并未明确。是直接发生购买行为的消费者所发生的混淆？还是那些潜在有购买可能的消费者所发生的混淆？此外，消费者发生了何种程度的消费者混淆，才需要商标法干预？法律也未做明确规定。假如系争商标所涉及的相关消费者有10%发生了混淆，能否判定商标侵权成立？还是要相关消费者有超过50%的人群发生了混淆，才可以判定侵权成立？不仅如此，认定商标侵权成立，实际上是看系争商标所涉及的消费者是否容易发生混淆，而混淆是消费者大脑中发生的认知现象，这就给法官提出了难题，需要法官去认定系争商标是否容易导致消费者混淆。有时法官在判定上不得不借助于商标标识的相似性、商品的类似性、商标的显著性这些外在因素去推断消费者对商标的认知，有些情况下难免先入为主，发生误判。商标侵权判定中存在的模糊地带和可能存在的误判，就可能使商标保护越过合理的界限，侵犯到其他主体的权益。假如在不应当进行商标保护的情况下进行商标保护，认定他人使用商标权人商标的某种行为构成侵权，就可能会阻碍他人在一些正当和合法的情况下合理利用商标权人的商标，这会直接造成对自由竞争和表达自由的侵害。

商标的合理使用在这一问题上就具有典型性。对于描述性的商标标识而言，该标识本身即包含有描述性的意义。在该标识经过厂商使用之后获得第二含义，成为商标之后，其本来所具有的描述性意义并未发生改变。商标权人可以禁止他人以混淆消费者的方式使用该商标，但是其他主体也有权以该商标本来具有的描述性的意义利用该商标，传递相关的信息。亦即，商标权人不能独占该商标，不允许他人以任何方式利用该商标传递信息。这是商标法中一项基本的原则。然而，由于商标侵权判断标准在适用方面存在问题，商标合理使用制度与商标混淆标准在适用上还是存在潜在的冲突。美国KP案就典型地体现出了这一点。[1]

在KP案中，KP公司和Lasting公司均是销售彩绘美容产品的企业，均使用"micro color"这个词来销售其商品。Lasting公司认为KP公司将"micro color"使用在其商品和产品目录上构成商标侵权，而KP公司则主张"micro color"已经成为通用名称，Lasting公司不享有排他使用权，不能主张商标权保护。在一审中，地方法院认为"micro color"这个词属于通用名称或描述性词汇，KP公司的使用善意且公平，不构成商标侵权，Lasting公司提出上诉。在第九巡回法院的上诉审中，法院驳回了初审法院的见解，认为Lasting拥有对"micro color"的

---

[1] KP Permanent Make-Up, Inc. v. Lasting Impression, Inc. 542 U.S.902(2004).

商标权，KP公司的使用可能造成消费者混淆，而对于商标合理使用，法院认为必须未引起消费者混淆才可以适用。故认为KP公司的使用并不合法，撤销原判。最终，KP公司上诉至最高法院，最高法院并不支持上诉法院的观点。最高法院认为，即便Lasting公司拥有"micro color"的商标权，但其他厂商也可在描述性的意义上使用该标识，即便该使用造成了某种程度的消费者混淆，被告也可以使用合理使用作为抗辩，故而发回重审。纵观该案三个法院的判决，可以发现法院在适用商标混淆标准与商标合理使用制度方面有着很大分歧。一种观点认为只要可能出现消费者混淆，被诉侵权人就不能够使用合理使用作为抗辩，而另一种观点则认为只要其他厂商的使用善意且公平，就算造成了一定程度的消费者混淆，也不影响其他厂商使用合理使用作为抗辩。这两种观点导致的判决则是一方倾向于保护商标权人的利益，另一方倾向于保护其他厂商的利益。而这些不同的立场和做法可能导致的结果又与自由竞争及表达自由密切相关，关系到其他市场主体在何种程度上可以合理的利用商标权人的商标。可见，如果不能够理清商标混淆标准的适用与其他主体对商标权商标进行合理利用之间的关系，无法合理划定商标权的范围，就很有可能使商标权僭越其应当具有的界限，侵犯其他主体的合法权益，损害自由竞争和表达自由。

上文所述KP案涉及了其他厂商在竞争中自由竞争和表达商业性言论的自由，而除了厂商需要参与市场竞争，表达言论之外，消费者、社会公众在某些情况下也可能利用商标权人的商标进行批评或评论，表达自己的观点，这就涉及商标保护与公众表达自由的问题。1997年发生的Planned Parenthood v.

Bucci案就体现出这一点。❶ 在该案中，美国计划怀孕组织拥有"Planned parenthood"的商标权。该组织是关于生育权的重要组织。被告理查德布奇（Richard Bucci）是合法堕胎的反对者，在1996年注册了名为"Plannedparenthood.com"的域名，通过该域名发布了反堕胎的书，即《堕胎的代价》。显然，他的目的是通过利用原告的商标作为域名，吸引公众注意，更好地表达和传播其观点。但是，原告认为被告可能造成消费者混淆，构成商标侵权，向法院提起诉讼。在庭审中，被告认为使用原告的商标作为域名仅是为了吸引公众注意，更好地表达自己的观点，这是非商业性的，属于言论自由的范畴，不属于商标法的管辖范围。但是法院并未采纳被告的观点，认定其对商标权人的损害已经造成，构成商标侵权。实际上，该案涉及的问题就是公众是否可以在一定的条件下，通过利用商标权人的商标来表达自己的观点，传播言论。该案中被告并未通过商标权人的商标谋利，也并没有利用商标权人的商标来标示自己所提供的商品的来源，消费者根本不会在市场中发生混淆，从而在购物决策上受到影响。显而易见，即便消费者最初发生了混淆，认为该域名系原告商标权人所创办的网站名称，但一旦登录该网站，即可发现该网站的内容都是反对堕胎的，这正与原告的观点相左，这种混淆也将在消费者了解到网站内容后消除，根本不会对商标权人的利益构成影响。通过本案可以发现，商标保护不仅涉及其他厂商参与市场竞争的利益，而

---

❶ Planned Parenthood v. Bucci, 1997 WL 133313(S.D.N.Y.Mar. 24,1997). 转引自Uli Widmaier,Use, Liability, and the Structure of Trademark Law, *33 HOFSTRA L.REV*.603,657(2004–2005).

且关系到消费者和公众是否能够通过商标来自由表达自己的观点。

商标权人在维护自己权利的过程中,极力反对他人对其商标的使用,即便这种使用并不会造成商标权人利益的损失。因此在一些案件中,商标权人维权的主张就显得比较荒唐,即便未研习过商标法的人实际上也能看出其中存在的问题。在2006年世界杯期间发生的有关商标混淆侵权的纠纷,就鲜明地体现了这一点。在世界杯上,球迷穿自己支持的国家的球队队服是一种惯例,世界杯期间的大街小巷、酒吧餐厅,都能见到穿着各种国家队队服的球迷。在2006年世界杯期间,有一家啤酒公司就利用世界杯进行啤酒的促销,并向球迷们赠送荷兰队队服的裤子,作为公司促销的礼物。很多球迷在进体育场看球时就穿上了该公司赠送的荷兰队主队队服的裤子。但是,作为管理国家足球队的组织——FIFA(国际足联),拥有球队队服的商标许可权。由于该啤酒公司赠送给球迷的荷兰队队服的裤子并非FIFA官方授权的队服,FIFA认为球迷穿上这些队服很容易造成消费者发生混淆,不仅该公司为促销啤酒而送给球迷这些队服的行为是非法的,球迷自己穿这些队服也是非法的,因为这会让人们误以为这些球迷的队服和荷兰国家队之间存在某种关联关系,误以为球迷的服装经过了官方的授权许可。最后,穿着这些未经授权的裤子的球迷被禁止进入体育场,有超过1 000名球迷只能脱去球裤,穿着内衣裤进入体育场看球。❶ 在这一事件中,商标权人的理由就是:球迷穿的队服并非官方授权,

---

❶ Ambush Pantsing at World Cup, http://scientopia.org/blogs/thisscientificlife/2006/06/19/ambush-pantsing-at-world-cup, 2015-4-12。

这很可能会让他人产生混淆。

另一事件也较为典型。美国职业棒球联赛是全美乃至全世界最为著名的棒球顶级联赛，里面的职业球队队名都是注册商标，享有商标权。在美国一个很小的地方，当地经常举办由12岁左右小朋友参加的儿童棒球联赛，这个儿童棒球联赛参赛队伍的队名很多都与美国职业棒球联赛职业队队名相同。实际上，这只不过是为了增加儿童棒球赛的趣味性，让儿童和观众更积极地投身于地区公益性运动。但是，美国职业棒球联盟认为，人们在观看这个儿童棒球联赛的时候，会因为这些儿童棒球队的队名与职业棒球联赛职业队队名相同而极有可能产生混淆，误认为职业队已经许可或赞助了这些儿童队。最终，在诉讼的威胁之下，儿童棒球联赛的队伍都被迫改了名字。在该事件中，商标权人所持的理由也是儿童棒球联赛参赛队伍使用已是注册商标的职业队的队名会造成人们混淆。❶

还有一些事件是因为电影公司在发行的电影中碰巧使用了或出现了商标权人的商标，导致商标权人提起侵权之诉。在1998年，新干线电影公司发行了一部喜剧，讲述了一个位于明尼苏达州的农场聚会上所举办的选美比赛。该部喜剧的片名定为"冰雪皇后"（Dairy Queens），这一名称正巧与美国著名的冷饮冰淇淋品牌"冰雪皇后"同名。美国冰雪皇后公司随即向法院提起侵权之诉，指出新干线电影公司将其影片命名为冰雪皇后很可能会造成消费者发生混淆，消费者会误认为新干

---

❶ Stephen Colbert Takes On MLB's Attempt To Bully Little Leaguers With Trademarks, http://www.techdirt.com/articles/20080529/2344361265.shtml, 2015-4-12.

线电影公司的这部电影受到了冰雪皇后公司的赞助。最终,新干线公司被迫将该电影片名改为"美丽比一比"(Drop Dead Gorgeous)。❶ 在2006年,NBC公司正在热播其拍摄的连续剧《超能英雄》(Heroes),在该剧中短暂地出现了一个场景:一个啦啦队队长在厨房里使用一台垃圾粉碎机。巧合的是,连续剧画面中的该台垃圾粉碎机是美国著名企业爱默生(Emerson)公司产生的Insinkerator牌商品。尽管标注Insinkerator商标的垃圾粉碎机在连续剧中仅仅闪现出几秒钟,观众不仔细看都发现不了,但爱默生公司还是提起诉讼,将NBC公司告上法庭,认为NBC公司在连续剧中对其商标Insinkerator的使用会让消费者以为爱默生许可了NBC使用该商标,并与NBC存在某种合作关系。尽管NBC认为自己没有侵权,但是在该连续剧的DVD版本和网络版本中,还是对剧中垃圾粉碎机的商标进行了模糊的处理。❷

上述案例表明,商标保护一般并不会与市场自由竞争和表达自由发生冲突。但是,商标权的范围如果不严格控制,商标侵权的判定标准如果设定过宽或者适用标准不统一,商标权人如果滥用其商标权,就会侵犯到市场自由竞争和表达自由,给其他厂商和消费者带来损害。这就需要商标法确定商标权的合理边界,明确商标侵权的判定。商标权的边界和商标侵权的判定,实际上是一个问题的两个方面。商标侵权的判定是确定

---

❶ American Dairy Queen Corp. v. New Line Cinema, 35 F. Supp. 2d 727 (D. Minn. 1998).

❷ Emerson InSinkErator trash compactors will mangle your hand if you stick it in one of them, http://www.likelihoodofconfusion.com/emerson-trash-compactors-will-mangle-your-hand-if-you-stick-it-in-one-of-them,2015-4-12.

被诉人是否构成侵权的基本准则,是商标权人是否可以规制他人侵权的基本标准,商标侵权判定的明确化,可以为市场中参与竞争的主体以及公众利用商标的行为确定一个基本的指向,使其能够对自己的行为可能造成的法律后果有所预测。不仅如此,除商标侵权判定制度之外,在商标法法律制度中,还有限定商标权保护范围的一些"安全阀"制度,包括商标使用制度、商标合理使用制度、商标非功能性制度,它们在维护商标保护和市场自由竞争、表达自由的平衡方面,能够发挥重要的作用。商标侵权判定的反混淆制度、商标反淡化制度和这些商标法"安全阀"制度相配合,将可以使商标保护与市场自由竞争、表达自由有效协调,共同维护市场竞争的公平和自由。

第三节 商标保护与市场自由竞争和表达自由的协调

商标法的基本目标是确保市场上的商标能够相互区分,构建自由公平的市场竞争环境。在这一基本目标的指引下,商标法一方面需要反对商标混淆侵权行为,确保商标标示来源功能的正常发挥,避免消费者在市场上发生混淆误购。另一方面又需要将商标权控制在一定的范围之内,防止商标权过度强化损害市场自由竞争和表达自由。因此,商标法需要建立完善的利益协调机制,妥善处理好商标保护与市场自由竞争、表达自由的关系。

首先,商标法的基本任务是反对市场中混淆消费者的侵权行为。因此,商标反混淆的范围必须明确,商标混淆标准的适用必须科学合理,以防止将本来合法的市场竞争行为和利用他人商标的某些正当行为认定为商标侵权。正如前文所言,商标混淆是一个法律概念，有其特定的内涵和外延，不能对商标混淆进行扩大化的解释。前文第八章已经论述，我国新《商标法》上的混淆可能性，是判断商标侵权成立与否的重要标准，其具体含义是：系争主体商标的相关消费者中的相当部分，极有可能将不同的商品或服务误认为来自于同一来源，或极有可能误认为两商品的来源间存在着赞助、许可、附属等关联关系。在实践中，只有符合这一定义的消费者混淆，才是商标法上的混淆可能性。只有消费者的混淆符合上述要件，才需要商标法介入，而假如某种形态的消费者混淆并不符合上述形态，则就不是商标法上的商标混淆，不构成商标侵权，不需要商标法介入。例如，商标混淆之中，必须有相当程度的相关消费者容易发生混淆，这一比例不能够过低。如果在一个具体案件中，经过评估或调查只有10%的相关消费者容易发生混淆，则有90%的消费者不会发生混淆，这种情况下，市场上的商标实际上就能够相互区分，商标法就不需要介入，否则便会损害其他厂商正常地参与市场竞争的利益。在进行具体的商标侵权判定中，法院要严格依照《商标法》第57条的规定进行商标侵权的判定。不能仅因为系争双方的商标具备一定相似性，就先入为主地认定在后商标构成商标侵权。法院要深刻领会和理解商标法上消费者混淆的特定内涵和外延。只有他人的行为容易导致市场上相当比例的相关消费者发生混淆，才需要去认定商标侵权，否则，市场就能够对不同的商标进行区分，商标法就不应当介入。

  其次，商标法的基本任务是反对市场中混淆消费者的侵权行为，商标反淡化法作为对商标自身价值进行保护的法律，其适用必须严格限定在一定范围内，不能够予以扩大化的适用。

商标反淡化法如果适用不慎，对市场自由竞争和表达自由的危害会很大。这主要因为商标反淡化法在认定淡化侵权上并不需要证明消费者容易发生混淆，也不需要证明系争商标所使用的商品类别相同或类似，只要被诉人使用了商标权人的商标，两者的商标在外形上具有相似性，即便被诉人的行为没有造成消费者混淆，也没有将商标使用在与商标权人商品类别相同或类似的商品上，被诉人也可能因为自己的使用行为损害商标权人商标的独特性和形象，而导致承担淡化侵权责任。由此可见，商标反淡化法对市场自由竞争和表达自由的影响很大。甚至，借助于商标反淡化保护，消费者以商标权人的商标为戏谑和评论的对象、其他厂商以比较广告的形式论及商标权人的商标，也可能会成为商标权人攻击的目标。由此，商标反淡化法可能成为商标权人禁锢言论的工具。正是基于这种考虑，商标反淡化法的适用必须慎之又慎，不能使之成为商标侵权判定的常规化和常态化制度。商标法对商标广告宣传功能的保护应当适度，而不能为了保护商标的广告宣传功能，压缩甚至牺牲市场自由竞争和表达自由的空间。就此而言，我国目前仅仅以最高人民法院《关于审理涉及驰名商标保护的民事纠纷案件应用法律若干问题的解释》对《商标法》第13条驰名商标保护作出司法解释的方式，对商标反淡化问题作出规定。最高院的这一司法解释，不仅没有明确商标淡化的内涵，也没有详细规定商标淡化侵权成立的构成要件，没有界定清楚符合商标反淡化保护的商标的基本条件。为了切实维护市场自由竞争和表达自由，我国《商标法》需要借鉴美国立法，对商标反淡化问题进行详细规定，并具体明确规定不构成商标淡化行为的例外行为，以使其他厂商和消费者能够在特定情况下使用商标权人的商标标识，无须承担商标淡化侵权的风险和责任。

最后，要处理好商标保护和市场自由竞争、表达自由的关系，还需要建立起完善的商标法"安全阀"制度，明确规定在一些特定条件下对商标权人商标标识的使用不构成商标侵权。这些商标法上的"安全阀"制度包括：商标使用制度、商标合理使用制度、商标的非功能性制度。从市场自由竞争和表达自由的角度来看，其他厂商不仅可以在消费者不发生混淆的情况下在自己的商品之上使用他人商标标识，而且还可以对商标权人的商标在非侵权意义上进行使用。例如在比较广告中提及商标权人的商标，以描述性、指示性的方式使用商标权人的商标标识。这些使用行为有利于市场自由竞争，对其他参与市场竞争的厂商意义重大，也关涉消费者利益的实现。但是实践中，商标权人往往不愿意让他人利用自己的商标进行比较广告或进行描述性、指示性的使用，认为这些行为是侵权行为，继而提起商标混淆侵权或淡化侵权之诉，借此达到限制其他厂商参与市场竞争，巩固自身市场控制力的目的。但是正如前文所述，商标权人的商标不仅是商标权人的财富，它同时也是一种社会符号，起着传递商品信息、丰富消费者选择的作用。其他厂商在不造成消费者混淆的情况下在比较广告或描述性、指示性的环境中使用商标权人的商标标识，能够活跃市场竞争，向消费者传递更多的商品信息，让消费者有更多样的选择。以比较广告为例，比较广告是指某一厂商为了正当地宣传自己的商品，在广告之中提及商标权人的商标，对比自己的商品和商标权人的商品。在比较广告中，消费者识别商标和依据商标进行购物的心理认知状态明显不同于消费者在混淆状态下的心理认知状态。在比较广告中，消费者看到商标权人的商标后虽然会激活商标权人商标的认知网络，提取出商标权人商标的有关信息，但是此时的消费者并没有对其他厂商和商标权人之间的关系产生混淆。换言之，消费者不会认为其他厂商的商品来自于商标权人或与商标权人存在关联关系，不会在混淆的状态下以商标权人商标所代表的信息做出购物决策。相反，消费者的购物决策建立在正确区分两个厂商的基础之上。并且，借助于比较广告，消费者获得了更多的信息来帮助其作出更理性的购物决策。因此，"消费者从更多的商品选择中获益，这种'如果你喜欢X品牌那么你也会喜欢上Y品牌'的模式也有效地传递出了这种信息。"❶ 当消费者识别商标和依据商标所代表的信息进行购物决策没有受到影响时，如果法院认定他人利用商标权人商标进行比较广告的行为构成侵权，消费者就不能够从这种比较广告中获得多元化的商品信息，消费的知情权和选择权就受到了损害。同样，其他厂商也被剥夺了通过引用商标权人商标来介绍自己商品的权利，无法更好地参与市场竞争。

除此之外，商标法中还有功能性原则。亦即，商标法不保护商标的实用功能。如果某一标识是为了使商品具备特定功能，或者使商品固有的功能更容易地实现所必须使用的形状，则其不能作为商标注册。❷ 不仅如此，即便这一标识经过了长期使用，在消费者心目中产生了第二含义，具备了商标标示和区分来源的功能，也不能够赋予其商标权。这是因为，假如商标权人获得了具有实用功能的标识的商标权，则其他厂商就不

---

❶ Michael Grynberg, Trademark Litigation as Consumer Conflict, *83. N.Y.U. L. REV.* 60,77(2008).

❷ 王迁：《知识产权法教程》，中国人民大学出版社2011年版，第372页。

能够在其商品之上运用这一实用功能，否则就可能构成商标侵权。借助于商标之上商标权的存在，商标权人就可以获得对该商标所具备的实用功能的垄断，阻止他人实施该项实用功能，在运用该实用功能的商品上实现生产和销售的垄断，这显然不利于其他厂商自由参与市场竞争，消费者的利益也会因商标权人的垄断而受到损害。在实践中，如果具备实用功能性的标识经过长期使用获得了第二含义，消费者将该标识作为商标对待，并在其他厂商使用该标识时发生了"混淆"，商标权人也不能以消费者发生"混淆"为由，援引商标反混淆制度要求其他厂商承担侵权责任。这主要是考虑到消费者以及其他厂商的需求。亦即，消费者对商标有着多元化的需求，消费者不仅需要避免混淆，还需要从自由市场竞争中获益。与消费者一样，其他厂商也需要在市场竞争中以公平和合理的方式使用商标权人的商标标识，以更好地参与市场竞争。[1]

第四节 结　　语

商标保护与自由竞争、表达自由的关系，是商标法中的重大问题，关系到商标法自身的正当性和整个市场经济的运行。对于商标保护和市场自由竞争和表达自由的协调，《商标法》不仅需要在商标反混淆制度和商标反淡化制度上予以完善，限定商标权的范围，明确商标侵权的构成要件，还需要进一步完善商标法中的商标使用、商标合理使用、商标功能性原则等

---

[1] 对于商标法中的两个重要的"安全阀"制度商标使用制度和商标合理使用制度，本书还将进行专章讨论。

"安全阀"制度。只有建立起科学合理的商标侵权判定制度、商标使用制度、商标合理使用制度和商标非功能性制度,市场自由竞争和表达自由才能够切实得以维护。因此,商标法学界对这些问题的研究还应进一步深化。

第十章　商标使用

商标法主要以反混淆侵权为其核心任务。保护了商标的标示来源功能，就可以确保市场上的商标能够被消费者区分。商标的侵权判定也主要是以他人使用与商标权人商标相同或近似标识的市场行为是否容易导致消费者混淆为标准。商标混淆标准的适用，关系到商标权人商标权的保护和其他厂商及消费者自由竞争、表达自由方面权益的维护。如果不能够准确地加以适用，将会使商标保护与自由竞争、表达自由发生冲突。为了更好地适用商标混淆标准，需要对商标混淆标准的"安全阀"制度——商标使用和商标合理使用进行探讨，以明确划定商标混淆标准适用的合理边界，防止商标权不当干涉正常的市场竞争。本章将首先研究商标混淆标准适用的重要前提——商标使用。文章将会从新的视角出发，不局限于分析商标使用的基本原理，而以商标侵权判定之混淆可能性标准为中心展开，将商标使用视为混淆可能性标准适用中的问题来加以分析，最终目的在于厘清商标使用和商标侵权判定之混淆可能性标准之间的关系，将商标使用作为商标混淆可能性标准在适用上的重要前置性条件。基于此，文章将首先对商标使用的概念进行界定；随后联系消费者决策理论探讨商标使用的理论基础，指出其与商标侵权判定之混淆可能性标准之间存在的联系；最后结合案例说明商标使用如何在实务中加以运用，以作为商标混淆标准适用的前置性要件发挥其功能。

第一节　商标使用的内涵

商标是一种在市场交易中使用的厂商用来标示其提供的商品或服务,借此与其他人提供的商品或服务相区分,从而表明特定商品或服务来源的标识。正因为商标的作用在于标识来源,只有投入到实际使用之中,才能真正为消费者所认识,发挥其应有的功效。因此,商标使用,是商标法中的基本范畴,是商标权产生的源泉,是商标权维系的基本标准,也是商标侵权判定的重要前置性要件。可以说,商标使用的理念和精神贯穿于整个商标法,对商标法的理论发展与制度构建起着基础性的指导作用。近年来,商标使用成为理论界研究的热点问题,涌现出许多研究成果,然而,商标使用又存在着很大的争议,学说分歧较为严重。❶ 这就有必要对商标使用问题进行深入研究。

在对商标使用进行全面的分析之前,有必要了解商标使用的内涵。商标权的客体为商标,而商标并非是一种抽象的和不包含任何含义的符号。相反,商标存在的任务和意义就在于标示来源,向消费者传递使用商标的厂商及其产品的相关信息,便于消费者作出购物决策。"任何适用商标法的行为,都涉及对某一个符号的使用,该使用能使消费者感知到符号之上的

---

❶ 对于商标使用的观点和学说的分歧,后文会进行讨论。

商业魅力。"❶ 因此，从商标的作用角度出发，商标使用就是指在商业贸易中，将某一个符号作为商标来使用（to use as a mark）。具言之，是指在商业贸易中，厂商将特定符号与其所要提供的商品或服务相联系，使该符号作为企业商品或服务来源的指示。学者认为，"'商标使用'可以被通常地理解为使用一个单词或符号与供销售的商品或服务紧密联系，使其能够将这些商品或服务的来源告之消费者。"❷ 亦即，"一个单词或符号被一个主体用作商标——这种使用方式使消费者能够直接感知到该符号，并将该符号与主体提供的商品或服务相联系。"❸ 孔祥俊先生认为，"所谓的作为商标使用，乃是指所使用的与他人注册商标相同或者近似的标识，具有指示其商品或服务来自注册商标所有人或者与其有关联的作用。"❹ 张德芬教授将商标使用界定为："商标使用是指将商标使用于商品、服务或与之有关的对象上，或者利用图像、影音、电子媒体或其它媒介物，以表明该商品或服务的来源，并足以在相关公众中产生商业影响的行为。"❺ 可见，商标使用在本质上就是指将某一个特定的标识附着于商品或服务或与之有关的对象上，用来指示特

---

❶ Uli Widmaier, Use, Liability, and the Structure of Trademark Law, 33 HOFSTRA L.REV.603,606(2004-2005).

❷ Margreth Barrett, Finding Trademark Use: The Historical Foundation for Limiting Infringement Liability to Uses "In the Manner of a Mark", 43 Wake Forest L. Rev.893,894(2008).

❸ Uli Widmaier, Use, Liability, and the Structure of Trademark Law, 33 HOFSTRA L.REV.603,608(2004-2005).

❹ 孔祥俊：《商标与反不正当竞争法原理与判例》，法律出版社2009年版，第179页。

❺ 张德芬："商标使用界定标准的重构"，载《知识产权》2012年第3期。

定商品或服务来源的使用。

我国商标法条文也涉及了商标使用，体现出了商标使用的精神。通过对这些条文的分析，可以明确商标使用的基本含义。我国《商标法》第57条第（2）项规定："未经商标注册人的许可，在同一种商品上使用与其注册商标近似的商标，或者在类似商品上使用与其注册商标相同或者近似的商标，容易导致混淆的"，构成商标侵权。这个条文实际上就包含有商标使用的内容。亦即，在所提供的商品上使用与商标权人商标相同或者近似的标识，使标识发挥标示来源的功能，这就是商标使用的行为。当然，这是一种使用他人商标，导致消费者混淆的侵权行为。同样，我国《商标法实施条例》第50条第（1）项规定："在同一种或者类似商品上，将与他人注册商标相同或者近似的标志作为商品名称或者商品装潢使用，误导公众的。"这一条文实际上也指的是商标使用。将与商标权人商标相同或者近似的标志作为商品名称或者商品装潢，虽然没有直接用作商标，但该商品名称或者商品装潢所发挥的却是商标标示来源的作用，因此跟商标没有根本的区别，将他人商标用做自己商品的商品名称或者商品装潢，用以标示来源，同样是一种商标使用行为。我国商标法不仅在侵权判定的条款中规定了商标使用，而且在《商标法实施条例》第3条明确对商标使用进行了定义，该条规定：商标法和本条例所称的商标的使用，包括将商标用于商品、商品包装或者容器以及商品交易文书上，或者将商标用于广告宣传、展览以及其他商业活动中。这一定义实际上已经明确地指明了商标使用的含义——将商标投入商业活动中，作为商品或服务来源的标识。在最新修订的《商标法》第48条规定：本法所称商标的使用，是指将商标用于商品、商品包装或者容器以及商品交易文书上,或者将商标用于广告宣传、展览以及其他商业活动中,用于识别商品来源的行为。与以前的立法相比,加入了"用于识别商品来源的行为"这样的限定用语,再次表明了商标使用乃是让标识发挥商标标示来源功能的使用行为。

台湾地区商标法对商标使用也有着明确的界定。台湾地区商标法对商标使用的界定中突出了消费者的认知,值得肯定。台湾地区商标法第6条规定:"本法所称商标之使用,指为行销之目的,将商标用于商品、服务或其他有关之对象,或利用平面图像、数字影音、电子媒体或其他媒介物足以使相关消费者认识其为商标。"该条文中,所谓"行销之目的",系指使用商标的主体必须将商标投入在商业贸易中(the course of trade),其使用商标的行为具有商业贸易的性质。而"将商标用于商品、服务或其他有关之对象,或利用平面图像、数字影音、电子媒体或其他媒介物",则是有关商标使用中客观行为的定义。该定义明确了商标使用在客观上必须表现为将商标与商品或服务相联系。当然,也可以基于商品或服务的特点,将商标使用在与商品或服务有关的对象之上。商标使用展示的媒介既可以通过传统的纸张、布匹、包装袋,也可以通过数字媒介,如CD光盘、数字信号等。此外,台湾地区商标法在界定商标使用时还规定了"足以使相关消费者认识其为商标。"这一规定将消费者对标识的心理认知状态作为考量行为人使用标识的行为是否是商标使用。据此,台湾地区商标法对商标使用的界定可分解为三个要素:(1)行为人使用标识的主观意图是为商业贸易。(2)行为人需有将标识与商品或服务或有关对象相联系。(3)行为人使用标识的行为足以让消费者将该标识作为商标。

商标使用的内涵在美国商标法立法中也有很明确的体现。1881年《美国商标法》(*The Trademark Act of 1881*)就规定:"任何人复制、伪造、抄袭或有意模仿依本法规定而注册的商标,并将之附于与原告注册登记的实质上相同的商品上,应当承担因错误地使用商标的赔偿责任。"[1]1905年《美国商标法》(*The Trademark Act of 1905*)规定:"1905年任何人未经所有人的同意,复制、伪造、抄袭或有意模仿依本法注册的商标,并将之附于与原告注册登记的实质上相同的商品上,或将之附于与商品销售各有关的标签、标志、印刷品、包裹、包装或容器上。"[2]1881年和1905年《美国商标法》的上述规定明确强调了将商标权人的商标附于被告自己的产品之上,即被告构成商标侵权的核心要件是被告必须将复制、伪造、抄袭或有意模仿的原告商标与被告所提供的商品相联系,亦即,被告要在自己的商品或商品的包装、容器等上面附有复制、伪造、抄袭或有意模仿的原告的商标。显然,这就是指将他人的商标附着于自己的产品之上,作为自己的商标来指示自己产品的来源,引发消费者的混淆误认,实际上这就是规定被告要构成侵权,必须从事将商标与商品或服务相联系的商标使用行为。

1946年美国《兰哈姆法》对商标使用进行了更为详尽的规定。该法第32条(a)(1)将商标侵权规定为:"任何人未经注册人同意(a)在商业贸易中对注册商标进行复制、仿冒、

---

[1] An Act To Authorize the Registration of Trade-Marks and Protect the Same, 46th Cong. 7 (1881).

[2] Trademark Act of 1905, ch. 592, 16, 33 Stat. 724 (1905).

抄袭或有意模仿，并与商品或服务的销售、许诺销售（offering for sale）、运输或广告相联系，有可能产生混淆或误认、或造成欺骗。"❶ 同样，《兰哈姆法》第43条（a）（1）也规定："任何人在商业上（uses in commerce），在任何商品或服务商或任何商品容器上，使用任何文字、名词、姓名、符号或记号、或任何组合的形态，或任何对原产地不真实的标示，对事实错误的或引人误解的陈述，有下列情形，经任何人认为有因此而遭受损害或有受损害的可能性，有权提起民事诉讼：（A）有使人对该使用人与他人之间关系产生混淆、误认或造成欺骗，或有使人对其商品、服务或商业活动的原产地产生混淆、误认或造成欺骗，或误认为有赞助、关联关系，或（B）在商业广告或促销中，错误地陈述本人或他人商品、服务或商业活动的性质、特征、质量或原产地来源。"❷ 除了侵权条款，《兰哈姆法》第45条则对商标和商标使用进行了正面的规定："在商业中的使用（use in commerce）是指在通常的商业贸易中真实的使用商标，而不仅仅是为了保留标识上的权利。根据该章的目的，下列行为中的标识视为被使用在商业中：（1）在商品方面，指（A）将标识以任何的形式使用在商品或其容器上或陈列或使用在商品的标牌或标签上，或如果商品的性质使上述标示有困难，则使用于与商品或商品的销售有关的文件上。（B）这些商品在商业中被销售或运输。"❸ 由上述条文可知，第32条（a）(1) 和第43条（a）(1) 都涉及了商标使用。

---

❶ Lanham Act 32, 15 U.S.C.A. 1114(1).

❷ Lanham Act 43, 15 U.S.C.A. 1125.

❸ Lanham Act 45 , 15 U.S. A. 1127.

其中，第32条（a）(1) 中的"在商业贸易中对注册商标进行复制、仿冒、抄袭或有意模仿，并与商品或服务的销售、许诺销售（offering for sale）、运输或广告相联系"实际上指的就是商标使用。而第43条（a）(1) 中的"任何人在商业上（uses in commerce），在任何商品或服务商或任何商品容器上，使用任何文字、名词、姓名、符号或记号、或任何组合的形态"也是指商标使用。

综合学者观点和立法例，本文将商标使用界定为：厂商在商业贸易中，通过各种媒介，将某一特定的符号作为商标，标附在其提供的商品或服务、或与商品、服务有关的对象之上，标示该商品或服务的来源，使消费者将该符号识别为商标。参酌台湾地区关于商标使用的立法，该定义可以细分为三大要素：(1) 使用的目的是为商业贸易；(2) 使用的方式是将特定的标识与商品或服务或有关对象相联系，起到标识来源的作用；(3) 客观上使消费者将该标识识别为商标。

第二节　商标使用的作用：混淆标准适用的"安全阀"

商标使用是"与商标权和商标侵权有关的法条的基本要素。"[1] 商标使用在商标法中具有重要的作用，具体体现在商标权的产生或获得和商标侵权的判定这两个方面。由于本章着重分析商标法中商标侵权判定之混淆可能性标准的适用，固而论

---

[1] Uli Widmaier, Use, Liability, and the Structure of Trademark Law, 33 HOFSTRA L.REV.603,618(2004-2005).

述的重点是商标使用在商标侵权判定中的作用。

"商标权产生的使用标准和商标侵权成立的使用标准是相同的——都要求商标权人使用标识,或者被诉侵权人使用系争符号或相类似的符号。"❶ 从商标权的产生或获得来看,商标使用与商标权之间具有紧密的联系。商标使用理论认为,使用人要获得其对某个标识的商标权,必须将该标识投入商业贸易之中,在使用人提供的商品或服务上使用该标识,使消费者能够通过感知到该标识代表的是使用人的商品或服务。这样,使用人才是将标识作为商标来使用,该标识才是商标,而使用人才能获得商标权。德梅尔(Widmaier)认为:"一些形式的商品和标识之间的紧密联系,使得消费者可以认识到该商品和标识之间的关系,是商标权产生的本质。"❷ 彭学龙教授也指出:"在第一性的意义上,商标权无疑产生于商品交易活动中市场主体对商标的实际使用。只有通过实际使用,消费者将商标与某种商品的出处联系起来,商标权才真正产生。"❸

商标使用在商标法中的重要地位在各国的商标确权制度中得到了很好的体现。目前,世界上通行的商标权确权制度主要可分为注册制和使用制。所谓注册制,是指商标权的产生源于注册。某一商标通过注册之后,该商标的使用人就获得了该商标的商标权。使用制是指商标权产生于使用,只有经过实际

---

❶ Uli Widmaier, Use, Liability, and the Structure of Trademark Law, *33 HOFSTRA L.REV.*603,624(2004-2005).

❷ Uli Widmaier, Use, Liability, and the Structure of Trademark Law, *33 HOFSTRA L.REV.*603,625(2004-2005).

❸ 彭学龙:"寻求注册与使用在商标确权中的合理平衡",载《法学研究》2010年第3期。

的使用，商标权才产生，注册只是为了公示和强化商标权的效力。"在当今世界，两种模式的区别仍然存在，但都在向某种折中的模式转变，以维护注册和使用在商标确权效力中的合理平衡。"❶ 从商标使用的角度分析，商标确权的使用制自然强调商标使用，即便随着注册制度的兴起，使用制也吸收了注册制便于公示的优点，逐步强化了商标注册之后的效力，但是依然要求商标注册人将商标真实地投入商业贸易之中，才能获得真正的商标权。而在商标确权注册制的国家，虽然注册就能够获得商标权，但法律也强化了商标使用的义务。其一，要求商标权人真实地将商标使用于商业之中。我国《商标法》第49条第2款就规定："注册商标成为其核定使用的商品的通用名称或者没有正当理由连续三年不使用的，任何单位或者个人可以向商标局申请撤销该注册商标。"这是因为商标注册过后不使用，则不能发挥商标的功能。连续三年不使用商标，商标法还对其保护，就会阻碍市场竞争，妨碍他人对该商标的使用，故而连续三年不使用构成了商标权的失效。其二，承认商标使用也能产生商标权，对在商业贸易中使用但没有注册的商标予以有限的保护。我国《商标法》第32条规定："申请商标注册不得损害他人现有的在先权利，也不得以不正当的手段抢先注册他人已经使用并有一定影响的商标。"这实际上就是对在先使用但是并未注册的商标进行保护。由此可见，目前世界各国的商标立法，无论实行商标确权的注册制还是使用制，都强调了商标使用在商标权产生中的核心作用。

---

❶ 彭学龙："寻求注册与使用在商标确权中的合理平衡"，载《法学研究》2010年第3期。

不仅商标权的获得与商标使用密切相关，在商标混淆的侵权判定中，商标使用也是商标侵权判定之混淆标准适用的要求和前提要件。亦即，被诉侵权人要构成商标混淆侵权，必须首先将与商标权人商标相同或近似的标识用来标示自己提供的商品或服务。这是因为，"不使用一个商标，消费者就不能感知到该商标，而消费者不能感知，这个商标就不能对消费者展示出商业的魅力"。[1] 唯有通过商标使用，消费者才可能将该标识作为商标来对待，并可能进而发生混淆误认。因此，要适用商标混淆可能性标准，必须首先满足商标使用的要求。据此，在商标法理论上我们可以将商标混淆侵权的判定分解为三项要件：首先，要适用商标混淆可能性标准，首先要看商标权人对其商标是否享有商标权，判断的依据是商标权人是否真实地在商业中使用了该商标；其次，在商标权人享有商标权的情况下，是否可以适用商标混淆可能性标准，还要考察被诉侵权人是否将系争商标使用在自己提供的商品或服务上，构成商标使用行为；最后，在满足前两条的情况下，才开始判断该商标使用行为是否极有可能造成消费者混淆。

在这三项要件中，第一个要件实际上是商标权产生的基本条件，即要求行为人将标识与所提供的商品或服务相联系，才能获得商标权。第二项、第三项实际上是商标混淆侵权判定的基本方法，这两个要件既可以合并起来考察，统一于混淆可能性标准之中，也可以分开，作为两个单独的要件进行考察。实际上，将这两项单独分开，有助于更好地理解和适用混淆可能

---

[1] Uli Widmaier, Use, Liability, and the Structure of Trademark Law, *33 HOFSTRA L.REV*.603,606(2004-2005).

性标准。亦即，混淆侵权的判定，可以首先看被诉侵权人是否在从事与系争商标相关的商标使用行为，然后再分析这种行为是否可能造成消费者混淆。而即便将这两项分开，商标侵权判定的混淆可能性标准也内在地要求被诉侵权人的行为首先是商标使用行为，这是因为，既然消费者会对系争商标之间的来源发生混淆误认，很显然是将被诉侵权人的"商标"视为其所提供的商品或服务的来源，这才可能将之与商标权人商标标示的商品或服务的来源相混淆。而消费者将被诉侵权人的"商标"视为提供的商品或服务的来源，就表明被诉侵权人是将这一"商标"投入商业贸易中，用来标示其商品或服务来源，从事的是商标使用的行为。可见，商标使用的要求，可以将之理解为商标混淆标准适用的前置性要件，也可以将之理解为商标混淆可能性标准本身的内在组成，因为这本来就是商标混淆可能性标准的必然要求。无论如何，商标使用都是商标侵权判定中的重要要件，是商标混淆标准适用的重要前提条件。

从商标侵权判定之混淆可能性标准适用的角度分析，将商标使用作为判断中的独立要件，将使混淆可能性标准的适用有了前置性的限定条件。正如前文所言，商标使用将商标侵权的判定区分为两个步骤：先就被诉侵权人的行为是否是商标使用行为进行判断，再就被诉侵权人的行为是否可能会造成消费者混淆误认进行判断。这样，商标使用将成为混淆可能性标准适用中的"安全阀"之一，对混淆可能性标准的适用起到限定的作用，可以有效地防止混淆可能性标准不恰当的适用所可能给自由竞争和表达自由带来的危害。同时，法院也将不需要直接对商标侵权进行消费者混淆的分析，而可以先就商标使用问题进行判断，如若商标使用问题并不存在，被诉人的行为不构成商标使用，则无需再进行混淆可能性的分析，这样就提高了诉讼的效率，节约了司法成本，可以"过滤"掉一部分明显不涉及混淆可能性标准适用的案件。

美国商标法中的混淆侵权条款就鲜明地体现出了商标使用的要求和精神。美国《兰哈姆法》第32条(a)(1)和第43条(a)(1)都是有关于商标侵权的判定条款。这两个条文均以"产生混淆或误认、或造成欺骗"，亦即以消费者容易发生混淆作为被诉人最终是否构成商标侵权的判定标准。但是，在混淆可能性标准的表述之前，两个条文都明确规定侵权人必须从事商标使用行为。具言之，第32条(a)(1)中的"在商业贸易中对注册商标进行复制、仿冒、抄袭或有意模仿，并与商品或服务的销售、许诺销售、运输或广告相联系"和第43条(a)(1)中的"任何人在商业上，在任何商品或服务商或任何商品容器上，使用任何文字、名词、姓名、符号或记号或任何组合的形态"，显然都要求侵权人将商标权人的商标使用于商品或服务或有关对象之上，使消费者将之视为指示来源的标识。可见，在对造成混淆可能性的侵权行为进行规定时，这两个条款都强调了侵权人的使用应当是在商业中，将他人商标与侵权人提供的商品或服务的销售、运输或广告相联系，用以标示侵权人的商品或服务来源。法条的表述明确地说明，商标使用是混淆可能性标准适用的前置条件。或者说，在判断商标混淆侵权时，混淆可能性标准本身就要求侵权人对商标权人商标的使用是一种商标使用行为。

综上所言，无论是商标权的产生或获得，还是商标侵权的判定，商标使用的要求和理论都贯穿其中。具体到商标混淆标准可以看出，商标使用在商标混淆侵权与否的判定中是一项重要的前置性要件，也是商标混淆标准对被诉侵权人行为的必然要求。当他人对商标权人商标的利用符合商标使用的要求时，才能进一步运用商标混淆标准去判断该人的行为是否构成商标混淆侵权。而当他人对商标权人商标的利用并不是一种商标使用行为时，则该人对商标权人商标的利用根本就不在商标权人商标权的管辖范围之内，自然无须运用商标混淆可能性标准进行商标混淆侵权与否的判断。可见，商标使用在商标混淆侵权的判定中起到防止商标混淆标准滥用的作用，在商标混淆标准适用中扮演着"安全阀"的角色。

第三节 商标使用的基础：消费者的心理认知

在商标混淆可能性标准的适用中，可以将商标使用作为前置的"安全阀"要件。具言之，如果被诉侵权人从事的行为符合商标使用的要求，则进一步分析其行为是否会导致消费者混淆。而如果被诉侵权人从事的行为并不是商标使用，则无须再进行消费者混淆的判定。那么，将商标使用作为商标侵权判定之混淆标准的适用前提和"安全阀"，其理论依据是什么呢？

赞同商标使用的学者往往从普通法的历史传统、商标的搜寻成本理论以及现行商标法文本出发，寻找商标使用是商标侵权判定重要要件的理论依据。主要从普通法的历史传统中论证商标使用的是美国学者马格里斯·巴雷特（Margreth Barrett），巴雷特先生认为，普通法中的商标和反不正当竞争是理解侵权性的商标使用的关键。19世纪后期，美国商标法开始将商标分为技术性商标与非技术性商标。技术性商标是固有显著性较强的臆造和任意商标，而非技术性商标是描述性的词汇，包括姓氏、地名等不具有固有显著性的标识。巴雷特认为，对于技术性商标而言，原告要提起侵权之诉，需要证明其将固有显著性的单词或符号物理性的附着（physically affixed）于产品之上，用以指示来源。[1] 这么做的目的显然在于要求被告通过商标使用获得对单词或符号的商标权。而为了证明被告的行为构成混淆侵权，原告也需要首先证明"被告将可能造成混淆的单词或符号附着（affixed）在被告自己的产品之上。"[2] 而对于描述性的词汇等非技术性商标，原告要获得救济，更是要证明自己经过商标使用，该词汇已经取得第二含义，同时，被告也要对该词汇进行商标使用。巴雷特认为，早期的普通法都加入了附着（affixation）的限制，"给被告施加这种限制确保了被告对原告的商标进行了指示来源或者'商标使用'，因此很明显可能会欺骗消费者。"[3] 通过对普通法历史的考察，巴雷特从历史传统中寻找到了将商标使用作为混淆可能性标准前置性要件的重要依据。

除了历史分析之外，美国学者斯泰科·多甘（Stacey Dogan）和马克·莱姆利（Mark Lemely）从消费者搜寻成本理

---

[1] Margreth Barrett, Finding Trademark Use: The Historical Foundation for Limiting Infringement Liability to Uses "In the Manner of a Mark", *43 Wake Forest L. Rev. 893*, 914(2008).

[2] Margreth Barrett, Finding Trademark Use: The Historical Foundation for Limiting Infringement Liability to Uses "In the Manner of a Mark", *43 Wake Forest L. Rev. 893*, 915(2008).

[3] Margreth Barrett, Finding Trademark Use: The Historical Foundation for Limiting Infringement Liability to Uses "In the Manner of a Mark", *43 Wake Forest L. Rev. 893*, 918(2008).

论出发，论证了商标使用的正当性。商标法基本理论认为，商标的重要功能之一是降低消费者搜寻成本，使消费者可以认牌购物，而不必要在每次购买之前都对产品的质量、成分等进行检验。因此，多甘和莱姆利认为商标混淆标准的作用在于通过确保消费者在市场上不受误导。❶但是，商标法赋予商标权人的是有限的商标权，而非全面控制对商标权人商标进行使用的权利。多甘和莱姆利认为，商标降低消费者搜寻成本的最终目的在于促进市场交易。如果商标法干涉了竞争，商标法就应该让步，否则就会因为保护而最终毁灭市场。对于消费者而言，消费者在搜寻该商标时，也并不意味着他只想获得商标权人的商品或服务信息。他人可以合理地使用商标权人的商标，降低消费者的搜寻成本，为消费者提供更多的选择机会。据此，从降低消费者搜寻成本的角度考虑，混淆可能性标准应当有确定的范围，而商标使用就是混淆可能性标准适用的重要考量因素。多甘和莱姆利总结认为，"商标使用不仅不会取代混淆可能性的分析，而且提供了一个关键性的门槛要件，维护了传统的、正确的商标法基础。它提供了混淆可能性的一些规范的边界（normative boundaries）。"❷

美国学者德梅尔（Widmaier）从现行商标法条文出发，也认为在商标侵权判定之混淆可能性标准的适用中，商标使用是前置性的"安全阀"要件。上文已经分析了美国《兰哈姆

---

❶ Stacey Dogan, Mark Lemely, Grounding Trademark law through Trademark Use, 98 *Trademark Rep.*1345, `1373-1374(2008).

❷ Stacey Dogan, Mark Lemely, Grounding Trademark law through Trademark Use, 98 *Trademark Rep.*1345, `1375(2008).

法》中涉及到商标侵权的第32条(a)(1)和第43条(a)(1)，这两个条文都规定，混淆可能性是商标侵权判定的标准，但是在混淆可能性之前都加入了被告商标使用的要求。❶德梅尔对此认为，"《兰哈姆法》将普通法中商标法的结构进行了法典化，尤其是它完整地保留了商标使用和消费者感知（consumer perception）的要求。"❷通过对《兰哈姆法》法条的分析，德梅尔认为"《兰哈姆法》并没有对系争案件中没有实施商标使用行为的被告施加责任。"❸

实际上，商标使用作为商标侵权判定之混淆可能性标准适用的"安全阀"或前置性要件，不仅可以从普通法的历史传统、搜寻成本理论和商标法文本中寻找到依据，而且能够从消费者对商标的心理认知状态中得到直观解读。前文已述，消费者混淆从心理认知的角度来看，主要是由于侵权人使用了与商标权人商标相同或相似的标识，消费者在识别该标识时，就很容易认为该标识可能是商标权人的商标，从而激活大脑中存储的以商标权人商标为中心的认知网络，提取商标权人商标的相关信息，并以之解读侵权人产品上的标识，消费者就可能倾向于认定侵权人的产品来自于商标权人，或与商标权人有关联关系，发生混淆。从混淆的心理认知过程可以看出，造成消费者混淆的前提条件是消费者感知到或看到侵权人的标识之后，基

---

❶ 上文已经从商标使用的角度对这两个条文已经进行了分析，此处不再赘述。

❷ Uli Widmaier, Use, Liability, and the Structure of Trademark Law, 33 HOFSTRA L.REV.603,618-619(2004-2005).

❸ Uli Widmaier, Use, Liability, and the Structure of Trademark Law, 33 HOFSTRA L.REV.603,621(2004-2005).

于该标识与商标权人的商标相同或相近的特征，激活并提取了大脑中存储的商标权人商标的有关信息，作为判断侵权人产品来源的依据。可见，侵权人必须首先将系争标识作为商标来标示其提供的产品，让消费者认为这是商标，才可能使消费者对商标之间的关系产生错误的认识，进而造成其混淆误购。假如被诉侵权人仅仅使用了商标权人的商标，但并非作为标示商品或服务来源的标识，则消费者根本就不会将被诉侵权人使用的标识当成商标，也就没有了发生混淆的可能。

从上述第一性的意义上解读消费者混淆的心理认知过程，就可以明显看出，只有消费者将侵权人的行为看作是商标使用行为，将侵权人使用的标识看成是标示产品来源的商标，消费者才有可能进一步就系争商标发生混淆误购。故而，以商标使用作为商标侵权判定混淆可能性标准适用的"安全阀"或前置性要件，不仅是普通法历史的传统，是消费者搜寻成本理论的体现和现代商标法侵权条款的要求，更重要地是，这本来就符合消费者对商标认知的基本规律。将第一性意义上消费者对商标的认知规律上升为混淆可能性标准适用过程中所需要遵循的基本原理，必然要求将商标使用要件凸显出来，作为混淆可能性标准适用过程中需要考虑的因素。

第四节　商标使用的运用：基于混淆侵权的案例

上文对商标使用的内涵、作用以及商标使用作为商标侵权判定混淆可能性标准适用前提的理论依据进行了论述。本节将承接上文，结合国内外混淆侵权的判例对商标使用在混淆可能性标准适用中的具体运用进行分析，以明确商标使用在混淆可能性标准适用中所起的作用。

在司法实践中，部分法院在混淆可能性标准的适用中也贯彻了商标使用的理念和要求，将商标使用作为是否适用混淆可能性标准的前置性要件。1999年发生于美国的Playboy Enterprise, Inc. v. Netscape communications Corp一案就是典型的代表。❶ 在该案中，网景（Netscape）公司推出了关键字横幅广告服务。客户购买了特定的关键字之后，当消费者在搜索引擎中输入该关键字之后，网页界面就会弹出客户预先设定的横幅广告。有客户购买了Playboy和Playmate关键字，与原告商标相同，原告遂诉至法院，要求网景公司承担混淆侵权责任。审理该案的地区法院在审判中正确地适用了混淆可能性标准，认定被告并没有从事商标使用行为。法院认为，被告并没有使用"playboy"和"playmate"指示任何商品或服务。❷ "商标并不是对商标中的单词总括性的财产权或垄断。商标权人并不能禁止网络之上对英语语言单词所有的使用。一方主体可以以非标示产品来源的方式'使用'另一个主体的商标。竞争者也可以在其自己的广告中使用另一个主体的商标，只要没发生混淆。"❸ 可见，该法院认为被告使用"Playboy"和"Playmate"的行为并没有指示任何商品或服务的来源，不是标示来源的商标使用行

---

❶ Playboy Enterprise, Inc. v. Netscape communications Corp,55 F. Supp. 2d 1070(C.D.Cal.1999).

❷ Playboy Enterprise, Inc. v. Netscape communications Corp,55 F. Supp. 2d 1070,1078(C.D.Cal.1999).

❸ Playboy Enterprise, Inc. v. Netscape communications Corp,55 F. Supp. 2d 1070,1080-1082(C.D.Cal.1999).

为，因此不构成商标混淆侵权。❶

2003年在美国发生的Interactive products Corp v. A2Z Mobile Office Solutions Inc一案同样体现了商标使用的要求。在该案中，原告的商标是LAP TRAVELER，而被告创办了一个网站，并将与原告商标相同的单词使用在了该网站域名a2zsolutions.com后面的具体网址路径之中。原告认为被告构成商标混淆侵权，诉至法院。法院认为，每个网页都有相应的统一的地址（例如：a2zsolutions.com/desks/floor/laptraveler/dkfl-lt.htm），它由域名和后域名路径（post-domain path）组成。后域名路径仅仅表明网页的数据是如何在电脑文件服务器上被组织起来的。被告只是在该域名后面的路径中使用到了这一单词。❷ 据此，法院指出，问题的关键在于消费者是否会注意到被告后域名路径中的"laptraveler"是商标权人的商标，然后认为被告的产品可能来自于原告或与原告有关联。法院继而作出结论：一个URL的后域名路径并不标示来源。在后域名路径中出现他人的商标并不会违反商标法。❸ 因此，被告的行为不构成商标侵权。在此案中，法院正确区分了商标使用行为和非商标使用行为。对于非商标使用行为而言，不涉及对原告商标的使用，因而不是商标混淆侵权行为。本案中的被告在自己的域名中的具体路径中使用了与原告商标相同的单词，并不代表被

---

❶ Playboy Enterprise, Inc. v. Netscape communications Corp,55 F. Supp. 2d 1070,1082(C.D.Cal.1999).

❷ Interactive products Corp v. A2Z Mobile Office Solutions Inc., 326 F.3d 687,691(6th Cir.2003).

❸ Interactive products Corp v. A2Z Mobile Office Solutions Inc., 326 F.3d 687,698(6th Cir.2003).

告在从事商标使用的行为。消费者在浏览网页的过程中，一般只会注意到主域名，而对后域名路径中的具体单词，消费者并不会将之视为表示特定来源的商标。既然消费者不会将后域名路径中的具体单词视为商标，消费者就不可能因为后域名路径中带有的与原告商标相同的单词而产生混淆误认。通过对商标使用的分析，法院就能够确定被告的行为并不会构成商标混淆侵权，无须再适用混淆可能性标准，进行消费者是否会发生混淆的分析。

在中国司法实践中，同样有法院在审判中运用到了商标使用理论。2002年在中国发生的汉都公司与TCL集团公司商标侵权纠纷一案就是典型代表。❶本案原告汉都公司核准注册了"千禧龙Qianxilong"商标。汉都公司对该商标进行了大量的广告宣传，但并未产生标有该商标的电视机。被告TCL集团公司于1999年到2001年在类似商品的促销活动中，使用了与汉都公司注册商标相近似的"千禧龙"文字。汉都公司认为TCL公司的行为会造成消费者混淆误购，向法院提起商标侵权诉讼。一审法院认为，TCL集团在类似商品的促销活动中，使用了与汉都公司商标相类似的标识，足以造成消费者混淆，侵权成立。TCL集团不不服判决，提起上诉。在二审中，法院通过运用商标使用理论，作出了正确的判决。二审法院认为，TCL公司既未在商品或商品包装上使用"千禧龙"文字，也未将"千禧龙"作为商标使用，而只是在TCL王牌彩电促销活动中将"千禧龙"作为宣传标语使用，客观上不会使相关公众将"千

---

❶ 江苏省徐州市中级人民法院[2002]徐知初字第3号；江苏省高级人民法院[2003]苏民三终字第25号。

禧龙"误认为商品商标。据此法院认为TCL公司的行为不会造成消费者混淆，不构成商标侵权。该案二审判决中，法院虽然没有直接提出商标使用的观点，但是判决的思路完全与商标使用理论相吻合。法院正是从TCL公司的行为出发，认定TCL公司对"千禧龙"的使用仅仅是为了迎接2000年千禧年的到来所举行的大型促销活动，并不是商标使用行为，因而不可能造成消费者混淆。

在上述案件中，法院在判决中都首先考察了被诉侵权人是否是将商标权人的商标在标示来源的意义上加以使用，假如是在标示来源的意义上加以使用，则进一步考察这种使用是否容易导致消费者混淆误购。如果并非是在标示来源的意义上加以使用，则无需再探讨消费者混淆的问题。当然，有的法院是在混淆的判定中一并考察了商标使用的问题。但是法院都注意到了商标使用与商标侵权成立之间所存在的密切关系，将商标使用视为商标侵权成立的基本前提。

第五节 结 语

商标使用是商标法中的重要范畴。本章主要是探讨商标使用在商标混淆侵权判定中的作用。商标使用是商标混淆可能性标准适用的前置性要件，对混淆可能性标准的适用起着限制的作用。在商标侵权判的司法审判中，法院应首先考察被诉人使用商标权人商标的行为是否是商标使用行为，只有被诉人的行为是商标使用行为，才需要进一步探讨其行为是否容易造成消费者混淆。通过对商标使用的分析，如果被诉人的使用行为根本不是在商标标示来源意义上的使用，法院就能够确定被告的行为并不构成商标混淆侵权，无须再适用混淆可能性标准，进行混淆可能性的分析。当然，随着技术的不断发展，商标使用的形态也呈现出多样化的趋势，这就给法官提出了更高的要求，即在实质上把握商标使用的内涵，准确地在案件中加以判断。

第十一章　商标合理使用

　　除了商标使用之外,商标合理使用制度对商标侵权判定混淆可能性标准的适用影响也比较大,它不仅是混淆可能性标准适用的"安全阀"之一,也与混淆可能性标准的适用存在着潜在的冲突。商标法创设商标权,鼓励商标权人投资于商标,降低消费者的搜寻成本,但并未赋予商标权人控制他人一切利用其商标的行为的权利。作为具有丰富意义的符号,商标除了标识商品或服务的来源,同时也具有表达和传递信息、便于人们交流沟通、促进市场竞争的功能。因此,商标法不仅应维护商标权人在其商标之上的权利,还应顾及消费者和其他厂商的利益,维护市场自由竞争的环境,促进自由竞争和表达自由。商标合理使用,就是商标混淆可能性标准适用中的"安全阀",是对消费者和参与市场竞争的厂商进行保护、确保市场自由竞争环境的制度。明确商标合理使用的概念、理论基础、适用以及与商标侵权判定混淆可能性标准适用之间的冲突与协调,能够为混淆可能性标准的适用划定清晰的界限,避免商标反混淆保护范围的不当扩大,防止商标权扩张给市场竞争带来不利影响。基于此,本章将对商标合理使用展开讨论。首先明确商标合理使用的本质,厘清其与商标使用之间的关系,之后讨论商标合理使用和商标侵权判定混淆可能性标准之间在适用上需要注意的问题,重点讨论两者之间的冲突与协调,以明确其具体适用。

第一节　商标合理使用的本质：非商标使用行为

一、商标合理使用的含义和类型

在对商标合理使用的本质进行探讨之前，有必要了解商标合理使用的概念、理论渊源和类型划分。学界一般认为，商标合理使用是指在一定条件下，使用他人商标，不视为侵犯商标权的行为。同专利权和著作权合理使用制度一样，商标合理使用是一种重要的侵权抗辩事由。[1] 商标合理使用的产生源自对商标权的适用范围进行适当限定的需要。在商标权人获得商标权之后，如果赋予商标权人绝对性的或总括性的商标权，商标权人就能够控制他人对其商标的任何利用行为，这往往会不利于市场的自由竞争和表达自由。因为商标作为一种社会符号，具有丰富的含义，它不仅能够标示商标权人商品或服务的来源，代表着企业和其提供的产品的相关信息，而且还包含着符号所固有的信息。参与市场竞争的其他厂商、在市场中的消费者乃至普通公众，有时都需要利用商标权人的商标符号来表达自己的观点、传递信息。如果商标权人能够控制其他厂商、消费者和公众的任何利用其商标的行为，则某些有利于市场自由竞争和消费者购物决策的信息就不容易被表达出来，商标权就会阻碍市场的自由竞争和言论的自由表达。由此可见，商标作为社会符号并不能完全地属于商标权人。相反，商标权人一般只拥有以该商标标示自身商品或服务，并禁止他人以混淆消

---

[1] 王莲峰：《商标法学》，北京大学出版社2007年版，第118页。

费者的方式来使用的权利。除此之外，商标这种社会符号属于公共资源，其他厂商和社会公众可以使用这些商标符号来表达观点、传递信息。例如，许多商人为了使自己的商标能够引起消费者美好的联想，往往会选用那些在社会中已经存在的富有美好意义的词汇，如"红豆"服饰、"凤凰"自行车等。这些词汇不仅标示着产品的来源，还具有非商标标示来源意义上的其他含义，其他厂商或公众有时需要使用这些词汇进行交流、传递信息。由此，商标法发展出了合理使用制度，允许其他厂商、消费者和公众在符合特定条件时可以合理利用商标权人的商标，而不将之视为商标侵权行为。"防止商标所有人垄断或者占用描述性单词或者术语，因为每个人都可以在其主要的和描述性意义上使用一个词语，只要这种使用并不造成消费者对于商品或者服务来源的混淆。"❶

一般认为，商标法包括了以下几种类型的合理使用：典型性合理使用（classic fair use）❷、指示性合理使用（nominative fair use）、比较广告合理使用（comparative advertising fair use）、滑稽模仿合理使用（parody fair use）。所谓典型性合理使用，是指使用商标权人的商标，以描述和说明自己提供的商品或服务的基本情况、特征、特点等。我国2001年《商标法》并没有规定商标合理使用的这些类型，但是《商标法实施条例》第49条规定了典型性合理使用："注册商标中含有本商品的通用名称、图形、型号、或者直接表示商品的质量、主要

---

❶ 孔祥俊：《商标与反不正当竞争法原理与判例》，法律出版社2009年版，第331页。

❷ 我国学界也将之称为描述性合理使用。

原料、功能、用途、重量、数量及其他特点，或者含有地名，注册商标专用权人无权禁止他人正常使用。"2013年新《商标法》第59条加入典型性合理使用条款，规定："注册商标中含有的本商品的通用名称、图形、型号，或者直接表示商品的质量、主要原料、功能、用途、重量、数量及其他特点，或者含有的地名，注册商标专用权人无权禁止他人正当使用。"《欧盟一号指令》第6条也规定了类似的条款，该条规定："商标所有人无权禁止第三人在商业活动中的下列行为：1.使用自己的姓名和地址；2.使用有关商品或服务的种类、质量、数量、用途、价值、地理来源等。"日本《商标法》第26条第1款也规定："商标权的效力不及于下列商标：（1）以普通的方式用自己的肖像或自己的姓名、或著名的雅号、艺名或笔名及其上述的略称所表示的商标；（2）以普通的方式用该指定商品或与此类似商品的通用名称、产地、销售地、品质、原材料、功能、用途、数量、形状、价格，或生产加工或使用方法或时期表示的商标；（3）该指定商品或与此类似的商品上所惯用的商标。"❶ 美国商标法《兰哈姆法》在第33条第（b）项第4款也有典型性合理使用的规定，依该条规定，"使用被诉为侵权的姓名、词语、图案等，不是作为商标使用，而是被控方将自己的姓名或其有关的人的姓名使用在自己的业务中，或是善意而且合理地将描述性的词语或图案描述该当事人自己的商品或服务或其产地来源，该使用不构成商标侵权。"❷

对于指示性合理使用，是指在自己提供的商品或服务之上

---

❶ 《日本商标法》，李扬译，知识产权出版社2011年版，第23页。
❷ Lanham Act 33(b)(4)[15 U.S.C. 1115(b)(4)].

使用了商标权人的商标，但是使用的目的在于指示商标权人的商品或服务，借此说明自己所提供的商品或服务的某些特点。我国商标法并没有对指示性合理使用进行规定，但是国家工商总局于1995年和1996年曾发文要求规范汽车维修行业使用他人商标的问题，这实际上就是规范商标的指示性合理使用。该文要求非授权的汽车维修点可以直接以叙述性的方式使用他人的商标说明其提供的维修服务范围，但不得突出其中的商标部分。《欧共体商标条例》也对指示性合理使用有所规定，其第12条规定："商标赋予其所有人的权利不得用来禁止第三人在商业中为标指商品或服务的用途，尤其是作为零配件所必需时使用该商标，但上述使用应符合工商业的诚实惯例。"

比较广告合理使用是指在比较性的商业广告中使用商标权人的商标，以将自己的商品或服务与商标权人的商品或服务做比较。我国目前并没有对比较广告进行立法。欧盟在1997年的《84/450/EEC指令》对比较广告进行了比较全面的规定，该指令第3条规定："比较广告不得构成误导，不得贬低竞争者的商标、商号等，不得对竞争者的商标、商号或其他识别性的标志或竞争者产品的声誉进行不公平的利用。"与欧盟不同，美国并没有专门针对比较广告进行立法，但是美国法院一般通过美国《兰哈姆法》第43条第（a）项对比较广告案件进行裁判。《兰哈姆法》第43条第（a）项规定，商业广告或促销广告之中不得有误导性的陈述，使他人对商品或服务的来源产生混淆。❶

滑稽模仿合理使用是指在讽刺、嘲弄、评论中使用使用

---

❶ Lanham Act 43(a)[15 U.S.C. 1125(a)].

商标权人的商标。但实际上，这种使用并非是一种商标使用行为。"对商家进行批评或讽刺性模仿等行为，并非是出于与商标权人进行不正当竞争的动机，而是对宪法赋予的公民权利的行使。这种行为不构成商标侵权行为。"[1]

根据上文论述，这几种类型的商标合理使用在实质上并没有区别，其行为特点都在于借用他人的商标，说明自己提供的商品或服务，或传递某些信息，来帮助自己更好地参与市场竞争，表达观点和言论。下文将结合其中某些合理使用类型，分析商标合理使用的本质。

二、商标合理使用的本质：非商标使用

商标合理使用是商标侵权诉讼的抗辩事由，是商标混淆可能性标准适用的"安全阀"，为参与市场竞争的厂商、消费者和公众合理地利用商标权人的商标提供了制度保障。实际上，商标合理使用并非真如该词语所表明的，是对商标的一种"合理使用"。相反，商标无法被"合理使用"。商标合理使用在本质上并非是一种商标使用行为，而是对商标这种符号在非商标意义上的使用，是一种非商标使用行为。商标合理使用的这种本质特征决定了它可以作为混淆可能性标准适用的"安全阀"制度。前文已述，商标混淆可能性标准适用的前置性要件是商标使用，只有被诉人的行为首先构成商标使用，才有进一步适用混淆可能性标准的可能。由于商标合理使用与商标使用完全不同，并非一种商标使用行为，因此商标合理使用行为不

---

[1] 王迁：《知识产权法教程》，中国人民大学出版社2014年版，第469页。

构成商标侵权,一般情况下不再需要适用混淆可能性标准去判定商标侵权是否成立。

上文已述,商标使用是指厂商在商业贸易中,通过各种媒介,将某一特定的符号作为商标,标附在其提供的商品或服务、或与商品、服务有关的对象之上,标示该商品或服务的来源,使消费者将该符号识别为商标。商标使用不仅决定了商标权人是否能够获得商标权,而且是混淆可能性标准适用的"安全阀"制度之一,在商标侵权判定中起到重要作用。根据商标使用的基本原理,商标合理使用中所谓对商标进行"合理使用"的用词表述是不准确的。商标合理使用在本质上并非是对商标的"合理使用"。具体到商标合理使用中最重要的典型性(叙述性)合理使用。典型性合理使用是指他人为了描述自己所提供的商品或服务的图形、型号、质量、主要原料、功能、用途、重量、数量等特点,使用商标权人的包含上述描述性含义的商标。应当说,很多商标在未成为商标之前,本来就带有一些描述性的含义。商标权人为了吸引消费者,引发消费者的联想,往往会在选用商标时选用那些具有描述性含义的商标。这些商标由于具有描述性含义,商标法要求其必须具备第二含义,才能获准商标注册和保护。当商标权人将具有描述性含义的标识附着于商品或服务之上投入商业贸易之中,该标识就起到了标示来源的作用,消费者就会将该标识视为商标,该标识就产生了第二含义,能够作为商标获得注册和保护。但是,即便该标识产生了第二含义,但是该标识原有的描述性含义还依然存在。他人为了说明自己提供的商品或服务的特征,可以使用这些标识以表达标识所包含的描述性含义。这种使用根本不是在商标的意义上用以指示商品来源的使用,不是一种将标识与商品或服务相联系,标示商品特定来源的商标使用行为,而是利用该标识本来就具备的描述性含义,向消费者传递商品或服务的型号、质量、原理等某些特征的行为。既然典型性合理使用行为不是商标使用,那么显然就不是一种对商标进行"合理使用"的行为。商标的生命在于使用,不将商标用于标示商品或服务的来源,就不是在商标意义上的使用,商标也没法被"合理使用"。

再来考察商标的指示性合理使用。指示性使用是使用别人的商标来表示商标权人提供的商品或服务,借此也向消费者表明自己提供的商品或服务的某些特征。比如汽车配件厂在广告牌上标明本店提供宝马车零部件。实际上,该汽车配件店使用宝马商标是为了向消费者说明自己的商店提供宝马汽车的零部件,使消费者知悉其具体提供的商品或服务内容。根据商标使用的理论,在指示性合理使用中,他人对商标权人商标的使用也不是将商标权人的商标与该人提供的商品或服务相联系,用来标示自己商品或服务的来源。亦即,他人根本不是在商标标示来源的意义上使用商标权人的商标。他人使用商标权人商标的目的仅在于告诉消费者其提供的商品或服务的某些特征与商标权人提供的商品或服务有联系,以更好地宣传其商品或服务的内容,降低消费者的搜寻成本。因此,指示性合理使用也并不是对商标的"合理使用",相反,指示性合理使用也是对商标权人商标在非商标意义上的使用。

通过上文分析应可明确,商标没有办法被"合理使用",商标的本质就在于使用一个特定的标识来标示特定商品或服务的来源。脱离了商品或服务的标示来源功能,一个特定的标识就不再具有商标的功能。因此,商标合理使用在本质上并非商标使用行为，而是对商标这种符号在非商标意义上的使用，是一种非商标使用行为。据此，商标合理使用的称谓是值得商榷的，容易使人误认为商标也能被合理使用。殊不知，商标标识来源的功能不可能被他人合理使用。但是，商标合理使用作为一种侵权抗辩机制，这种称谓已经长久地存在于商标法，去改变商标合理使用的用词，并无太大意义。因此，对于这种商标侵权的抗辩事由，可以继续沿用商标合理使用的称呼，但是仍需要注意的是，商标合理使用绝不等于著作权法中的合理使用，作品可以被合理使用，而商标无法被合理使用，所谓商标合理使用实质上指的是对商标权人商标在非商标意义上的使用。

既然商标合理使用在本质上并非一种商标使用行为，而是对商标符号在非商标意义上的使用，是一种非商标使用行为。那么商标合理使用当然不属于商标混淆侵权行为。商标合理使用实际上就是与商标使用在法律性质上截然不同的行为。上文有析，商标混淆可能性标准的适用要求被诉侵权人首先要从事商标使用行为，商标使用实际上是商标混淆可能性标准适用的前置性要件和"安全阀"。据此，商标合理使用就是一种非商标使用行为，不符合商标使用的要求。法院在认定被诉侵权人利用他人商标的行为属于合理使用时，实际上就表明该行为不是一种商标使用行为，不构成商标侵权，无须再进行消费者混淆可能性的分析。商标合理使用也就成为商标使用的反面，实际上与商标使用一起，成为混淆可能性标准适用的"安全阀"制度。

第二节 商标合理使用与混淆标准的共存与冲突

一、商标合理使用与混淆标准的共存

根据上文的分析，商标合理使用是为禁止商标权人对其商标符号在非商标意义上的独占，避免商标权禁锢他人因描述产品、表达信息的需要对商标权人商标的合理利用行为，确保商标权人之外的任何人都可以以描述性的方式传递信息，使消费者获得更为丰富的市场信息。正是因为商标合理使用具备上述功能，在本质上是一种非商标使用行为，使其成为商标混淆可能性标准适用的"安全阀"。原则上，商标合理使用和混淆可能性标准之间泾渭分明，并不存在适用上的冲突，可以很好地共存。这主要是基于商标合理使用不是商标使用行为，正好就不符合适用混淆可能性标准的前提要件——商标使用。被告在侵权诉讼中要避免承担混淆侵权责任，抗辩的理由既可以是自己的使用并不是商标使用行为，又可以是证明自己的使用符合商标合理使用的要求，是商标合理使用行为。从合理使用抗辩的角度分析，正因为商标合理使用在本质上是一种非商标使用行为，被告要证明自己的使用是合理使用，关键就在于其使用他人商标的方式是否在客观上标识了商品或服务的来源。根据上文对商标使用的界定，商标使用需要符合三项要件：（1）使用的目的是为商业贸易；（2）使用的方式是将特定的标识与商品或服务或有关对象相联系，起到标识来源的作用；（3）客观上使消费者将该标识识别为商标。据此，被诉侵权人的行为是否合理使用，主要是判定其使用的行为在客观上是否是一种

标识商标或服务来源的行为，消费者是否会将其附着于产品之上的标识视为商标。这个判断可以从被诉侵权人使用标识的大小、外观、字体、颜色、使用在商品上的位置进行综合分析。如果被诉侵权人使用标识的方式仅仅是描述性的，并且放置于产品中并不显眼的位置，亦即没有以商标的方式突出标识，那么该使用就并不是商标使用，一般不会使消费者认为该标识为商标。例如，与商标权人商标相同的标识在产品的说明书或描述性用语中出现、或在产品之上不但有与商标权人商标相同的标识，还附着上了被诉人的商标、或被诉侵权人在使用他人标识时使用了通常的字体、颜色和外观，未将其与产品整体的字体、颜色和外观显著地区分开来。在这几种情况下，显然被告对他人商标标识的使用并不是商标使用，而是对商标标识在非商标意义上的描述性使用，不会使消费者将之识别为商标，自然无须再适用混淆可能性标准进行商标侵权的判定。反之，如果被告在其产品之上突出标示了原告的商标，即将原告的商标放置于产品的显著位置，或将二者商标排列在一起，不具有正常的可区分性，则很可能是构成商标使用行为，让消费者将之识别为商标，如果容易导致消费者混淆，就难免有商标侵权的嫌疑。

从总体上看，商标合理使用和混淆可能性标准的适用并不存在冲突，两者泾渭分明，可以从被告对他人商标在客观上的使用行为和消费者对被告行为的认知进行判断。当符合商标合理使用时，被告的行为不构成侵权，法院无须再适用混淆可能性标准。而当被告的使用有构成商标使用之嫌时，法院需要进一步通过混淆可能性标准对其行为进行分析，看其是否可能造成消费者的混淆误购。

二、商标合理使用与混淆标准的冲突

商标合理使用与混淆可能性标准虽然在通常情况下泾渭分明，但是在特殊情况下两者的适用可能发生冲突。上文曾述，商标合理使用是混淆可能性标准的"安全阀"，对混淆可能性标准的适用起到限定的作用。在判断被告的行为是否构成合理使用时，主要是看其使用他人商标标识的方式，包括使用的标识的大小、外观、字体、颜色、使用在商品上的位置等方面，考察其是否会让消费者将该标识视为商标。在一般情况下，判断被告对商标权人商标的使用是否是商标使用还是比较清晰的，商标合理使用和混淆可能性标准的适用不会发生问题。但是不可否认的是，商标合理使用和混淆可能性标准的适用存在"灰色地带"。有的时候，被告的行为处于模棱两可的状态，即表面看来似乎表现为商标合理使用，但又有将他人商标标识作为自己所提供的商品或服务的商标来使用的嫌疑，并不好判断被告的行为是否是商标使用行为，而当被告的行为处于这种"灰色地带"时，往往被告使用与原告商标相同或相类似的标识很有可能让一部分消费者将之视为商标，从而可能造成消费者混淆。在这种情况下，如果原告证明被告的使用极有可能造成消费者混淆之时，是否还可以适用商标合理使用抗辩，被诉人的行为是否构成商标侵权，就成为争议的焦点，这就涉及在合理使用和混淆可能性标准在适用上发生冲突时如何协调的问题。

对于商标合理使用和混淆可能性在适用上发生冲突，亦即当被告使用他人商标的行为确实可能造成一部分消费者混淆误认时，其商标合理使用的主张是否成立，学界及实务界一直有不同的看法。在美国，观点的分歧也导致"法院在存在混淆可能性是否就意味着被告就不能主张合理使用这一重要问题上看法不一"。❶ 一派法院认为，合理使用和混淆可能性标准两者彼此排斥。商标法的目的在于防止消费者混淆，合理使用适用的前提条件决定了这一行为是不会造成消费者混淆误认。当可能造成消费者混淆时，就说明被告的使用并不合理，构成商标侵权。"混淆可能性的成立就排除了合理使用的抗辩。"❷ 持这种观点的代表性法院是第九巡回上诉法院，该法院始终认为，合理使用抗辩的适用范围并不能太过广泛，在系争使用涉及对产品来源的消费者混淆时不可以免除被告的侵权责任。❸ 另一派法院却认为，即便被告在合理使用他人商标的过程中造成了一些消费者的混淆，合理使用也可能成立。合理使用需要容忍一部分消费者混淆。"如果合理使用的抗辩在存在混淆可能性时无法适用，那么就说明合理使用从未被考虑过。"❹ 同样，早在1924年，美国最高法院就曾认为："仅仅描述了产品成分、质量、特征的词汇不能被用做商标以及依照法律把偶进行排他性使用，他人使用相似的词汇来真实地描绘他自己的产品并不构成法律或道德上的错误，即便它在效果上会导致公众对产品的来源或所有权发生

---

❶ Stephanie Greene, Sorting Out 'Fair Use' and 'Likelihood of Confusion' in Trademark Law, *43 Am,Bus.L.J.43*,45(2006).

❷ PACCAR, Inc. v. Telescan Tech., L.L.C.,319 F.3d 243, 256(6th Cir. 2003).

❸ KP Permanent Make-Up, Inc. v. Lasting Impression I, Inc., 328 F.3d 1061, 1072 (9th Cir. 2003).

❹ Shakespeare Co. v. Silstar Corp. of Am., 110 F.3d 234,243(4th 1997).

错误。"❶

上诉到美国联邦最高法院的KP Permanent Make-Up, Inc. v. Lasting Impression I, Inc一案，是关于商标合理使用和混淆可能性标准适用冲突与协调方面的经典案例，也表明了美国最高法院对商标合理使用和混淆可能性标准关系的态度。该案中的双方当事人KP Permanent Make-up Inc公司（简称KP）与被告Lasting Impression Inc公司（简称L公司）均为化妆品的制造和销售商，且为直接竞争关系。L公司于1992年开始使用"micro colors"商标，于1993年获准商标局注册。而KP公司则在L公司使用"micro colors"商标之前开始使用该商标，但是并未申请注册。在1999年，KP公司大量使用"micro colors"作为产品广告，于是L公司在2000年向KP公司发出警告函，要求其停止使用该商标。KP公司遂诉至法院，要求法院确定其对"micro colors"商标享有习惯法上的商标权，并且其行为构成合理使用。地方法院在一审中认为，KP公司的行为符合美国《兰哈姆法》有关合理使用的规定，构成合理使用。L公司随后向第九巡回上诉法院提起上诉，其认为地方法院在判决中忽略了被告的行为可能导致消费者混淆误购这一因素。第九巡回上诉法院在上诉审中认为，商标合理使用与混淆可能性标准是相互排斥的关系，当被告的行为可能造成消费者混淆之时，被告的行为就不构成合理使用。法院不但认为混淆可能性的存在排斥合理使用的适用，而且认为证明不存在混淆可能性的举证责任在于被告。只有被告证明了其使用不会造成消费者混淆，才能进一

---

❶ William R. Warner& Co. v. Eli Lilly& Co., 265 U.S.526,528(1924).

步判断被告的行为是否符合合理使用的构成要件。法院指出，被告要主张合理使用，必须证明该使用没有可能造成消费者混淆，亦即，证明混淆可能性不存在的举证责任在KP公司。除非KP公司证明其使用"micro colors"并不会造成消费者对KP公司和L公司提供的产品来源发生混淆，否则就不能够适用合理使用制度。据此，法院认为初审法院的判决有误，因为并未证明混淆可能事实这一关键问题。❶ 故撤销了地方法院的判决。KP公司不服，上诉至联邦最高法院。

联邦最高法院在审理该案中，对商标侵权诉讼中被告主张合理使用时是否需要负担证明其行为没有造成消费者混淆可能性的举证责任以及在存在消费者混淆可能性之时，合理使用能否成立这两个问题进行了回应。最高法院的基本观点是：(1)原告需要举证证明混淆可能性问题。(2)合理使用应当允许一定程度的混淆可能性存在。❷ 最高法院认为，美国国会在立法时并未在《兰哈姆法》中要求被告在主张合理使用时需要证明其对商标的使用不构成混淆可能性。被告要主张合理使用，仅需要证明：(1)被告并非以商标使用的方式使用；(2)被告使用他人商标仅是为了描述自身的商品；(3)被告的使用善意且合理。可见，该条文并不要求被告在主张合理使用时证明不存在混淆可能性。而根据美国《兰哈姆法》侵权判定条款第32条(a)(1)的规定，原告应当在诉讼中证明混淆可能性的存在，该项举证

---

❶ KP Permanent Make-Up, Inc. v. Lasting Impression I, Inc., 328 F.3d 1061, 1072 (9th Cir. 2003).

❷ KP Permanent Make-Up, Inc. v. Lasting Impression I, Inc., 125 S. Ct.542,548-549(2005).

责任并不在被告主张合理使用时转移。此外，不仅被告在诉讼中并不因提出了合理使用抗辩而负担混淆可能性的举证责任，而且即便被告的使用确实有可能造成一部分消费者混淆时，为了防止商标权的过度强化，保障公众合理使用他人商标表达信息的权利，一定程度的消费者混淆和商标合理使用是可以共存的。因此，最高法院认为，合理使用的抗辩必须容忍一些程度的混淆。当原告无法证明混淆可能性的存在时，被告不需要进行自我辩护。❶

虽然联邦最高法院认为存在一定程度的消费者混淆可能性时，合理使用抗辩同样可以成立，但是对于多大程度和范围的消费者混淆是商标合理使用成立可以容忍的范围，最高法院并未明确。在该案审理中，最高法院认为，"合理使用虽然允许一定程度的混淆，但并不否认消费者任何程度的混淆可能性可以用以衡量被告的使用在客观上是否公平。"❷ 换言之，最高法院并未完全否定在存在混淆可能性的情况下排除商标合理使用的适用。但是，最高法院并未明确地说明多大程度的混淆就可以排除商标合理使用的适用，实际上并未完全解决商标合理使用和混淆可能性标准适用的冲突问题。最高院的这种观点也影响到了日后下级法院在案件中存在消费者混淆可能性时对合理使用规则的适用。学者在评论最高院这一并不彻底的判决时指出："（最高法院）给将混淆可能性的程度引入合理使用的分

---

❶ KP Permanent Make-Up, Inc. v. Lasting Impression I, Inc., 125 S. Ct.542,549(2005).

❷ KP Permanent Make-Up, Inc. v. Lasting Impression I, Inc., 125 S. Ct.542,548-549(2005).

析留下了一扇门，有造成一种风险的可能，亦即，将巡回法院长久以来在合理使用适用上的分歧永久化，以及进一步加深了对怎样适用看起来直截了当的抗辩的疑惑。"[1]

第三节 商标合理使用与混淆标准的协调

联邦最高法院对KP案的见解，是对长久以来困扰法院的关于合理使用和混淆可能性标准适用冲突问题的直接回应，统一了不同地区法院对这一问题的不同看法。正如前文分析，在一般情况下，商标合理使用和混淆可能性标准可以和谐共存，不会发生适用上的冲突。但是，实践中总会有一些被告利用他人商标的行为，处于合理使用和混淆侵权的边缘地带，可能会让一些消费者误认为其使用他人的商标是为了标识自身产品的来源，从而造成混淆误认。在这种情况下，如何处理好商标合理使用和混淆可能性标准之间的关系就显得很关键。如果仅仅是一小部分消费者发生混淆误认，就认定他人在描述性的意义上对商标权人商标的使用不构成合理使用而构成商标侵权，则无疑可能使商标合理使用制度被架空，造成他人不愿意再利用商标权人的商标描述自己的产品或表达言论，导致合理使用制度保障他人自由竞争、表达自由的立法目标无法实现。而如果他人对商标权人商标的描述性使用造成了很大一部分消费者的混淆，并依然将之认定为构成商标合理使用，又可能使商标法防范消费者混淆的立法目的落空，使市场中的商标无法区分，导

---

[1] KP Permanent Make-Up, Inc. v. Lasting Impression I, Inc., 125 S. Ct.542,549(2005).

致消费者搜寻成本上升，扰乱市场竞争。

　　这种情况下，在具体案件的分析中，还是要综合地考虑商标法的价值、商标法规制混淆的目的以及商标合理使用的宗旨来权衡混淆可能性标准和合理使用之间在适用上的关系。商标法的价值在于实现市场竞争中的自由和公平。一方面，商标法通过规制市场中的混淆行为，确保市场中的商标能够相互区分；另一方面，将商标权限定在一定的范围之内，确保其他竞争者能够自由地参与市场竞争，使消费者能够从自由的竞争中获益。当合理使用和混淆可能性标准的适用发生冲突时，适用合理使用制度，承认被告对他人商标的使用为合理使用，就可能意味着一部分被混淆的消费者的利益以及相对应的商标权人的一部分利益无法得到保护。而适用混淆可能性标准，认定被告对他人商标的使用构成侵权而不构成合理使用，则可能意味着被告在市场中合理利用商标权人商标表达言论的利益无法受到保护。在具体个件中究竟适用何种制度，实际上就是分析和权衡认定合理使用成立或者商标侵权成立之后所可能给市场中各方主体的利益和行为带来的影响，从而选择适用能够使社会效益最大化的制度。学者巴尔内斯（Barnes）和里奇（Laky）就认为，在适用合理使用制度时，混淆可能性只是决定合理使用的一个因素。混淆可能性在合理使用的分析中应当是"相关的而非决定性的"。[1]在适用合理使用时要进行平衡的测试，将商标保护的各种目的纳入考量的范围，包括保护商标权人的商

---

[1] David W. Barnes & Teresa A. Laky, Classic Fair Use of Trademarks: Confusion about Defenses, 20 SANTA CLARA COMPUTER & HIGH TECH. L.J. 833, 833 (2004).

誉、促进竞争、保护消费者、促进消费者选择。[1] 随后，两位学者提出，混淆可能性应当扮演着独立的（independent）和支持的（supporting）角色。就独立的角色而言，混淆可能性表明了对消费者的损害，而从支持的角色来看，混淆可能性表明了对商标权人商誉的损害，而不论商标是如何在善意的情况下被使用的。据此，两位学者总结认为，"当描述性使用在给竞争和消费者带来的利益大于给竞争和因消费者混淆造成的损害时，该种使用行为就是合理的。"[2]

从上述观点分析，在被告的行为处于合法与侵权的边缘地带时，适用合理使用制度还是混淆可能性标准应主要看被告的行为在客观上会给市场中的商标权人、其他厂商、消费者造成何种影响，再依据这种影响来分析被告的行为是否妥当，决定是否适用合理使用或混淆可能性标准。据此，本文拟归纳出在商标合理使用与混淆可能性标准发生冲突时的适用准则，以方便法院在个案中作出合理的判断。

首先，当被告以描述性的方式使用他人商标，处于合法与侵权的边缘地带时，要看被告的行为在客观上造成消费者混淆的范围和程度。假如被告的使用行为仅仅造成一小部分或少部分消费者混淆，或消费者很容易就能消除这种混淆，则被告并不构成侵权，亦即，合理使用需要容忍少量或适度的消费者混

---

[1] David W. Barnes & Teresa A. Laky, Classic Fair Use of Trademarks: Confusion about Defenses, 20 SANTA CLARA COMPUTER & HIGH TECH. L.J. 833, 871–872 (2004).

[2] David W. Barnes & Teresa A. Laky, Classic Fair Use of Trademarks: Confusion about Defenses, 20 SANTA CLARA COMPUTER & HIGH TECH. L.J. 833, 848 (2004).

淆。正如前文分析，一般情况下，如果被告只是在描述性的意义上使用原告的商标，并不会发生消费者混淆的情况。而如果被告的行为只是造成一小部分或少量消费者混淆，则也恰恰说明大部分消费者并不会将被告的行为视为商标使用行为，不会对产品的来源发生混淆。事实上，在被告进行合理使用的过程中，可能总会有一些注意力较低的消费者发生混淆，绝对杜绝或不允许任何消费者混淆的发生是不可能的，也不符合客观的社会现实。正是因为原告的商标并不具有很强的固有显著性，包含有本来就具有的描述性意义，被告对原告商标在描述性的意义上进行使用才具有合理性。而当被告以描述性的方式使用时，由于原告商标的影响，可能就会有少部分的消费者发生混淆误认。在此情况下，消费者发生的混淆只是局部的、小部分的，而更重要的是被告合理使用行为所可能给消费者、参与竞争的厂商所带来的福利。如果仅因一小部分混淆的发生就禁止他人以描述性的方式使用商标权人商标，就会损害表达自由和商品信息的自由流动及传递，剥夺消费者在购物中获得商品信息和多元选择的机会，从而提高其购物的搜寻成本，同时也不利于其他厂商参与市场竞争。另外，一小部分或少量消费者虽然可能会发生混淆，但是由于被告并无意搭原告商标的便车，必定会突出其品牌，随着被告品牌的宣传和销售，这部分消费者也有可能在日后逐步改变认识，不再会对被告描述性使用他人商标的做法发生混淆误判，亦即，这种消费者混淆是很容易加以克服的。这也就是为何美国最高法院在KP一案中认为，在合理使用的适用中，必须容忍一定程度的消费者混淆。

其次，虽然在合理使用的适用中，可以容忍一定范围和程度的消费者混淆，但并不意味着这种容忍没有限度。如果被告使用他人的商标来描述自身的产品，但可能造成大面积甚至全部相关消费者的混淆，则这种使用方式本身是否合理就值得探讨。美国最高法院在KP一案中尽管认为存在消费者混淆可能性并不意味着合理使用就不能成立，但并没有表明混淆可能性的程度与合理使用的成立没有任何关系。在美国颇具权威的《不正当竞争重述》中就直接规定，合理使用的成立要考察混淆可能性的程度。该重述规定："原告商标的强度和混淆可能性或实际混淆的程度是决定一个使用是否合理的重要因素。调查和有关于潜在消费者认知的其他证据也与适用（合理使用）抗辩相关，一种使用如果很有可能造成实质性的混淆（substantial confusion），通常将不会被认为是合理使用。被告在本条规定下承担证明合理使用抗辩的举证责任。"❶ 从中可以看出，消费者混淆如果达到了一定的程度，实际上可能预示着被告使用他人商标来描述自身产品的行为偏离了合理的轨道。在市场中的消费者并不是智力低下、行为随意的主体，相反，消费者具备一定的辨识商标的能力。当被告的行为造成大面积的甚至全部相关消费者的混淆，就说明消费者将被告使用他人商标的行为视为一种标识其自身产品来源的行为，亦即，被告使用的商标权人的商标标识被消费者视作被告的商标。既然被告的行为造成了很大程度的混淆，则其行为的合理性就值得怀疑了。在此时认定被告的行为是否构成合理使用，就攸关消费者避免遭受混淆和商标权人避免因消费者混淆而受到损害的利益。在这种情况下，就有必要进一步探讨被告的行为究竟是否合理，究竟

---

❶ Restatement (third) of Unfair Competition § 28 cmt. b (1995).

是不是因被告使用他人商标方式的不合理导致了消费者混淆。如果探讨的结果是被告行为的不合理导致了消费者混淆，则被告的合理使用抗辩理应不能成立，而构成商标侵权。

实际上，美国《兰哈姆法》中规定的典型性合理使用第1115条(b)(4)对合理使用的使用是否合理进行了规定。考察在造成大部分甚至全部消费者混淆的情况下，被告的合理使用抗辩能否成立，也可以参照《兰哈姆法》第1115条(b)(4)的规定。依该条规定，使用被诉为侵权的姓名、词语、图案等，不是作为商标使用，而是被控方将其姓名或有关人的姓名使用在其业务中，或是善意而且合理地将描述性的词语或图案描述该当事人的商品或服务或产地来源，该使用不构成商标侵权。❶归纳而言，只要被告的使用需要具备二项要件，就不构成商标侵权：（1）该使用是描述性的而非作为商标；（2）使用的主观意图是善意而合理的。第一项要件实际上就是看被告的使用是作为标示来源的使用还是进行描述性表达的使用。"在商品比较相类似时，法院自然会去探究系争词语或图案的适用是否是为了造成消费者对商品或服务的来源发生混淆。"❷当被告对他人商标的使用造成大面积的甚至全部相关消费者的混淆，第一项要件显然对被告非常不利。而第二项要件，实际上是看被告是否本着善意而合理的方式去使用他人的商标，亦即，被告的行为是否具备了合理性，履行了被告应当履行的基本注意义务。这实际上可以从被告使用他人商标的行为的细节考察。例如，被告是否为避免消费者混淆采取了一定的措施，即被告不

---

❶ Lanham Act 33(b)(4)［15 U.S.C. 1115(b)(4)］.
❷ Sunmark, Inc. v. Ocean Spray Cranberries, Inc., 64 F.3d 1055, 1059 (7th Cir. 1995).

仅以描述性的方式使用了他人商标，同时也在显著位置标示了其自己的商标，两者具有很强的区分性。正如学者所言："在描述性使用他人商标时突出地使用被告自己的商标，就会减少潜在的混淆，是善意的强有力的证据。"[1] 再比如，被告虽然以描述性的方式使用了他人商标，但被告产品的包装、标识的方式、产品的外观等是否与原告的产品存在显著差异，如果被告不仅使用了原告的商标，而且连包装、标识方式、产品外观等都与原告相同或相类似，则其主观上的恶意或者过失就很大，当造成消费者混淆时，其合理使用成立的可能性就小。可见，被告即便需要通过他人的商标来表达信息和言论，其使用的方式也是多种多样的。从使用方式中就可以看出被告是否尽到了一定的避免消费者混淆的注意义务，这就关系到被告的行为最终是否会被认定为合理使用。

第四节　结　　语

商标合理使用是商标法中的重要范畴，关系到其他厂商、消费者能够在多大程度上利用商标权人的商标来表达观点、传递信息。因此，与商标使用制度一样，商标合理使用制度也是限定商标权范围、确保市场竞争自由和表达自由的"安全阀"制度。在实践中，有时商标合理使用制度会与混淆可能性标准的适用发生冲突。在被告的行为处于商标合理使用与商标侵权的"灰色地带"时，首先要看被告的行为在客观上造成了多大

---

[1] Stephanie Greene, Sorting Out 'Fair Use' and 'Likelihood of Confusion' in Trademark Law, 43 Am. Bus. L.J. 43, 68(2006).

程度的消费者混淆，如果只是少部分消费者发生了混淆，那么被告的行为并不具备可责难性，如果被告对他人商标的使用造成了大面积甚至全部相关消费者的混淆，则需要进一步分析被告的行为是否具备合理性，被告是否履行了其应当履行的注意义务。如果被告的行为表明被告并没有履行一定的规避消费者混淆的义务，则被告的行为就欠缺合理性，也就不构成商标合理使用。

第十二章　贴牌加工与商标侵权

随着我国对外贸易的发展，贴牌加工这一贸易形态逐渐出现，成为我国外贸经济的重要组成部分。沿海一些省份如广东、福建、浙江、江苏的很多企业，都开始接受境外委托方的商品生产加工订单，接受委托后按委托方的要求生产出相应商品并贴附委托方的商标出口交付给委托方。但是，贴牌加工中涉及到商标的使用，可能造成贴牌加工的商品的商标与国内商标权人享有商标权的商标相同或相似，且两者使用于相同或类似的商品上，由此引发了贴牌加工导致商标侵权纠纷的案件。在这些案件中，我国很多从事贴牌加工的企业都被诉商标侵权，一些企业被判败诉，承担了赔偿的法律责任。然而，由于法律并没有明确对这一问题进行回应，法院在认定商标侵权是否成立上观点并不一致。相同案情的贴牌加工案例，在不同的法院，有着不同的判决结果和判决依据，学界对此也存在着争议。贴牌加工中商标侵权问题的不确定性给我国外贸型企业开展业务带来了不利的影响，也不利于我国外贸经济的发展。由此，在法律上就有必要探讨贴牌加工中的商标侵权问题，明确贴牌加工企业接受境外企业委托进行商品产生并贴附商品商标的行为的法律性质。

第一节 贴牌加工行为的界定

贴牌加工，又称定牌加工（Origin Entrusted Manufacture, OEM），主要是指拥有品牌的主体并不直接生产商品，而是利用其技术、品牌和市场销售渠道的优势，通过选择和委托劳动力成本较低的其他企业进行具体商品生产，再直接贴附上委托方的商标，并全部交付委托方加以销售的形式。"涉外定牌加工指的是我国境内企业接受境外商标权人或商标使用权人的委托，按照其要求加工产品，贴附其提供的商标，并将加工的产品全部交付给境外委托人的贸易形式。"[1] 拥有品牌的主体通过委托他人生产加工商品，节约了自身的成本，降低了投资风险，而拥有丰富人力资源的企业也可以充分利用自身生产成本较低的优势。因此，贴牌加工贸易有利于委托方和贴牌加工方的优势互补，有利于降低商品的生产成本。

然而，贴牌加工的行为却容易产生商标侵权的纠纷。商标权具有地域性，在我国就特定商标享有商标权的主体，在其他国家或地区可能并不享有同一商标的商标权。亦即，同一商标，可能在不同国家或地区，分属于不同的商标权主体，这就给权利之间可能发生的冲突和纠纷埋下了隐患。境外企业往往拥有境外某一国家或地区的特定商标的商标权，由于我国一些企业的人力资源丰富，生产成本较低，境外企业就会委托我国企业加工生产商品并贴附境外企业的商标。具体来说，贴牌加工行为可以具体分为四种情况：一、加工方在其生产的同种商

---

[1] 张玉敏："涉外定牌加工商标侵权纠纷的法律适用"，载《知识产权》2008年第4期。

品上使用与在我国注册商标相同的贴牌加工商标的行为；二、加工方在在其生产的同种商品上使用与我国注册商标相似的贴牌加工商标的行为；三、加工方在其生产的类似商品上使用与我国注册商标相同的贴牌加工商标的行为；四、加工方在其生产的类似商品上使用与我国注册商标相似的贴牌加工商标的行为。❶ 在贴牌加工贸易中，由于经营成本、市场规划、申请周期较长等因素的影响，境外企业可能并未在我国申请商标注册和获得商标权。如果与境外委托方商标相同或近似的商标已经在中国被他人注册，则境外委托方的商标就无法在中国获得商标权。当境外委托方的商标在中国没有商标权，而与该商标相同或近似的商标已经在中国由他人注册取得商标权，则当境外委托方委托境内中国企业生产商品并贴附商标时，就有可能发生与中国商标权人商标的冲突，导致侵权纠纷。根据我国《商标法》第57条的规定，"有下列行为之一的，均属侵犯注册商标专用权：（一）未经商标注册人的许可，在同一种商品上使用与其注册商标相同的商标的；（二）未经商标注册人的许可，在同一种商品上使用与其注册商标近似的商标，或者在类似商品上使用与其注册商标相同或者近似的商标，容易导致混淆的。"当符合上述规定时，我国境内贴牌加工企业按境外企业的委托生产相关商品并贴附商标的行为就容易被我国商标权人起诉为商标侵权。

---

❶ 孙海龙、姚建军："贴牌加工中的商标问题研究"，载《知识产权》2010年第5期。

第二节　贴牌加工行为是否构成商标侵权的观点分歧

关于贴牌加工行为是否侵犯我国商标权人享有的商标权，理论与实务界一直存在着不同的观点。部分法院和一些学者认为贴牌加工行为虽然发生在我国境内，但是所有生产的商品都是交付给境外委托方在境外销售，而境外委托方在境外往往是商标的合法权利人，由于商品的销售行为发生在境外，与我国商标权人没有关系，不会造成我国相关消费者发生混淆，因此不侵犯我国商标权人的商标权；而另有法院和学者却认为，贴牌加工的制造行为发生在我国境内，与我国商标权人的商标权直接发生冲突，显然构成了商标侵权。这两种截然不同的观点在我国司法实践之中都有所体现。

2005年，在浙江义乌市聚宝日化公司（以下简称"聚宝公司"）诉义乌工商局一案中，义乌工商局认定聚宝公司侵犯了列兹查尔斯公司在我国注册的"RITZ"商标的商标权，对其进行了行政处罚，聚宝公司不服，向法院提起行政诉讼。法院认定，聚宝公司受美国消费品有限公司的委托，制造标注"De La Ritz"商标的产品并全部销往美国。"De La Ritz"商标系美国消费品有限公司在美国的注册商标，拥有合法权利。聚宝公司生产的商品全部销往美国，并未进入中国国内市场，不会造成相关公众混淆误认，生产该产品本身不构成对中国"RITZ"商标的商标权人列兹查尔斯公司的商标侵权。据此，法院判决撤销义乌工商局的行政处罚决定。❶

2008年，在上海申达音响电子有限公司诉玖丽得电子有限

---

❶ 义乌市人民法院（2007）义行初字第84号行政判决书。

公司侵犯商标专用权一案中，上海一中院认为，被告使用的商标系美国朱利达公司在美国享有商标权的商标，且贴牌加工的商品全部出口美国，被告的行为是贴牌加工行为，涉案产品全部出口美国，并未在中国市场销售，中国消费者不可能对该商品的来源发生混淆误认，被告的行为不构成商标侵权。随后，上海申达音响电子有限公司不服判决向上海市高级人民法院提起上诉，上海市高级人民法院驳回上诉，维持原判。❶ 2010年，在无锡艾弗贸易有限公司诉鳄鱼恤有限公司确认不侵犯注册商标专用权纠纷案中，上海市浦东区人民法院也认为，原告的行为属于接受境外公司委托进行涉外定牌加工行为，其生产的产品并不在国内销售，原告在加工的服装上使用涉案商标具有商标权人的合法授权，并无侵权的主观故意和过错，定牌加工行为也并未造成市场混淆，因此被告不构成对原告鳄鱼恤公司商标专用权的侵犯。❷ 值得注意的是，2012年，在株式会社良品计画诉商标评审委员会商标行政纠纷案中，最高人民法院对此问题作出了表态，其认为，商标的基本功能在于标示来源，区分不同的商品或服务的来源，因此商标只有在商品的流通环节中才能发挥作用，定牌加工专供出口不属于商标法第31条的"商标使用行为"。❸

与上述判决结果和判决理由不同的是，一些法院认为贴牌加工方的行为构成了商标侵权。2001年，在美国耐克公司诉西

---

❶ 上海市第一中级人民法院（2008）沪一中民五（知）初字第317号民事判决书。上海市高级人民法院（2010）沪高民三（知）终字第65号民事判决书。
❷ 上海市浦东区人民法院（2010）浦民三（知）初字第146号民事判决书。
❸ 最高人民法院（2012）行提字第2号行政判决书。

班牙CIDESPORT公司"NIKE"商标案中,美国耐克公司在中国拥有"NIKE"商标的商标权,而被告西班牙CIDESPORT公司是"NIKE"商标在西班牙的合法权利人。该案中,被告西班牙公司在中国境内委托中国企业加工标有"NIKE"商标的滑雪夹克并用于出口。法院认定原告美国耐克公司是"NIKE"商标在中国的合法商标权人,因此任何人未经原告许可,都不得以任何方式在中国境内使用"NIKE"商标,否则侵犯了原告的商标权。❶ 2004年,在泓信公司诉广州海关一案中,恩同公司在中国拥有"HENKEL"商标的商标权,而史丹利贸易公司是在阿联酋注册的公司,在阿联酋注册了"HENKEL"商标。广东佛山泓信公司受阿联酋史丹利公司委托,制造机动车车灯,并将加工好的车灯全部交付出口给阿联酋公司。广州海关认为车灯侵犯了恩同公司的商标权,对泓信公司进行了行政处罚。泓信公司不服,以广州海关为被告提起行政诉讼。广州中院认为,恩同公司是"HENKEL"商标的注册人,其商标专用权受法律保护,原告泓信公司未经许可,在其申报出口的机动车车灯上使用了HENKEL商标标识,侵犯了第三人恩同公司的商标权,侵权成立,广州海关行政处罚合法。被告泓信公司不服,上诉至广东省高级人民法院。广东高院二审驳回上诉,维持原判。❷

综合上述观点可以发现,认为贴牌加工行为不侵犯我国注册商标专用权的理由主要是,贴牌加工行为虽然发生在国

---

❶ 广东省深圳市中级人民法院(2001)深中法知初字第55号民事判决书。
❷ 广东省广州市中级人民法院(2005)行初字第10号行政判决书。广东省高级人民法院(2006)行终字第22号行政判决书。

内，但是这些商品全部用于出口，在海外进行销售，并不在国内销售，没有投入国内市场，因而不会造成消费者混淆，不会损害到我国商标权人的合法权益。此外，在加工的商品上贴附商标，并不是一种商标使用行为，而仅仅是接受他人委托的加工行为。认为贴牌加工行为侵犯了我国注册商标专用权的理由主要是，混淆仅仅是判断商标侵权的基本原则，有些商标侵权并不以混淆为原则，如系争双方的商标相同、使用的商品类别也相同。这样，直接构成对我国注册商标专用权的侵权。❶此外，侵权的认定并不以在国内销售为依据。中国的贴牌加工商按照外国商人的要求，生产加工外国商人提供商标之商品，该商标一般被使用在商品及商品的外包装上，属于商标法意义上的商标使用行为。贴牌加工的商品不在中国市场上销售，而是由外国商人将商品在其本国或其他国家市场上进行包销，不构成否定贴牌加工属于我国商标法意义上的商标使用行为的理由。❷

第三节　贴牌加工行为是否构成商标侵权的理论依据

要分析贴牌加工行为是否构成商标侵权，实际上还是要依据商标法的基本理论，判断贴牌加工行为是否会侵犯到我国商标权人的利益。商标法的制定，主要是为了保护商标权，防止市场上享有一定商誉的商标被他人非法搭便车，造成市场上商

---

❶ 孙海龙、姚建军："贴牌加工中的商标问题研究"，载《知识产权》2010年第5期。

❷ 祝建军："涉外定牌加工中的商标侵权"，载《人民司法》2008年第2期。

标相互混淆，消费者无从依据商标加以购物。因此，从商标法的基本理论来看，商标的功能和商标法的立法目标，应是我们分析贴牌加工行为是否构成商标侵权的基础。如果贴牌加工行为损坏了商标功能的发挥、不利于商标法立法目标的实现，则贴牌加工行为就属于商标侵权行为，应当受到商标法的规制。

　　根据相关学者论述，商标具备三种主要功能：标示来源、激励品质和广告宣传。其中，"商标的原始功能（the primary function）在于表示商标之来源或出处"。❶ 标示来源功能是商标最为基础和本源的功能，缺乏了商标标示来源的功能，商标就不能称为商标，消费者也无法依据商标来确定商品的来源。而激励品质和广告宣传的功能，都是商标标示来源功能的延伸，甚至是商标标示来源功能的有机组成部分。正是在标示来源的基础上，消费者才能够认牌购物，区分不同的品牌商品，支持其满意的品牌，拒绝其不满意的品牌。这样，标示来源的机制才能激励商标权人保证商品的品质。说商标具有品质保证功能，毋宁说是商标标示来源的功能促成了商标权人有动力去维护或提高商品的品质。同样，广告宣传的功能也来自于商标的标示来源功能，是标示来源功能进一步发展的结果。商标具备了标示来源的功能，消费者自然能够根据自己的喜好认牌购物，购买自己喜爱的品牌商品。这样，有的厂商就会在市场竞争中逐步取得优势，其商标的商誉不断累积，商标的吸引力逐步增大，商标本身就成为一种广告，厂商也可以围绕商标进行宣传。当消费者看到这种商标时，就会被商标的商誉和散发出

---

❶ 曾陈明汝：《商标法原理》，中国人民大学出版社2003年版，第10页。

的魅力所吸引。可见，商标的广告宣传功能也来自于标示来源的功能。"商标最主要之功能，在表彰自己之商品/服务，以与他人之商品/服务相区别。"❶ "商标的基本功能在于标示商品和服务的来源或出处，藉以与他人的商品和服务相区别，商标的其他功能都建立在这一基本功能之上。"❷ 正是因为标示来源功能的存在，商标才具有了宣传和促销的功能。

  商标的基本功能决定了商标法的制度构建。联系商标侵权的判定来看，之所以商标法需要保护商标权，打击商标侵权，防止市场上的商标由于相同或相似而无法区分，主要就是为了规制造成消费者混淆的侵权行为，确保商标标示来源的基本功能能正常发挥。商标法实际上是通过保护商标标示来源的基本功能来维护商标所有功能的正常运转。商标法的基本使命就是确保商标能够标示来源，消费者能够认牌购物。"混淆误认的禁止是确保商标识别功能的必要手段。"❸ 从另一角度分析，商标侵权实际上侵犯的也是商标最为核心的功能——标示来源功能。只要标示来源的功能遭受了侵犯，消费者就无法正常的识别商标，通过商标认牌购物，商标的激励品质功能和广告宣传功能也会丧失，商标就失去了存在于市场的价值。因此，商标法需要通过打击商标侵权，保护商标标示来源功能的正常发

---

 ❶ "台湾地区'混淆误认之虞'审查基准，前言1"，载http://www.110.com/fagui/law_12416.html,2015年4月10日访问。

 ❷ 张玉敏："维护公平竞争是商标法的根本宗旨——以《商标法》修改为视角"，载《法学论坛》2008年第2期。

 ❸ "台湾地区'混淆误认之虞'审查基准，前言1"，载http://www.110.com/fagui/law_12416.html,2015年4月10日访问。

挥，通过保护商标标示来源的功能维持商标激励品质和广告宣传的功能。

商标法的立法目的也决定了商标法的制度面貌。为了实现公平有序的市场环境，商标法主要从三个方面着手，规范与商标相关的市场行为。

首先，商标法通过赋予商标权的方式规制市场中极有可能造成消费者混淆的行为，确保市场中的商标能够相互区分，以此激励商标权人投入资金进行生产和销售、维持和提高商品的质量和服务水平。

商标法赋予了商标权人商标权，明确了商标权的权利范围，使商标权人对投资于商标的收益有合理的预期。商标法通过赋予产权的方式，使合法经营的商人能够收回投入在商标之中的成本。"产权的一个主要功能是导引人们视线将外部性较大地内在化的激励。"[1] 商标法正是通过赋予商标权人以产权，将商标权人投资所创造出的商标的外部性进行内部化，以此引导和激励商标权人将更多的资本投资于商标，努力维持和提高商品质量。"商标固定了责任。如果没有商标，销售者的错误或质量低劣的商品就难以追溯其源头。因此，商标创造了一种去保持良好声誉的激励，这是为了使商品的质量能够连贯一致。商标法背后重要的目的是保护商标权人对商标的质量以及商标

---

[1] [美]H.登姆塞茨："关于产权的理论"，载陈昕主编：《财产权权利与制度变迁——产权学派与新制度学派译文集》，上海三联书店、上海人民出版社1994年版，第98页。

所标示的商品或服务的质量的投资。"❶ 确定商标权之后，商标权人就获得了商标专用权和禁用权，能够阻止他人以混淆消费者的方式使用自己的商标。在市场上的商标能够相互区分的状态下，如果消费者认为商标权人提供的商品满足了自己的需求，达到了购买的预期，也会通过重复购买的方式对商标权人予以支持，而如果商标权人提供的商品质量低劣，服务落后，消费者会通过拒绝购买的方式否定商标权人。"商标不仅标示着商品质量，而且在商品质量达不到预期时，赋予了消费者一种报复手段。如不满意，消费者在将来可以缩减对同一品牌商品的购买量。在市场上，企业常常采用老品牌推销新商品，其目的就是为新商品的质量向消费者提供一种担保。"❷ 正是因为商标权的存在，使商标与商标之间得以区分，使商标权人致力于维护和提高商品质量，市场经济的效率得以提升，消费者也从中受益。"生产低劣商品的厂商只能在某些时候愚弄消费者。通常，高度统一的质量水平本身可能就是使用品牌和商标的结果。"❸

其次，商标法不但通过赋予商标权的方式打击混淆消费者的侵权行为，保护商标权人的投资，而且致力于降低消费者购物的搜寻成本，提升消费者福利。现实中的商品五花八门，由众多厂商提供，如果没有一种简便的标记和不同厂商提供的商品相区分，消费者很难挑选到理想的商品，这就凸显出商标

---

❶❸ J. Thomas McCarthy, McCarthy on Trademarks and Unfair Competition, Eagan: Thomson/West, 2006, §2:4.

❷ George A. Akerlof, The Market for "Lemons": Quality Uncertainty and the Market Mechanism, *84 Quarterly Journal of Economics,* 500, 488 (1970).

的重要性。商标是品牌信息的集散地，是消费者获得商品信息的捷径。"消费者不必去调查每一个潜在购买物的产源和质量，而只需要将商标作为指示的捷径。"[1] 实际上，搜寻成本理论与消费者对商标的心理认知紧密相连。根据认知心理学原理，某一厂商所提供的商品的来源、质量水准、服务水平等信息，都会凝聚在商标之中，存储在消费者的记忆中。消费者在市场中识别出该商标时就能够很快地获得该商标所代表的相关信息，以这些信息为参照进行购物决策。"商标通过提供简洁的、可记忆的和清晰的商品或服务的标记，试图最小化信息的成本。"[2] 值得注意的是，降低消费者的搜寻成本，并非商标法所追求的最终目的。消费者搜寻成本的降低，还是为了消费者能够准确地找到自己想要购买的品牌商品，使消费者根据商标来认牌购物。"法律降低消费者的搜寻成本是为了促进市场的竞争性功能，获得信息的消费者将会进行更明白的（better-informed）消费，这将会增进整体的效用，促使生产者提高商品的质量。"[3]

最后，商标法赋予商标权人商标权，是为了保证竞争的公平。在竞争公平的前提下，商标法鼓励自由竞争，将商标权明确限定在一定范围之内，防止商标权压制自由竞争。自由地复制和模仿是自由市场经济的原则，而知识产权排他权的设置只

---

[1] Stacey L. Dogan and Mark A. Lemley, A Search-Costs Theory of Limiting Doctrines in Trademark Law, *97 Trademark Rep.* 1223, 1225(2007).

[2] William M. Landes & Richard A. Posner, The Economic Structure of Intellectual Property Law, Boston: Harvard University Press, 2003, p.161.

[3] Stacey L. Dogan and Mark A. Lemley, A Search-Costs Theory of Limiting Doctrines in Trademark Law, *97 Trademark Rep.* 1223, 1227(2007).

第十二章 贴牌加工与商标侵权

是一种例外。[1] 知识产权的设置是为了更好地促使自由竞争，但是并不能忽视知识产权对自由竞争可能造成的危害，商标权也并不例外。"如果走的太远，商标法就会走向反面：它能巩固大型企业的支配地位，使得竞争者更难以挤进新的市场。商标法的演进反映了一种持续的平衡，这种平衡寻求最大化商标信息的价值，同时避免压制竞争性的信息。"[2] 商标法鼓励自由竞争，反对商标权的行使超出其合理范围，压制市场中正当的竞争行为。"商标法的基本目标是便利竞争性商品的流通，通过增进竞争而提高经济效益。"[3] 就此而言，商标法应规制那些真正造成了消费者混淆，使消费者无法正常地识别商标和进行购物决策，对商标权人利益构成危害的行为。如果消费者没有发生混淆，市场上的商标能够被相互区分，则判定他人构成商标侵权，就会不合理地扩大商标权控制的区域，导致其他竞争者没有造成消费者混淆的行为被禁止，对自由竞争构成危害。亦即，商标的主要功能是标示来源，让消费者正常地识别商标和根据商标所代表的相关信息作出购物决策。如果消费者能够正常地识别商标，准确地提取出商标所代表的相关信息用以购物决策，则商标标示来源的功能就能正常发挥，市场中的商标就能够相互区分，消费者就能够正常地认牌购物，商标法就不应当干涉其他厂商的行为。甚至，在某些情况下，即便其他厂

---

[1] J. Thomas McCarthy, McCarthy on Trademarks and Unfair Competition, Eagan: Thomson/West, 2006, § 1:2.
[2] Stacey L. Dogan and Mark A. Lemley, A Search-Costs Theory of Limiting Doctrines in Trademark Law, 97 Trademark Rep. 1223, 1224(2007).
[3] 冯晓青："商标法第三次修改若干问题"，载《中华商标》2007年第4期。

商对商标权人商标标识的某些使用行为可能导致消费者混淆，商标法也不能将其视为商标侵权行为。典型的如商标法中的功能性原则，正如学者所言，"竞争者有积极的权利去利用他人的商标来吸引公众的注意，将公众注意力转移到他自己的商品上。" ❶

综上，商标法主要有三项立法目的：(1)规制市场中混淆消费者的行为，使商标标示来源的功能能够正常发挥，使市场中的商标相互区分，激励商标权人投资，维护和提高商品质量；(2)保护消费者免受混淆的影响，使消费者能够正常地识别商标并依据商标代表的信息作出购物决策；(3)划定商标权的界限，在保护商标权人商标权的同时，确保其他竞争者能够自由地参与市场竞争。

第四节 贴牌加工行为是否构成商标侵权的具体判断

分析贴牌加工行为是否构成对中国商标权人商标权的侵犯，也要从商标的基本功能和商标法的立法目的出发，考察贴牌加工行为对商标功能和商标法立法目的的影响。本文认为，贴牌加工行为没有造成中国市场上消费者的混淆，不影响商标权人商标功能的正常发挥，因此不构成商标侵权。但是，有一些贴牌加工行为，在主观上存在恶意，在客观行为上系境外委托人于境外抢注我国享有一定声誉的商标，很可能损害中国商标权人的商标权，应是一种商标侵权行为。

---

❶ Stacey L. Dogan and Mark A. Lemley, A Search-Costs Theory of Limiting Doctrines in Trademark Law, *97 Trademark Rep.* 1223, 1233(2007).

首先，从贴牌加工行为的性质分析，很多已经发生的有关贴牌加工的案件表明，许多贴牌加工行为是境外拥有合法商标权的公司授权委托中国境内的加工公司进行相关商品的生产并贴附相应商标，再将制成品全部出口至境外拥有合法商标权的公司所在地进行销售。从贴牌加工行为来看，尽管贴牌加工行为中商品的生产行为是发生在中国境内，表面看来与国内商标权人的权利发生了冲突。然而，商品的最终销售行为是发生在境外地区，国内商标权人往往在这些地区并不享有商标权，或者国内商标权人的商品并没有在这些地区销售。相反，这些境外地区的相关商标的商标权是属于委托中国公司贴牌加工的境外企业。商标权具有地域性，即便其在中国享有商标权，也不代表在境外其他国家或地区享有商标权。中国商标权人如果要使自己的商标在海外获得保护，一般需要通过正常的渠道和程序，在其他国家和地区申请商标注册，寻求注册商标专用权的保护。从整个行为的过程来看，除了按境外公司的要求生产具体商品、贴附相应商标并全部出口外，境内贴牌加工的公司并没有在中国有任何商标使用的行为。亦即，贴牌加工的最终目的是将商品在境外加以销售。很多案件的案情表明，授权委托的公司往往拥有境外销售地的商标权。这就是说，贴牌加工商品最终的销售是在境外公司拥有合法商标权的地区，从本质上来说是一种合法的行为。例如前例2001年美国耐克公司诉西班牙CIDESPORT公司"NIKE"商标案。美国耐克公司在中国拥有"NIKE"商标的商标权，但是其并不享有"NIKE"在西班牙的商标权，而被告西班牙CIDESPORT公司是"NIKE"商标在西班牙的合法权利人。被告西班牙CIDESPORT委托中国境内企业生产相关商品并贴附"NIKE"商标并出口到西班牙销售。从委托生产到销售的过程来看，除了生产并贴附商标的行为发生在中国境内，其他销售行为是在被告西班牙CIDESPORT拥有"NIKE"商标权的地区销售。法院仅以美国耐克公司是"NIKE"商标在中国的合法商标权人，因此任何人不得未经许可在中国境内使用"NIKE"商标为理由，认定被告西班牙公司和境内中国贴牌加工企业构成侵权，没有明晰整个贴牌加工行为全部过程的法律性质，带有一定的片面性。

其次，从商标功能正常发挥的角度而言，贴牌加工行为并未造成任何中国境内的消费者发生混淆，不影响商标标示来源功能的发挥。正如前文所言，商标法需要保护商标权，打击商标侵权，主要是为了规制造成消费者混淆的侵权行为，确保商标标示来源的基本功能能够正常发挥。我国《商标法》第57条已经明确规定："有下列行为之一的，均属侵犯注册商标专用权：（一）未经商标注册人的许可，在同一种商品上使用与其注册商标相同的商标的；（二）未经商标注册人的许可，在同一种商品上使用与其注册商标近似的商标，或者在类似商品上使用与其注册商标相同或者近似的商标，容易导致混淆的。"根据该条文第（二）项的规定，他人使用商标权人商标的行为，必须"容易导致混淆的"，亦即容易使消费者发生混淆的，才构成商标侵权。而第（一）项虽然没有明确规定"容易导致混淆"的要件。但是，该条文只是规定在系争商标相同和商品相同的情况下直接判定侵权成立，并不意味着完全放弃对消费者混淆的考察。即便双方的商标和商品相同，从理论上说，消费者还是有可能区分出这两种商品的不同来源，从而避免发生混淆。只是在商标相同、商品相同的情况下，消费者发生混淆的可能性十分之小，仅具有理论上的可能性。一旦被诉侵权人能举出强有力的证据证明消费者不容易混淆，显然其就不构成商标侵权。TRIPs协议第16条就规定："若对相同货物或服务使用了相同的标记，则应推定为存在混淆的可能。"显然，这里的消费者混淆是"推定"的，而非考察消费者的混淆。因此，无论商标、商品是否相同，他人使用商标权人商标的行为只有容易导致消费者混淆，才构成侵权。从商标功能的角度来说，如果某种行为涉及对商标的使用，但是并没有造成消费者发生混淆，就表明商标的功能能够得到正常的发挥，商标标示来源的功能并未受到影响。在这种情况下，他人对商标权人商标某种程度的使用，并不是商标法意义上的商标使用行为，即通过使用商标，让消费者以商标作为指示来源的标识，进行认牌购物。因此，贴牌加工行为尽管发生在中国境内，但是并没有在中国境内将商标向消费者进行展示，没有使用商标的标识来源功能，让消费者以该商标作为指示来源的标识。相反，贴牌加工的所有商品都全部用于出口，由委托方在境外进行销售，这就与中国境内的商标权人的商标权不发生冲突，不会造成商标权人商标标示来源功能的丧失。正如学者所言，"这种贸易中，贴附境外委托人商标的产品全部交付给委托人，不在境内销售，因此不可能在境内市场上造成混淆。"[1]

最后，从商标法的目的来看，贴牌加工行为并没有与商标法的目的相冲突，相反，如果对一些合法的贴牌加工行为予以规制，反而不利于构建公平自由的竞争秩序。正如前文所言，商标法的立法目标包括三方面内容：（1）规制市场中混淆消

---

[1] 张玉敏："涉外'定牌加工'商标侵权纠纷的法律适用"，载《知识产权》2008年第4期。

费者的行为，使商标标示来源的功能能够正常发挥，使市场中的商标相互区分，激励商标权人投资，维护和提高商品质量；(2) 保护消费者免受混淆的影响，使消费者能够正常地识别商标并依据商标代表的信息作出购物决策；(3) 划定商标权的界限，在保护商标权人商标权的同时，确保其他竞争者能够自由地参与市场竞争。其中，前两方面内容都是从商标法规制混淆消费者的侵权行为的角度出发的。亦即，商标法的主要任务和目标，乃是让市场中的商标相互区分，避免商标混淆，既伤害了合法经营的商标权人投资的积极性，又导致消费者在市场中购物的搜寻成本升高，无法认牌购物。另外，商标法的打击面又不能过宽，如果市场中不存在商标混淆现象，则每个商标能够被消费者所识别和区分，商标法就没有干涉的必要性。在贴牌加工行为中，贴牌加工的厂商并不是为了生产与中国商标权人相同或类似的商品，并贴附上相同或类似的商标进行销售，以造成消费者混淆误购，谋取不正当利益，因此其行为难谓侵权，并不与商标法的立法目的相冲突；而假如贴牌加工厂商所生产的商品如果投入到中国市场之中，则由于两者商标和商品类别的相似性，很可能会导致消费者的混淆，导致市场上的商标无法相互区分，这就违背了商标法的目的。目前贴牌加工的案例表明，许多贴牌加工厂商所生产并贴附商标的商品都交付给委托人在境外销售，与中国商标权人在境内的商标权并无关系，根本不会造成消费者的混淆，与商标法的立法目的没有冲突。商标法的立法目的之一是在保护商标权人商标权的同时，确保其他竞争者能够自由地参与市场竞争。亦即，只有那些真正的极有可能造成消费者混淆的行为，才是商标法规制的目标，除此之外，商标法要保障其他市场主体能够正常地参与市场竞争。这就表明，这些贴牌加工企业的行为是一种合法的正常参与市场竞争的行为，不会在市场上造成消费者混淆。

值得注意的是，并不是所有的贴牌加工行为都是一种合法行为，有一些贴牌加工行为明显具有恶意搭便车的嫌疑，客观上会侵害我国商标权人的合法权益。根据本文上文的论述，贴牌加工行为不构成商标侵权，应该符合二个基本条件：（1）是境外授权我国贴牌加工生产商品的委托人，应当对商标拥有合法的权利。亦即，尽管中国国内相同或相似的商标已经被其他主体注册，但境外委托人在境外合法地对同样或相近似的商标享有商标权。境外商标和境内商标客观上归属于不同的主体，系属权利共同客观的存在。（2）是境外委托人委托我国贴牌加工的商品全部用于出口，并不在我国国内销售，没有造成我国国内消费者的混淆。不仅如此，我国的贴牌加工企业除了按照境外委托人的要求进行生产并贴附相应商标外，也没有在国内进行广告宣传、销售等一切与境内商标权人商标权相冲突的商标使用行为。据此，如果某一主体存在故意搭便车的嫌疑，将国内享有一定声誉的注册商标在国外进行恶意抢注，并委托国内贴牌加工企业进行生产，将生产好的商品全部出口到恶意抢注地国家销售，则其在主观上有恶意损害我国注册商标权人利益的意图，在客观行为上实施了商标抢注行为，那么这种贴牌加工的行为实际上就存在着侵权的嫌疑。这主要是因为，被恶意抢注的我国注册商标已经经过长期使用而享有一定的市场商誉，但是在海外一些国家或地区尚未申请商标注册。尽管如此，这些注册商标还是享有一定的优先保护的利益，是一种在先使用的商标，他人不得恶意抢注。如果有证据证明境外公司是恶意抢注我国已经注册的享有一定声誉的商标，并委托我国企业进行贴牌加工生产，这种行为的主要目的就是为了使销售地相关消费者发生混淆，争夺注册商标权人在境外某些国家或地区本应优先享有的市场利益。这种情况下，尽管商标标示的商品并未在我国市场销售，没有造成我国消费者混淆，但是由于我国注册商标享有一定的声誉，境外一些国家或地区的相关消费者依然会将该商品误认为是我国商标权人所生产，我国商标权人所应当享有的合法利益也会遭受侵害，使其无法在这些已经进行商标抢注的国家或地区获得注册商标权，开拓当地市场。当然，对于这种恶意抢注行为，我国商标权人可以依据商标被抢注地的商标法律，申请撤销被抢注的商标，寻求未注册商标的保护和法律救济。但是从贴牌加工的角度来说，应当将这种行为认定为商标侵权，我国海关可以在查证属实后将相关商品扣押，禁止其出口，以保护我国商标权人的合法权益。这也就要求我国从事贴牌加工生产的企业，在生产之前要尽到必要的核实义务，对境外委托人的商标进行审核，明确其权利来源的合法性。最高人民法院2009年《关于当前经济形势下知识产权审判服务大局若干问题的意见》第18条就规定："妥善处理当前外贸'贴牌加工'中多发的商标侵权纠纷，对于构成商标侵权的情形，应结合加工方是否尽到必要的审查注意义务，合理确定侵权责任的承担。"由此可见，对于贴牌加工行为，不可一概而论，都认为构成商标侵权，其中有一些极个别的贴牌加工行为，可能在主观上存在侵权的恶意，客观上会损害我国商标权人的利益，应认定构成商标侵权。

第五节 结　　语

　　对于贴牌加工行为的商标侵权问题，应结合案情具体判断。如果境外委托人在境外某国或某地区对商标享有合法的权利，则可以委托我国贴牌加工企业进行加工生产，并将产品全部出口海外销售。这不会导致消费者发生混淆，不会与我国商标权人商标权的冲突。如果境外委托人对贴牌加工行为所涉及的商标进行海外恶意抢注，或缺乏合法的权利来源，其委托境内贴牌加工企业进行加工生产的行为显然是为了混淆消费者，争夺我国商标权人商标所涉及到的相关市场，应构成商标侵权。这就要求我国境内贴牌加工企业要尽到合理的核实义务，避免对缺乏正当权利来源的加工委托进行生产，防止商标侵权行为的发生。

第十三章 反向假冒与商标侵权

反向假冒行为，在我国新《商标法》第57条第（5）项中有所规定，主要是指未经商标注册人同意，更换其注册商标并将该更换商标的商品又投入市场的行为。关于反向假冒行为的法律性质，学界和司法界历来存在争议，即便新《商标法》第57条已经将反向假冒行为列入商标侵权行为的行列，这一行为的法律性质也依然众说纷纭。反向假冒究竟是不是商标侵权行为，不仅关系到《商标法》将之列入第57条侵权判定条款的合理性，而且关系到整个商标法的基础理论体系建构，从理论上还是有必要加以讨论。为此，本章将联系商标法的基本理论，通过对反向假冒行为的研究，回应争议，明确其法律性质，为《商标法》的进一步完善提供参考。

第一节 反向假冒第一案——"枫叶"诉"鳄鱼"

反向假冒法律问题的争议主要源自20世纪90年代中国发生的案例，即1994年枫叶公司诉鳄鱼公司案。该案的具体案情是：1993年，鳄鱼公司授权同益公司在北京销售"鳄鱼"（CROCODILE BRAND）皮革制品和"卡帝乐"（CARTELD BRAND）服饰系列等。1994年4月7日，同益公司与百盛购物中心签订合同，百盛购物中心同意同益公司在该中心内设置鳄鱼专卖店。同益公司以每条188元的价格购买服装一厂生产的"枫叶"男西裤26条,随后将其中25条的"枫叶"商标更换为"卡帝乐"商标,在百盛购物中心鳄鱼专卖店以每条560元的价格进行销售,并注明产地为新加坡。1994年4月28日,服装一厂的职工发现百盛购物中心鳄鱼专卖店出售的"卡帝乐"西裤是经过改装的"枫叶"产品。5月3日,服装一厂从该专卖店购买西裤两条,并做公证。5月13日,服装一厂正式向北京市中级人民法院起诉,状告百盛购物中心侵权,后又将同益公司、鳄鱼公司追加为共同被告。由案情可知,该案的核心问题即为鳄鱼公司将枫叶公司生产的西裤上的枫叶商标更换为鳄鱼商标并投入市场销售的行为的法律性质。北京市第一中级人民法院经审理认为,北京服装一厂对其享有的商业信誉和公平竞争的权利,应受到法律保护。在本案中,已被吊销营业执照的同益公司虽曾得到过被告鳄鱼公司的授权,在北京贩卖鳄鱼牌(CROCODILE BRAND)皮革制品和卡帝乐牌(CARTELD BRAND)服装、服饰等,但原告并未授权其可以更换原告产品的商标再行销售,且该授权并不意味着同益公司可以自行组织货源而将已进入市场流通中的他人产品的商标撕下,更换成"卡帝乐"商标后高价销售。同益公司是利用原告的优质产品牟取暴利,无偿地占有了原告为创立其商业信誉和通过正当竞争占有市场而付出的劳动。其行为违反了诚实信用、公平竞争的基本原则,妨碍原告商业信誉、品牌的建立,使原告的商业信誉受到损害,正当竞争的权利受到影响。因此,同益公司的行为构成侵权。从法院的判决来看,由于当时的商标法并没有将这类行为规定为商标侵权,被告在起诉时也是以商誉受损和不正当竞争为依据,因此法院并没有明确这类行为是否为商标侵权,但是已经指出了此种行为的危害和不正当竞争的性质。

第二节 反向假冒行为的争议

关于该行为的法律性质，尽管法院已经对该案作出了判决，并且我国新《商标法》第57条第（5）项明确将之规定为商标侵权的类型之一。然而，这并不能平息人们对此的争议。实际上，鳄鱼公司将枫叶商标撕去，换成自己的商标，欺骗了消费者，是一种不正当的竞争行为，为现代市场经济所不容，对此人们一般是不存在争议的，关键的问题就在于此行为的性质是否是商标侵权，是否应当纳入商标法的调整范围。

综合学界和实务界观点，对未经注册商标权人同意，更换其商标并重新投入市场的行为性质，有如下三种解读，分歧较大。

第一，有学者认为反向假冒的行为并不是侵权行为，而是合理的经营行为。有学者认为，在反向假冒行为中，反向假冒行为者并没有欺骗消费者，也并未损害商标权人市场声誉的建立，因此并不是侵权行为。之所以这种行为并未欺骗消费者，主要是因为在现代市场经济中，商标的匿名来源功能取代了商标的刚性来源功能，消费者对商品的真正来源及生产者并不关心，消费者所关心的是哪一个厂商和品牌能够为其所购买的商品的质量负责。在枫叶案中，鳄鱼公司实际上在西裤之上贴附鳄鱼商标之后，就向消费者表明其对该西裤的质量负责。亦即，鳄鱼公司为其品牌声誉的考虑，会保持西裤质量的稳定性，避免消费者受到损害。就此而言，消费者购买到的实际上是由鳄鱼提供品牌质量保证的商品，消费者并没有什么实际的损失。从市场声誉建立的角度来看，反向假冒行为不是侵权行为，因为其并没有妨碍商标权人商誉的建立，对商标权人商誉的影响微乎其微。在枫叶案中，商标权人已经通过其商品的销售获得了收益，扩大了商标的知名度，积累了商誉。商标权人的商誉虽然在商品最后的流通环节上受到了反向假冒者一定的影响，但却是在商标权人应当容忍的范围之内。从实践的角度来看，鳄鱼公司不可能将所有市场上销售的枫叶西裤都买进并更换商标，因此商标权人商标商誉受到的损害极为有限，其商誉在根本上不会受到动摇。亦即，反向假冒行为的范围有限，其本身的局限性极大地限制了它的影响力，它不可能对原告的商誉形成太大的威胁，在法律上对其进行明文约束的必要性值得反思。❶另外，原告商标权人也拥有更大的市场主动性，因而无须法律的强化保护。从市场的实际情况来看，原告拥有许多便捷有效的经济手段来维护自己的利益。例如，他完全可以后发制人，在被告从事反向假冒行为一段时间后召开新闻发布会，说明被告一直销售自己生产的商品，这样不仅可以遏止被告的商业行为，损害被告的商业信誉，而且可以获得很好的广告效应，使自己的商誉增值，赢得市场竞争的主动。由此，市场通过自发方式就可以对该种行为进行调整，无须法律特别规定。

  第二，有观点认为，反向假冒行为并非商标侵权行为，可能违法，属于反不正当竞争的侵权行为，但是并没有侵犯商标权。这种观点认为，商标权是商标权人对其注册的商标进行直

---

❶ 韦之、白洪娟："反向假冒质疑"，载《知识产权》2004年第1期。

接支配的权利。商标必须与其所要标示的商品相联系,离开商标所要标示的商品或服务,商标就不再是商标。在枫叶案中,虽然被告的行为可能有不妥之处,但是却并没有侵犯商标权人的商标权。在该案中,鳄鱼公司已经将所购买的西裤上的枫叶商标撕去。这时,枫叶商标已经不再发挥标示来源的功能,鳄鱼公司并没有仿冒枫叶的商标,造成消费者混淆误购,因此并不是在标示来源的意义上使用枫叶商标,显然谈不上商标侵权。还有观点认为,根据商标权用尽的有关理论,在商标权人已经将贴附其商标的商品销售之后,其商品之上的商标权已经用尽,商标权人没有权利再次控制商品的继续销售行为。鳄鱼公司在市场上购买了商标权已经用尽的西裤并加以再次销售,属于二次销售行为,并没有侵犯商标权人的商标权。当然,鳄鱼公司经销商的行为一方面损害了消费者的利益,另一方面以次充好、滥用了商标权利。消费者可以请求损害赔偿,工商行政管理部门则可以制止滥用商标权的行为,并有权课以行政处罚,以恢复市场秩序的公平和保障商业行为的诚实。但是尽管这是一种不正当竞争的行为,却难谓商标侵权。

第三,反向假冒行为是一种商标侵权行为。持这种观点的学者主要以郑成思教授为代表。他主要是从商标的功能和商标累积信誉的角度出发,认为反向假冒行为将商标权人的商标撕去,妨碍了商标权人商标信誉的积累,使得商标权人的商标无法被消费者所认识,长此以往,将不利于商标权人商标品牌的树立。他指出:"在市场经济中,在真诚的现代生产、经营者向市场推出其商品时,他们实际出于两个目的,一是切近的,即尽快得到利润;二是长远的,即闯出自己商品的'牌子'(包括商标、商号等),不断提高市场信誉,以便除了尽快得到利润外，还能得到可靠的、不断增长的利润。否定'反向假冒'构成对他人商标的侵害，主要是只看到（或只承认）现代真诚经营者的第一个目的，所以，他人认为：别人只要付了钱给你，商品拿到手之后，怎样改换成他的商标再卖，与你就毫无关系了。这种看法在理论上是错误的，在实践中是有害的。其理论上的错误是不承认商标与其标示的商品或服务的全方位的内在与外在联系及否认商标中的'知识'产权因素。"在实践中，"'反向假冒'若得不到应有的惩罚，得不到制止，就将成为我国企业创名牌的一大障碍。""根据我国的实际情况，如果听任这种反向假冒行为，则等于向国外名牌公司宣布，如果他们发现任何中国产品质高价廉，尽快与放心去购进中国产品，撕去中国商标，换上他们自己的商标，用中国的产品为他们去闯牌子。这样一来，我国企业的'名牌战略'在迈出第一步时，就被外国人无情地切断了进路与退路。我们只能给别人'打工'，永远难有自己的'名牌'。"❶还有学者认为反向假冒行为是一种商标侵权行为，其危害有五点：（1）割断了特定商标与商品之间的联系，侵犯了商标权人的专用使用权；（2）盗用了商标权人的商品声誉，是对他人劳动成果的掠夺；（3）妨害了原告商誉的建立；（4）混淆了商品的出处，误导消费者，侵犯了消费者的知情权和其他合法利益。（5）违背诚实信用的商业道德准则，扰乱了正常的市场竞争秩序，构成不正当竞争。❷

---

❶ 郑成思："商标中的'创作性'与反向假冒"，载《知识产权》1996年第5期。
❷ 张炳生："论商标功能的实现途径与反向假冒的危害"，载《政法论坛》2005年第6期。

第三节　反向假冒行为的法律性质

对反向假冒行为的法律性质进行分析，本质上就是分析反向假冒这种行为是否是商标侵权。根据商标法的基本原理，商标法的主要目的是确保商标功能的正常发挥，使市场上的商标能够相互区分，使消费者能够认牌购物。因此，反向假冒这种行为如果是商标侵权，就需要证明该行为对商标功能的发挥构成了影响，妨碍了商标功能的正常发挥，导致商标权人的权益受到了损害。假如反向假冒行为并没有对商标本身的功能构成损害，则显然不构成商标侵权。这就需要进一步探究反向假冒对商标功能可能带来的影响。

正如本书在《商标的功能》一章中所做的探讨，商标主要发挥三项功能：标示来源、激励品质和广告宣传。标示来源功能，指商标标示商品的来源信息，即该商品来自于哪一个特定的即便是消费者不知道具体名称的企业。激励品质功能，是指在商品标示商标之后，商标权人有提供质量始终如一的商品的激励。广告宣传功能，是指商标在企业进行广告宣传和商品促销中，所起到的宣传企业形象、激发消费者购买兴趣、促进商品销售的功能。如果在实践中，反向假冒行为是一种商标侵权行为，则必然对商标上述功能的发挥构成了影响，不利于商标功能的正常发挥。商标功能被破坏之后，商标权人就其商标所享有的权益也就无法受到保障。从反向假冒行为的特征来看。在实践中，反向假冒行为主要有两种表现形式：（1）是摘除他人商品上的商标，换上自己的商标进行商品销售（显性反向假冒）；（2）是摘除他人商品上的商标，在无商标的情况下进行销售（隐性反向假冒）。两种行为最本质的特征都在于将他人商品上的商标摘除,即切断他人商标与商品之间的联系。那么,这种行为是否对上述三项商标功能的发挥构成影响呢?

从商标标示来源的功能来看,反向假冒行为摘除了商标权人的商标,切除了商标权人商标与商品之间的联系,损害了商标的标示来源功能。有学者对此有不同的观点,认为在枫叶一案中,鳄鱼公司虽然撕去了枫叶商标,却是在购买了枫叶公司的西裤之后再实施摘除商标行为的。这时枫叶公司的西裤已经从流通领域退出,成为鳄鱼公司享有物权的商品。鳄鱼公司有权对该商品进行使用、占用、收益和处分,其当然有权撕去上面的枫叶商标。这种观点从表面上看,似乎符合物权法的基本原理,即购买某种商品之后,该商品已经属于购买者,购买者自然有权支配其享有物权的商品,撕去商标。然而这种观点忽略了枫叶案中关键的事实,即枫叶案中的鳄鱼公司不仅购买了枫叶公司的西裤,撕去商标,而且重新贴附鳄鱼商标将枫叶公司的西裤投入市场。亦即,尽管枫叶公司的西裤被鳄鱼公司买入,退出了流通领域,但鳄鱼公司又再次将枫叶公司的西裤贴附上其他商标投入到流通流域。当枫叶公司的西裤再次被投入流通领域之后,枫叶公司的西裤上的枫叶商标即需要再次发挥其标示来源的功能。这是因为商标是商品来源的指示器,只要商品在流通领域,商标就需要发挥标示来源的功能,引导消费者购物。一旦商标标示来源的功能受到损害,商标也就不能称为商标了。除非商标权人自己将商标与市场上流通的商品之间的联系切断,否则其他人的摘除行为,将直接导致商品上商标的标示来源功能受到损害。同理,认为在商标权人商品销售之后,商标权已经用尽的观点也是错误的。商标权用尽主要是指商品在销售之后,后续的正常的销售行为不再受到商标权人控制，但是并不包括将商标权人商品上的商标撕去，贴附其他商标再次投入市场。这种行为已经改变了原商品本来的面貌和原商品与商标权人之间的联系，不应当认为商标权已经用尽。在枫叶案中，鳄鱼公司摘除枫叶公司生产的西裤上的枫叶商标，贴附上鳄鱼商标后，消费者将无法通过商品上的鳄鱼商标了解该商品真实的商品来源，无从知道该西裤实际上是枫叶公司生产。亦即，枫叶公司的枫叶商标的标识来源功能被彻底损害。

从商标激励品质的功能来看，反向假冒行为摘除了商标权人的商标，导致商标激励品质的功能完全丧失。正如本文前文所言，商品之上一旦贴附上商标权人的商标之后，由于该商标发挥标示来源的功能，在客观上将会激励商标权人努力维持或提高商品的质量和服务水平，确保商品的品质，而商品之上的商标，也会成为消费者据以评价商品提供者的对象。正是由于商标的存在，商标权人的身份是公开的，消费者会根据商标权人商品的品质对该商标进行评价。当商标权人提供的商品质量不符合要求时，消费者会将负面评价归因于商标权人的商标，并拒绝再次购买该商标标示的商品，商标权人就可能被淘汰出市场。当商品的质量较好，符合消费者的要求时，消费者就会对商标进行积极的评价，这些评价将会凝聚在商标之中，作为消费者下次购物的依据。商标所建立起来的信誉机制会激励、督促、促使商标权人保证提供质量如一的商品，以积累商誉，赢得消费者。正是由于商标具备这种与消费者互动的信誉机制，使商标权人有维持或提高商品质量和服务水平的激励。反向假冒行为摘除了商标权人的商标，但商标权人的商品却还在流通领域，与消费者直接发生联系。这时商标权人的商标由于并没有贴附在商品上，已经无法作为激励品质的工具，对商标权人形成激励。信誉机制的缺失和被破坏使消费者即便觉得该商品质量较好，也无法将这些积极的评价归于商标权人的商标。商标激励品质功能的丧失使商标无法再作为商誉的存储器，商标权人的商誉无法围绕其商标建立。这就是郑成思教授所说的，如果反向假冒行为不被制止，则"我国企业的'名牌战略'在迈出第一步时，就被外国人无情地切断了进路与退路。我们只能给别人'打工'，永远难有自己的'名牌'。"[1]从本质上说，这是因为反向假冒行为导致商标激励品质功能的丧失。

从商标广告宣传的功能来看，反向假冒行为摘除了商标权人的商标，使商标权人的商标无法展示给消费者，商标权人所努力营造的品牌形象信息无法传递给消费者，自然无从发挥广告宣传功能。正如前文所言，随着社会经济的发展，商标开始作为广告的媒介发挥重要的作用。提供商品的厂商将各种信息凝聚在商标之后，将商标推向前台，吸引消费者，激发消费者潜在的购物欲望。反向假冒行为将商标权人的商标摘除之后，将商品再次投入流通领域，却使商标权人的商标无法展示给消费者，该商标所凝聚的商标权人的商誉也将不再发挥广告宣传的作用，消费者无从依据商标权人商标所具有的商誉来选购商品。即便商标权人的商标享有一定的商誉，消费者也无从根据商标权人的商标来认牌购物，商标权人的商标无法发挥广告宣传的功能，激发消费者的购物欲望。商标广告宣传功能的丧失使商标权人实际上生产了优质质量的商品，却为其他商标品

---

[1] 郑成思："商标中的'创作性'与反向假冒"，载《知识产权》1996年第5期。

牌做了嫁衣，自己的商标品牌无从积累商誉，发挥广告宣传的功能。

反向假冒行为妨碍了商标功能的正常发挥，不仅损害了商标权人的合法权益，而且误导消费者，使消费者对商品的来源发生混淆，损害了消费者的利益。商标的基础功能是标示来源，消费者通过商标认牌购物，能够准确地了解到商品的来源，降低搜寻成本。然而，反向假冒行为却直接将商标权人的商标摘除，在市场中流通的商标权人的商品失去了标示来源的工具，消费者购买到的尽管是商标权人的商品，但却受到了误导，将商标权人生产的商品误认为是反向假冒者提供的商品，对商品的来源发生了错误的认识。跟传统的商标混淆相比，消费者发生混淆的方向发生了变化。传统的混淆是消费者将假冒者提供的商品误认为是商标权人提供的商品，而反向假冒中的混淆是消费者将商标权人提供的商品误认为是反向假冒者提供的商品。但是，这两种混淆实际上都是由于商标权人的商标无法正确地发挥标示来源的作用所导致，从本质上看是消费者对商品来源发生的混淆。亦即，通过反向假冒行为，反向假冒者遮蔽了商标权人商标本来应当发挥的标示来源的功能，使消费者无法正确识别商品的来源。因此，反向假冒行为也完全欺骗了消费者，损害了消费者的利益，使消费者对商品的来源发生了混淆。当然，从本质上看这还是由于反向假冒行为使商标的功能无法正常发挥所造成的。

第四节　结　　语

通过上文商标功能的分析应可明确，反向假冒行为完全妨碍了商标标示来源、激励品质和广告宣传功能的发挥，是彻底的商标侵权行为，损害了商标权人就其商标所享有的核心利益。当然，反向假冒行为也是一种不正当竞争的行为，但是究其行为的法律实质，应是一种商标侵权行为。其他否定反向假冒行为系商标侵权行为性质的观点，都没有正确地认识到商标法所要保护的乃是商标功能的正常发挥，而是机械地理解了商标的功能和商标权的范围，没有正确认识到反向假冒的商品依然还处于市场流通领域，与消费者发生关系，涉及商标权人和消费者的切身利益。反向假冒行为已经作为商标侵权行为之一被列入我国2013年《商标法》，这就承认了反向假冒行为的性质，应予以肯定。

第十四章　知名商品特有名称的保护

第一节　问题的提出

商品的名称、包装、装潢作为商品的外在表征，在商品行销中占据越来越重要的地位。独特新颖的名称、独具匠心的包装、设计精美的装潢，能够吸引消费者的注意力，赢得消费者的好感，争取到更多的交易机会。尤其是知名商品的特有名称、包装、装潢，由于长期使用在商品上，已经得到了消费者的肯定，成为可以区分不同厂商商品的识别性标识，能够有效地引导消费者购物，获得可观的商业利润。在这种情况下，一些恶意竞争者就通过仿冒知名商品的特定名称、包装和装潢，混淆消费者，达到获取不正当竞争优势的目的。❶这种行为损害了知名商品生产者的利益，破坏了市场竞争的秩序，为现代市场经济所不容。我国也通过制定《反不正当竞争法》对这种行为进行规制。

根据《反不正当竞争法》的规定，只有知名商品的特定名称、包装、装潢，才能够受到保护。首先，商品必须"知

---

❶ 为行文的简洁和便利，下文有时会把"特有名称、包装、装潢"简称为"特有名称"。

名"，"知名乃其受保护的重要门槛。"❶ 所谓知名，是指该特定商品为相关消费者所知，具有一定的影响力。其次，商品知名之后，该商品上的名称、包装、装潢还必须"特有"。这里的"特有"，主要指名称、包装、装潢具备了商标法上的显著性，可以作为消费者识别商品来源的标识。"所谓特有，就是足以使一个商业标识与另一个商业标识区分开来的显著特征。"❷ 在商品知名和名称特有之后，如果他人使用了与特有名称相同或相似的名称，容易使消费者产生混淆，就构成侵权，需要承担相应的法律责任。

尽管我国已经通过《反不正当竞争法》对知名商品特有名称进行保护，在司法实践中也审理了大量此类案件。但是，对于知名商品特有名称的反不正当竞争保护还存在着理论和实践上的认识误区。首先，在知名商品特有名称的保护性质上，存在不同观点。主要包括：（1）对知名商品特有名称的保护，本质上是对特有名称这种未注册商标的保护；（2）知名商品特有名称不是商标，但是发挥与商标同样的作用；（3）知名商品特有名称是一种专有权——知名商品特有名称权；（4）知名商品特有名称是一种法益。❸ 对知名商品特有名称保护性质的理解差异，影响特有名称反不正当竞争保护的制度建构，不利于法律的适用与侵权判定。其次，在知名商品特有名称的保护对

---

❶ 孔祥俊：《商标与不正当竞争法原理和判例》，法律出版社2009年版，第703页。

❷ 孔祥俊：《商标与不正当竞争法原理和判例》，法律出版社2009年版，第715页。

❸ 郭寿康，陈霞："对'哈啤'案的几点思考——兼论商品特有名称的法律性质及其保护"，载《政法论丛》2005年第5期。

象上存在误区。根据《反不正当竞争法》的规定，商品名称、包装、装潢要获得保护，必须具备商品"知名"和名称"特有"两大要件。司法实践之中，法院一般也是依据这两个要件，对商品名称、包装、装潢是否符合保护要求进行审查。然而，为什么商品必须首先知名，才能对其特有名称、包装、装潢进行保护呢？假如商品并不知名，但其特有名称却为相关消费者所知悉，其名称就一定无法受到《反不正当竞争法》保护吗？《反不正当竞争法》保护的究竟是知名的商品、还是商品之上的特有名称？对这一问题，尚未深入讨论，这直接影响到知名商品名称反不正当竞争保护制度设计的科学性和合理性。最后，对于知名商品特有名称反不正当竞争保护的条件，现行《反不正当竞争法》是从"知名"和"特有"的角度来规定的。然而细加分析就可发现，之所以对知名商品特有名称进行保护，本质上是因为特有名称发挥了商标标示来源的作用，需要避免他人仿冒造成消费者混淆。这就表明，知名商品特有名称的保护条件是建立在特定标识获得显著性的基础之上，只有具备获得显著性的名称，能够在市场中发挥标示来源的功能，引导消费者购物，具备一定的市场知名度，才需要通过《反不正当竞争法》予以保护。现行《反不正当竞争法》将保护条件定为商品"知名"和名称"特定"，对获得显著性的问题只字不提，并没有认清知名商品特有名称反不正当竞争保护的本质，不利于司法实践中知名商品特有名称的判定。

　　鉴于上述问题的存在，本章将从知名商品特定名称反不正当竞争的保护性质、保护对象和保护条件出发，对知名商品特有名称的法律保护问题进行深入研究，以求正本清源，纠正理论和实践中存在的误区，为知名商品反不正当竞争保护立法和司法实践的完善提供参考。

第二节　知名商品特有名称反不正当竞争保护性质之辩证

知名商品特有名称反不正当竞争保护的性质，涉及对知名商品特有名称反法保护的定位。如何理解知名商品特有名称反法保护的性质和在法律体系中的位置，将对知名商品特有名称保护制度的设计和司法适用带来重大影响。目前学界对这一问题存在争议。问题的实质在于：反不正当竞争法所要保护的知名商品特有名称的法律属性是什么？在知名商品特有名称之上究竟存在何种权利？

一、知名商品特有名称反不正当竞争保护之非设权特征

要理解知名商品特有名称反不正当竞争保护的本质，需要联系知识产权法法定主义的观点。根据学者解释，知识产权保护具有法定性特点。所谓知识产权的法定性，主要是指"知识产权的种类、权利以及诸如权利的要件及保护期限等关键内容必须由成文法确定，除立法者在法律中特别授权外，任何机构不得在法律之外创设知识产权"。❶亦即，只有著作权、商标权、专利权等知识产权法明确确定的权利类型，才能够受到知识产权法的保护。而未被知识产权法所确定的在知识上的某些利益，并不是知识产权法上的法定权利，不受知识产权法的

---

❶ 郑胜利："论知识产权法定主义"，见郑胜利主编：《北大知识产权评论第2卷》，法律出版社2004年版，第57页。

保护。

　　学者认为，之所以要实行知识产权法定主义，主要是限制司法机关滥用司法裁量权，防止法官在个案中为知识的创造者创设某种类型化的知识产权。❶ 权利乃是法律上之力，系通过法律的制定，赋予主体法律上之力，使之能够享受特定的利益，并于反面课相对人以相当的拘束，以确保此利益之享受。❷ 正是由于法律上之力给相对人施加了相当的拘束，对其他人的利益影响甚大，法律需要将特定主体所享有的利益法定化，明确权利的类型和权利的内容，以使其他不特定的第三方能够知晓权利的存在和范围，防止动辄得咎。当法律将某些利益明确化，法官在司法审判中也能够依循法律的明确规定，对类型化的权利进行保护，防止司法裁量权的滥用。

　　知识产权法定主义要求法院在保护主体权利时要严格依照法律规定，将立法所没有明确化的利益形态归属于社会公众享有，有效确保了法律的可预测性和稳定性。但是，知识产权法定主义也存在着僵化的问题。主要表现在知识产权法定主义过分依赖立法者的理性认识能力和民主立法程序的正当性，导致知识产权法的僵化和封闭，一些随着科技和社会发展新出现的利益形态无法受到法律的有效保护。❸ 实际上，不仅是知识产权法，整个民法如果严格按照法定主义去执行，则必然有一些新出现的利益形态被排除在法律保护之外，导致法律保护的僵化和封闭。例如，民法最初关注民事主体的财产权，一些人格

---

❶ 李扬：《知识产权法基本原理》，中国社会科学出版社2010年版，第22页。
❷ 梁慧星：《民法总论》，法律出版社2011年版，第71页。
❸ 李扬：《知识产权法基本原理》，中国社会科学出版社2010年版，第65页。

利益并未受到民法的确认。只是随着工业化社会的发展，人自身的人格和精神利益才逐步受到重视。这些利益虽然一开始没有被民法法定化，但是也有被保护的需要。随着法官在司法审判中不断对人格利益加以保护，一些从人格利益中衍生而来的肖像权、姓名权、隐私权才最终被民法所确认。由此可见，法律的僵化和封闭也要求司法发挥能动性，对一些随科技和社会发展新出现的利益进行保护。"即便没有被知识产权制定法明文类型化为'绝对权利'的利益，法官都可以在个案中行使自由裁量权，从而为其提供适当保护。"❶

在对知识的保护上，知识产权法为特别法，凡为知识产权法所确定的权利，通过知识产权法进行保护。而随着科技和社会发展新出现的利益，则可以通过反不正当竞争法和司法机关发挥能动性在个案中予以保护。在知识产权法和反不正当竞争法的关系中，"反不正当竞争法具有对知识产权提供保护的补充功能，这在德国法中被称为是'竞争法上的智力成果保护'"。❷ 具言之，反不正当竞争法对与各类知识产权有关而相关法律不能管辖的客体给予保护，以此弥补单一法律制度产生的"真空地带"。对各类知识产权客体的交叉部分给予"兜底保护"，使知识产权的保护对象连结起来形成一个整体。❸ 由此可见，反不正当竞争法对知识产权法暂时没有法定化的利益提供一定程度的保护，实为知识产权法的"兜底性条款"。

关于知名商品特有名称反不正当竞争保护的性质，目前存

---

❶ 李扬：《知识产权法基本原理》，中国社会科学出版社2010年版，第67页。
❷❸ 吴汉东："论反不正当竞争中的知识产权问题"，载《现代法学》2013年第1期。

在争议。从知识产权法的法定性及其与反不正当竞争法的关系入手，可以发现，知识产权法在作品、商标、发明创造这些客体上进行了权利的法定化，明确赋予了相应客体以著作权、商标权、专利权，并通过国家机关对特定权利进行审查和授权，这是典型的权利保护模式。与之不同的是对知名商品特有名称的保护。通过对比与知名商品特有名称较为接近的商标可以发现，法律对于注册商标和对于知名商品特有名称的保护明显不同。我国采取的是商标注册取得制，只要商标获准国家商标局注册，则取得在全国范围内具有法定效力的注册商标专有权，可以禁止他人混淆性的使用。而根据《反不正当竞争法》第5条第（2）项和《最高人民法院关于审理不正当竞争民事案件应用法律若干问题的解释》（《反不正当竞争法》解释）第1条的规定，商品特有名称只有满足了"知名商品"和"特定名称"的要求，才能得到反不正当竞争法的保护。亦即，民事主体使用特定的商品名称、包装、装潢，并不必然获得法律的保护，只有商品获得了一定的市场知名度，其特定名称已经得到了消费者的认可，成为识别商品来源的标记，才能得到相应地域范围内的保护。而如果这种商品特有名称要获得全国范围内的保护，则毋宁说这种商品要取得相当的知名度，相关消费者对其广泛知悉。因此，知名商品特有名称的保护边界并不确定，随着知名商品特有名称知名度和市场知名度的变化而发生变化。今天知名商品的特有名称可能受到保护，而随着时间的推移，这种商品的特有名称又可能变得不再知名，无法得到法律保护。由此可见，对知名商品特有名称的反不正当保护是一种典型的知识产权权利体系之外的非设权性保护，它仅仅是对使用者在其商品上使用特有名称而产生的市场利益的保护。

之所以要对知名商品特有名称进行保护，主要就在于知名商品特有名称并不是注册商标，无法享有注册商标专用权，不是法定权利类型，原则上不能够受到知识产权法的保护。但是在实践中，知名商品特有名称又不仅仅是商品的装饰性元素，而是切实地发挥着标示商品来源、存储商品商誉、引导消费者购物的功能。一旦知名商品特有包装被人仿冒，则消费者很容易发生混淆，导致误买误购，整个市场经济秩序也会陷入混乱之中。因此，知名商品特有名称之上存在着需要法律保护的但尚未上升为法定权利的利益。反不正当竞争法作为民法、知识产权法的"兜底性"法律，需要根据社会经济发展的现实需求，对社会中新出现的法定权利之外的利益进行确认，以使法院能够在个案之中对有保护需求的知名商品特有名称进行法律保护。

二、知名商品特有名称反不正当竞争保护之补充地位

知名商品特有名称的反不正当竞争保护是一种非设权性的在知识产权权利之外对知名商品特定名称所产生的利益的保护。由此决定了对知名商品特有名称的保护是一种补充性保护、是对商标法保护注册商标的有效补充。

从立法上看，我国《商标法》侧重于对注册商标的保护，《商标法》第3条明确规定注册商标享有注册商标专用权。❶第

---

❶ 中国《商标法》第3条：经商标局核准注册的商标为注册商标，包括商品商标、服务商标和集体商标、证明商标；商标注册人享有商标专用权，受法律保护。

57条明确列举了构成注册商标侵权的行为类型。❶而对于未注册商标，《商标法》只给予极为有限的保护，主要涉及对未注册具有影响力的商标和未注册驰名商标可以阻止他人在相关类别禁止申请商标注册，以及在特定范围内未注册商标拥有有限范围内的使用权。❷除此之外，《商标法》并未明确赋予未注册商标有专用使用权和禁止权。很明显，《商标法》对注册商标和非注册商标进行了区别对待，强化了对注册商标的保护，对未注册商标则没有明确其是否享有专有使用权和禁止权，只是赋予其防止抢注和在有限范围内使用的权益。

从商标法基本原理来看，注册商标和未注册商标不应被区

---

❶ 中国《商标法》第57条：有下列行为之一的，均属侵犯注册商标专用权：（1）未经商标注册人的许可，在同一种商品上使用与其注册商标相同的商标的；（2）未经商标注册人的许可，在同一种商品上使用与其注册商标近似的商标，或者在类似商品上使用与其注册商标相同或者近似的商标，容易导致混淆的；（3）销售侵犯注册商标专用权的商品的；（4）伪造、擅自制造他人注册商标标识或者销售伪造、擅自制造的注册商标标识的；（5）未经商标注册人同意，更换其注册商标并将该更换商标的商品又投入市场的；（6）故意为侵犯他人商标专用权行为提供便利条件，帮助他人实施侵犯商标专用权行为的；（7）给他人的注册商标专用权造成其他损害的。

❷ 中国《商标法》第13条第3款：就不相同或者不相类似商品申请注册的商标是复制、摹仿或者翻译他人已经在中国注册的驰名商标，误导公众，致使该驰名商标注册人的利益可能受到损害的，不予注册并禁止使用。第59条第3款：商标注册人申请商标注册前，他人已经在同一种商品或者类似商品上先于商标注册人使用与注册商标相同或者近似并有一定影响的商标的，注册商标专用权人无权禁止该使用人在原使用范围内继续使用该商标，但可以要求其附加适当区别标识。

别对待。这主要是因为，商标的基本功能在于标示来源。❶无论是注册商标还是未注册商标，一旦为消费者所知悉，用于引导购物，则它们在实际功能上并无任何区别，从保护效果上也不应进行区分。亦即，无论是注册商标还是非注册商标，只要消费者将其识别为商标，该商标在市场中就发挥了商标标示来源的功能，为了防止他人仿冒，避免消费者发生混淆，商标法就需要对这些商标进行保护。然而，现代国家往往奉行商标注册制度，通过商标注册进行法定权利公示，克服未注册商标所带来的权利边界不明确和权利状态不稳定的弊端。亦即，未注册商标由于并未注册，没有进行公示，他人无法知晓未注册商标的权利边界和范围，如果大量未注册商标存在于市场，则会导致他人在使用商标时动辄得咎。因此，各国立法通常规定，未注册商标的效力范围具有局限性，一般仅限制在相关消费者群体将之识别为商标的地域范围之内。而注册商标由于已经注册，进行了法定公示，其效力范围及于法域全境，人们可以通过公示了解到商标的权利范围，便于其选择商标。通过这种法技术的处理，商标法激励当事人积极申请商标注册。

由此可见，我国《商标法》区分注册商标和未注册商标的保护，主要是从效率的角度出发，通过强化注册商标的保

---

❶ 对于商标的功能，学者们有着不同的解释，但是其界定大同小异。吴汉东教授将商标的功能归纳为识别功能、标示来源功能、保证品质功能、广告宣传功能。刘春田教授认为，商标的基本功能是区别性，也就是所谓的"认知"功能。曾陈明汝教授认为，商标的原始功能（the primary function）在于表示商标之来源或出处。吴汉东主编：《知识产权法》，中国政法大学出版社2004年版，第234-235页。刘春田："商标与商标权辨析"，载《知识产权》1998年第1期。曾陈明汝：《商标法原理》，中国人民大学出版社2003年版，第10页。

护效力,激励人们进行商标注册,防止未注册商标大量存在于市场导致权利归属的不确定和范围的不明确。尽管商标可以通过注册获得注册商标专用权,拥有较强的效力。但是市场中经营主体的经营方式多种多样,商品之上的很多装潢性标识、标贴、名称、包装等,在投入市场时即具有一定的独特性,在市场中长期营销之后,这些标识、标贴、名称和包装一定程度上累积了商标的商誉,消费者也会将这些标识、标贴、名称、包装作为识别商品来源的指示性标记。由此,这些以非注册的指示性标记,本质上就是未注册商标,发挥着引导消费者购物的功能。为了防止市场仿冒行为的发生,避免消费者发生混淆误购,法律必须承认未注册商标之上存在的利益并予以保护。反不正当竞争法对知名商品特有名称的保护,正是对市场中大量存在的,以名称、包装、装潢等形态存在的未注册商标的保护,是对商标法侧重保护注册商标的一种有效补充。《反不正当竞争法》在知名商品特有名称保护对象和保护条件上的制度设计,应当与商标法保护未注册商标的理念和制度设计相一致。

第三节 知名商品特有名称反不正当竞争保护对象之辩证

根据《反不正当竞争法》的规定,商品名称、包装、装潢要获得保护,必须具备"商品知名"和"名称特有"两大要件。首先,要证明商品为知名商品,为相关消费者所知悉;其次,证明名称为特有,具备显著性,能够标示商品的来源。表面观之,《反不正当竞争法》保护的对象清晰明确,保护的是知名商品的特有名称。但是细加分析就会发现，《反不正当竞争法》的保护对象可以分解为两项：知名商品和特有名称。那么，究竟是知名商品需要保护，还是其特有名称需要保护呢？假如在一个案例中，商品刚刚投入市场，并非知名商品，但是由于商家投入巨额广告费用，短时间内密集宣传其名称，该名称确实已经为相关消费者所知悉，产生了一定的市场知名度，其是否能够受到《反不正当竞争法》的保护呢？这就有必要明确知名商品特有名称反法保护的对象。

一、知名商品特有名称反不正当竞争保护对象之现行规定与做法

根据我国《反不正当竞争法》、行政规章、《反不正当竞争法》司法解释、司法实践对知名商品特有名称保护的规定，我国知名商品特有名称反不正当竞争保护的对象主要可以区分为"知名商品"和"特有名称"。亦即，我国在对知名商品特有名称进行保护时，主要是判断商品是否知名以及知名商品上的名称是否特有。只有满足"知名商品"和"特有名称"两个要件，知名商品特有名称才可以受到保护。

知名商标的称谓首先规定于《反不正当竞争法》之中。我国《反不正当竞争法》第5条第（2）项是有关于知名商品特有名称的一般性规定，该条明确规定，擅自使用知名商品特有的名称、包装、装潢，或者使用与知名商品近似的名称、包装、装潢，造成和他人知名商品相混淆，使购买者误认为是该知名商品，构成反不正当竞争行为。从该条文来看，关注点在于擅自使用"特有的名称、包装、装潢"，知名商品特有名称的保护对象似乎是特有名称。1995年，国家工商行政管理局在发布

了《关于禁止仿冒知名商品特有名称、包装、装潢的不正当竞争行为的若干规定》（以下简称《禁止仿冒局若干规定》）。该规定第2条指出，仿冒知名商品特有的名称、包装、装潢的不正当竞争行为，是指违反《反不正当竞争法》第5条第（2）项规定，擅自将他人知名商品特有的商品名称、包装、装潢作相同或者近似使用，造成与他人的知名商品相混淆，使购买者误认为是该知名商品的行为。前款所称使购买者误认为是该知名商品，包括足以使购买者误认为是该知名商品。在该规章中，将保护的落脚点放在知名商品上，要求防止购买者发生混淆，以为侵权商品是知名商品。最高人民法院2007年《反不正当竞争法》司法解释对于知名商品特有名称的保护设置了两项要件。其第1条和第2条对《反不正当竞争法》第5条第（2）项作出了明确解释，规定了"知名商品"和"特有名称"的认定方法。司法解释第1条第1款规定：在中国境内具有一定的市场知名度，为相关公众所知悉的商品，应当认定为《反不正当竞争法》第5条第（2）项规定的"知名商品"。人民法院认定知名商品，应当考虑该商品的销售时间、销售区域、销售额和销售对象，进行任何宣传的持续时间、程度和地域范围，作为知名商品受保护的情况等因素，进行综合判断。原告应当对其商品的市场知名度负举证责任。司法解释第2条第1款规定，具有区别商品来源的显著特征的商品的名称、包装、装潢，应当认定为《反不正当竞争法》第5条第（2）项规定的"特有的名称、包装、装潢"。从司法解释的规定看，商品特有名称要受到保护，必须商品首先是知名商品。要满足知名商品的条件，该商品必须在相关公众之中具备一定的知名度，在销售的时间、地域、宣传的程度、范围上达到一定要求。这样，那些不符合这一条件的商品及商品上的特有名称就被排除在保护范围之外。司法解释实际上将知名商品特有名称保护的对象分解为两项：知名商品和特有名称。只有那些知名的商品才可能享受到《反不正当竞争法》的这一保护，而非知名的商品则根本进入不了保护的范围。立法保护的是知名商品上的特有名称，知名商品是立法首要的保护对象。

由于立法和司法解释确立了知名商品特有名称的保护对象是知名商品和特有名称。司法实践中法院无一例外地在涉及知名商品特有名称保护案件中要求受保护的对象首先是知名商品。在太极集团诉重庆恒春堂药房和沈阳恒久生物保健品公司侵犯知名商品特有名称案中，原告太极集团发现被告生产的"曲线美"减肥胶囊的包装、装潢与原告生产的"曲美"减肥胶囊相似，遂诉至法院，要求保护其知名商品特有名称。法院认为，"曲美"减肥胶囊要获得保护，首先是"曲美"胶囊是否属于知名商品，其次是"曲线美"胶囊是否擅自使用了"曲美"减肥胶囊的特有包装、装潢。❶ 在该案中，法院从广告宣传、明星代言、市场影响力、销售区域等多个角度，证明"曲美"减肥胶囊具有较高的市场知名度，是知名商品。同样，在河北衡水老白干酒业公司诉衡水运河酿酒厂侵犯知名商品特有名称案中，原告河北衡水老白干酒业公司发现市场上出现了被告生产销售的淡雅老白干白酒，其产品包装、装潢与原告的衡水老白干淡雅白酒极为相似，被告生产的衡运老白干67度产品与原告衡水老白干67度白酒的包装、装潢也极为相似，容易造

---

❶ 曹柯："擅自使用知名商品特有装潢的司法判定"，载《人民司法》2008年第10期。

成消费者混淆，原告遂向法院提起诉讼。法院经审理认为，原告生产的衡水老白干淡雅、衡水老白干67度白酒在市场上为众多相关公众所知悉，符合知名商品的条件，应认定为知名商品。涉诉两种白酒的包装盒与原告产品极为相似，在市场上极易引起消费者的误认，其行为构成对原告知名商品的仿冒，应当由行为人承担相应的民事责任。❶ 可见，法院也是首先认定原告的两种酒系知名商品，再来对比被告商品的包装装潢是否与原告知名商品的包装装潢相同或相似。法院在判决书中，还进一步指出了被告是对原告"知名商品的仿冒"，强调了保护的对象是知名商品。

综上，我国对知名商品特有名称的反不正当竞争保护，在保护对象上可以区分为知名商品和特有名称。无论是立法还是司法实践，都认为商品必须首先知名，才有可能受到《反不正当竞争法》的保护。《反不正当竞争法》保护的乃是知名商品之上的特有名称。

二、知名商品特有名称反不正当竞争保护对象之应然规定

我国立法和司法实践将知名商品特有名称的保护对象分解为知名商品和特有名称，表面观之较为合理，然而细加分析可以发现，这一规定会使现实中一些具备显著性，能够产生一定市场知名度，可以标示商品来源的标识无法受到《反不正当竞争法》的保护。从本质上看，其与商标法保护具有一定影响力的未注册商标的基本原理相背离。

---

❶ 河北省衡水市中级人民法院（2009）衡民三初字第48号民事判决书。

从实践效果看，把《反不正当竞争法》保护知名商品特有名称的保护对象区分为知名商品和特有名称，增加了原告举证的负担，很有可能造成一些应当得到《反不正当竞争法》保护的特有名称因为其标示的商品知名程度不够而无法受到保护。正如前文所言，原告的特有名称要受到《反不正当竞争法》的保护，要举证证明自己商品系知名，名称系特有。这就可能存在一种情况，商标权人的商品投入市场不久，但是进行了密集的广告宣传，已经使消费者将其商品之上的特有名称认定为商标权人所提供。由于人民法院认定知名商品，应当考虑该商品的销售时间、销售区域、销售额和销售对象，进行任何宣传的持续时间、程度和地域范围等，刚将商品投入市场的商标权人很难证明其商品是知名商品，这就会使其已经在相关消费者中具有影响力的特有名称、包装、装潢无法受到《反不正当竞争法》的保护。尽管这一案例较为极端，但是从根本上来说这是由于《反不正当竞争法》将保护对象区分为知名商品和特有名称，使统一的保护对象发生了分离所造成的。

从商标法和《反不正当竞争法》的基本原理和立法宗旨来看，之所以需要保护知名商品特有名称，主要是因为知名商品特有名称经过长期的市场行销，已经被相关消费者所知悉，其商品之上的特有名称、包装、装潢，实际上发挥着商标的功能，是一种可将自己商品和其他人商品相互区分开来的标识。但是，由于知名商品特有名称并未注册，不能享受到注册商标专用权的保护，因此，这些实际上发挥着商标功能的特有名称，就可能成为侵权者仿冒的目标。从本质上看，通过《反不正当竞争法》对知名商品特有名称进行保护，就是对未注册商标的保护。另外，《反不正当竞争法》作为商标法的补充性法律规范,不能替代商标法所坚持的注册商标制度,而要与商标法保护未注册商标的立法模式相一致。因此,《反不正当竞争法》需要对这些"未注册商标"进行保护,但又不可能对所有的在市场中的实际发挥商标功能的标示性标记进行保护,只能够对那些产生了一定的市场影响力,为相关消费者所知悉的标示性标记进行保护。亦即,只有那些在相关消费者之中具有一定知名度,达到一定市场影响力的名称、包装、装潢,才很有可能遭到他人的仿冒,才属于《反不正当竞争法》所需要保护的"未注册商标"。这一保护模式才与《商标法》对未注册商标的保护一致。《商标法》在商标注册程序中对未注册商标防止抢注的保护,也要求未注册商标"已经使用并有一定影响"[1],排除了那些不具有一定影响的未注册商标。《反不正当竞争法》立法的本意就是对那些在相关消费者中具有知名度,产生一定市场影响力的名称、包装、装潢进行保护,这才设置了知名商品的要件,要求商品必须首先知名,其后才能考察其名称是否特有。

　　但是如此立法设计,实有画蛇添足之嫌。正如前文分析,《反不正当竞争法》对特定名称、包装、装潢的保护,本质上是对未注册商标的保护,因此,在制度设计上应与《商标法》对未注册商标的保护相一致。《商标法》对未注册商标的保护,主要体现为在注册程序中防止他人恶意抢注未注册商标,

---

[1]　《商标法》第32条:申请商标注册不得损害他人现有的在先权利,也不得以不正当手段抢先注册他人已经使用并有一定影响的商标。

以及已经使用的未注册商标所享有的在先使用权利。❶ 无论是防止他人恶意抢注，还是享有未注册商标持有人所享有的在先使用权，都要求未注册商标本身"有一定影响"。《反不正当竞争法》所保护的特定名称、包装、装潢，在本质上既然是未注册商标，则要求未注册商标具有一定的影响，就达到了应当给予保护的标准。我国《反不正当竞争法》在保护对象上区分特有名称、包装、装潢和知名商品，在司法实践中法院要求原告证明自己的商品是知名商品，无非是要求特有名称、包装、装潢具备一定的影响力，能够作为未注册商标享受到法律的保护。只要特有名称、包装、装潢具备了一定的市场影响力，在相关公众之中具有知名度，就符合了保护的条件。既然如此，要求商品知名就是一个伪问题，不如直接将保护对象确定为具有一定影响力的特有名称、包装、装潢，而摒弃知名商品的要件。这样做不仅与《商标法》保护未注册商标的立法精神和制度设计相一致，符合商标法的基本原理，而且不容易导致人们对特有名称保护对象的误解，使《反不正当竞争法》保护特有名称的制度更为科学。

如此，不仅商品之上具有影响力的名称、包装、装潢应当受到保护，商品之上所有在市场中具有一定影响力，具备标示来源功能的指示性标识，都应当成为《反不正当竞争法》有关特有名称保护的对象。《反不正当竞争法》司法解释第3条规

---

❶ 《商标法》第59条第3款：商标注册人申请商标注册前，他人已经在同一种商品或者类似商品上先于商标注册人使用与注册商标相同或者近似并有一定影响的商标的，注册商标专用权人无权禁止该使用人在原使用范围内继续使用该商标，但可以要求其附加适当区别标识。

定：由经营者营业场所的装饰、营业用具的式样、营业人员的服饰等构成的具有独特风格的整体营业形象，可以认定为《反不正当竞争法》第5条第（2）项规定的"装潢"。这一解释尽管扩大了特有名称保护的范围，但是还没有将一切需要保护的指示性标识纳入保护范围。实际上，不仅这种可以标示来源的整体营业形象是《反不正当竞争法》所保护的对象，所有在市场中具有一定影响力，具备指示来源功能的指示性标识，都应当作为特有标识受到《反不正当竞争法》的保护。这些指示性标示和《反不正当竞争法》所明确规定出的名称、包装、装潢一样，本质上都属于未注册商标，《反不正当竞争法》应当明确将之规定为反不正当竞争保护的对象。

第四节　知名商品特有名称反不正当竞争保护条件之辩证知名

我国《反不正当竞争法》将知名商品特有名称的保护对象区分为知名商品和特有名称，实际上并没有明确特有名称保护的本质。在保护对象错误的情况下，《反不正当竞争法》所设置的知名商品特有名称反不正当竞争保护的条件，也有不合理之处。

一、知名商品特有名称反不正当竞争保护条件之现行规定与做法

我国的行政规章、《反不正当竞争法》司法解释，都对知名商品特有名称的保护条件作出了规定，司法实践主要是按照立法的有关规定，对知名商品名称是否能够受到《反不正当竞

争法》保护进行认定。立法主要是通过对知名商品和特有名称两大要件的解释来设定其保护条件的。

首先,立法对知名商品作出了详细的界定。《国家工商局若干规定》第3条第1款在界定知名商品时指出,"知名商品是指在市场上具有一定知名度,为相关公众所知悉的商品。"《反不正当竞争法》司法解释第1条将知名商品解释为:"在中国境内具有一定的市场知名度,为相关公众所知悉的商品。"同时在具体认定上,"应当考虑该商品的销售时间、销售区域、销售额和销售对象,进行任何宣传的持续时间、程度和地域范围,作为知名商品受保护的情况等因素,进行综合判断。"地方性立法中,《上海市反不正当竞争条例》第8条第2款规定:"知名商品是指(1)使用经认定的驰名商标或者著名商标的商品;(2)经国家有关行政机关、行业总会认可的在国际评奖活动中获奖的商品;(3)为相关消费者所共知、具有一定市场占有率和较高知名度的商品。"在司法实践中,法院主要是贯彻上述规定,在实践中要求原告举证证明自己的商品系属之知名商品。例如在四川江口醇酒业公司诉四川泸州佳冠酒业公司案中,法院就认为,原告的诸葛酿酒使用时间长、市场知名度高,先后获得司法、行政部门、行业协会的正面评价,已达到了为相关公众所广为知悉的程度,诸葛酿酒应属于知名商品。❶ 在北京牛栏山酒厂诉河北省徐水县诗林醉酿酒厂一案中,法院也认为,华灯牌北京醇广告覆盖面广,投入大,在北京地区几乎家喻户晓,有关部门多次将该产品评为名牌产品。该产品已经

---

❶ 广东省高级人民法院(2007)民三终字第318号民事判决书。

在市场上具有了一定的知名度，并为相关消费人群所知悉，因此华灯牌北京醇是知名商品。❶

除知名商品之外，立法还对如何认定特有名称作出了规定。《禁止仿冒若干规定》指出，知名商品的"特有名称"是指知名商品独有的与通用名称有显著区别的商品名称。《反不正当竞争法》司法解释第2条规定，具有区别商品来源的显著特征的商品的名称、包装、装潢，应当认定为"特有的名称、包装、装潢"。为了更清晰地界定特有名称，司法解释还列举出商品的通用名称、描述性商品名称等缺乏显著特征的商品名称、包装、装潢不属于特有名称、包装、装潢。实践中，法院也主要是从显著性的角度认定特有名称。最高人民法院在判决中认为，"盛装或者保护商品的容器等包装。以及在商品或者其包装上附加的文字、图案、色彩及其排列组合所构成的装潢，在其能够区别商品来源时，即属于《反不正当竞争法》保护的特有包装、装潢。"❷ 在地坛医院诉爱特福保健品公司一案中，原告认为被告生产的爱特福牌"84"消毒液擅自使用了地坛医院研制并命名的"84"消毒液特有名称。法院认为，仅凭"84"消毒液的名称已经不能区别该商品的来源，商标局、商标评审委员会和国家卫生行政部门均认为"84"系同类消毒液商品的通用名称。本案诉争的"84"不是特有名称。❸ 显然，法院是从商标是否具有显著性的角度出发，看特有名称是否具备

---

❶ 北京市高级人民法院民三庭编：《知识产权经典判例（上册）》，知识产权出版社2003年版，第376-383页。

❷ 最高人民法院（2006）民三提字第3号民事判决书。

❸ 最高人民法院（2002）民三终字第1号民事判决书。

标示来源的功能。具备这一功能即是特有名称，不具备这一功能则不能指示商品来源，不能受到保护。

综上，在知名商品特有名称的保护上，立法和司法都要求商品符合"知名"，名称符合"特有"的条件。在知名的具体判定上，要求商品本身系属知名，为相关消费者所知悉，主要是以该商品的宣传、销售、获奖和市场评价情况作为客观考量标准。在特有的具体判定上，要求名称本身具备显著性，能够标示来源，不得是缺乏显著性的描述性名称或通用名称、也不得是具备功能性的名称。

二、知名商品特有名称反不正当竞争保护条件之应然规定

我国立法明确了知名商品和特有名称的保护条件和判断标准，表面看来清晰明确，但是细加分析可以发现，现行规定存在不合理之处，与商标保护的基本原理相违背。

从商品"知名"的保护条件和判断标准来看，我国立法认为商品必须在中国境内相关公众中知名，这需要从商品的销售时间、销售区域、销售额和销售对象，宣传的持续时间、程度和地域范围等几个方面进行判断。从这一规定看，其与中国驰名商标的证明条件和判断标准几乎一致。我国《商标法》将驰名商标界定为"为相关公众所熟知的商标"。[1]在判断标准上，《商标法》列举出判断驰名商标的考量因素，包括：相关公众对该商标的知晓程度、商标使用的持续时间、宣传的持续时间、程

---

[1] 《商标法》第13条：为相关公众所熟知的商标，持有人认为其权利受到侵害时，可以依照本法规定请求驰名商标保护。

度和地理范围；该商标作为驰名商标受保护的记录等。❶从规定上看，判断知名商品和驰名商标的主要条件和标准是相似的，都是要看相关公众对该商品或商标的知悉状况，所不同的仅在于：在知名商品的认定上，落脚点在商品的销售和宣传的范围或程度上；在驰名商标的认定上，落脚点在商标使用的时间和宣传的范围或程度上。实际上，根据上文分析，对知名商品特有名称的保护在本质上是对未注册商标的保护，而我国对未注册商标的保护范围是有限的，仅保护那些具有一定市场影响力的未注册商标。同理，之所以《反不正当竞争法》在保护知名商品特有名称时要求证明商品知名，并设置商品销售和宣传的范围和程度等判定因素，主要还在于缩小保护范围，将那些不具有知名度的未注册的识别性标记排除在保护范围之外。"目的就是为此类保护设定一个门槛，而将不知名的标识排除在外，防止不适当地垄断商业标识资源。"❷可见，证明商品知名需要举证商品的销售和宣传范围或程度，本质上还是为了证明商品之上的识别性标识已经为相关公众所知悉，是为了证明这些识别性标记已经有了相当程度的使用和宣传，具备了一定的市场影响力，成为了消费者认牌购物的工具。商品本身并无法成为识别性的标记，商品本身如果除去了外在的识别性标记，无法为消费者所识别，只有商品之上的具有区分性的识别性名

---

❶ 《商标法》第14条：驰名商标应当根据当事人的请求，作为处理涉及商标案件需要认定的事实进行认定。认定驰名商标应当考虑下列因素：（1）相关公众对该商标的知晓程度；（2）该商标使用的持续时间；（3）该商标的任何宣传工作的持续时间、程度和地理范围；（4）该商标作为驰名商标受保护的记录；（5）该商标驰名的其他因素。

❷ 孔祥俊：《商标与不正当竞争法原理和判例》，法律出版社2009年版，第709页。

称、包装、装潢，才可能因为知名而为相关消费者所知悉，引导消费者购物，成为《反不正当竞争法》应当保护的"未注册商标"。就此而言，立法和司法设定商品知名的条件，实际上并不科学。立法应当像《商标法》保护驰名商标一样，要求原告证明其商品的识别性名称、包装、装潢已经为相关消费者知悉，具有一定的市场知名度，而不是要求原告证明商品的销售、宣传和为公众所知悉的程度。

从名称"特有"保护条件和判断标准来看，我国要求名称本身具备显著性，能够标示来源，这显然是要求商品的名称、包装、装潢发挥商标的功能，能够指示来源。"所谓特有，就是足以使一个商业标识与另一个商业标识区别开来的显著特征。"❶ 然而，从商标保护的理基本原理来看，仅仅证明商品的名称具备显著性，可以标识来源，显然并不足以使商品名称作为未注册商标获得保护。我国对未注册商标的保护在范围上是有限的，只有那些具备一定市场影响力，为相关消费者所知悉的商品名称，才能作为未注册商标的一种受到保护。亦即，只有具备了较强的显著性，为相关公众所知悉，才能够受到保护。我国《反不正当竞争法》之所以只要求证明商品名称具备显著性，能够标示来源就符合了保护的要求，主要是因为《反不正当竞争法》设置了证明商品知名的要件。在商品知名的基础上如果商品的名称具备了显著性，就可以获得《反不正当竞争法》保护。实际上，这两个要件虽然证明对象不同，但其根本目的都是为了证明商品的名称、包装、装潢在市场上具

---

❶ 孔祥俊：《商标与不正当竞争法原理和判例》，法律出版社2009年版，第715页。

有一定的影响力，获得了较强的显著性，并非普通的名称、包装、装潢。就此而言，知名商品特有名称要获得《反不正当竞争法》的保护，无非是需要证明其特有名称、包装、装潢具备了较强的显著性，不仅能够指示来源，而且为相关消费者所知悉，在市场上具有一定影响力。立法将保护要件设置为"知名"和"特有"，错误地要求商品必须"知名"，而仅要求商品名称"特有"，不符合商标法基本原理。立法应当直接要求商品名称的权利人证明该名称具备较强的显著性。如果该商品名称具备了较强的显著性，为相关公众所知悉，则就能够受到《反不正当竞争法》的保护，这与商品本身是否具备"显著性"没有任何关系。

不仅如此，这里要求特有名称具备显著性，应当仅指获得显著性，而非固有显著性。固有显著性，指的是"商标标志不能被合理地理解为是对其所附着商品的描述或装饰，消费者会自动将这种标志视为商品出处的表征，因而，可以直接注册为商标"。❶ 它实际上指的是一个标识所具备的成为商标的潜质。亦即，某一个标识一旦投入市场，它就会直接被消费者视为商标，发挥商标的作用。但是，固有显著性并不表明该商标在市场中为消费者实际认知的状态，无法说明其具备一定的市场知名度。与之相反，获得显著性是指商标在市场中实际地发挥标示与区分来源的能力。与拟制的固有显著性不同，获得显著性是真正的显著性，它代表了商标真实的在市场中标示与区分来源的能力。获得显著性才是真正的显著性、是在市场中实际发

---

❶ 彭学龙：《商标法的符号学分析》，法律出版社2007年版，第121页。

挥作用的显著性，绝不是什么拟制。因此，只有证明了商品名称、包装、装潢具备了获得显著性，才能够受到《反不正当竞争法》的保护。这里获得显著性的证明条件，包括商品名称、包装、装潢使用的时间、使用的地域范围、商品名称所标示的商品的销售数量、商品名称、包装、装潢所涉及的商品的广告费用和广告宣传的力度、第三方媒体的评价、消费者对该商品名称、包装、装潢所标示的商品的喜爱程度等。

第五节 《反不正当竞争法》第5条第（2）项之完善

根据上文所述，我国应当对《反不正当竞争法》第5条第（2）项及相关司法解释进行修订与完善。由于《反不正当竞争法》对商品特有名称的保护是非设权性保护，在商业标识的法律保护体系中起补充作用，从本质上看是对未注册商标的保护，因此，《反不正当竞争法》商品特有名称的保护对象是那些能够在市场中标示商品来源，具有一定的市场知名度，为相关消费者所知悉的一切指示性标识。包括最为典型的商品名称、包装、装潢，还有其他在市场中发挥指示性功能的商品标识。据此，《反不正当竞争法》第5条第（2）项将保护对象区分为知名商品和特有名称、并进一步规定知名商品和特有名称认定的做法，不符合商标保护的基本原理，没有理解商品特有名称保护的本质。应按照《商标法》对未注册商标的保护模式对《反不正当竞争法》及司法解释进行修订。《反不正当竞争法》第5条第（2）项可以修订为：擅自使用他人商品具有一定的市场知名度的名称、包装、装潢，或者使用与他人商品具有一定的市场知名度的名称、包装、装潢相近似的名称、包装、装潢，造成和他人商品相混淆，使购买者误认为是该商品。这一修订将《反不正当竞争法》对特有名称的保护对象确定为具有一定市场知名度的名称、包装、装潢，而非商品本身，遵从了《商标法》保护未注册商标的保护原理。在修改《反不正当竞争法》的同时，还要对《反不正当竞争法》司法解释进一步修订完善。将司法解释第1条对"知名商品"的界定删除，第2条对"特有名称"的解释删除，代之以商品名称、包装、装潢的认定规则。可将第1条修订如下：在中国境内具有一定的市场知名度，为相关公众所知悉的商品之上的名称、包装、装潢。应当认定为《反不正当竞争法》第5条第（2）项规定的"具有一定市场知名度的名称、包装、装潢。"人民法院认定具有一定市场知名度的名称、包装、装潢，应当考虑使用该名称、包装、装潢的商品的销售时间、销售区域、销售额和销售对象，进行任何宣传的持续时间、程度和地域范围，作为具有一定市场影响力的名称、包装、装潢受保护的情况等因素，进行综合判断。原告应当对其名称、包装、装潢的市场知名度负举证责任。之所以如此修订，主要也是考虑到对商品名称、包装、装潢的保护，是对未注册商标的保护。《商标法》对未注册商标的保护，只限于那些具有一定市场影响力的未注册商标。因此，对商品特有名称的保护也是一样。需要权利人举证证明其商品之上的名称、包装、装潢具备市场知名度，亦即，具有较高的显著性，为相关消费者所知悉，才能够获得《反不正当竞争法》保护。最后，对《反不正当竞争法》司法解释第3条作出修订，规定为：在中国境内具有一定的市场知名度，为相关公众所知悉的一切指示性标识，可以认定为《反不正当竞争法》第5条第（2）项规定的"名称、包装、装潢"。《反不正当竞争法》司法解释第三条规定可将整体营业形象作为《反不正当竞争法》第5条第（2）项的"装潢"来保护。该条的保护范围较为狭窄，仅涉及整体营业形象，可将之扩大为名称、包装、装潢之外的一切具有标示来源功能，为相关消费者所知悉的指示性标识，同样受到《反不正当竞争法》的保护。在作出如上修订之后，《反不正当竞争法》对特有名称的保护才遵从了商标法的基本原理，符合商标法保护未注册商标的基本宗旨。

第六节 结 语

我国对知名商品特有名称的保护，采取了反不正当竞争的保护模式，这本没有问题。然而，立法并没有理解所谓知名商品特有名称其本质是什么？知名商品特有名称，其实与《商标法》所保护的未注册商标没有本质区别，都是在市场中发挥标示来源作用的指示性标识。因此，立法在对其作出规定时，就应当符合未注册商标保护的基本原理，而不应当另起炉灶，在保护对象、侵权构成要件、证明标准等方面与《商标法》的原理相悖。这不仅有违立法的科学性，而且不利于商标法的体系化建设。

参考文献

一、中文著作

1. 北京市高级人民法院知识产权庭编. 北京法院商标疑难案件法官评述. 北京: 法律出版社, 2012
2. 单晓光, 江青云. 欧洲知识产权典型案例(汉英双语). 北京: 知识产权出版社, 2011
3. 邓宏光. 商标法的理论基础——以商标显著性为中心. 北京: 法律出版社, 2008
4. 丁锦红, 张钦, 郭春. 认知心理学. 北京: 中国人民大学出版社, 2010
5. 杜颖. 美国商标法. 北京: 知识产权出版社, 2013
6. 杜颖. 商标法. 北京: 北京大学出版社, 2010
7. 杜颖. 社会进步与商标观念: 商标法律制度的过去、现在和未来. 北京: 北京大学出版社, 2012
8. 冯晓青. 商标侵权专题判解与学理研究. 北京: 中国大百科全书出版社, 2010
9. 胡开忠. 商标法学教程. 北京: 中国人民大学出版社, 2008
10. 黄海峰. 知识产权的话语与现实——版权、专利与商标史论. 武汉: 华中科技大学出版社, 2011
11. 黄晖. 商标法. 北京: 法律出版社, 2004
12. 孔祥俊. 商标法适用的基本问题. 北京: 中国法制出版社, 2012

13 孔祥俊．商标与反不正当竞争法——原理和判例．北京：法律出版社，2009

14 李琛．论知识产权法的体系化．北京：北京大学出版社，2005

15 李付庆．消费者行为学．北京：清华大学出版社，2011

16 李明德，闫文军，黄晖，邰中林．欧盟知识产权法．北京：法律出版社，2010

17 李明德．美国知识产权法．北京：法律出版社，2003

18 李雨峰，张玉敏．西南知识产权评论(第1辑)．北京：知识产权出版社，2010

19 李祖明．地理标志的保护与管理．北京：知识产权出版社，2009

20 梁宁建．当代认知心理学．上海:上海教育出版社，2003

21 刘春田主编．知识产权法学．北京：高等教育出版社、北京大学出版社，2003

22 刘春田主编．中国知识产权评论（第3卷）．北京：商务印书馆，2008

23 刘孔中．商标法上混淆之虞之研究．台北：五南图书出版公司，1997

24 宁立志主编．知识产权法(第2版)．武汉：武汉大学出版社，2011

25 彭学龙．商标法的符号学分析．北京：法律出版社，2007

26 邵建东．德国反不正当竞争法研究．北京：中国人民

大学出版社，2001

27　邵建东．德国反不正当竞争法研究．北京：中国人民大学出版社，2001

28　佘贤君．激活消费者心理需求．北京：机械工业出版社，2011

29　孙国瑞．知识产权法学．北京：知识产权出版社，2012

30　王莲峰．商标法学．北京：北京大学出版社，2007

31　王莲峰．商业标识立法体系化研究．北京：北京大学出版社，2009

32　王迁．知识产权法教程．北京：中国人民大学出版社，2007

33　王太平．知识产权法法律原则理论基础与具体构造．北京：法律出版社，2004

34　王太平．知识产权客体的理论范畴．北京：知识产权出版社，2008

35　魏森．商标侵权认定标准研究．北京：中国社会科学出版社，2008

36　吴汉东，胡开忠，董炳和，张今．知识产权基本问题研究．北京：中国人民大学出版社，2005

37　余俊．商标法律进化论．北京：华中科技大学出版社，2011

38　曾陈明汝．商标法原理．北京：中国人民大学出版社，2003

39　张楚．知识产权法（第2版）．北京：高等教育出版社，2010

40　张耕，等．商业标志法．厦门：厦门大学出版社，2006

41　张平，黄贤涛．产业利益的博弈:美国337调查．北京：法律出版社，2010

42　张玉敏．知识产权法学教程．重庆：西南政法大学出版社，2001

43　张玉敏主编．知识产权法．北京：法律出版社，2005

44　郑成思．知识产权法．北京：法律出版社，1997

45　郑成思主编．知识产权法教程．北京：法律出版社，1993

46　郑胜利．北大知识产权评论（第1卷）．北京：法律出版社，2002

47　周俊强．知识产权的基本理念与前沿问题．合肥：安徽人民出版社，2006

48　朱谢群．创造性智力成果与知识产权．北京：法律出版社，2004

49　朱雪忠．知识产权协调保护战略．北京：知识产权出版社，2005

50　祝建军．驰名商标认定与保护的规制．北京：法律出版社，2011

二、中文论文

51　陈宏杰．从欧美商标审查实务观点看混淆误认之虞参酌因素的运用．智慧财产权月刊，(139)

52　邓宏光，周元．网络商标侵权的新近发展．重庆社会

科学, 2008 (5)

53 邓宏光. 《商标法》亟需解决的实体问题: 从"符号保护"到"防止混淆". 学术论坛, 2007 (11)

54 邓宏光. 论商标侵权的判断标准——兼论《中华人民共和国商标法》第52条的修改, 2010(1)

55 邓宏光. 商标混淆理论的扩张. 电子知识产权, 2007 (10)

56 杜颖. 商标淡化理论及其应用. 法学研究, 2007 (6)

57 杜颖. 商标纠纷中的消费者问卷调查证据. 环球法律评论, 2008(1)

58 冯晓青. 商标法与保护消费者利益. 中华商标, 2007 (3)

59 冯晓青. 商标法之立法宗旨研究. 长沙理工大学学报, 2008 (2)

60 黄合水, 彭聃龄. 论品牌资产——一种认知的观点. 心理科学发展, 2002 (3)

61 蒋德海: 法律概念和正义——试论法律概念的方法论意义. 东方法学, 2012 (2)

62 李琛. 名教与商标保护. 电子知识产权, 2005 (5)

63 李开国. 侵权责任构成理论研究——一种新的分析框架与路径的提出. 中国法学, 2008 (2)

64 李雨峰. 重塑侵害商标权的认定标准. 现代法学, 2010 (6)

65 刘春田. 商标与商标权辨析. 知识产权, 1998 (1)

66 彭学龙. 论"混淆可能性"——兼评《中华人民共和国商标法修改草稿》(征求意见稿). 法律科学, 2008 (1)

67 彭学龙．商标法基本范畴的符号学分析．法学研究，2007（1）

68 彭学龙．商标混淆类型分析与我国商标侵权制度的完善．法学，2008（5）

69 芮松艳．商标侵权案件中混淆可能性的认定．中国专利与商标，2011（3）

70 孙英伟．商标起源考——以中国古代标记符号为对象．北京：知识产权出版社，2011(3)

71 王敏铨．美国商标法之混淆之虞及其特殊样态之研究．智慧财产权月刊，2006（94）

72 王太平．商标概念的符号学分析——兼论商标权和商标侵权的实质．湘潭大学学报，2007(3)

73 王太平．狭义信息论与商标保护理论．电子知识产权，2005（1）

74 徐聪颖．论"初始兴趣混淆"的法律规制．时代法学，2010（3）

75 易继明．知识产权的观念：类型化及法律适用．法学研究,2005(3)

76 张爱国．商标消费者调查的正当性研究——从49份商标侵权纠纷民事判决书谈起．知识产权，2011（2）

77 张炳生．论商标功能的实现途径与反向假冒的危害．政法论坛，2005(6)

78 张今，陆锡然．认定商标侵权的标准是"混淆"还是"商标近似"．中华商标，2008(8)

79 张乔．商标混淆辨析（上）．中华商标，2004（11）

80 张乔．商标混淆辨析（下）．中华商标，2004（12）

81 张欣瑞. 认知心理学视角下品牌知识形成路径分析. 商业时代, 2010 (5)

82 张玉敏, 王法强. 论商标反向假冒的性质——兼谈商标的使用权. 北京: 知识产权出版社, 2004 (1)

83 张玉敏. "涉外定牌加工"商标侵权纠纷的法律适用. 北京: 知识产权出版社, 2008 (4)

84 张玉敏. 维护公平竞争是商标法的根本宗旨——以《商标法》修改为视角. 法学论坛, 2008 (2)

三、外文著作

85 J. Thomas McCarthy. *McCarthy on Trademarks and Unfair Competition.* Eagan: Thomson/West, 2006.

86 Lionel Bently. *From Communication to Thing: Historical Aspects to the Conceptualisation of Trade Marks as Property. in G. Dinwoodie and M. Janis, Trademark Law and Theory: A Handbook of Contemporary Research.* Cheltenham: Edward Elgar, 2008.

87 Richard L. Kirkatrick. *Likelihood of Confusion in Trademark Law.* New York: Practising Law Institute, 2010.

四、外文论文

88 Ann Bartow. Likelihood of Confusion. *San Diego Law*

Review, 2004, 41 (2)

89　Barton Beebe. The Semiotic Analysis of Trademark Law. *UCLA Law Review*, 2004, 51 (3)

90　Barton Beebe. Search and Persuasion in Trademark Law. *Michigan Law Review*, 2005, 103 (8)

91　Dan Sarel. Howard Marmorstein, The Effect of Consumer Surveys and Actual Confusion Evidence in Trademark Litigation: An Empirical Assessment. *The Trademark Reporter*, 2009, 99 (6)

92　David M. Tichane, The Maturing Trademark Doctrine of Post-Sales Confusion. *The Trademark Reporter*, 1995, 85 (4)

93　Diamond. The Historical Development of Trademarks. *The Trademark Reporter*, 1975, 65 (4)

94　Duane C.Bowen. Applied Psychology and Trademarks. *The Trademark Reporter*, 1961, 51 (1)

95　Duane C.Bowen. Trademarks and Psychology. *Journal of the Patent Office Society*, 1959, 41 (10)

96　Edward S. Rogers. An Account of Some Psychological Experiments on the Subject of Trademark Infringement. *The Michigan Law Review*, 1919, 18 (2)

97　Graeme W. Austin. Trademarks and the Burdened Imagination. *Brooklyn Law Review*, 2004, 69 (3)

98　Jacob Jacoby. The Psychological Foundations of Trademark Law: Secondary Meaning, Genericism, Fame, Confusion and Dilution. *The Trademark Reporter*,

2001, 91 (5)

99 Jeremy N. Sheff. The (Boundedly) Rational Basis of Trademark Liability. *Texas Intellectual Property Law Journal*, 2007, 15 (3)

100 Katya Assaf. The Dilution of Culture and the Law of Trademarks, *IDEA: The Intellectual Property Law Review*, 2008, 49 (1)

101 Mark A. Thurmon. Confusion Codified: Why Trademark Remedies Make No Sense. *Journal of Intellectual Property Law*, 2010, 17 (2)

102 Mark Bartholomew. Advertising and the Transformation of Trademark Law, *New Mexico Law Review*, 2008, 38 (1)

103 Mark D. Robbins, Actual Confusion in Trademark Infringement Litigation: Restraining Subjectivity Through a Factor-Based Approach to Valuing Evidence. *Northwestern Journal of Techrology and Intellectual Property*, 2004 , 2 (2)

104 Mark P. McKenna, Testing Modern Trademark law's Theory of Harm, *Iowa Law Review*, 2009,95 (1)

105 Mark p.McKenna, Consumer Decision-Making Model of Trademark Law, *Virginia Law Review*, 2012, 98 (1)

106 Mark p.McKenna, The Normative Foundations of Trademark Law, *Notre Dame Law Review*, 2007, 82 (5)

107 Michael Grynberg, The Road not Taken: Initial Interest Confusion, Consumer Search Costs, and the Challenge

of the Internet, Seattle *University Law Review*, 2004, 28 (1)

108 Michael Grynberg, Trademark Litigation as Consumer Conflict, *New York University Law Review*, 2008, 83 (1)

109 Michael J. Allen, Who Must Be Confused and When?: The Scope of Confusion Actionable Under Federal Trademark Law, *The Trademark Reporter*, 1991, 81 (3)

110 Robert C. Denicola, Trademarks as Speech: Constitutional Implications of the Emerging Rationales for the Protection of Trade Symbols, *Wisconsin Law Review*, 1981, 1982, (2)

111 Robert H. Thornburg, Trademark Surveys: Development of Computer-Based Survey Methods, *John Marshall Review of Intellectual Property Law*, 2004, 4 (1)

112 Shashank Upadhye, Trademark Surveys: Identifying the Relevant Universe of Confused Consumers, *Fordham Intellectual Property, Media & Entertainment Law Journal*, 1998, 8 (2)

113 Stacey L. Dogan and Mark A. Lemley, A Search-Costs Theory of Limiting Doctrines in Trademark Law, *The Trademark Reporter*, 2007, 97 (6)

114 Thomas L. Casagrande, A Verdict for Your Thoughts? Why an Accused Trademark Infringer's. Intent Has No Place in Likelihood of Confusion Analysis, *Trademark Reporter*, 2011, 101 (5)

115 Thomas R. Lee, Glenn L. Christensen ,Eric D. De Rosia,

Trademarks, Consumer Psychology, and the Sophisticated consu-mer, *Emory Law Journal*, 2008, 57 (3)

116 Uli Widmaier, Use, Liability, and the Structure of Trademark Law, *Hofstra Law Review*, 2004, 33 (2)

后　　记

　　本书是在我的博士论文和专著《商标混淆可能性研究》的基础上所做的进一步拓展研究。全书共十四章，分为十四个专题。这十四个专题在商标法中具有一定的代表性，基本上都涉及商标法的基本范畴和理论，对于商标法的理论研究和制度建设具有重要的意义。为了保持《商标法基本问题研究》的体系性和完整性，除了新增加十章内容外，文中还保留了我博士论文中的一小部分内容，但这些内容已经重新完善和补充，从而一些在博士论文中并没有深入探讨的问题或者论证的并不充分的问题，在本书中得以继续讨论。写作本书的主要目的，还是想进一步对商标法的基础理论问题进行研究，澄清人们对商标法基本理论的一些认识误区。当然，由于能力学识所限，书中对一些问题的研究还有待于深入和完善，但如果其中的一些观点能够引起人们对商标法理论问题的关注，引发人们对商标法理论更多的争鸣和思考，使更多的人投身于商标法理论问题的研究，则本书的目的就已经达到。本书的出版也得到了我所在单位湖南师范大学法学院的湖南省法学一级重点学科建设项目的资助，在此表示感谢！

　　这本书是我参加工作的这两年，利用工作之余的零碎时间完成的。写作的过程殊为不易。由于我的居住环境并不好，位于一楼，阴暗潮湿且对面就是麻将馆，我每天几乎是伴随着麻将声进行本书的写作，疲劳的时候甚至有了一丝的恍惚，不知道自己身在何处，自己从事的工作是否有意义，自己又将去向何方。但无论如何，在并不理想的居住环境下，还是把本书的写作坚持了下来。来湖南师大工作的这两年，生活上面临很多困难，工作中也有很多不如意，当初博士毕业的那种雄心壮志早已随着工作的繁忙和现实的打击而烟消云散。但是，自己坚持教职和学术的理想不会变。有时候觉得学术枯燥无味，社会认可度低，也不产生什么经济效益，但是如果真要我完全放弃，又舍不得。也许，这就是我命中注定要做的事，她早已融入了我的血液，成为我生活的一部分，无论我身在何方，面临怎样的困境和压力，都难以割舍。

　　我想感谢我远方的父母、外公外婆和舅舅。我是个不孝子孙，到现在也没办法让我的亲人过上富足的生活，反而让我的父母和外公外婆、舅舅天天担心我的饮食起居和心理健康状态，有时情绪不好的时候还跟他们顶撞。这样的内疚感和挫败感时常让我沮丧。当夜晚来临的时候，无助和孤独感笼罩着我，难以言表，使身在异乡的我更加思念亲人。我的父母都退休了，但是父亲还是找了一份临时的工作，告诉我他在家里没有事做，找个事情做可以打发时间。其实我也知道，他是怕我的经济压力过大，想多挣点钱补贴我。我其实是有些自私的，为了自己的一些想法不去做律师，或从事一些其他工作挣更多的钱，却把主要精力放在教学科研上，还让父母受累。但是我又觉得我总得做一些有意义的自己愿意去做的事，遵从自己的内心，总不能只为了钱而生活，我想这就是人生的无奈和矛盾。在我看了《重返二十岁》这部电影之后，我深深地感受到父母对我的爱和我对父母关心的不够。其实我心里一直想着他们，每天想着他们过的好不好，但我一直没有表达出来，平时的问候也并不多。我真的亏欠他们很多，这一辈子都是偿还不清的。我想任何的工作和成就，都没有亲人重要，因此我会用更多的时间爱我的父母、爱我的亲人,还有关心我的老师和朋友。也许,这就是我存在最大的价值和意义。

  我想告诉我的父母,我深深地爱着你们。我想把我所有的青春献给你们。原谅我的自私,也原谅我的坚持。我想,一切都会好起来,你们会理解你们的孩子。唯愿全家幸福,健康平安。

姚鹤徽
2015年4月29日于岳麓山